SABINE KIRCHHOF

UND ES GIBT immer EIN DANACH

TEIL 1

novum ◢ pro

Dieses Buch ist auch als
e-book
erhältlich.

www.novumverlag.com

Bibliografische Information
der Deutschen Nationalbibliothek:

Die Deutsche Nationalbibliothek
verzeichnet diese Publikation in
der Deutschen Nationalbibliografie.
Detaillierte bibliografische Daten
sind im Internet über
http://www.d-nb.de abrufbar.

Gedruckt in der Europäischen Union
auf umweltfreundlichem, chlor- und
säurefrei gebleichtem Papier.

© 2024 novum Verlag

ISBN 978-3-99146-911-7
Lektorat: Alexandra Eryiğit-Klos
Umschlagfotos: Sabine Kirchhof
Umschlaggestaltung, Layout & Satz:
novum Verlag

www.novumverlag.com

Druckprodukt mit finanziellem
Klimabeitrag
ClimatePartner.com/16547-2311-1001

Inhaltsverzeichnis

1. Ereignisschwere Kindheit

Der Selbstmordversuch

Es war unfassbar und tragisch, was sich an diesem Tag in unserem Haus abgespielt hatte. Unsere Mutter hatte versucht, sich das Leben zu nehmen. In ihrer großen Verzweiflung und Ausweglosigkeit hängte sie sich mit einer Wäscheleine im Schlafzimmer auf. Wie konnte es bloß zu dieser Verzweiflungstat kommen? Sie hatte doch drei Kinder, die auf sie angewiesen waren. Neben vielen anderen unschönen Erfahrungen im Laufe meines Lebens ist das die traurigste Geschichte.

Der Umzug aus dem schönen Erzgebirge glich beinahe einer Flucht. Leider hatte sie bei ihrer Planung nicht bis zu Ende gedacht. Niemand konnte es verstehen, denn hier hatte sie Hilfe und Unterstützung durch die Familie ihres Mannes. Nun aber stand sie mit drei Kindern allein da und war mit ihrer neuen Lebenssituation total überfordert. Als ungelernte Kraft arbeitete sie unter harten Bedingungen. Niemand war da, der ihr bei all ihren Sorgen und Nöten half oder ihr gut gemeinte Ratschläge gab. Der Lohn reichte nicht weit, Kindergeld gab es noch nicht und unserem Vater war unser Schicksal völlig egal. Oft war sie verzweifelt und wusste nicht, wie es weitergehen sollte. Einmal, als sie absolut nicht wusste, wovon sie Lebensmittel kaufen sollte, brachte sie uns in das Vorzimmer des Bürgermeisters der kleinen Stadt. Mein großer Bruder erinnert sich noch heute traurig daran, wie sie weinend sagte: „Hier haben Sie meine Kinder, ich habe für sie nichts mehr zu essen." Sie ließ uns zwar nicht alleine zurück, verließ das Zimmer jedoch erst, als man ihr eine zusätzliche Lebensmittelkarte und einen kleinen Geldbetrag gab. Es war nur ein Tropfen auf den heißen Stein und linderte nicht ihre Not.

Nein, so schwer hatte sie sich ihr Leben nicht vorgestellt. Auch wenn es ihr selbst nicht gut ging oder sie krank war, schleppte sie sich zu ihrer Arbeit. Nur nicht ausfallen, sie brauchte jeden Pfennig, sonst sah es noch schlimmer aus. Dann standen zu allem Übel zwei Männer plötzlich vor der Tür und machten meiner Mutter klar, dass wir ausziehen mussten. Es hatte sich herausgestellt, dass das Haus, in das wir eingezogen waren, eine Werkswohnung des nahe gelegenen Chemiebetriebes war. Man wies ihre eine Mansardenwohnung mit zwei Zimmern, Küche und ohne Bad in einem Mehrfamilienhaus zu. Dass es für uns eine Zumutung war, interessierte niemanden. Sie war unbewusst illegal in das Haus gezogen.

Doch eines Tages war sie mit ihren Nerven am Ende. Vier Jahre waren bereits nach der Trennung von unserem Vater vergangen. Bis dahin hatte er sich seiner Verantwortung völlig entzogen. Nicht einmal Alimente für seine Kinder hatte er gezahlt. Es war der Tag, an dem sie noch einmal ihrer ersten großen Liebe, dem Vater ihrer drei Kinder, gegenüberstand, denn es war der Tag der Ehescheidung. Sie hatte verloren und musste sich mit ihrem schweren Schicksal abfinden. Eiskalt nahm er alle Schuld auf sich und die Ehe wurde geschieden. Wie in einem Trancezustand kam sie vom Scheidungsgericht zurück. Niemand war da, mit dem sie reden konnte, der sie tröstete, sie einfach in den Arm nahm. Keiner bemerkte ihren schlimmen nervlichen Zustand. Zu Hause warteten ihre drei Kinder. Das Geld war aufgebraucht, neues Geld gab es erst in ein paar Tagen. Da verlor sie die Kontrolle über sich.

Ich war noch zu klein, um einordnen zu können, wie schlecht es ihr ging. Als sie nach Hause kam, warteten wir in unserer Wohnküche auf sie. Unser großer Bruder spürte, dass etwas nicht in Ordnung war. Er befahl uns, still zu sein. Mutter weinte und verließ die Küche. Sie stieg die Treppen hinauf in die obere Etage, wo sich das Schlafzimmer befand. Schweigend und verwundert schauten wir ihr nach. Aber es blieb still. Wie mit einer instinktiven Vorahnung stürzte mein großer Bruder plötzlich aus der Küche und polterte die Treppe nach oben. Ich höre noch, wir er schrie: „Muttiii, Muttiii!!" Dann kam er wie besessen die Stufen nach unten gerannt – nein, er rannte nicht, er sprang gleich mehrere Stufen auf einmal, kam in die Küche, holte ein großes Küchenmesser und rannte wieder nach oben. Dabei schrie er immer wieder verzweifelt „Mutti", „Mutti". Wir beiden Kleinen schauten ihm ängstlich nach und rührten uns nicht. Dann ging alles drunter und drüber.

Klaus hatte unsere Mutter mit einem Strick um den Hals an einem Haken an der Decke hängend gefunden. Geistesgegenwärtig schnitt er sie ab. Dann rannte er zur Nachbarin, die sofort zu uns herüberkam. Unsere Mutter war ohne Bewusstsein, aber sie war nicht tot. Die Nachbarin lockerte den Strick und nahm ihn vom Hals. Unsere Mutter hatte beim Fallen keinen Schaden genommen. Dann rannte sie aus dem Haus, um einem Arzt zu holen, der in unserer Straße wohnte. Zum Glück war er zu Hause und kam gleich zu uns. Mit einem herbeigerufenen Krankenwagen wurde unsere Mutter ins Kreiskrankenhaus gebracht. Was sich dann alles in unserem Hause abgespielt hat, konnten wir beiden Kleinen nicht begreifen. Wir konnten auch nicht begreifen, was mit unserer Mutter war und warum sie mit dem Krankenwagen weggebracht wurde. Sie war doch eben noch bei uns. Wir begannen zu weinen. Unser großer Bruder saß da und wimmerte.

Bis zwei evangelische Schwestern eintrafen, kümmerte sich zunächst die Nachbarin um uns. Man brachte uns in das nahe gelegene Waisenhaus, das in dem Schloss des Gutsbesitzers Graf Helldorf untergebracht war, der 1933 Reichstagsabgeordneter und Polizeipräsident von Potsdam, später von Berlin wurde. 1938 knüpfte er Kontakte zu Widerstandskreisen an, nach dem Attentat vom 20.Juli 1944 wurde er hingerichtet.

Nun waren wir in einer völlig unbekannten Umgebung und wussten nicht warum. Es war Dezember und es war sehr kalt. Alle Kinder des Heimes schliefen in einem großen Saal, auf der einen Seite die Jungen, auf der anderen die Mädchen. Aufgrund der besonderen Umstände durften wir bei unserem großen Bruder bleiben. Wir schliefen auf Feldbetten, die nebeneinanderstanden. Jeder hatte nur eine alte Wolldecke für unten und eine als Zudecke. Klaus legte alle drei Decken übereinander und wir deckten uns damit quer über uns zu. Ich durfte in der Mitte schlafen. Die beiden Jungen dagegen hatten Probleme, zugedeckt zu bleiben. Auch nachts hatten wir aufgrund der Kälte im Saal immer warme Sachen an. Unser Bruder kümmerte sich sehr um uns beide. Instinktiv hatte er die Vaterrolle eingenommen, er sprach jedoch nicht viel mit uns. Einige der riesigen Fensterscheiben im Schloss waren als Folgen des Krieges immer noch defekt und nur notdürftig zugestopft. Eine eiskalte Winterluft pfiff herein. Am Tag wurden die Feldbetten an die Wand geräumt. In dem großen Saal waren kleine Kanonenöfen aufgestellt, die jedoch die großen und hohen Räume nicht genug erwärmten. Wir saßen um sie herum und hielten unsere klammen Finger in Richtung der Wärme. Aus einer braunen Blechkanne mit weißen Tupfen gab es zum Frühstück Malzkaffee. Wir tranken aus Blechtassen, die so aussahen wie die Kannen. So etwas hatten die Soldaten auch, wurde uns erzählt und wir fanden das spannend. Zum Frühstück gab es meist trockenes Brot, das wir mit dem Malzkaffee beträufelten, darauf streuten wir Zucker, der ein wenig feucht war und rötlich aussah. Es gab auch Rübensaft, den wir uns sehr gerne aufs Brot strichen. Die Kaffeekanne wurde auf dem Ofen abgestellt, damit der Kaffee warm blieb. Mit beiden Händen umfassten wir unsere Tassen, um die kalten Hände zu wärmen. Mittags gab es oft Suppen und Kartoffeln in all ihren Varianten und Möglichkeiten. Aber das störte uns nicht, Hauptsache es gab etwas zu essen. Manchmal sah man den Atem im Raum. Wir froren viel. Es war ein Gefühl der Hilflosigkeit, das ich schon als kleines Kind empfand. Wo war bloß unsere Mutter und warum waren wir hier? Warum durften wir nicht nach Hause und in unseren eigenen Betten schlafen? Wir konnten diese neue Situation einfach nicht einordnen und hatten große Sehnsucht nach unserer Mutter. Klaus gab uns keine Erklärungen ab. Still und verschlossen zog er uns überall hinter sich her. Nur gut, dass wir uns wenigstens hatten. Während wir beide munter plapperten, schwieg er. Täglich ging er mit anderen Schulkindern den weiten Weg zur Schule und wir waren froh, wenn er wieder da war.

Dann kam der Heilige Abend. Alle Kinder bekamen vom Weihnachtsmann ein Päckchen, das ihre Bekannten oder Verwandten für sie im Heim abgegeben hatten. Wir drei waren die einzigen Kinder, für die der Weihnachtsmann keine Geschenke hatte. Niemand aus unserer Familie hatte erfahren, was geschehen war. von wem auch? Unser Vater hatte sich nie für uns und unser Schicksal interessiert. Wie kleine Sünder standen wir traurig und betroffen da. Auch den Erzieherinnen war die Situation unangenehm und sie versuchten, uns zu trösten. Klaus versteckte seine Betroffenheit hinter seinem verschlossenem Wesen, wir Kleinen weinten, weil wir dachten, dass wir böse waren. An diesem Abend gab es ein besonders leckeres Essen mit Süßigkeiten und Leckereien. So waren wir abgelenkt und beruhigten uns. Trotzdem schauten wir traurig zu, als die anderen Kinder ihre Päckchen auspackten. Am anderen Tag bekamen wir dann auch jeder ein kleines Päckchen. Die Erzieherinnen hatten es für uns gepackt und uns erklärt, der Weihnachtsmann hätte es vergessen. Wir waren überglücklich. Na logisch, das konnte der Weihnachtsmann doch nur vergessen haben. Unsere kleine Welt war wieder in Ordnung, zumindest ein bisschen.

Die Spiele im Schloss waren meist Bewegungsspiele, damit wir uns erwärmen konnten. Der Graben rund um das Schloss war zugefroren. Gern wäre ich darauf geschlittert, aber die Schuhe waren dürftig. Die Strümpfe, die mit Strumpfhaltern an einem Leibchen gehalten wurden, hatten manchmal Löcher an den Fersen. Die eisige Kälte zwischen dem Strumpfende und dem Schlüpfer spüre ich noch heute, wenn ich nur daran denke. Wenn keine langen Hosen vorhanden waren, hatten die Jungen kurze Hosen an. Die gingen bis zum Knie, aber eigentlich waren sie als kurze Hosen zu lang und als lange Hosen zu kurz. Dann trugen auch sie lange Strümpfen mit Strumpfhalter.

Die Erzieherinnen gingen sehr einfühlsam mit uns um. Sie ließen uns Geschwister zusammen. So hatten wir beiden Kleinen wenigstens nicht so einen Verlustschmerz. Klaus war nie herzlich und lieb zu uns, eher pflichtbewusst und kühl. Aber er war für uns da. Er war gerade acht Jahre alt und hatte alles bewusst erlebt. Die Situation war für ihn sehr schlimm, aber niemand beschäftigte sich mit ihm und seiner kleinen traurigen Seele. Er hatte einfach nur zu funktionieren.

Unsere Mutter lag im Kreiskrankenhaus Merseburg. Speise- und Luftröhre waren gequetscht und sie hatte einen Nervenzusammenbruch erlitten. Andere körperliche Schäden waren zum Glück durch das Erhängen nicht entstanden. Mit den damaligen Möglichkeiten in der Heilkunst wurde sie körperlich wieder hergestellt. Zurück blieben jedoch die Narben auf ihrer Seele.

Aus der Familie kümmerte sich niemand um uns, wir bekamen nie Besuch, denn niemand wusste, was geschehen war. Auch unser Vater ließ sich nicht blicken, obwohl man ihn informiert hatte. Unser Schicksal war ungewiss, denn keiner wusste, was aus unserer Mutter würde. Ungewiss war auch, ob sie das Sorgerecht für uns wiederbekommen würde.

Es war ein frühlingshafter Tag und die Sonne schien, als wir in das Zimmer der Heimleiterin gerufen worden. Klaus nahm uns bei der Hand und zog uns wortlos hinter sich her. Wir folgten ihm ohne Protest. Dann betraten wir das mit weißen Möbeln eingerichtete Zimmer und da stand, mit einem verlegenen Lächeln im Gesicht, unsere liebe Mutter. Ja, sie stand einfach da. Wie jubelten wir, als wir beiden Kleinen sie erblickten: „Mutti!", schrien wir und rannten auf sie zu. Mit beiden Armen umfassten wir ihre Schenkel und drückten sie ganz fest, als hätten wir Angst, sie könnte ohne uns gehen. *Jetzt wird alles wieder gut! Wir dürfen nach Hause und wir schlafen bald in unserem eigenen Bett. Nie mehr so frieren! Nie wieder so eine Sehnsucht und so ein Heimweh nach ihr.* Mit einer verlegenen Miene im Gesicht ging Klaus langsam auf sie zu. Er konnte nicht mehr schmusen wie früher. In dieser Zeit war er um einiges älter und reifer geworden. Bestimmt war das unserer Mutter nicht entgangen. Mit beiden Händen nahm sie seinen Kopf und drückte ihn an ihr Gesicht und Tränen rannen über ihr Gesicht. Ihr großer Junge! Wie oft hatte sie an ihn gedacht, wie er wohl die schlimme Situation meistern würde und sich um seine kleinen Geschwister kümmern würde.

Als Geschenk hatte sie uns jedem ein Paar Hausschuhe aus Filz mitgebracht. Mit einer kleinen Metallschnalle, die man ineinander fügte und umklickte, wurden die Schuhe geschlossen. Diese Hausschuhe waren für mich etwas Besonderes. Noch heute weiß ich genau, wie sie aussahen. Schade, dass der Verschluss so schnell kaputt ging. Leider waren sie auch etwas unpraktisch, weil sie bis zu den Knöcheln gingen. Kinder sind nun mal geneigt, aus Bequemlichkeit die Fersen runter zu treten. Wie auch immer, schön waren sie für mich trotzdem! Und es waren lange Zeit meine allerliebsten Schuhe. Ich brachte sie immer mit Muttis Heimkehr in Verbindung und konnte mich ewig nicht von ihnen trennen.

Rasch waren unsere weinigen Sachen zusammengepackt Noch schnell von den Erzieherinnen verabschieden und endlich ging es nach Hause. Während Klaus kaum redete, standen unsere kleinen Plappermäuler nicht still. Wir hatten unserer Mutter viel zu erzählen, weil sie doch so lange nicht da gewesen war.

Doch wie war es überhaupt zu dieser Situation gekommen?

Schicksalsschwere Zeit

Meine Eltern heirateten im Februar des Kriegsjahres 1941 im Erzgebirge. Im Oktober des gleichen Jahres wurde mein großer Bruder Klaus geboren. Er war der Stammhalter der Familie. Bei seiner Geburt wurde er freudig begrüßt und später von allen Seiten verwöhnt. Die Großeltern liebten ihren ersten Enkel sehr. Bis zu ihrem Tod war er immer ihr liebster Enkelsohn, was er sehr genoss. Bald schon merkte er, dass er ein wichtiges Familienmitglied war. Wenn meine Mutter erzählte, dass er ein ausgesprochenes Schreikind war, denke ich immer, dass er sich damals für den Rest seines Lebens verausgabt hatte. Später war er ein sehr stiller und in sich gekehrter Junge.

Die Männer, die den Krieg überlebt hatten und nicht in Gefangenschaft gerieten, kehrten allmählich zu ihren Familien nach Hause zurück. Für den einen oder anderen warteten bei der Heimkehr diverse Überraschungen. Auf meinen Vater warteten seine Frau und sein vierjähriger Sohn. Zwei Tage nach dem offiziellen Kriegsende wurde ein zweiter Sohn geboren. Von den Strapazen dieser Schwangerschaft hatte sich meine Mutter noch nicht erholt, als sie erneut schwanger wurde. Ihr kleiner Sohn war gerade mal vier Monate alt war. Ein Jahr nach dem Ende des Zweiten Weltkrieges wurde ich dann geboren.

Die Schwangerschaft war für meine Mutter nicht nur eine körperliche, sondern vor allem eine seelische Belastung. Sie wollte dieses dritte Kind nicht, denn mein Vater hatte sie verlassen, als sie schwanger wurde. Die Situation, in die ich hineingeboren wurde, war also nicht die beste. Auch die Tatsache, dass ich ein Mädchen war, tröstete sie nicht. Ich kann mich kaum daran erinnern, dass ich je als kleines Mädchen von ihr in die Arme genommen wurde, dass sie mich liebevoll an sich gedrückt hätte und ich ihre Wärme spüren konnte. Ich habe das Gefühl der Geborgenheit und Liebe als Kind nie kennengelernt. Erst viele Jahre später wurde mir das vergönnt. So eine Kindheit hinterlässt bei jedem Kind Spuren auf der Seele.

Mit der Treue nahm es mein Vater nie so genau und er hatte damals bereits Verhältnisse mit anderen Frauen. Er war ein amüsanter Mann. Durch seinen Humor, seine Heiterkeit und sein Imponiergehabe stand er vor allem bei den Frauen im Mittelpunkt. Bei ihm waren die Grenzen zwischen Wahrheit und Fantasie immer etwas verschwommen. Aber was macht das schon, wenn man verliebt ist? Alles hatte so schön angefangen. Aber es sollte ganz anders kommen, als man je geahnt hätte.

Da zahllose Männer aus dem Krieg nicht mehr heimkehrten, versuchten viele Frauen, mit allen Mitteln einen von den Übriggebliebenen zu angeln. Jedenfalls unterlag mein Vater den Waffen einer dieser Frauen und vergaß, was er meiner Mutter fünf Jahre zuvor am Traualtar geschworen hatte. Halb zog die neue Geliebte ihn und halb sank er selbst hin. Er zog gleich zu seiner neuen Liebe, die selbst eine kleine Tochter hatte. Die neue Frau war acht Jahre jünger als meine Mutter, also gerade mal 20 Jahre alt. Gegen den Jugendwahn eines Mannes ist eine Frau machtlos.

Nach der Trennung von meinem Vater erfüllte meine Mutter mehr mechanisch als bewusst ihre Pflichten. Sehr schnell musste mein großer Bruder begreifen, dass sich nicht mehr alles um seine kleine Person drehte, denn da waren noch zwei kleine Geschwister, die die Kraft der Mutter brauchten. Der Vater kam nicht mehr und sie war oft gereizt und traurig. An den kleinen Bruder hatte er sich gerade gewöhnt, da kam noch eine kleine Schwester, mit der er überhaupt nichts anfangen konnte. Und er bemerkte auch, dass die Mutter sich nicht über das neue Kind freute.

Meine Mutter hatte nur noch einen Gedanken: Sie wollte so schnell wie möglich raus aus dem Erzgebirge und zurück in ihre Heimatstadt Halle an der Saale. Ein Elternhaus, in das sie vorübergehend zurückkehren konnte, hatte sie nicht, denn sie war ein Waisenkind. Dann aber wollte sie wenigstens in der vertrauten Stadt ihrer Kindheit und Jugend leben. Alles Reden, Bitten und Flehen der Großeltern halfen nicht. Die Eltern meines Vaters, die gleich nebenan wohnten, standen ihr in den schwersten Zeiten so gut sie konnten zur Seite. Ihren Sohn konnten sie nicht verstehen. Im Dorf war es längst kein Geheimnis mehr, dass meine Mutter mit ihren Kindern in ihre Heimatstadt zurück wollte. Ein fremder Mann, der gerade im Dorf zu Besuch war, hatte von ihren Absichten erfahren und sprach sie an. Er erzählte ihr von einer Bekannten, die in einer Stadt in der Nähe von Halle in einem Doppelhaus wohnte, dessen andere Hälfte leer stand. Bald stand fest, dass die Wohnung tatsächlich frei war. Da in Halle durch die Kriegszerstörungen große Wohnungsnot herrschte, bekam meine Mutter auch keine Zuzugserlaubnis. So wollte sie wenigstens in die Nähe ihrer Heimatstadt ziehen in der Hoffnung, dass es später einmal möglich würde. Gedanken über den Vermieter machte sie sich nicht. Für sie gab es kein Halt mehr, der Umzug wurde organisiert. Vor ihr lag ein Weg voller Ungewissheit und Schwierigkeiten. Sie brauchte sehr viel Mut, diesen schweren Weg mit den drei kleinen Kindern allein und ohne Hilfe zu gehen, und dennoch ging sie ihn.

Einen Tag vor dem Umzug nahm meine Mutter gemeinsam mit uns Kindern Abschied von ihrer Wahlheimat. Ganz in der Nähe

unseres Hauses befand sich ein kleiner Teich, der durch herabflie-
ßende kleine Quellen aus dem Wald gespeist wurde. Das Wasser
war immer kalt und das Baden darin selten ein Vergnügen. Mit
einer befreundeten Nachbarin wechselte sie gerade ein paar Worte, während wir am Ufer spielten, als ich plötzlich das Gleichge-
wicht verlor und kopfüber in das eiskalte Wasser fiel. Durch das
ständige Gurgeln des zufließenden Wassers nahm meine Mutter
das plumpsende Geräusch nicht wahr. Mein großer Bruder wollte
hinterher springen und schrie nach ihr. Als sie meinen ungewollten Tauchversuch bemerkte, war ich bereits unter Wasser. Es waren nur Sekunden. Sofort sprang sie in das kalte Nass und holte
mich heraus. Mit einem Klaps auf den Po gab sie mir zu verstehen, dass ich nicht auf sie gehört hatte. Hastig drückte sie das
Wasser aus meinem Körper heraus und rannte mit mir auf dem
Arm nach Hause. Hier wurde ich mit großer Mühe warm gerieben und ins dicke Federbett gepackt. Ein paar Augenblicke später wäre es zu spät für mich gewesen, ich wäre ertrunken. Die besorgte Nachbarin kümmerte sich um meine verdutzten Brüder.

Der Tag der Abreise war gekommen. Auf dem Güterbahnhof
von Rechenberg-Bienenmühle stand ein Waggon, der mit unseren Möbeln und all unseren Habseligkeiten beladen wurde. Die
Schwiegereltern, Geschwister meines Vaters und Nachbarn halfen
meiner Mutter. Dann war es soweit. Schweren Herzens und mit
den allerbesten Wünschen für eine glückliche Zukunft verabschiedeten sich alle von uns. Die Fahrt in die Ungewissheit begann und
keiner wusste, wie sie enden würde. Nur für meine Mutter stand
fest, dass es der richtige Weg sei, der Weg zurück nach Hause.

Schwerer Neubeginn

Auf der Reise in die Ungewissheit waren wir endlich auf dem
Hauptbahnhof in Halle angekommen. Die Schwestern der Bahn-
hofs-mission kümmerten sich um uns. Eine Nacht durften wir
hier schlafen, dann ging es weiter nach Mücheln im Geiseltal,

wo die neue Wohnung auf uns wartete. Die gemeinsamen Möbel aus der Möbeltischlerei, in der unser Opa arbeitete, hatte sie behalten. Sie blieben immer eine Erinnerung an das schöne Erzgebirge. Irgendwie hatte sie es auch organisiert, dass die Möbel vom Bahnhof in die neue Wohnung transportiert wurden.

Nachdem unsere Mutter uns aus dem Waisenheim nach Hause geholt hatte, stand sie nun vor der Frage, wie sie ihre drei Kinder ernähren sollte. Wie alle anderen Leute in dieser Zeit, ging sie mit meinem großen Bruder auf den Feldern Kartoffeln stoppeln und Ähren sammeln. In den umliegenden Dörfern tauschte sie für Lebensmittel bei den Bauern alles, was genommen wurde, bis nichts mehr zum Tauschen da war. Hin und wieder wurde auch auf den Feldern geklaut. Die Felder wurden natürlich bewacht und es war nicht ungefährlich, erwischt zu werden.

Als wir wieder einmal nichts zu essen hatten, hörte meine Mutter von anderen Leuten, dass ein Bauer im Nachbarort Kartoffeln tauschen würde. Sie überlegte nicht lange und opferte ihre wunderschönen Geschirrteile von „Selb Bavaria", die sie noch von ihrer Mutter hatte und die ihre einzigen Erinnerungsstücke waren, um sie gegen Kartoffeln zu tauschen.

Früh am Morgen brach sie mit uns drei Kindern auf. Der Weg auf der Straße mit dem holprigen Kopfsteinpflaster war weit, aber über die Felder konnte man abkürzen. Ein Handwagen war in dieser Zeit unentbehrlich. Der Hinweg mit dem leeren Wagen war einfach. Alle waren noch frisch und wir beiden Kleinen rannten unbekümmert nebenher. Mutter zog und Klaus schob den Wagen. So kamen wir schnell voran. Rasch war der Tausch vollzogen und ein Sack Kartoffeln lag im Wagen. Nun aber schnell wieder zurück. Es war ein ungewöhnlich heißer Septembertag. Der Hunger war ja noch zu ertragen, aber der Durst machte allen zu schaffen. Wir hatten nichts zum Trinken mitgenommen. Besonders wir beiden Kleinen jammerten vor Durst und konnten vor Müdigkeit nicht mehr laufen. Mutter setzte uns auf den Kartoffelsack. Nun war der Handwagen natürlich sehr schwer geworden. Für Mutter und unseren Bruder war der Rückweg eine Quälerei geworden und auf den Feldern kamen sie nur schleppend voran. Plötzlich stellte Mutter fest, dass sie sich verlaufen hatten. Sie waren in die falsche Richtung gegangen. Erschöpft und verzweifelt setzten sich beide auf den Boden, um sich auszuruhen und sich neu zu orientieren. Es dämmerte bereits, als endlich der schwarze Qualm aus den Schornsteinen der nahen Brikettfabrik zu sehen war. Endlich war die Siedlung erreicht. Klaus war am Ende seiner Kräfte und musste mit den Tränen kämpfen. Aber er riss sich zusammen, schließlich wusste er, dass er Mutters große Hilfe war.

Unweit von Mücheln überquerte eine Straßenbahnbrücke die Gleisanlagen der Kohlenzüge, die sowohl die Rohbraunkohle in die Brikettfabrik fuhren, als auch die fertigen Briketts in die Großbetriebe brachten. Von hier aus hatte man einen guten Überblick und konnte sehen, wenn ein Zug mit Brikett auf einem Nebengleis abgestellt war. Schnell sprach es sich herum, dass man hier nachts Kohlen „organisieren" konnte. Es war sehr gefährlich, aber aus der Not heraus wurden viele Ängste und Strapazen in Kauf genommen. Einige Male ging es auch gut. Eines Nachts aber wurde unsere Mutter mit dem Handwagen voller Briketts erwischt. Es kam natürlich zur Strafanzeige und sie musste 300,- Mark Strafe zahlen. Das war mehr, als sie in einem Monat verdiente. Es war bitter, aber in Raten von 30,- Mark musste sie diese Strafe abzahlen.

In unserer Siedlung wurden neue Häuserblöcke gebaut, denn man benötigte für die Arbeitskräfte in der Kohleproduktion und im Chemiebetrieb dringend Wohnungen. Baumaterialien waren knapp und mutige Architekten hatten sich an die altbewährte Bauweise mit Lehm erinnert. Als alternatives Baumaterial besitzt Lehm ja bekanntlich hervorragende Eigenschaften. Er kühlt im Sommer, wärmt im Winter, bietet Schallschutz, entgiftet das Haus und ist sehr preiswert. Ganze Häuserreihen entstanden in dieser Zeit aus dem Baumaterial, das überall vorhanden war, selbst beim Aushub einer Baugrube. Sofort erkannte meine Mutter ihre Chance und bekam eine Stelle in der Küche für die Arbeiterversorgung des Baubetriebes. Die Bezahlung war gering, aber sie konnte täglich Essen, das übrig war, für uns mit nach Hause nehmen.

Eines Tages waren die Bauarbeiten beendet und die Küche wurde geschlossen. Nun stand sie ohne Arbeit und Lohn da. Eine Arbeit zu finden, war nicht schwer, denn Arbeit gab es mehr als genug. Ihren Beruf als Erzieherin wollte sie wegen des geringen Lohnes nicht wieder ausüben. So nahm sie in dem Chemiebetrieb im Nachbarort eine Tätigkeit als Bandwärterin auf, denn sie war eine ungelernte Arbeitskraft. An einem der großen Transportbänder, wo Rohbraunkohle von den Kohlehalden in die Kraftwerksöfen befördert wurde, hatte sie darauf zu achten, dass Störungen durch zu große Kohlenstücke vermieden wurden. Mit einer Eisenstange musste sie versuchen, die Kohlestücke auf dem Band gleichmäßig zu verteilen. Es war eine ausgesprochene Drecksarbeit bei Wind und Wetter. Der karge Lohn reichte kaum für uns alle. Unser Vater zahlte keine Alimente und sie benötigte für uns Kinder dringend eine Betreuung.

In diesem Betrieb wurde fast ausschließlich im Zwei- und Drei-Schicht-Rhythmus gearbeitet. Meine Mutter arbeitete im ZweiSchicht-System. Die Schichten dauerten zwölf Stunden, jeweils von 6.00 Uhr morgens bis 18.00 Uhr abends und umgekehrt. Hinzu kamen Wegezeiten von etwa einer Stunde. Nach vier Schichten gab es eine Freischicht. Das Schlafen nach der Nachtschicht war für sie schwierig. Der ständige Wechsel der Arbeitszeiten zwischen Tag und Nacht war anstrengend, vor allem, weil sie noch eine Familie zu versorgen hatte. Anfangs kam es oft vor, dass sie aufwachte und nicht wusste, ob sie gekommen war oder gehen musste. Ständig musste sie organisieren, dass wir Kinder einigermaßen versorgt waren. Das gelang nicht immer. Besonders schwierig war es, wenn wir Kleinen eine Krankheit ausbrüteten. Dann steckte sie uns beide ins Bett, damit die unvermeidbare Ansteckung schneller absolviert würde. Wir fanden das gut, denn dann war es nicht so langweilig im Bett. Wenn Kinder krank sind, brauchen sie ohnehin etwas mehr Aufmerksamkeit, die uns unsere Mutter nicht geben konnte. Die Nachbarin schaute hin und wieder vorbei, bis unser großer Bruder aus der Schule heimkam. Dann lief alles nach seinen Anweisungen. Er hatte die Verantwortung und wir hatten zu folgen. Vor ihm hatte ich immer Respekt, ja oft sogar Angst, denn er teilte schnell mal eine Ohrfeige aus. Aber er war ja auch selbst noch ein Kind. Statt zu spielen, musste er Pflichten erfüllen.

Kam unsere Mutter dann endlich nach Hause, war unsere Freude groß, aber sie war von der langen Arbeitszeit abgespannt und müde. Pflichten im Haushalt warteten auf sie und ständig stand sie unter Erfüllungsdruck und Zeitmangel. Nur ein paar Stunden schlafen, dann musste sie wieder zur Arbeit gehen. Nie hatte sie Zeit für uns und von Spielen mit uns konnte überhaupt keine Rede sein. Ich kann mich nicht erinnern, dass sie mit mir als kleines Kind gekuschelt oder geschmust hätte. Da war es gut, dass ich meinen nur ein Jahr älteren Bruder hatte. So habe ich es nie richtig bewusst vermisst. Keiner von uns beiden ahnte, dass wir bald für immer getrennt würden.

Dann endlich bekam meine Mutter von der Volkssolidarität zwei Plätze in einem Kindergarten, er hieß „Stalin-Kindergarten". Es war die Villa des enteigneten ehemaligen Grubenbesitzers. Einen Teil der Einrichtung hatte er zurückgelassen. Ein großes Puppenhaus mit mehreren Etagen war das Allerschönste für mich. In einem großen Wintergarten befand sich ein Sandkasten, in dem wir auch im Winter richtig buddeln konnten. Das war ein Paradies für uns Kinder und es gab nicht nur schöne Spielsachen, sondern mittags auch warmes Essen. Das Frühstück musste mitgebracht werden, das bei uns meist aus Schnitten mit selbst gemachtem Rübensaft bestand.

Jeden Tag liefen mein ein Jahr älterer Bruder und ich Hand in Hand den weiten Weg zum Kindergarten. Für uns beide war die Welt voller Rätsel und Abenteuer und wir blieben mal hier und mal da stehen, um zu staunen und zu schauen. Immer die strenge Mahnung unserer Mutter im Ohr, kamen wir dann irgendwann an. Es war für mich eine unvergessliche Zeit, denn mein Bruder war immer bei mir. Von Kindesentführungen und -missbrauch hörte man damals nie etwas. Die Zeit war hart und jeder musste zusehen, wie er mit seinem eigenen Schicksal fertig wurde. Aber man schaute wesentlich mehr über den eigenen

Tellerrand. „Der Mensch neben dir" war keinem so egal wie heute, besonders nicht unter den Arbeiterfamilien.

Unsere Eltern

Meine Mutter hat ihren Vater nie kennengelernt. Als sie im Oktober 1918 in Halle an der Saale geboren wurde, war ihr Vater bereits Anfang April bei der „Großen Schlacht in Frankreich" als Soldat des Ersten Weltkrieges gefallen. Später lernte ihre Mutter einen neuen Mann kennen, der jedoch nur die Mutter und nicht die Tochter wollte. Die Großeltern nahmen das kleine Mädchen zu sich. Bereits im Alter von 39 Jahren starb ihre Mutter. Als die Großeltern starben, kam sie in ein Waisenhaus in Halle, wo sie „deutsche Zucht und Ordnung" kennenlernte. Diese Zeit war besonders schwer für sie, denn die Großeltern hatten sie auf ihre Art verwöhnt.

Die Schwester ihrer Mutter beschloss, das Mädchen in ihrer Familie aufzunehmen. Sie hatten selbst zwei Töchter, wovon die eine zwei, die andere vier Jahre jünger war als meine Mutter. Der Mann der Tante war von Beruf Klempner. Leicht war es nicht, noch einen Esser mehr am Tisch zu haben. Der Onkel war der alleinige Verdiener der Familie. Wie es damals üblich war, herrschten Disziplin und Strenge und der Vater hatte eine Sonderstellung. Gegessen wurde, was auf den Tisch kam, und das war der springende Punkt. Meine Mutter erinnerte sich oft, dass es Tränen gab und sie die Speisen, die sie nicht mochte, so lange vorgesetzt bekam, bis der Hunger sie hineintrieb. Auch die Tatsache, dass sie nicht das eigene Kind war, bekam sie hin und wieder zu spüren. Es ist nicht einfach, ein fremdes Kind aufzunehmen, auch wenn es aus der Verwandtschaft ist. Immerhin waren es nun drei Mädchen, die miteinander auskommen mussten. Im Zweifelsfalle hielten die beiden Geschwister natürlich zusammen und die Schuldfrage war sofort geklärt. Es gab die eine oder andere Bestrafung, doch Schläge oder Misshandlungen gab es nie. Allein die Anwesenheit des Onkels reichte aus, um diszipliniert zu sein.

Nach dem Krieg arbeitete der Onkel in einer Russenkaserne als Klempner. Arbeit gab es genug. Wie es bei den Russen üblich ist, gab es Wodka und Onkelchen trank auch gern mal über den Durst hinaus. Davon war die Tante nicht begeistert, aber es kam zwischen den beiden nie zu Auseinandersetzungen. Auch ich habe nie erlebt, dass sie sich stritten oder unhöflich zueinander waren. Die Tante ertrug alles mit eiserner Disziplin und Zurückhaltung. Alles wurde in seinem Sinne und zu seinem Wohle geregelt, denn er brachte schließlich das Geld nach Hause.

In den ersten Jahren nach dem Krieg war es ein wahrer Segen, einen Garten zu haben, denn der ernährte die Familie. Das gesamte Obst und Gemüse fanden Anwendung und die Gelees, die die Tante bereitete, waren himmlisch. Unkraut jäten, Beeren und Gemüse ernten und putzen erledigte ich gern, denn mir war es wichtig, ein gern gesehener Gast zu sein. Die Anerkennung tat mir gut und der Vergleich zu den anderen Enkelkindern ging immer zu meinen Gunsten aus. Die Tante freute sich über meine Geduld, Handarbeiten zu erlernen, und ohne Murren trug ich ihre selbst gestrickte Unterwäsche, die auf der Haut unangenehm kratzte.

Die Erzählungen meiner Mutter über die Zeit bei den Pflegeeltern waren immer von größter Hochachtung und Dankbarkeit geprägt. Sie liebte und achtete beide sehr. Für mich und meine beiden Brüder waren sie wie Großeltern. Obwohl sie drei Enkelkinder hatten, spürten wir nie, dass wir nicht willkommen waren. Besonders schön war es, wenn ich zufällig mit ihrer Enkeltochter zusammentraf. Eigentlich war kein Platz für zwei, aber wenn es sich dann mal so ergab, war es für uns beide immer etwas Besonderes. Wir verstanden uns sehr gut und noch heute kann ich mich an ihr fröhliches Lachen erinnern. Ich war die Jüngere und sie verehrte heimlich meinen großen Bruder. Nur die Tante war von unserer Ausgelassenheit zuweilen genervt. Meist geriet ich in den Verdacht, die Anstifterin bei unseren Späßen zu sein, aber ich machte alles wieder durch meinen Fleiß wett. Vor dem Onkel hatte ich höchsten Respekt, jedoch nie Angst. Schon als Kind wusste ich instinktiv, welchen Rang ich hatte und richtete mich danach.

Nach der Schule besuchte meine Mutter zunächst eine Haushaltsschule und begann dann eine Ausbildung als Kindererzieherin. Sie war mit Leib und Seele eine Hallenserin. Hier wurde sie geboren, verbrachte hier ihre Kindheit und Jugend und hier lernte sie ihre erste und einzige große Liebe, meinen Vater, kennen. Bis zu ihrem Tod liebte sie ihre Heimatstadt innig. Da sie nicht wieder nach Halle zurückkehren konnte, fuhr sie, sooft es ihre Zeit erlaubte, hierher, denn hier wohnten auch ihre Pflegeeltern. Sie zu besuchen oder einen Stadtbummel zu machen, half ihr schon, die Sehnsucht nach dieser Stadt ein wenig zu lindern. Sie starb in Halle und fand auch hier ihre letzte Ruhestätte. Ich bin mir sehr sicher, dass es ihr allergrößter Wunsch gewesen wäre, aber wir haben nie darüber gesprochen. Der Tod war immer ein Tabuthema. Wenn sie doch einmal angefangen hat mit dem Satz: „Wenn ich einmal tot bin" habe ich sie nicht weiterreden lassen, da mir das Thema sehr wehtat. Sie war für mich immer ein wenig unsterblich.

Unser Vater war von Beruf Schneider. Im Zweiten Weltkrieg war er als Gefreiter, später als Oberfeldwebel in Frankreich stationiert. Meine Mutter erzählte mir, dass er für meinen großen Bruder Pakete mit Kindersachen aus Frankreich geschickt hatte. Da die Nazis auch in Frankreich die Menschen in deutsche Konzentrationslager deportierten, befürchtete sie, dass die Kindersachen von diesen armen Menschen einfach genommen oder aus den Häusern geplündert worden waren. Wenn sie ihrem kleinen Sohn diese Sachen anzog, plagte sie oft das schlechte Gewissen. Immerhin war ihr Pflegevater ein überzeugter Kommunist und Gegner des Krieges. Meine Mutter war nie im „Bund Deutscher Mädel" und froh, dass sie die Aufmärsche der Nazis nie erlebt hatte. Das beschauliche Erzgebirge war weit abseits der Front. Die Begeisterung meines Vaters sah sie mit gemischten Gefühlen, aber sie liebte ihn und er war nicht fanatisch. Ihre arische Abstammung konnte sie vor der Hochzeit nachweisen, ohne die keine Eheschließung mit meinem Vater möglich gewesen wäre. In der Abstammungslehre stand: „Arische Abstammung liegt vor, wenn alle vier Großeltern deutschen oder artverwandten Blutes sind."

Eines Tages fand meine Mutter in der Uniform ihres Mannes Bilder von Hinrichtungen. Menschen knieten hinter einem frisch ausgehobenen Graben, die Hände hinter dem Kopf und warteten auf den tödlichen Schuss. Auf einem anderen Foto sah sie die Leichen in dem Graben liegen. Als Zeichen der Macht hatten sich auch Soldaten mit fotografieren lassen, ihr Mann war nicht dabei. Die Fotos riefen Entsetzen bei ihr hervor, aber sie wagte nicht, ihn zu fragen, wie er zu diesen Fotos kam. Viele Gedanken gingen ihr durch den Kopf. Warum hatte er diese abscheulichen Bilder bei sich? Waren es vielleicht die Sachen von ermordeten Kindern? Fragen über Fragen und sie hatte immer das Gefühl, als klebe Blut an den Kindersachen. Dennoch war sie ja froh, dass sie für ihr Kind Kleidung bekommen hatte. Wenn da nur nicht diese Gewissenskonflikte gewesen wären.

Meine Mutter erzählte mir, dass sie oft überlegt hatte, diese Bilder aus Rache gegen meinen Vater zu verwenden, um ihn zu schädigen, weil er sie mit ihren drei Kindern sitzen ließ. Vor allem, als sie erfuhr, dass er mit Gründung der DDR sofort seine Fahne in den Wind hängte, denn gleich nach dem Krieg wurde aus einem überzeugten Soldaten der Wehrmacht ein überzeugter Genosse der SED. Er tat alles, um über die Partei Kariere zu machen. Allein die Tatsache, dass er der Vater ihrer Kinder ist, hielt sie von ihrem Vorhaben ab.

Während meine Mutter keinen Zuzug in ihre einstige Heimatstadt bekam, fand mein Vater nach dem Ende des Krieges in Halle eine Arbeit und zog hierher. Er bekam eine Anstellung bei der „Konzert- und Gastspieldirektion" Halle im Klubhaus der Gewerkschaften. Hier muss es auch zu seiner Berufsumwandlung vom Schneider zum Schauspieler gekommen sein, denn als ich geboren wurde, war er von Beruf Schauspieler, ein Jahr zuvor noch Schneider. Gelernt hat er jedenfalls diesen Beruf nicht. Ich vermute, dass er sich einfach als Schauspieler ausgab.

Ich habe für meinen Vater nie existiert. Nur einmal wollte ich ihn im Rahmen einer Ausstellung aufsuchen, die in seinem Klubhaus stattfand. Ich war mit meiner Oberschulklasse hier. Die einzige Frage, die er mir stellte, war: „Wie lange muss ich noch für dich zahlen?" Ich hatte vor diesem Treffen Herzklopfen und bildete mir ein, er wäre stolz auf mich, wenn er hörte, in was für eine berühmte Schule ich ging. Da ich unangemeldet kam, war er gerade zu Tisch. Ich erkannte ihn sofort. Als er auf mich zukam, wusste ich kaum, wie ich ihn ansprechen sollte. Ich erzählte ihm irgendwelche Belanglosigkeiten von mir und wann ich mein Abitur machen würde. Er fragte mich noch, ob er mir eine Limonade kaufen solle. Ich lehnte dankend ab und er beendete das Gespräch mit dem Hinweis, dass er nun weiterarbeiten müsse.

Das Ganze fand vor seinem Büro statt und dauerte nicht länger als fünf Minuten. Mein Klassenlehrer hatte noch vorher gefragt, ob er mit meinem Vater reden solle. So einfach aus Höflichkeit, erläuterte er. „Nein, ist nicht nötig", meinte ich. Hinterher kam ich mir regelrecht schäbig vor, dass ich mich hatte hinreißen lassen zu denken, mein Vater könnte sich freuen, mich zu sehen. Wenn ich darüber nachdachte, war mir jedes gesagte Wort peinlich. „Hätte ich ihn nur nicht besucht", dachte ich immer wieder. Aber ich hatte einfach nur meinen Vater sehen wollen. Ist das etwa nicht normal? Ich fühlte mich so verletzt und deprimiert. Nach dieser kurzen Begegnung hatte ich nie wieder Kontakt zu ihm. Bei einer Tanzveranstaltung in seinem Haus ignorierte er mich, obwohl ich gemeinsam mit meinen beiden Brüdern da war. Das Einzige, was uns miteinander verband, waren die Alimente. Manchmal tat die Erkenntnis, für den Vater nicht zu existieren, sehr weh. Ich hatte ihm doch nie etwas getan. Nicht ich, sondern er war für meine Existenz verantwortlich.

Die Entscheidung

Als uns unsere Mutter aus dem Waisenhaus holte, kehrten wir nicht wieder in das Doppelhaus zurück, wo wir beinahe unsere Mutter verloren hätten. Unser neues Zuhause war jetzt die uns zugewiesene kleine Mansardenwohnung mit den schrägen Außenwänden. Von einem langen Flur aus konnte man die Räume betreten. Zur Straße hin gab es nur zwei Dachluken in der Schräge der Decke, was wir Kinder sehr bedauerten, denn das Leben spielte sich damals oft auf der Straße ab. Autos gab es kaum. Aus den Luken konnte man folglich auch nicht die spielenden Freunde beobachten, wenn man Stubenarrest hatte. Diese Wohnung war leider auch die einzige von den fünf Wohnungen im Haus, die weder ein Bad noch ein Kinderzimmer hatte. Dennoch war es herrlich, endlich wieder im eigenen, frisch bezogenen Bett zu schlafen. Beim Anblick der vertrauten Möbel hatte ich sofort ein Gefühl der Geborgenheit, wir waren wieder daheim!

Das Jugendamt hatte versucht, eine optimale Lösung für unsere Mutter zu finden. Zunächst wurde dafür gesorgt, dass mein Vater seinen Zahlungsverpflichtungen in Bezug auf die Alimente nachkam. Für jedes Kind hatte er 20 Mark zu zahlen. Das war nicht viel, aber immerhin etwas. Unsere Mutter hatte zwar ihre Kinder wieder zurückbekommen, das war jedoch nur vorübergehend. Mit einem Gerichtsbeschluss hatte man festgelegt, dass ein Kind zum Vater gehen musste, aber welches? Sie musste sich entscheiden und sie entschied sich für ihr mittleres Kind, meinen geliebten Bruder Dieter. Um ihm den Abschied zu erleichtern, hatte man ihr angeraten, ihn auf die Trennung vorzubereiten. So freute sich der kleine Junge unbändig, dass er zu seinen Vater durfte, den er kaum kannte. Irgendwie war ihm zu Ohren gekommen, dass der Vater „Schauspieler" war. Von nun an hängte er bei der Frage nach seinem Namen immer „Schauspieler" an und hieß somit – „Dieter Kirchhof – Schauspieler". Er konnte es kaum erwarten, dass sein Vater kam, um ihn zu holen. Ich zählte für ihn nicht mehr und auch zu unserer Mutter wurde der kleine Kerl schon sehr kess.

Eines Tages war es dann soweit. Mutter hatte ihr bestes Kleid angezogen und Klein-Dieter war auch feierlich herausgeputzt. Ein Koffer mit all seinen Sachen stand bereit, auch ein paar Spielsachen nahm er mit. Alle warteten auf den Moment, dass es klingelte. Meine Mutter war sehr nervös. Klaus hatte seinen Vater lange nicht gesehen. Ich war unbeteiligt und wusste auch nicht, was da passiert, denn ich kannte ihn ja überhaupt nicht. Ein bisschen beneidete ich Dieter, weil er ein neues Abenteuer vor sich hatte, und das ohne mich. In Wirklichkeit war es für ihn eine Reise in eine ungewisse Zukunft ohne Mutter und ohne seine Geschwister. Der kleine Junge konnte schließlich nicht ahnen, was da auf ihn zukam. Er war gerade sechs Jahre alt geworden.

Endlich klingelte es und vor der Tür stand er – unser Vater. Ich sah ihn zum ersten Mal in meinem Leben. Klaus gab ihm die Hand und machte artig einen Diener. Mit leuchtenden Augen sah Dieter ihn an und ahmte seinen großen Bruder nach. Vater schaute mich nur ganz kurz an. Ich fand, dass er ein wenig aussah wie unser Opa, nur jünger. Er war sehr förmlich. Für Mutter war es eine peinliche Situation. Schließlich stand sie dem Mann gegenüber, den sie einst so sehr geliebt hatte. Gemeinsam hätten sie diese drei Kinder normalerweise großgezogen, aber nun war alles anders gekommen.

Wir Kinder wurden in die Küche am anderen Ende des Flures geschickt, schließlich gab es einiges zu beraten, wie zum Beispiel über die Besuchsmodalitäten. Mucksmäuschenstill warteten wir wie auf ein Wunder. Dann wurde Dieter gerufen. Freudig lief er zu seinem Vater und wollte auch gleich losgehen. Er drängelte zum Aufbruch. Die Situation war spannungsgeladen. Klaus schwieg, wie immer. Sicher ist ihm alles sehr nahe gegangen, schließlich war er einst der geliebte Sohn gewesen. Vergebens wartete er auf ein paar nette Worte von seinem Vater.

Dieter hatte kaum Zeit, sich von uns zu verabschieden. Nun rasch noch den Koffer geholt. Auch sein Federbett durfte nicht fehlen. Ein Federbett gehörte als Grundausstattung damals zu jedem, der die Familie verließ. Er drückte uns noch schnell. Vater verabschiedete sich kurz von uns, dann fiel hinter beiden die Tür ins Schloss. Betretene Stille trat ein. Wir konnten dem Bruder nicht einmal hinterherwinken, weil ja kein Fenster zur Straße hin war. Meine Mutter tröstete mich, dass wir Dieter bald in Halle besuchen würden.

Ab jetzt war alles anders. Ich war auf eine ganz besondere Art allein. Meine zweite Hälfte war weg, für immer weg. Ich kannte ja ein Leben ohne Dieter nicht. Als ich geboren wurde, war er bereits da und wir waren unzertrennlich. Erst in den folgenden Tagen spürte ich schmerzhaft den Verlust meines engsten und liebsten Spielgefährten. Noch heute kann ich mich an dieses traurige Gefühl in meiner Brust erinnern. Ich hatte ständig Sehnsucht, so eine Art Heimweh nach ihm. Wie oft sang ich noch Jahre danach, wenn ich an ihn dachte, das Kinderlied: „Wo mag denn nur mein Christian sein, in Hamburg oder Bremen?" Bei dem Refrain kamen mir oft vor Sehnsucht die Tränen.

Leider kam es für Dieter ganz anders, als er es sich erträumt hatte. Er bekam eine Stiefmutter wie sie im klassischen Märchen verkörpert wird. Seine Begeisterung war bald hin, denn auf ihn wartete eine strenge und lieblose Kindheit. Der Vater erzog ihn mit harter Hand und strengen Regeln. Oft bekam er Prügel und Stubenarrest war an der Tagesordnung. Die Stiefmutter, die gegen ihren Willen einen Stiefsohn bekam, konnte ihm keine Liebe geben. Sie hatte selbst eine Tochter. Unser Vater liebte sie, als wäre sie sein eigenes Kind. Sie wollten kein zweites Kind und ließen es meinen Bruder täglich spüren. Die neue Situation war mit richterlichem Beschluss herbeigeführt worden und so wurde der ungewollte Familienzuwachs auch behandelt.

So dauerte es nicht lange, bis Dieter Heimweh nach seiner richtigen Familie, vor allem aber nach seinen Geschwistern bekam. Eines Tages stand er plötzlich vor unserer Tür und strahlte über sein kleines Gesicht, als unsere Mutter ihm öffnete. Er drückte sie ganz fest. Zwar freute sie sich über sein Kommen, wunderte sich aber, dass er allein war. Natürlich fragte sie sofort, ob er die Erlaubnis dazu hatte. Dieter bejahte das und wir freuten uns, dass er da war. Ganz fest habe ich ihn gedrückt und ihm erzählt, wie sehr ich auf ihn gewartet habe. Ich war unglaublich froh, dass er endlich gekommen war. Ein wenig kam er sich dabei auch wichtig vor.

Unsere Mutter konnte es nicht fassen, dass ihr kleiner Sohn allein mit der Straßenbahn gekommen war. So war es auch nicht mit dem Vater vereinbart worden. Sie hatte einmal im Monat Besuchsrecht, von einem Alleinbesuch des Kindes war nicht die Rede. Er war ja für so etwas auch noch viel zu klein. Von Halle zu uns musste man etwa zwei Stunden fahren und einmal umsteigen. Sie bohrte so lange nach, bis er mit der Sprache herausrückte.

Sooft sie konnte, war sie mit uns nach Halle zu ihren Pflegeeltern gefahren. Dieter hatte sich den Weg gemerkt. Er war zu Hause ausgerissen, ohne dass es sein Vater oder die Stiefmutter bemerkt hatten. Unsere Mutter machte ihm klar, dass sie ihn wieder zurückbringen mussste, auch wenn es ihr sehr wehtat. Es war nun einmal so festgelegt worden.

Traurig gestand Dieter, dass er ganz große Sehnsucht nach uns hatte. Aber es nutzte nichts; er musste zurück zu seiner neuen Familie. Bald machte sich meine Mutter mit ihm auf den Weg. Sie gab ihm noch ein Paket Sachen mit, die meinem großen Bruder nicht mehr passten. Schließlich war unser Vater von Beruf Schneider. In Halle angekommen, zeigte Dieter unserer Mutter den Weg, wo er jetzt wohnte. Zornig nahm der Vater ihn entgegen und sie fuhr zurück. Später erzählte sie, dass sie auf dem Rückweg geweint hatte, aber sie konnte nichts ändern. Sie musste ja froh sein, dass man ihr nach dem Selbstmordversuch nicht alle Kinder weggenommen hatte.

Dieter bekam Prügel und eine Woche Stubenarrest. Das erzählte er uns, als wir ihn besuchten und es tat uns sehr leid. Aber die Strafe half nicht. Er riss noch mehrmals aus. Die Sehnsucht nach seiner Familie war bei einem so kleinen Jungen einfach zu groß.

Eines Tages stand er wieder einmal mit einem kleinen Töpfchen Alpenveilchen vor unserer Tür. Ganz verschmitzt erzählte er, dass sein Freund Geburtstag habe und er deshalb Geld für Blumen bekommen hätte. Also dachten die Eltern, dass er bei seinem Freund wäre. Der Schwindel kam jedoch wieder raus. Danach kam der Vater voller Zorn zu uns. Die Stiefmutter war auch dabei. Wir Kinder mussten das Zimmer verlassen. Da ich durch Gespräche meiner Mutti mit anderen Frauen wusste, dass diese Frau uns den Vater weggenommen hatte, war ich wütend, dass sie da war. Der Vater hatte uns kaum beachtet. Mein großer Bruder litt besonders wieder unter dieser Kälte. Für mich war er ein fremder Mann, ich sah ihn ja erst zum zweiten Mal.

All das, was mein kleiner Bruder in seiner Kindheit erleben musste, hat ihn für sein ganzes Leben geprägt. Seine Sehnsucht nach Liebe, Wärme, und Geborgenheit bestimmte sein Leben, genauso wie seine Rastlosigkeit. Da er als Kind selbst weder Liebe noch Verständnis zu spüren bekam, konnte er diese wichtigen Eigenschaften später auch nicht seinen eigenen Kindern vermitteln.

Schutzengel gehabt

Eines Tages kam ich mit einem dicken Hals auf der linken Seite aus dem Kindergarten heim. Bald war auch mein Gesicht angeschwollen und ich bekam Fieber. Meine Mutter rief einen Arzt und ehe ich mich versah, war ich im Krankenwagen unterwegs ins Kreiskrankenhaus. Leider war hier kein Bett für mich frei. Eilig fuhr der Krankenwagen in ein Behelfskrankenhaus, das in einer Baracke untergebracht war. Eine Kinderstation gab es hier nicht, nur ein Bett in einem Sechsbettzimmer der Frauenstation war frei und die Frauen freuten sich, dass zur Abwechslung mal ein Kind zu ihnen gelegt wurde. Die Lymphdrüse an meinem Hals war vereitert und ich wurde noch am gleichen Tag operiert, jedoch ohne Erfolg. Die Ursache konnte nicht beseitigt werden und mein Zustand verschlechterte sich. Eile war geboten. Da es sehr schlimm um mich stand, hatte man meine Mutter verständigt, die sich sofort auf den Weg machte. Das Behelfskrankenhaus lag nahe der kleinen Stadt Freyburg an der Unstrut und die

Anreise dorthin war sehr umständlich. Als meine Mutter mich sah, war sie fassungslos. Man erklärte ihr, dass sie sich auf alles gefasst machen müsse. Vier Operationen musste ich über mich ergehen lassen, bevor sich die Situation entspannte. Mein Gesicht war bis zur Unkenntlichkeit geschwollen.

Da ich ein sehr zartes Kind war, lag die Vermutung nahe, dass ich unterernährt sei, doch ich war zum Leidwesen meiner Mutter ein schlechter Esser. Eine Frau im Zimmer pflegte mich besonders voller Liebe und Hingabe. Bald bemerkte sie, dass meine Mutter nicht oft kommen konnte, weil sie arbeiten musste. Die Frau konnte keine Kinder bekommen und hatte sich in den Kopf gesetzt, meine Mutter zu bitten, mich zur Adoption freizugeben. Oft erzählte sie mir, dass sie einen großen Bauernhof mit vielen Tieren habe. Ich könnte ein kleines Hündchen bekommen und auch Katzen seien da. Es gebe immer gute Wurst und frische Milch. Dann hätte ich auch ein eigenes Zimmer und viel Platz zum Spielen. Auch ihr Mann war von ihrer Idee angetan und beide konnte es kaum erwarten, mit meiner Mutter darüber zu reden. Je mehr die beiden um mich bemüht waren, desto mehr sehnte ich mich nach meiner eigenen Mutter. Die Fürsorge und Liebe dieser Frau taten mir gut, denn meine Mutter hatte kaum Zeit für mich, dennoch liebte ich sie über alle Maßen und konnte mir nicht vorstellen, sie je zu verlieren. Als meine Mutter von dem Anliegen hörte, dachte sie, es sei nur ein Scherz und lachte darüber. Aber die Frau betonte mit Nachdruck, dass sie es ernst meine und mich gern als Kind annehmen würde. Sie versprach, dass es mir bei ihr gut gehen würde. Es sollte mir an nichts fehlen und sie könnte mich ja auch hin und wieder besuchen. Das Ehepaar hatte sich in diesen Gedanken regelrecht verliebt. Da ich schon als kleines Kind sehr redselig war, hatte ich ausgeplaudert, dass mein Vater meine Mutter „in Stich gelassen habe", und so glaubten sie, dass sie meiner Mutter damit auch helfen würden. Meine Mutter gab mich nicht her und für alle Frauen im Zimmer war es ein Schauspiel der besonderen Art. Bald danach konnte ich das Krankenhaus verlassen, denn das Bett wurde dringend gebraucht.

Einige Jahre später hatte ich noch einmal einen Schutzengel. Ich war etwa zehn Jahre alt. Es war Sommer und ich wollte mir an der Wasserleitung in unserem Garten eine Möhre abwaschen. Als sie mir aus der Hand fiel und ich sie aufheben wollte, griff ich in eine schmutzige Glasscherbe und verletzte mich. Schnittverletzungen waren bei mir keine Seltenheit und so spülte ich das Blut unter dem fließenden Wasser ab und vergaß bald den leichten Schmerz. Nach einigen Tagen entzündete sich jedoch die Schnittwunde und bekam einen gelben Rand. Ich fühlte, dass sie fiebrig wurde und in der Wunde pochte es. Es dauerte nicht lange, da entdeckte ich einen Streifen, der bereits bis in die Armbeuge reichte. Irgendjemand hatte mir mal erzählt, dass ein roter Streifen von einer Wunde in Richtung Herz eine Blutvergiftung sei. Dann müsse man schnell zum Arzt gehen, damit man nicht daran sterbe. So richtig wollte ich das nicht glauben, dennoch wurde ich unsicher. Meine Mutter hatte sich gerade für die Nachtschicht zum Schlafen hingelegt. Sie schlief immer zwei Stunden vor der Nachtschicht und befahl äußerste Ruhe. Mit Herzklopfen wartete ich, dass sie endlich aufwachen würde, um ihr den roten Streifen zu zeigen. So schlimm konnte es nicht sein, denn sie gab mir meinen Versicherungsausweis, schickte mich zu unserem Hausarzt und ging zur Arbeit.

Voller Angst rannte ich den ganzen Weg dorthin. In der Zwischenzeit fühlte ich mich richtig krank. Ich bildete mir ein, Schüttelfrost und Fieber zu haben. Als die Schwester sah, dass der Streifen bereits am Oberarm war, wurde ich sofort als nächster Patient in das Sprechzimmer gerufen. Damals war es keine Seltenheit, dass sich Kinder allein um sich selbst kümmern mussten, wenn die Eltern auf Arbeit waren. Der Arzt kannte mich und meine Mutter bereits seit einigen Jahren und wunderte sich deshalb keineswegs, dass ich alleine kam. Die Sprechstundenhilfe war die Frau des Arztes. Sie war ein wenig untersetzt und hatte einen kräftigen Busen, in den sie meinen Kopf drückte, als ich eine Spritze in die Hand bekam. Mit einem Auge sah ich das Skalpell, das aussah wie ein Klappmesser. Der Arzt schnitt damit in meine Hand. Trotz der Spritze tat es schrecklich weh.

Vor Schmerz schrie ich in den Busen der Frau. Dann wurde die Wunde genäht und ich biss tapfer die Zähne zusammen. Als Belohnung bekam ich hinterher nicht nur einen Bonbon, sondern auch einen schicken weißen Verband mit einer Schiene. Jetzt waren mir das Mitleid und die Neugierde der Leute, besonders aber meiner Freundinnen, sicher. Der Arzt und seine Frau bestätigten mir Tapferkeit und ich war froh, alles überstanden zu haben. Meiner Mutter sollte ich ausrichten, dass es eine Blutvergiftung und „allerhöchste Eisenbahn" gewesen war. Ich lief allein nach Hause. Zum Fäden ziehen ging meine Mutter dann mit und erschrak bei den Worten des Arztes doch ein wenig. Ich brauchte zu Hause nichts zu machen, sie half mir beim Anziehen und das war schön. Also wieder einmal Glück gehabt. Man braucht nun mal seinen Schutzengel!

Einen Schutzengel benötigte dann auch einmal mein Bruder Klaus. Es war Winter und der Feuerwehrlöschteich in unserer Siedlung war zugefroren. Weit und breit war es die einzige Möglichkeit, wo man schlittern und Schlittschuhlaufen konnte, was ja alle Kinder reizt. Die Eisdecke war jedoch nicht besonders dick. Klaus war stolzer Besitzer von Schlittschuhen, was damals noch etwas Besonderes war. Leider rissen die scharfen Krallen oft die Absätze der Schuhe ab, man nannte sie auch „Backenreißer". Schuhe waren teuer und man hatte in jeder Saison meist nur ein Paar, und die wurden getragen, bis es nicht mehr ging. Nachdem mein Bruder also einen prüfenden Blick und ein paar Steine auf den zugefrorenen Teich geworfen hatte, rannte er nach Hause, holte seine Schlittschuhe und stiefelte stolz zum Teich. Heimlich folgte ich ihm, denn er nahm mich ungern mit. Es waren bereits einige Kinder da, die versuchten zu schlittern. Mit einem kleinen Sechskantschlüssel leierte Klaus die Schlittschuhe an seinen Schuhen fest, betrat vorsichtig das Eis und machte ein paar wacklig gleitende, unbeholfene Bewegungen. Zunächst hielt die Eisdecke, aber bei jedem Schritt knisterte, knackte und summte es leise. Er ignorierte das drohende Geräusch. Plötzlich aber krachte es richtig und mein Bruderherz brach ein. Ein Feuerlöschteich ist ja bekanntlich nicht sehr groß, aber manchmal dennoch tief. Klaus steckte bis unter die Achseln im eiskalten Wasser. Zum Glück war der Teich nicht randvoll mit Wasser. Mit jeder verzweifelten Bewegung, sich mit den Ellenbogen hochzustemmen, brach das Eis Stück für Stück ab. Zwei Jungen, die vom Rand aus dem riskanten Unternehmen meines Bruders zugeschaut hatten, holten geistesgegenwärtig eine herumliegende Zaunlatte und schoben sie ihm auf dem Eis entgegen. Klaus klammerte sich daran fest, robbte auf dem Eis so weit es ging vorwärts und die beiden zogen ihn mit vereinter Kraft heraus. Mit einer verlegenen Miene, triefend vor Nässe und klappernd vor Kälte stand mein unglücklicher Bruder da. Es war Nachmittag und unsere Mutter war auf Arbeit. Die anderen Kinder, die ebenfalls die Eisfläche betreten hatten, wichen erschrocken zurück. Voller Angst hatte ich dem Treiben zugesehen. Ich rannte zu ihm hin und gemeinsam liefen wir schnell nach Hause. Schlotternd und klappernd versuchte er sich in der warmen Küche von den nassen Sachen zu befreien. So gut es ging, wusch er sie im Waschbecken aus. Das Wasser im Löschteich war nie sauber, denn es war ja ein stehendes Gewässer. Entsprechend rochen die Sachen dann auch. Wir mussten uns beeilen, denn bald kam unsere Mutter nach Hause. Sie durfte nichts merken, denn sie hatte uns verboten, zum Löschteich zu gehen. Jedes Jahr brachen dort Kinder im Eis ein. Sicher hätte er ein paar hinter die Ohren bekommen, sie fackelte nie lange. Die Wasserspuren auf der Treppe hatte ich auch schnell beseitigt. Alles ging gut. Die Sachen wurden auf den Trockenboden nebenan zum Trocknen aufgehängt und mit einem heißen Fußbad und dem Rücken am warmen Kachelofen im Wohnzimmer hatte sich mein Bruder bald wieder erwärmt. Zwischen uns beiden herrschte tiefster geschwisterlicher Frieden. Nun hatten wir ein gemeinsames Geheimnis und ich konnte sogar mal meinen Mund halten. Später war die ganze Sache völlig vergessen – war ja auch nicht weiter wichtig. Auf das Eis ging mein Bruder so schnell nicht wieder, zumindest nicht, wenn es nicht dick gefroren war.

Ein anderes Mal löste Klaus beinahe eine Katastrophe aus. Es war an einem Silvestertag. Geld für Knallkörper gab es nie.

Es hatte sich unter den Freunden meines Bruders herumgesprochen, wie man Knallkörper selbst herstellen konnte. Man
brauchte nur „Unkraut-Ex", das es problemlos in jeder Droge-
rie gab. Das war ein Unkrautvernichtungsmittel in kristalliner
Form. Mit ein wenig Wasser wurde es aufgelöst, Löschpapier
oder auch Zeitungspapier damit getränkt und anschließend getrocknet. Bald sah man, wie sich auf dem Papier winzige Salz-
kristalle bildeten. Die weitere Verarbeitung bis zum Knaller war
das große Geheimnis der Jungen, aber es funktionierte. Zün-
dete man das fertige Kunstwerk an, gab es einen lauten Knall
und es schoss sogar davon. Dabei stank es fürchterlich. Die Sache war nicht ungefährlich und wurde uns Kindern streng verboten, weil es zu schweren Brandverletzungen kommen konnte.

Mein Bruder hatte beschlossen, sich solche Knaller herzustellen. Es war bereits später Nachmittag, noch nichts war für
den nächtlichen Spaß fertig und bald wollte er sich mit seinen
Freunden treffen. Ein paar Blätter waren getrocknet. Die Ofenplatte in der Küche glühte beinahe, als Klaus eine Idee hatte.
Er legte eine getränkte große Seite Zeitungspapier vom „Neuen
Deutschland", der größten Zeitung der DDR, auf den Ofen, um
den Trockenvorgang zu beschleunigen. In rasender Geschwindigkeit trocknete das Papier und ehe wir uns versahen, entstand mit einem fauchenden Geräusch eine riesige Stichflamme. Wir erschraken uns beinahe zu Tode. Neben dem Ofen war
zum Glück das Waschbecken. Geistesgegenwärtig drehte er den
Wasserhahn auf und goss mit beiden Händen mehrfach Wasser auf das brennende Papier, das dann stinkend und in kleinen
Fetzen auf der Ofenplatte lag. Wir rissen das Fenster auf, we-
delten mit Küchentüchern den Qualm hinaus und kratzten eifrig das verbrannte Papier vom Ofen. Unsere größte Sorge war,
dass Mutter etwas bemerkte. Mit Sicherheit wäre es uns beiden
schlecht ergangen. Gemütlich saß sie im warmen Wohnzimmer
am anderen Ende des langen Flurs und hatte gerade ein wenig
geschlafen. Vorsichtshalber verließen wir die Küche nicht, sodass der Geruch im Raum blieb. Als sie später in die Küche kam,
waren alle Spuren beseitigt und wir setzten eine harmlose Mie-

ne auf. Es roch zwar noch etwas merkwürdig, aber wir behaupteten, dass der Geruch von draußen käme. In der Winterzeit roch es oft nach Kohlendioxid, denn in den Häusern gab es nur Kohleheizung. Klaus drohte mir noch Prügel an, wenn ich etwas verraten würde. Später traf er sich mit anderen Jungen aus der Klasse und war mit sich und der Welt vollkommen zufrieden, schließlich hatte er ein paar Knaller und keinen häuslichen Ärger. Obwohl ich immer eine Plaudertasche war, wagte ich nicht, meiner Mutter von dem ungewollten gefährlichen Feuerwerk in der Küche zu erzählen. Meinen Bruder habe ich nie verraten, weil ich gern seine liebe Schwester sein wollte. Doch seine liebe Schwester zu sein, ließ er nie zu.

Allein am Heiligen Abend

Grundsätzlich hatten Mütter mit Kindern am Heiligen Abend frei, aber meine Mutter meldete sich oft freiwillig zur Nachtschicht, denn in dieser Nacht bekam sie 100 Prozent Zuschlag, also doppelten Lohn. Durch die Schichten hatte sie nie viel Freizeit. Am Vormittag war in der Wohnung noch „Budenzauber" angesagt. Meine Mutter hatte an diesem Tag immer das unwiderstehliche Bedürfnis, die ganze Wohnung auf den Kopf zu stellen. Bis zur letzten Minute wurde die Wohnung gründlich geputzt, der Braten vorbereitet und schnell noch Kuchen gebacken. Dafür stand sie sehr zeitig auf. Wir wurden in alle häuslichen Arbeiten fest eingebunden. Nachmittags legte sie sich dann für zwei Stunden schlafen, um für die Zwölf-Stunden-Nachtschicht fit zu sein. Gegen 17.00 Uhr musste sie das Haus verlassen. Hatte sie es bis dahin nicht geschafft, den Tannenbaum zu schmücken, haben wir Kinder das getan. Es machte uns zwar Spaß, aber der Überraschungseffekt als wichtiger Bestandteil des Weihnachtsfestes ging verloren. Leider trat dann eine ungewollte Ernüchterung ein.

Eilig machte sich meine Mutter für die Arbeit fertig. Sie legte immer Wert auf ein ordentliches und nettes Aussehen, was ich toll fand. Ich begleitete sie bis zur Haltestelle der Straßenbahn. Der Gang bis dahin war meist hektisch, denn sie verließ immer im letzten Moment das Haus. Traurig verabschiedete ich mich dann von ihr. Wie sehr wünschte ich mir immer, dass sie an diesem Abend bei uns wäre. Sie tröstete mich damit, dass sie heute etwas mehr Geld verdiente. Die lange Strecke nach Hause ging ich allein zurück. In allen Häusern sah ich um die Zeit durch die Fenster die Kerzen der Tannenbäume leuchten. Es war die Zeit der Bescherung. Ich erkannte festlich gekleidete Erwachsene und Kinder und meinte sogar, die Stimmen zu hören. Für kurze Zeit blieb ich stehen und schaute traurig dem Familientreiben zu. Wie gern wäre ich eine von denen gewesen und wie sehnte ich mich in diesen Augenblicken nach familiärer Wärme und Geborgenheit. Ich konnte meine Tränen nicht zurückhalten und lief weinend an den Häusern vorbei nach Hause. Dort erwartete mich mein Bruder. Auch er litt natürlich unter dieser ungewöhnlich kalten und nüchternen Situation, doch er sprach nicht mit mir darüber. Er hätte mich als großer Bruder trösten können, aber er tat es nicht. Beinahe schweigend aßen wir gemeinsam das von Mutti bereitete Abendessen. Hatte sie uns vorher beschert, beschäftigten wir uns mit den Geschenken. Mein Bruder nahm meistens ein Buch und las. Er beklagte sich nie und war stets bescheiden. Wir hörten im Radio Weihnachtslieder und langsam verflog meine große Traurigkeit. Dann war ich froh, dass er wenigstens da war. Von festlicher Weihnachtsstimmung konnte keine Rede sein. Einmal kam es auch vor, dass es für die Bescherung zu spät war, weil Mutti zur Arbeit musste. Sie hatte nie ein gutes Zeitgefühl. Wenn dann noch der Baum nicht geschmückt war, machten sich die Enttäuschung und Trauer in meinem Herzen besonders breit. Dann ergriff mein Bruder die Initiative und forderte mich auf, den Baum mit zu schmücken. Das lenkte uns ab und wir waren hinterher richtig stolz auf uns. Der Baum war meist von zweifelhafter Gestalt, weil er im letzten Moment gekauft wurde. Es waren Fichten der billigsten Sorte, gingen aber als Tannenbaum durch. Hauptsache, er blieb in seinem Ständer stehen und es war genügend Lametta zum Kaschieren der leeren Stellen da.

Am Morgen des ersten Feiertages kam unsere Mutter meist gegen 7.00 Uhr erschöpft nach Hause und schlief erst einmal ein wenig. Bald aber stand sie auf und versuchte, uns ein Gefühl von Weihnachten zu vermitteln. Meistens gab es Kaninchenbraten, auf den wir uns schon freuten. Sie wollte ja so gern eine gute Mutter sein, konnte es jedoch aus den genannten Gründen nicht. Dann wurden die Kerzen am Tannenbaum angezündet. Auch wenn Wachs auf den Fußboden tropfte, es war unsagbar festlich für uns. In diesen schönen Momenten habe ich dann den traurigen Heiligen Abend sofort vergessen und Klaus auch. Nie habe ich es jedoch geschafft, in seine Seele zu schauen.

Als dann später der Stiefvater da war, wurde alles darangesetzt, eine weihnachtliche Stimmung aufkommen zu lassen. Beide hatten die gleiche Schicht, doch am Heiligen Abend waren wir Kinder allein. Das war auch besser so, denn uns war unsere Mutter wichtig. Meistens war der zweite Feiertag des Geldes wegen erneut für eine Schicht verplant. Aber das Gefühl schmerzte dann nicht so sehr wie die Einsamkeit am Heiligen Abend. Ein Feiertag blieb immer für uns.

Die Geschenke waren nicht sehr reichlich, aber wir freuten uns über jede Gabe. Einmal bekam mein Bruder einen Metallbaukasten. Er baute und entwickelte mit so viel Fantasie, wie ich es ihm nie zugetraut hätte. Unsere Mutter erweiterte die Grundausstattung des Kastens noch einige Male und er war sehr glücklich darüber. Bücher waren für ihn jedoch immer wichtig. Still zog er sich dann zurück und las oft den ganzen Abend.

Ich hatte jahrelang nur eine Babypuppe, die ich innig liebte und mit der ich gern spielte. Zu jedem Weihnachtsfest wurde sie neu eingekleidet. Die Sachen nähte meine Mutter selbst. Später bekam ich eine Babywiege, Tischchen und Stühlchen dazu. Auch Puppengeschirr brachte mir zu meiner großen Freude der Weihnachtsmann. Es war gebrauchtes Spielzeug, das störte mich jedoch nicht im Geringsten. Alles vorhandene Spielzeug wurde zu Weihnachten aufgebaut und immer kam etwas dazu. Es war manchmal nur ein neues Puppenkleid oder die Kissen waren neu bezogen. Aber jedes Mal war es eine große Freude für mich. Leider ließ mein Bruder die Süßigkeiten von meinem bunten Teller verschwinden oder tauschte mit mir in unseriöser Ahnungslosigkeit. Gleich am ersten Tag aß er alle seine Süßigkeiten auf und spekulierte dann auf meine. Wir bekamen sehr selten Süßes und er naschte so gern. Ich teilte mir alles ein, aber es wurde wie von Geisterhand von Tag zu Tag weniger. Ich durfte ja nicht petzen.

Der neue Vater

Eines Tages brachte meine Mutter einen fremden Mann zu uns nach Hause mit. Mit Schokobonbons, die er uns aus einer bunten runden Blechdose anbot, versuchte er, uns zu imponieren. Die meisten jedoch aß er allein. Sie schmeckten uns gut und er war freundlich zu uns. Mein Bruder sagte nichts, doch wir witterten „Morgenluft". Das konnte doch nur der neue Freund unserer Mutter sein. Sie war etwas verlegen und überließ uns unseren Gefühlen und Gedanken. Eine Kollegin meiner Mutter, die auch mit ihrem Sohn allein war, hatte sie überredet, mit in eine Tanzgaststätte zu gehen, wo sich allein stehende Männer trafen. Sie hatte bereits einen Mann dort kennengelernt und dessen Freund suchte eine Frau. Fast alle Männer kamen aus russischer Gefangenschaft, konnten nicht mehr in ihre Heimat, das ehemalige Sudetendeutschland, heimkehren und suchten eine Frau.

Die beiden Männer waren da und so lernte Mutter ihren neuen Freund kennen. Emil war ein relativ großer Mann mit abstehenden Ohren, wulstigen Lippen und gescheitelten dunklen Haaren. Er kam aus einem kleinen Dorf bei Liberec im heutigen Tschechien. Später erzählte er uns, dass es in seinem Dorf weder Kanalisation noch elektrischen Strom gab. Als die Sowjetarmee das Land besetzte, wurden alle Männer, die sie vorfanden, in ein Gefangenenlager gebracht. So kam Emil in russische Gefangenschaft, obwohl er nie im Krieg war. Nach ein paar Jahren wurden die meisten freigelassen, auch er. Im Chemiebetrieb Leuna suchte man Arbeitskräfte und so landeten viele dort. Emil wohnte in der Nähe des Betriebes in einer Baracke. Sie diente als Ledigenwohnheim. Mehrere Männern schliefen in einem Zimmer. Alles war sehr primitiv und jeder versuchte, so schnell wie möglich eine bessere Bleibe zu finden, so auch er.

Emil besuchte uns jetzt öfters. Wenn wir gemeinsam etwas unternahmen, ging mein Bruder nie mit. Man traf sich mit ehemaligen Kriegsgefangenen und führte seine neue „Eroberungen" vor. Stets kam er geschniegelt und gebügelt im Anzug und machte einen netten Eindruck auf alle. Es dauerte nicht lange, da zog er bei uns ein und die Entwicklung nahm seinen Lauf. Am Anfang war alles noch Friede, Freude, Eierkuchen. Eine Nachbarin fragte mich natürlich, ob das nun mein neuer Vater sei und ich versicherte ihr, dass ich zu dem nie „Vati" sagen würde. Das sollte natürlich nicht zutreffen. Eines Tages kam meine Mutter und sagte uns, dass sie geheiratet hätten. Die Ringe waren Goldmantelringe, denn echtes Gold gab es kaum und das Geld dazu erst recht nicht. Die Nachricht erschütterte mich nicht besonders, denn Emil war immer noch nett. Mutti bekam von ihren Pflegeeltern zu diesem Anlass eine elektrische Backform geschenkt, die mir später einmal beim Stolpern über die Schnur mitsamt dem heißen, noch nicht fertigen Pflaumenkuchen an meine Waden fiel. Geschimpft hat sie nicht. Der Schmerz war groß genug und am Baum hingen noch genug Pflaumen.

Das gesamte Hab und Gut meines Stiefvaters passte mitsamt einem hässlichen Aluminiumbestecks, an dem er gnadenlos hing, in einen kleinen Pappkoffer. Schließlich war ja meine Mutter fertig eingerichtet und er zog bei uns ein. Kamen seine Freunde aus der Gefangenschaft zu Besuch, wurde jedes Mal stolz eine Wohnungsführung veranstaltet. Er zeigte allen, wie gut er es getroffen hatte. Im Betrieb meiner Mutter suchte er sich eine neue Arbeit. Da er nichts gelernt hatte, arbeitete er als Entascher an einer großen Verbrennungsanlage im Kesselhaus. Die Tätigkeit erforderte keine geistige Arbeit, man brauchte nur Hornhaut an den Händen. Er arbeitete in der gleichen Schicht wie meine Mutter.

Langsam kehrte in unserer Familie der Alltag ein. Emil hatte sein Ziel erreicht und zeigte nun sein wahres Gesicht. Es gab kaum einen Tag, wo er nicht etwas an uns Kindern auszusetzen hatte. Beinahe jeder Satz, den er mit meiner Mutter sprach, begann vorwurfsvoll mit „Deine Kinder …". Auf meinen Bruder hatte er es besonders abgesehen. Nichts konnte der ihm recht machen. Ständig nörgelte er an ihm herum. „Was der Kerl immer nur am Fenster hockt." „Der Lackl", so bezeichnete er ihn, „soll sich runter scheren." Als mein Bruder in die Pubertät kam und immer Hunger hatte, kam das nächste Problem. Emil hatte Angst, er könnte ihm etwas wegessen. Mein Bruder verzehrte damals eine Unmenge an Brot. Vier bis fünf Scheiben am Abend waren keine Seltenheit. Die Brotscheiben waren dick und der Belag darauf dünn. Zu keiner Zeit war mein Stiefvater der Ernährer der Familie, aber er tat immer so. Meine Mutter verdiente mehr Geld als er und sorgte still für den Ausgleich. Bekamen wir neue Sachen zum Anziehen, versteckte er sie. Seiner Meinung nach sollten es Sonntagssachen bleiben. Das ging unserer Mutter zu weit. Sie hielt zu uns, was jedoch unweigerlich zu Streit zwischen den beiden führte, worauf er lange Zeit nicht mit ihr sprach. Da er keine eigenen Kinder hatte, wusste er auch nicht mit uns umzugehen.

Still ließ Klaus alles über sich ergehen, ich war da etwas anders. Als mein Stiefvater wieder einmal an mir herumnörgelte und mich demütigte, rutschte mir vor lauter Verzweiflung die Bemerkung heraus, dass er mir gar nichts zu sagen hätte, er sei ja nicht mein Vater. Da nahm er eine schwere Glasschüssel, die auf dem Tisch stand und warf sie nach mir. Ich duckte mich und die Schüssel sauste über meinen Kopf hinweg an die Wand und zerbrach. Das war selbst meiner Mutter, die Frechheiten nie duldete, zu viel. Sie schrie ihn an, dass er das ja nicht noch einmal tun solle. Wochenlang herrschte eisige Stille und ich kam mit „einem blauen Auge" davon.

Da Klaus ein „Stubenhocker" war, kaufte unsere Mutter von ihrem Geld für ihn ein altes Fahrrad und ließ es von einem Fahrradmechaniker reparieren. Mein Bruder freute sich schon sehr darauf. Als das Rad fertig war holte sie es gemeinsam mit ihm ab. Glücklich unternahm er jetzt damit Fahrradtouren. Doch das sollte nicht lange dauern, denn Emil nahm es ihm einfach weg. Er legte fest, dass es nun ihm gehöre. Schließlich verdiene Klaus keinen Pfennig Geld. Wie käme er denn dazu, ein Rad zu besitzen, während er keins hatte. Meine Mutter war in dem Moment machtlos. Emil hatte bereits ein Fahrradschloss gekauft und schloss das Rad an. Klaus war bitter enttäuscht und weinte heimlich. Ich glaube, das war der Moment, in dem er anfing, Emil zu hassen.

Mit Geld konnte Emil nie umgehen. Eine bestimmte Summe steuerte er zum Wirtschaftsgeld bei, den Rest „verfraß" er regelrecht. An den Nebenkosten beteiligte er sich nur sehr ungern. Mutter sparte und drehte jeden Pfennig zweimal um, damit sie sich etwas leisten konnten. Er stand immer nur mit leeren Händen da. Oft kaufte er sinnlose Dinge und sie ärgerte sich darüber. Trotz des vielen Geldes, das er für sich behielt, sparte er keine einzige Mark.

Mit dem Fahrrad meines Bruders machte er nun in seiner Freizeit alleine große Fahrradtouren. Ohne ein Wort zu sagen, verließ er morgens das Haus und kam spät am Abend wieder. Nie wusste unsere Mutti, wo er war. Meist erzählte er erst hinterher von seinen Erlebnissen. Dann aber schwärmte er nur von guter Wurst bei irgendeinem Fleischer und frischem Bier in irgendeiner Kneipe, wo er sein Geld unter die Leute brachte. Nie war ihm dabei klar er, dass er seine Frau alleine ließ. Eines Tages war sie sogar froh, wenn er weg war. Das Schlimmste aber war, dass er oft heimlich meiner Mutter Geld aus dem Portemonnaie genommen hat und es dann abstritt. Es kam sogar vor, dass sie im Geschäft bezahlen wollte und das Portemonnaie war leer. Ich habe sie vor Zorn weinen sehen. Nicht ein einziges Mal in meinem ganzen Leben habe ich heimlich von ihr Geld genommen. Schon als Kind hatte sie großes Vertrauen zu mir und das liebte ich so sehr. Sie fing an, ihr Portemonnaie zu verstecken. Durch den anstrengenden Schichtdienst vergaß sie jedoch manchmal, wo sie es hingetan hatte. Voller Verzweiflung suchte sie es dann und brach nicht selten in Panik aus. Nach aufregender Sucherei fand sie es dann. Es war immer deprimierend. Ihre Hauptverstecke wusste ich, aber auch mein Stiefvater suchte und sie musste sich immer etwas Neues einfallen lassen. Ich hasste diesen unverzeihlichen Vertrauensbruch.

Bald stellte sich heraus, dass Emil bei seinen früheren Freunden schlecht über meine Mutter redete. Durch ihre unkomplizierte und umgängliche Art war sie bei den Freunden sehr beliebt und so erzählten sie es ihr. Stellte sie ihn zur Rede, ließ er sie einfach stehen. Dann war wieder wochenlang eisernes Schweigen zwischen den beiden.

Jedes Jahr zu Pfingsten war im Zoo von Halle ein Treffen von ehemaligen Sudetendeutschen. Polizei und Stasi beobachteten das mit skeptischen Augen, denn es ging meist um Gebietsansprüche und Wiedergutmachung. Obwohl es vielen jetzt besser ging, schwärmten alle von der guten alten Zeit. Kein Treffen ließ er aus und überredete jedes Mal meine Mutter dazu. Oft hatte ich Angst um sie, denn die Treffen waren offiziell verboten.

Auf andere Leute machte mein Stiefvater immer einen netten Eindruck und man hielt in für ruhig und hilfsbereit. In Wirklichkeit aber habe ich in meinem ganzen Leben nie wieder so einen launischen Menschen kennengelernt. Ich weiß bis heute nicht, was von diesem Menschen ausging, dass wir uns alle so klein vor ihm gemacht haben. Ständiges Meckern und wochenlanges Schweigen waren seine Hobbys geworden. Auf seine Ärztin schimpfte er ständig, weil sie bei ihm keine Krankheit finden konnte, trotzdem legte er sich tagelang ins Bett und mimte den Kranken. Das gemeinsame Essen verweigerte er dann, aß aber heimlich. Kam das Gespräch jedoch auf eine Reise in „die Tschechei", war er sofort gesund. Dann fing er an zu plaudern und zu organisieren und war der netteste Mann. Es kam dann auch vor, dass er meine Mutter sogar mal mit ihrem Vornamen ansprach. Ansonsten rief er nur: „Du!", „He" oder „Frau", worüber sie sich sehr ärgerte. Wenn meine Mutter ihm dann noch das Geld für den Urlaub gab, war für ihn die Welt in Ordnung. Jetzt bestimmte er, was damit gemacht wurde. Sein Weg führte ihn sofort zur Bank und er tauschte das Geld in tschechische Kronen ein. Da es in seine Heimat ging, meinte er, dass er darüber verfügen könne, wofür es ausgegeben wurde, und gab meiner Mutter nicht eine Krone. Selbst zum Gang auf die Toilette musste sie ihn anbetteln. In „der Heimat" spielte er den großzügigen Deutschen. Sie machte nur gute Miene zum bösen Spiel. Wollte sie sich wirklich von ihrem Geld etwas kaufen, konnte er es gar nicht verstehen, wollte wissen, wofür, und gab es ihr nur ungern. Alles wurde in Knödel und Bier umgesetzt. War das Geld alle, wurde nach Hause gefahren. Versuchte sie, mit ihm darüber zu sprechen, winkte er ab, schüttelte den Kopf und schnalzte mit der Zunge am Gaumen. Er ließ sie einfach stehen. Immerhin – meine Mutter sparte das Geld, das er so leicht ausgab und verjubelte sein Geld.

Das größte Problem meiner Mutter war seine Unsauberkeit. Da er in einem Dorf aufgewachsen war, wo es weder fließendes Wasser noch elektrisches Licht in seinem Haus gab, badete man vorwiegend im Sommer im Bach. Ansonsten wusch man sich mehr schlecht als recht. Die Scheu vor Wasser hatte er beibehalten. In all den Jahren ging er nie im Sommer baden oder im Urlaub ins Wasser. Meine Mutter musste ihn erst lange überzeugen, dass er sich gleich im Betrieb nach der Arbeit duschte. Zu Hause spülte er nach dem Händewaschen die Seife nicht ab, sondern trocknete sich mit dem Schaum am Handtuch ab. Der Rasierpinsel war steif von alter Seife. Weder das Waschbecken, noch die Toilette wurden nach der Benutzung gesäubert. Zähne wurden nur hin und wieder geputzt. Ständig roch er nach Achselschweiß. Deos benutzte er nur nach Aufforderung. Meine Mutter war gegen ihn machtlos.

Ständig erklärte er ihr, dass seine Mutter früher alles besser gemacht hätte. Nur sehr selten lobte er das Essen meiner Mutter. Wir kannten von ihm nur zwei Verhaltensweisen: Entweder er meckerte rum, weil seine Mutter es besser gemacht hatte, oder, wenn es schmeckte, schwieg er und aß für zwei. Fand er im Eintopf auch nur einen kleinen Knochen, goss er den ganzen Teller weg.

Wie konnte meine Mutter das nur so lange ertragen! Wir bedauerten es später sehr, dass wir sie nie bestärkt haben, wenn sie von Scheidung sprach. Alle hatten Angst vor ihrer Einsamkeit, weil keiner Zeit für sie hatte. Aber die traurige Art der Einsamkeit in dieser Ehe war viel schlimmer. Erst heute weiß ich, wie wenig sie von ihrem Leben hatte.

Sie war beinahe 40 Jahre, als sie sich entschloss, Chemiefacharbeiterin zu werden, und sie schaffte es. Trotz der Schichten nahm sie sich die Zeit und lernte eifrig. Wir Kinder waren sehr stolz auf sie. Als sie die Prüfung bestanden hatte, bekam sie mehr Lohn. Emil dagegen wehrte sich gegen jegliche Art von Bildung. Sein Bildungsgrad war gering und er redete so, wie er es verstand.

Sexueller Missbrauch

Über den selbst erlebten sexuellen Missbrauch zu schreiben, ist sehr schwer. Noch schwerer ist es jedoch, darüber zu reden. Scham und Pein beherrschen die kindlichen Gefühle. Wenn niemand mit dem Kind über Sexualität spricht, weiß es auch nicht, was mit ihm geschieht. Es spürt nur, dass es unangenehm ist und dass es nicht normal sein kann, wenn ein erwachsener Mann die Stellen des kindlichen Körpers berührt, die als Tabuzonen bekannt sind. Jede Berührung ist ekelhaft.

Als Kind hatte ich stets Angst vor der Strenge meiner Mutter. Sie war oft gnadenlos und sehr intolerant. Hielt ich mich nicht an ihre Vorschriften, bestrafte sie mich hart. Meine Angst vor einer solchen Bestrafung war dann auch die Schwachstelle, die mein Stiefvater brutal ausnutzte.

Ich war gerade zehn Jahre alt geworden. Mein Bruder wohnte wochentags im Lehrlingswohnheim. Aus Platzgründen stand mein Bett im elterlichen Schlafzimmer. Eines Tages, als meine Mutter in der Nachtschicht war, begann für mich die seelisch qualvolle Zeit. Mein Stiefvater mimte mal wieder den Kranken und war nicht zur Nachtschicht gegangen. Er forderte mich auf, zu ihm ins Bett zu kommen. Mich befiel instinktiv Angst, doch ich wusste, dass ich gegen ihn wehrlos war. Ich stellte mich schlafend. Mit Nachdruck wiederholte er seine Aufforderung und ich gehorchte. Erst streichelte er mich und versuchte mich zu küssen. Ruckartig drehte ich meinen Kopf zur Seite, ich ekelte mich. Er hielt meine Arme fest und plötzlich versuchte er, in meinen kleinen unschuldigen Körper einzudringen. Es tat weh und ich habe mich mit allen Kräften dagegen gewehrt. Ich wollte schreien, brachte aber kein Wort heraus, so geschockt war ich von seiner Handlung. Er ließ von mir ab. Ich konnte nicht einordnen, was mit mir geschah und was da passierte. Dann zwang er mich, ihn zu befriedigen. Das ekelhafte Gefühl, wenn ein kleines Mädchen gezwungen wird, das männliche Glied anzufassen, ist unbeschreiblich. Ich hatte vorher noch nie einen nackten Mann gesehen. Als ich nicht begriff, was ich machen sollte, wurde er zornig und krallte sich mit seinen groben Händen in meine Oberarme, sodass ich schmerzvoll aufschrie. Mir wurde schlecht vor Angst. Es ist mit Worten schwer zu beschreiben, was sich ich in diesen Minuten in meinem Kopf abgespielt hatte. Danach flüchtete ich aus seinem Bett und versteckte mich voller Scham unter meiner Bettdecke. Mein Stiefvater drohte mir, dass er alle meine kleinen kindlichen Verfehlungen, die er bemerkt hatte und von denen meine Mutter nichts erfahren durfte, ihr sagen würde, falls ich ihn verriete. Es waren alles Banalitäten, aber für ein Kind schwerwiegend, wenn es zu streng behandelt wird. Höhnisch fügte er noch hinzu, dass er es abstreiten würde und mir es doch niemand glauben würde. Ich war verzweifelt, wie noch nie zuvor in meinem Leben.

Von nun an nutzte er jede Gelegenheit seiner sexuellen Befriedigung durch mich. Die Angst vor meiner strengen Mutter hatte mich erpressbar gemacht. Vor dieser Handlung schreckte er auch nicht zurück, wenn die Freunde meiner Eltern bei uns zu Besuch waren. Wenn alle in Stimmung waren, schickte er mich mit fadenscheinigen Gründen in die am anderen Ende des langen Flures gelegene Küche. Dann ging er hinterher und lauerte mir im Flur um die Ecke auf. Dort konnte er genau hören, ob jemand kam. Hier zwang er mich, ihn schnell zu befriedigen. Mir taten die Schulter und der Arm weh und ich ekelte mich unbeschreiblich.

Meine Seele schrie zum Himmel und ich sah keine Möglichkeit, aus diesem Schreckensszenarium herauszukommen. Ich hatte einmal geschwiegen und musste nun immer schweigen. Er würde ja doch alles abstreiten und ich könnte nichts beweisen. Vor meiner Mutti würde er mich als Lügnerin hinstellen. Wer sollte mir glauben? Immer wieder habe ich darüber nachgedacht, mit wem ich reden könnte, wie ich es meiner Mutter sagen sollte. Wie würde sie reagieren, was würde sie unternehmen? Was für eine Lawine würde ich damit ins Rollen bringen? Die ganze Familie würde ich ins Gerede bringen! Ich hatte Angst, dass ich meiner Mutter sehr schaden würde. Was würde mit mir passieren? Alle würden mit dem Finger auf mich zeigen und die männlichen Familienmitglieder und Bekannten würden zum Stiefvater halten, weil er auf alle so einen harmlosen, ruhigen und scheinbar netten Eindruck machte.

Ich wurde nicht getauft und auch als Kind nicht kirchlich erzogen, aber ich flehte oft leise aus lauter Verzweiflung: „Bitte, bitte, lieber Gott, hilf mir!" Wie sollte ich nur mit meiner Mutter sprechen, wenn sie nicht einmal in der Lage gewesen war, mich sexuell aufzuklären? Beinahe mein gesamtes Leben hindurch fand ich nicht den Mut und die Worte, über die sexuellen Erpressungen meines Stiefvaters zu reden. Jahrzehntelang habe ich das Erlebte verdrängt und dennoch hat es mein Leben besonders in meiner späteren Ehe vordergründig negativ beeinflusst. Die meisten missbrauchten Kinder sind ein Leben lang nicht richtig liebesfähig. Bestimmte Handlungen, die eigentlich unter Liebenden normal sind, rufen traurige und abstoßende Erinnerungen hervor. Nur ein einfühlsamer Partner hätte helfen können, aber nur, wenn man sich offenbaren kann. Dazu fehlt fast allen Mädchen der Mut, meistens fehlt auch der einfühlsame Partner.

Einmal war es besonders schlimm für mich. Ich kam aus dem Kindererholungsheim nach Hause. Meine Mutter hatte mir versprochen, mich vom Bus abzuholen. Als der Bus das Ziel erreicht hatte, suchte ich meine Mutter vergebens mit den Augen. Mein Stiefvater stand da, ein feistes Grinsen im Gesicht. Ekel und Verzweiflung kamen in mir hoch. Am liebsten wäre ich nicht aus dem Bus gestiegen. Meine Knie wurden weich und ich musste mich beim Aussteigen festhalten. Wie hatte ich mich auf Mutter gefreut und nun stand dieses Ekelpaket da. Ich wusste genau, was auf mich zukam, ich hätte am liebsten laut losgeheult. Liebevoll wurden alle anderen Kinder von ihren Eltern abgeholt und auf mich wartete diese sexuelle Qual. Als meine Mutter mich am anderen Morgen begrüßte, hätte ich ihr am liebsten große Vorwürfe gemacht, aber das ging ja nicht. Sie ahnte schließlich von nichts.

Der Druck auf meiner Seele belastete mich sehr und machte mich teilweise anderen Kindern gegenüber aggressiv. Niemand konnte wissen, wie es in mir aussah.

Mein Stiefvater ist seit vielen Jahren tot. Ein Jahr nach dem Tod meiner Mutter starb er völlig einsam in der elterlichen Wohnung. Noch immer empfinde ich Hass und Ekel und hätte am liebsten seine Urne aus dem Grab neben meiner Mutter ausgegraben und in alle Winde verstreut.

2. Grundschulzeit

Schulkind

Endlich war der Tag der Einschulung gekommen. Meine Mutter hatte mir ein neues Kleid genäht und die Zuckertüte war vorher heimlich in die Schule gebracht worden. In einigen Schulen gab es sogar Zuckertüten-Bäume, wo die Zuckertüten aufgehängt wurden. Die Verteilung der heiß ersehnten Tüte war sehr spannend. In meiner befanden sich Bonbons und selbstgebackene Kekse, die Fettflecke an dem Krepppapier hinterließen. Mehr konnte meine Mutter mir nicht geben. Die Bonbons aß ich bald auf. Da ich Kekse nicht so gern aß, verschlang sie mit meiner Genehmigung mein Bruder. An Schokolade war nicht zu denken. Dennoch habe ich mich gefreut, ich kannte es nicht anders.

Mein Schulranzen war aus einer Art Hartpappe. Eine kleine Schiefertafel und mehrere Griffel in einem Schieferkasten aus Holz gehörten zur Grundausstattung in der ersten Klasse. Die Griffel waren Schieferstifte, mit denen man auf der Schiefertafel schrieb. Das kratzende Geräusch dabei war oft unangenehm. Der Schwamm zum Abwischen der kleinen Tafel hing an der Seite des Schulranzens heraus, weil er feucht war. Später diente er auch mal im nassen Zustand als Wurfgeschoss – unangenehm, wenn man es selbst abbekam. Eine Fibel und ein Rechenbuch waren natürlich auch im Ranzen. Hefte und Federhalter kamen erst am Ende des ersten Schuljahres zum Einsatz. Füllfederhalter fanden erst später Einzug in unseren Ranzen. Auf den Schulbänken befand sich eigens für den Federhalter ein Tintenfässchen, das in eine angepasste Vertiefung eingelassen war und mit einem Holzdeckel zugeschoben werden konnte. Entsprechend sahen auch die Holzbänke aus. Unser Problem war oft eine schlecht schreibende kleine Metallfeder, die in den Halter geschoben wurde. Blaue Tintenfinger waren normal, genau wie Tintenkleckse im Heft. Ohne Löschpapier lief nichts. Die Platte der Schulbänke war leicht nach unten abgeschrägt und unten mit einer Kante versehen, an der die Schiefertafel und später die Hefte Halt fanden. Obwohl es verboten war, ritzten oft die Schüler ihre Initialen in die Tischplatte ein. An den Holzbänken waren die Sitze wie in einem Kino, als Klappsitze befestigt, jedoch nur aus Holz. Da man beim Sprechen und Antworten aufstehen musste, klappten die Sitze mit einem vernehmbaren hölzernen „Klack" nach hinten. Beim Hinsetzen musste der Sitz nach unten gedrückt werden, sonst setzte man sich daneben. Das kam natürlich vor Aufregung auch vor. Bald hatte der Hintermann herausgefunden, dass er mit dem Fuß den Klappsitz festhalten konnte. Dann hatte man seine Not, sich hinzusetzen. Bemerkte es der Lehrer, wurde es für den Hintermann kritisch. Auch in meiner Zeit teilte der Lehrer den Jungen noch Kopfnüsse aus oder zog an den kleinen Nackenhaaren, was sehr wehtat.

Mein großer Bruder besuchte die gleiche Schule wie ich. Als ich eingeschult wurde, war er bereits in der fünften Klasse. Meine Mitschülerinnen beneideten mich, dass ich einen großen Bruder an der gleichen Schule hatte. Aber leider brachte mir das überhaupt keine Vorteile, im Gegenteil. Geholfen hat er mir nie, auch wenn ich in Bedrängnis geriet. Oft hatte ich das Gefühl, ihm peinlich zu sein, obwohl ich ein ganz normales Mädchen war. Er übersah mich regelrecht, wenn wir gemeinsam auf dem Schulhof in der Pause waren. Es sei denn, er hatte Hunger. Weil er zu faul war, sich selbst Brote zu machen, nahm er mir einfach meine Brote weg und ich hatte das Nachsehen. Beschwerde bei unserer Mutter half nichts. Er leugnete es und sie glaubte ihm. Später brachte ich manchmal heimlich leere Flaschen weg und kaufte mir von den 30 Pfennig Flaschenpfand beim Bäcker an der Ecke für 5 Pfennige Kuchenränder oder für 10 Pfennige Streuselschnecken. Taschengeld gab es bei uns nicht.

Schulisch hatte meine Mutter nie Sorgen mit mir. Sie bemerkte auch nicht, dass ich eine gute Schülerin war. Zeit für Banalitäten hatte sie keine, auch für meine kleinen und großen Sorgen nicht. Damit musste ich alleine fertigwerden. Meine Zeugnisse der dritten und vierten Klasse habe ich selbst unterschrieben.

Sie registrierte nur am Rande, dass ich ein Zeugnis bekommen hatte, vergaß aber, es zu unterschreiben. Später konnte ich ihre Unterschrift perfekt nachmachen und das tat ich auch, um keinen Ärger zu bekommen.

Es war ganz normal, dass wir Kinder im Haushalt halfen. So schrubbte ich schon als Kind die Wäsche auf dem Waschbrett, bis die Knöchel wund wurden und polierte mit einem schweren Bohnerbesen die Dielen, bis sie glänzten. Als ich Schmerzen im linken Handgelenk bekam, meinte meine Mutter, ich solle doch „mal danach gehen". Das tat ich dann auch und es stellte sich heraus, dass ich eine Sehnenscheidenentzündung hatte. Man verpasste mir einen Gipsverband, auf den ich mächtig stolz war. Das sah gefährlicher aus, als es war. Jeder dachte, ich hätte meinen Arm gebrochen, und alle schauten mich mitleidig an. Zu Hause musste ich natürlich so tun, als hätte ich Schmerzen. Geglaubt hat mir das keiner, aber getan habe ich so. Vorübergehend kam ich um fast alle häuslichen Arbeiten herum, nur das Anziehen wurde komplizierter. Mein Bruder hatte mehr zu tun, denn ich konnte nicht mehr das Geschirr spülen, die Kartoffeln schälen und den Boden polieren. Er war sauer auf mich, konnte aber nichts dagegen tun. Besonders schön jedoch war der Effekt in der Schule. Sport war unmöglich, alles, wofür man zwei Hände brauchte, war tabu. Super! Da ich keine Schmerzen hatte, war der Arm auch eine harte Hand bei Auseinandersetzungen und es war mir später peinlich, als es mir bewusst wurde.

Die Situation für mich war ideal. Alle nahmen Rücksicht auf mich und ich bekam Aufmerksamkeit. Nach drei Wochen kam der Gips ab und das normale Leben nahm seinen Lauf. Nun musste ich alle meine Pflichten wieder erfüllen. Da mir die Zeit der Fürsorge so gut getan hatte, kam ich nach geraumer Zeit auf die Idee, wieder zum Arzt zu gehen. Ich hatte den Eindruck, dass man die Symptome nicht eindeutig diagnostizieren könne, also versuchte ich es ein zweites Mal und hatte Erfolg. Wieder bekam ich einen schönen Gipsverband und wieder waren alle rücksichtsvoll und nett zu mir. Nach einem dritten Mal beschloss der Arzt, eine Operation an meinem Handgelenk vorzunehmen. Er habe ein Überbein auf der Sehne ertastet, das er operativ entfernen müsse, damit es keine weiteren Beschwerden mehr gäbe. Ich hatte so meine Zweifel an der Diagnose, aber ich wollte auch nicht als Lügnerin dastehen. Also musste es sein.

Es war eine kleine ambulante Operation, die in der Betriebspoliklinik des Betriebes, in dem meine Mutter arbeitete, durchgeführt wurde. Alleine und mit weichen Knien ging ich hin. Die Äthernarkose, die ich als Betäubung bekam, war unangenehm. Ich hatte das Gefühl, in ein tiefes Loch zu stürzen, immer tiefer und tiefer. Es dröhnte in den Ohren und ich hörte meine eigene Stimme als Echo, als ich zählte. Als ich aufwachte, war ich in einem anderen Raum. Die Krankenschwester sagte mir, dass ich fantasiert und weinend nach meinem Bruder gerufen hätte. Noch lange Zeit danach habe ich darüber nachgedacht, warum das so war. Mein Kopfkissen jedenfalls war nass von meinen Tränen und ich hatte ein trauriges Gefühl in meiner Brust. Heute weiß ich, dass es ein Signal war, anerkannt zu werden. Ich wollte geliebt und beachtet werden, auch von meinem Bruder. Er bedeutete mir viel mehr, als ich ihm je bedeutet habe. Mein Unterbewusstsein hatte sich verselbstständigt.

Ein drei Zentimeter langer Schnitt am linken Handgelenk wurde mit drei Stichen wieder zugenäht. Ob wirklich ein Überbein entfernt wurde, weiß ich nicht. Eine Armschiene stellte den Arm ruhig. Diesmal war es ernst geworden. Es war wirklich etwas geschehen und ich hatte tatsächlich hinterher Wundschmerzen, aber niemand fand das mehr aufregend.

Unsere Lebenssituation

Eine Redewendung meiner Mutter war oft, dass Hitler die Häuser in der Siedlung, in der wir wohnten, gebaut hätte. Das konnte ich mir sehr schlecht vorstellen. Wie konnte ein Mann so viele Häuser bauen? Die Autobahn soll er auch gebaut haben, so behauptete das jedenfalls meine Mutter, und ich konnte ihr nicht so richtig folgen. Macht nichts, Hauptsache es gibt die Häuser und die Autobahnen. Die Häuser waren straßenweise im gleichen Stil gebaut. Hier wohnten die Arbeiter und Angestellten der beiden nahe gelegenen Betriebe, dem Braunkohletagebau Mücheln im Geiseltal und dem Mineralölwerk Lützkendorf. Es waren alles Betriebswohnungen. Mietschulden gab es vorneweg nicht, die Miete wurde gleich vom Lohn abgezogen.

In den Tagen um den 17. Juni 1953 kam es in der DDR zu einer Welle von Streiks. Es wurden die Rücknahme von Normerhöhungen, die Durchführung freier Wahlen, den Rücktritt der Regierung, die Freilassung aller politischen Häftlinge, der Abzug der sowjetischen Besatzungsgruppen aus Deutschland und die Wiedervereinigung gefordert.

Während im Westen der Marshallplan den Aufschwung der Wirtschaft brachte, musste der Osten Reparationsleistungen an die Sowjetunion erbringen. Es war der erste historisch bedeutende Aufstand im Osten. Etwa eine Million Menschen waren beteiligt. Öffentliche Gebäude wurden gestürmt und Häftlinge freigelassen.

Die DDR besaß zu dieser Zeit noch keine reguläre Armee. Ohne die schnell einmarschierten sowjetischen Truppen, die alleine in Berlin drei sowjetischen Divisionen mit 600 Panzern zur Niederschlagung des Volksaufstandes einsetzten, hätte die SED die Kontrolle über die Geschehnisse mit Sicherheit verloren. Wegen der Kriegsrisiken griffen die Westmächte nicht ein.

In diesen Tagen kamen etwa 100 Menschen ums Leben, 20 wurden hingerichtet. Bis zum 1. August 1953 wurden 13.000 Menschen verhaftet, viele kurz darauf wieder freigelassen.

Auch in dem Betrieb meiner Mutter waren heftige Auseinandersetzungen und sie kam ganz verstört nach Hause. Niemand wagte sich, laut über die Ereignisse vom 1. Juni zu reden. Es gab sehr viele Menschen, die die sowjetische Besatzungsmacht nicht ins Herz geschlossen hatten, so auch meine Mutter. Sie machte keinen Hehl daraus und das färbte sich natürlich auch auf mich ab. Später musste ich sie oft bei ihren Äußerungen bremsen. Sie hatte zwar in gewissem Sinne recht, aber es war nicht ungefährlich, laut darüber nachzudenken. Dann gab es sogar Zeiten, wo ich sie davon überzeugen konnte, dass nicht alles so schwarz war, wie sie es malte. Eigentlich vermittelte ich ihr unbewusst nur das, was man meiner Generation im Laufe der Jahre in der Schule gelehrt hatte. Bei guten Argumenten und Beispielen gab sie mir dann manchmal sogar recht, obwohl sie immer auf die Kommunisten schimpfte. In der damaligen DDR war wirklich nicht alles schlecht.

In dieser Zeit waren sich die Menschen sehr nahe. Man half sich gegenseitig, wenn Not am Mann war. Geborgt wurde quasi alles, egal ob Lebensmittel jeglicher Art oder Geld. Bei den meisten war es ein ungeschriebenes Gesetz, am Lohnzahltag sofort das Geborgte zurückzugeben. Lohn gab es alle 14 Tage, nur so war es möglich, den Monat finanziell zu überstehen. Der Arbeitslohn war so gering, dass er bei Familien mit mehreren Kindern kaum zum Leben reichte. Es gab viele Arbeiter, die nicht mit Geld umgehen konnten. Diese Art der Lohnzahlung bewahrte sie vor der Armut, denn es kam ja aller 14 Tage neues Geld ins Haus, wenn auch nicht viel. Der Lohn wurde bar in einer Lohntüte ausgezahlt. Das barg natürlich die Gefahr, dass das Geld rasch ausgegeben wurde. Man kaufte ein und „leistete sich mal was". Infolgedessen war in den darauf folgenden Tagen das Geld bis zum nächsten Zahltag knapp. Dann wurde entbehrt oder geborgt.

Kinderreiche Familien gab es viele, vier und mehr Kinder waren keine Seltenheit. Oft bestand eine unausgesprochene Solidarität untereinander. Das Kind des Nachbarn war keinem egal. Man teilte Sorgen und Nöte des anderen. Viele Frauen, deren Männer im Krieg geblieben waren, hatten ein ähnliches Schicksal. Den Wohnungsschlüssel gab man den Nachbarn, die auch mal nach den Kindern schauten, vor allem wenn die Eltern Nachtschicht hatten. Den Beruf „Hausfrau und Mutter" gab es nicht. Bis auf sehr wenige Ausnahmen waren die Frauen voll berufstätig. Aufgrund des geringen Lohnes war es kaum möglich, dass ein Alleinverdienender eine Familie ernähren konnte.

Wie überall, herrschte Anfang der Fünfzigerjahre sehr große Wohnungsnot. Der Zweite Weltkrieg hatte hier besonders seine Spuren hinterlassen. Mücheln lag im Chemiedreieck Leuna – Buna – Lützkendorf, das ein bevorzugtes Bombenziel der Alliierten war. Man musste zufrieden sein, wenn man eine Wohnung bekam. Viele junge Leute mussten auf engstem Raum bei ihren Eltern leben. Ein Recht auf Wohnraum hatten nur verheiratete Paare und Frauen mit Kindern. Oft wurde aus diesem Grund geheiratet, sobald die Volljährigkeit erreicht wurde, und das war mit 18 Jahren. Erst dann konnte man sich für eine Wohnung mit relativ langer Wartezeit anmelden. Auch die Kinder wurden von sehr jungen Müttern geboren.

Das Haus, in dem wir wohnten, hatte fünf Wohnungen. Uns gehörte eine Mansardenwohnung. Die Miete für diese Wohnung war sehr gering, sie betrug 29,00 Mark im Monat. Nach etwa vier Jahren konnte man im Werk einen Antrag zum kostenlosen Malern der gesamten Wohnung stellen, auch Reparaturen in der Wohnung waren kostenlos. Die Handwerker waren kleine Könige und man gab sich große Mühe mit ihrer Versorgung. Schließlich fuhr auch kein Auto ohne Benzin. Es durfte an gutem Essen und Trinken nicht fehlen. Sie wurden behandelt wie rohe Eier, denn sie waren knapp. Zusatzleistungen wurden nur gegen ein angemessenes Trinkgeld erledigt. Das war aber schon längst ein Zeichen der Zeit, denn alle machten mit.

Im Verhältnis zu den anderen vier Wohnungen unseres Hauses war unsere Wohnung sehr primitiv. Da in dem Schlafzimmer nur ein Ehebett und ein einzelnes Bett Platz fanden, musste das Bett für meinen Bruder im Flur gleich neben der Toilette aufgestellt werden. Als meine Mutter erfuhr, dass ein kinderloses Ehepaar aus dem Nachbarhaus, das die gleiche Wohnung hatte, eine Genehmigung zur Erweiterung seiner Küche bekam, stellte sie einen Antrag zum Ausbau des Bodenraumes als Schlafraum für meinen Bruder. Die Bauabteilung ihres Betriebes lehnte jedoch den Antrag mit der Begründung fehlender Kapazität ab. Aber da hatte man nicht mit der Courage meiner Mutter gerechnet. Kurz entschlossen formulierte sie ein Eingabeschreiben an das Büro des Staatsratsvorsitzenden der DDR, Walter Ulbricht. Sie erklärte ihre unzumutbare Wohnsituation und wies darauf hin, dass Leute ohne Kinder die Genehmigung zum Ausbau einer Küche bekommen hatten. Prompt bekam sie Antwort mit der Zusicherung der Ausbaugenehmigung. Von allerhöchster Stelle hatte der Betrieb nun die unausweichliche Anweisung bekommen, sofort mit dem Bau zu beginnen. Es dauerte nicht lange und von dem angrenzenden Dachbodenraum wurde ein kleiner Raum abgetrennt, in dem ein Bett und ein Tisch Platz hatten. Mein Bruder brauchte nun nicht mehr auf dem Flur zu schlafen und konnte sich zurückziehen. Meine Mutter jubelte und war überglücklich. In dem Moment schöpfte sie wieder einmal die Hoffnung, dass der Sozialismus doch für etwas nützlich war. Noch heute bewundere ich sie, denn man musste erst einmal auf die Idee kommen, so einen Schritt zu gehen.

Die Mansardenwohnung mit ihren schrägen Wänden diktierte die Einrichtungsmöglichkeiten und das Stellen der Möbel. Normale Fenster gab es nicht. Auf der geraden Seite waren Gauben in Richtung des Hofes. An den schrägen Wänden gab es nur Dachluken, die so hoch angebracht waren, dass man nicht hinausschauen konnte. Es war die Straßenseite. Wie gern hätte ich auch einmal zur Straße hinausgeschaut, denn da spielte sich meist das Leben ab. Da ich häufig allein war, fühlte ich mich in dieser Wohnung manchmal regelrecht isoliert. Die Leute, die hier wohnten, hatten kaum Autos. Am Abend spielten wir Kinder auf der Straße Völkerball, Verstecken, Haschen oder andere Spiele.

In den Hohlräumen der Dachschräge von der senkrechten Wand bis zum sogenannten Kniestock befanden sich Bodenkammern, die zum Abstellen diverser Dinge, wie Wäschekorb und Gerümpel jeder Art, genutzt wurden. Meine Mutter sagte oft, dass sie meinen großen Bruder hier verstecken werde, wenn wieder ein Krieg käme. Und das sagte sie mit allem Nachdruck und voller Überzeugung. Ich stellte mir das dann oft bildlich vor und mir tat mein Bruder schon leid, wie er wohl da drin zittern würde, wenn „die da kämen". Er war aber auch viel zu groß für die kleine Kammer – armer Bruder!

Die winzig kleine Toilette hatte auch nur eine Dachluke. Ein Bad gab es nicht. Im Flur gegenüber dem Eingang befand sich die Speisekammer zum Aufbewahren der Vorräte, sofern man damals welche hatte. Hier wurden Lebensmittel aufbewahrt, die keine Kühlung brauchten und hier versteckte mein späterer Stiefvater im oberen Fach den Schlüssel zum Wohnzimmer. Das sollte garantieren, dass ich nicht fernsehen konnte, wenn die Eltern in der Nachtschicht waren. Da ich oft allein war, sah meine Mutter das nicht ganz so eng. Sie zeigte mir, wo der Schlüssel lag. Ich musste nur daran denken, das Zimmer stets wieder abzuschließen, keine Spuren zu hinterlassen und den Schlüssel zurückzulegen. Na klar, das tat ich doch gern.

Geheizt wurde in den ersten Jahren weitestgehend mit Rohbraunkohle, so wie sie aus der Grube kam, nur zerkleinert. Man bekam eine bestimmte Menge zu einem niedrigen Preis zugeteilt, das Deputat. Die Kohle hatte einen sehr geringen Heizwert, war oft zu feucht und brannte schlecht. Um den Raum einigermaßen warm zu bekommen, benötigte man sehr viel davon. Und es dauerte lange. Nach längerer Lagerung trocknete die Kohle aus und zerbröckelte regelrecht zu Staub, der das Feuer erstickte. Im Winter roch es in der ganzen Wohnung nach Kohle. Überall lag feiner Kohlen- und Aschestaub und zum Putzen gab es ständig Anlass. Erst in den späteren Jahren konnten wir uns mehr Brikett leisten, die den Heizaufwand erträglicher machten. Waren die Kohleeimer leer und weder Bruder noch Stiefvater da, musste ich oft zwei Eimer Kohle aus dem Keller holen, was für mich immer eine gruselige Angelegenheit war, denn die Kellerräume waren nur spärlich beleuchtet.

Die vier Wohnungen unter uns waren für meine Begriffe richtiger Luxus. Sie hatten zwei Kinderzimmer und ein Schlafzimmer mit Fenstern zur Straßenseite. Das Wohnzimmer, die Küche, das Bad mit Toilette, die Gästetoilette und ein kleiner Wintergarten hatten die Fenster zur Hofseite. Zu den Parterrewohnungen gehörte eine Terrasse, wo sich im Sommer das Leben abspielte. Ich beneidete die anderen Familien um ihre Wohnungen, vor allem aber um das Bad. Sonnabends wurde bei den

Leuten gebadet, bloß nicht bei uns, wir hatten keins. Von Zeit zu Zeit stellte meine Mutter eine große Zinkwanne in die Küche und auf dem Küchenherd wurde in allen verfügbaren Töpfen Wasser erwärmt. Es war sehr umständlich, denn die Wanne musste ja auch wieder entleert werden. Das Wasser wurde mehrfach genutzt. Wir Kinder badeten im gleichen Wasser, es wurde nur etwas heißes Wasser aufgefüllt. Unsere Mutter ermahnte uns einzeln, ja nicht in das Badewasser zu pullern. Ob mein großer Bruder die Ermahnung einhielt, weiß ich nicht. Ich war immer nach ihm dran. Die Mutter duschte sich nach jeder Schicht im Betrieb. Im Keller befand sich auch ein relativ großer Raum, das Waschhaus. Es wurde von den Familien der beiden zusammenhängenden Häusern zum Wäschewaschen genutzt.

War meine Mutter mit der Wäsche fertig, wurde noch einmal Wasser im Kessel heiß gemacht. Nun badeten wir in einer großen Zinkbadewanne so richtig ausgiebig. Ich lief dann gleich im Nachthemd nach oben, auch im Winter.

Waschmaschinen und Trockenschleudern waren segensreiche Erfindungen. Meine Mutter, die immer eine modern denkende Frau war, besaß in unserem Haus als Erste sowohl eine Waschmaschine als auch einen Kühlschrank und einen Fernseher. Dafür konnte man sich in ihrem Betrieb anmelden. Die Großbetriebe bekamen Sonderzuteilungen. Im freien Handel war es in den Fünfzigerjahren kaum möglich, diese Geräte zu bekommen. Dafür sparte sie eisern und wir freuten uns über die Erleichterung des Lebens. Nur den bestellten „Trabant 500" gab sie an junge Leuten weiter, ohne etwas dafür zu nehmen. Sie hatte keinen Führerschein und als es so weit war, wollte sie ihn auch nicht machen. In der DDR wartete man zehn Jahre und länger auf ein neues Auto. Es gab Leute, da meldeten sich alle Familienmitglieder mit dem 18. Lebensjahr für ein Auto an. War der Termin der Auslieferung da, man hatte aber nicht genügend Geld, wurde die Anmeldung gegen Geld auch mal an zahlungskräftige Interessenten weiterverkauft.

Für ein gebrauchtes Auto musste man nicht selten mehr als den Neuwert bezahlen, denn bei der langen Wartezeit war die

Autonachfrage riesengroß. Der Schwarzmarkt für Autos blühte. Die Autos wurden gehegt und gepflegt. Es gab relativ wenige Ehemänner, die das geliebte Auto ihren Frauen zur Benutzung überließen. Ein Führerschein für Frauen war nicht an der Tagesordnung. Ich bewunderte jede Frau, die ihn hatte. Die Männer reparierten fast alles selbst. Die Technik war nicht so kompliziert und kompakt eingebaut wie heute. Einen Termin für eine Autowerkstatt zu bekommen, war schwer, da half oft nur Vitamin B, wie Beziehungen, oder Schmiergeld. Besonders am Wochenende sah man die glücklichen Autobesitzer ihren Liebling putzen und flimmern. Autowaschanlagen gab es nicht, gewaschen wurde auf der Straße mit Schwamm und Wasser aus dem Eimer. Schließlich sollten ja auch andere sehen, dass man ein Auto besaß.

Freizeit

In den wenigsten Familien existierte ein Fernsehgerät, da er ein teurer Luxusartikel war und bestellt werden musste. Der PC war in der DDR auch noch nicht „erfunden". Die meisten unserer Mütter gingen in den umliegenden Großbetrieben arbeiten. Trotz vieler häuslicher Pflichten trafen wir Kinder uns beinahe täglich zum gemeinsamen Spielen in der nahen Umgebung. Wir spielten Völkerball oder Verstecken, sprangen mit dem Seil und als er modern wurde, mit dem Hula-Hoop-Reifen. Stundenlang strolchten wir durch den hügeligen kleinen Wald in der Nähe unserer Siedlung. Auch einen Hexentanzplatz gab es hier, der immer eine mystische Ausstrahlung auf uns ausübte und uns doch magisch anzog. Jugendliche feierten dort am Lagerfeuer die Sommersonnenwende. Alkohol spielte dabei keine vordergründige Rolle, denn er war verhältnismäßig teuer. Mitten in dem kleinen Wald befanden sich eine urgemütlich eingerichtete Waldgaststätte, davor eine große Voliere mit Greifvögeln und eine riesige Holzrutsche. Mit Getöse rutschten wir herunter, bis uns die Beine vom Hochlaufen und der Po vom Rutschen wehtaten. Urige Holzbänke und Tische luden auf der Freifläche zum Verweilen ein. Hier war es einfach schön und ruhig für diese Gegend mitten im Kohlenpott. Bei schönem Wetter war die Gaststätte ein beliebtes Ausflugsziel. Einen Platz auf dem Freisitz oder im Gastraum zu bekommen, war dann ein Glücksfall. Oft war die Gaststätte auch aus irgendwelchen Gründen geschlossen und man zog enttäuscht weiter. Mit Gaststätten war es damals ohnehin schlecht bestellt. Die vorhandenen waren bei schönem Wetter gnadenlos überfüllt und man stellte sich geduldig in der Warteschlange an, um Bier, Limonade oder Bockwurst zu kaufen, jedoch nur solange der Vorrat reichte.

Im Herbst pflückten wir viel zu früh die Haselnüsse von den Sträuchern und aßen sie noch unreif. Der hügelige Wald bot im Winter ideale, wenn auch teilweise gefährliche Rodelabfahrten. Wir liebten das Wäldchen, das bei uns „Waldhaus" hieß und nie gab es einen Unfall oder andere Zwischenfälle in unserer Kindertruppe. Leider traf man auch hier, wie in vielen Wäldern der DDR, sowjetische Soldaten, die für den Kriegsfall übten. Tiefe Panzerspuren zerfurchten den schönen Waldboden. Die Soldaten waren zwar freundlich und es sollten unsere „Freunde" sein, aber es war ratsam, ihnen aus dem Weg zu gehen. Ihre lüsternen Blicke entgingen uns Mädchen nicht und der Ruf der Vergangenheit haftete noch an dieser Generation von Soldaten. Hinzu kamen Gerüchte, über die man nicht laut reden durfte. In der Nähe des Waldes befinden sich auch die noch heute tätigen Apostelquellen, die Quellen des Flüsschens Geisel, nach dem das Geiseltal benannt wurde. Hier tranken wir aus der hohlen Hand das köstlich schmeckende eiskalte und klare Quellwasser.

Einmal mussten wir mit der Klasse im Frühjahr über die Kartoffelfelder ziehen, um die schwarz-gelb gestreiften Kartoffelkäfer von den jungen Kartoffelpflanzen zu sammeln. Sie waren der größte Schädling der Kartoffel. Da wir gemeinsam gingen, machte mir das nicht so viel aus, aber ich ekelte mich sehr. Später gab es ein entsprechendes Pflanzenschutzmittel, Ich habe nie wieder Kartoffelkäfer gesehen, genauso wie die Maikäfer, die ich sehr geliebt habe. Jedoch habe ich in einem Jahr erlebt, dass Maikäfer ganze Bäume und Sträucher kahl fraßen. In die Schule heimlich mitgenommen, haben wir sie manchmal in der Stunde so lange angehaucht, bis sie durch das Klassenzimmer brummten. Oder wir steckten sie dem Vordermann in den Kragen. Mit viel Geschrei signalisierte der dann sein Unbehagen. Der weitere Unterrichtsverlauf war gestört und die Suche des empörten Lehrers nach dem Übeltäter begann. Keiner wollte es gewesen sein.

Damals säumten noch Obstbäume viele Straßen und auch in der Nähe unserer Siedlung war eine lange Kirschallee. Hier wuchsen die herrlichsten, knackigen Herzkirschen, die man sich vorstellen kann. Ein Öbster, so hieß ein Mann, der die Früchte der Bäume bewachte, war ständig mit seinem Fahrrad unterwegs, um die Kirschbäume vor Dieben zu schützen. Es war nicht ungefährlich, von ihm beim Kirschen klauen erwischt zu werden. Manchmal hatte er auch einen Hund dabei. Dann galt es, nichts wie runter vom Baum und weg. Der Öbster rannte oder fuhr uns mit dem Fahrrad hinterher, schrie und drohte uns. Wir liefen so schnell wir konnten querfeldein, wo er nicht mit dem Rad hinterherkam. Schneller mussten wir auf jeden Fall sein und das waren wir immer. Am besten war es, wenn wir noch irgendeine Möglichkeit fanden, uns zu verstecken. Das Herz raste wie wild vor Angst, aber ein Abenteuer war es immer wieder. Auf diese Art und Weise kamen wir im Winter zu unseren eingeweckten Kirschen. Meine Mutter kannte die Herkunft, schwieg jedoch. Andere Obstsorten waren nicht so begehrt. Geklaute Äpfel schmeckten am besten und wurden sofort gegessen.

Sommerbäder waren weit und breit eine Rarität. Unmittelbar neben dem Chemiebetrieb, in dem meine Mutter arbeitete, hatte man ein modernes Schwimmbad gebaut, dessen Wasser durch das Rückflusswasser eines Kühlturmes erwärmt wurde. Hier konnte man auch bei kühlerem Wetter baden gehen. Die Anlage war für die damaligen Verhältnisse schön und der Eintritt kostete für Kinder nur 10 Pfennige. Hatte man die mal nicht, kletterte man über den Zaun. Das kam aber sehr selten vor.

Der Weg bis zum Bad dauerte zu Fuß und querfeldein länger als eine Stunde und war in der Sommersonnenglut eine Strapaze. Ein Bus fuhr natürlich auch, jedoch nur alle 40 Minuten und kostete 30 Pfennige. Das Geld wollten wir lieber für Eis ausgeben. Obwohl es nicht erlaubt war, spielten wir gern im Bad Turmhasche. Eines Tages fragte uns ein Junge, ob er mitspielen dürfe. Warum eigentlich nicht, dachten wir und er rannte mit. Als ihn ein Mädchen von uns jagte, kletterte er auf den Dreimeterturm hinauf, sie kletterte hinterher. Sie war die Einzige von uns, die von diesem Turm sprang. Der Junge war so im „Jagdfieber", dass er vor lauter Aufregung die Sprungrichtung verwechselte und in die falsche Richtung sprang. Er schlug auf dem Beton neben dem Turm auf. Das Mädchen war noch nicht einmal oben, als das geschah. Es gab ein Aufschrei und alle schauten erschrocken in die Richtung. Wir sahen seinen Körper liegen und es floss Blut. Vor lauter Entsetzen rannten wir davon. Der Junge war fast vor die Füße des Bademeisters gefallen, der das Treiben beobachtet hatte und gerade eingreifen wollte. Der Junge lag bewusstlos da. Dieser Zwischenfall machte uns sehr betroffen. Das hatten wir auf keinen Fall gewollt. Wortkarg machten wir uns auf den Heimweg. Natürlich war es eine negative Sensation und wir erzählten es ganz aufgeregt unseren Mitschülern. Stets stellten wir die Sache harmlos und ohne eigene Schuld dar, aber ich glaube, keiner von uns fühlte sich ganz unschuldig. Von dem Ausgang habe ich nie etwas gehört. Wir kannten ja nicht einmal den Namen des Jungen.

Aus Kindern werden Leute

Nur mit viel Glück überstand mein Bruder Klaus eine schwere Krankheit – Meningitis, Hirnhautentzündung.

An einem kalten und regnerischen Apriltag des Jahres 1954 fand am Vortag des 1. Mai an unserer Schule ein Rollerrennen statt. Klaus musste auf mich aufpassen und nahm mich widerwillig mit. Da wir keinen eigenen Roller hatten, standen wir herum, sahen zu und froren. Einen Tag danach bekam Klaus hohes Fieber. Der herbeigerufene Arzt konnte keine eindeutige Diagnose stellen. Die Krankheitsmerkmale änderten sich ständig. Mal sah es aus wie eine schwere Grippe, dann wie beginnender Scharlach. Das Fieber stieg und er fantasierte bereits. Meine Mutter machte kalte Wadenwickel, doch ohne Erfolg. Ein Krankenwagen wurde gerufen und mit dem Verdacht auf eine Hirnhautentzündung brachte man meinen Bruder in einem bereits bedrohlichen Zustand in die Isolierstation des Krankenhauses, wo der Verdacht leider bestätigt wurde. Wochenlang lag er nun in einem Einzelzimmer. Unter höllischen Schmerzen wurde ihm mit den damaligen Methoden Rückenmark gezogen. Aufgrund der hohen Infektionsgefahr konnte meine Mutter ihn nie tröstend in den Arm nehmen. Er musste alles allein durchstehen. So oft sie konnte, fuhren wir zu ihm und durften ihn nur durchs Fenster sehen. Alles, was sie irgendwie an Obst und Vitaminen auftreiben konnte, brachte meine Mutter ihm. lange dauerte es, bis er über den kritischen Punkt war. Unsere Mutter litt mit ihm. Mit traurigen, angstvollen Augen schaute Klaus uns jedes Mal an. Ich war traurig, denn trotz seiner abweisenden Art liebte ich meinen Bruder.

Einige Wochen verbrachte er in der Klinik, bis er endlich nach Hause konnte. Er hatte die Krankheit besiegt, aber von den fünf zur gleichen Zeit erkrankten Kindern mussten drei sterben. Es waren beinahe drei Monate, die er krank war, zwei davon während der Schulzeit. In dieser Zeit hatte er sehr viel Unterrichtsstoff verpasst. Trotzdem wurde er in die nächste Klasse versetzt. Um den Anschluss im neuen Schuljahr zu finden, hatte man eine Privatlehrerin organisiert, die ihm in den großen Ferien Nachhilfeunterricht in den wichtigsten Unterrichtsfächern gab. Ungern ging Klaus zu dieser Lehrerin. Die lange Zeit der Einsamkeit im Krankenhaus hatte Spuren hinterlassen. Täglich begleitete ich ihn also auf dem Weg zu seinem Förderunterricht und wartete geduldig, bis er wieder erschien. Jetzt erzählte Klaus auch manchmal, wie die Lehrerin war und was er lernen musste. Ich war froh, dass er mich nun brauchte. Gern opferte ich meine Ferien und die häuslichen Pflichten erledigten wir gemeinsam. Fortan war er auch nicht mehr so gemein zu mir, wenngleich er wortkarg blieb, aber eben anders.

Den Anschluss im neuen Schuljahr hatte er geschafft. Aufgrund der schweren Krankheit hatte er eine Befreiung vom Sportunterricht bekommen, was ihm leider bei seinem Sportlehrer, der eine sehr militante Einstellung hatte und der ein Relikt der Vergangenheit aus dem letzten Weltkrieg war, Spott vor der ganzen Klasse einbrachte. Klaus hatte jetzt häufig mit starken Kopfschmerzen zu kämpfen, doch er klagte nie, sondern litt stumm. Mir tat er dann oft leid, aber er wollte kein Mitgefühl und schnauzte mich an, ich solle ihn in Ruhe lassen. Stundenlang stand er am Fenster und schaute den anderen Kindern beim Spielen zu. Lesen war seine große Leidenschaft und wir gingen beide gemeinsam in die Stadtbibliothek. Er schmökerte in jeder freien Minute.

Wann immer sich die Gelegenheit bot, fuhr Klaus unter dem Vorwand, Tante und Onkel zu besuchen, zu unserem Vater nach Halle. Unsere Mutter hegte nie Argwohn und ließ ihn fahren. Beim Vater war er jetzt als großer vernünftiger Sohn willkommen und der kleine Bruder freute sich sehr. Er brauchte seinen Vater und unsere Mutter durfte es nicht wissen. Da er von Natur aus sehr verschwiegen war, kam sie nicht dahinter. Um unsere Mutter nicht zu beunruhigen, schwiegen Tante und Onkel auch. Es wäre nicht gut gewesen, wenn sie mitbekommen hätte, dass ihr Lieblingssohn heimlich den Vater besuchte.

Als ich es einmal mitbekam, dass Klaus nach Halle fahren wollte, um unseren Bruder Dieter zu besuchten, wollte ich mitfahren und drängelte so lange, bis er mich mitnahm. Der neuen Familie meines Vaters ging es sehr gut. Die Wohnung war groß und geräumig. Es gab neben dem Wohnzimmer noch ein Esszimmer und jedes Kind hatte ein eigenes Zimmer. Alles machte auf mich einen noblen Eindruck. Es war kurz nach Weihnachten und der Tannenbaum stand noch da. Ich war sehr beeindruckt, denn er war nicht mit bunten Kugeln, wie bei uns, sondern nur mit silbernen Kugeln und sehr viel Lametta geschmückt. Ich empfand das als sehr harmonisch und schick und sah so etwas zum ersten Mal. Geschenkt bekamen wir beide nichts, ich hatte auch nicht damit gerechnet. Während Klaus sich mit dem Vater unterhielt, durfte ich im Zimmer der Stiefschwester von Dieter spielen. Beide Kinder waren nicht da. Ich war fasziniert von den schönen Puppensachen, die das Mädchen hatte, und war gleichzeitig traurig, wie gut sie es hatte und wie knapp es bei uns zuging. Sie hatte es gut, denn mein Vater war jetzt ihr Vater und meine Mutter war traurig. Mein Vater war Schneider und sie profitierte davon. Während meine einzige Puppe ganz wenige Sachen hatte, war für sie eine ganze Kiste voller Puppensachen da. Ein Teil war schöner als das andere. Ich konnte bei dem Anblick all der schönen Sachen nicht widerstehen und habe mir einfach ein paar mitgenommen. Es war nie meine Art, irgendetwas zu stehlen, aber hier wurde ich einfach schwach und fühlte mich sogar noch im Recht, denn es war doch auch mein Vater, der die schönen Sachen genäht hatte. Das Fehlen der Puppensachen wurde natürlich bemerkt und ich war nun eine unverschämte Diebin, die nie wieder zu Besuch kommen durfte. Seit diesem Tag wurde ich endgültig totgeschwiegen.

Zu Hause hatte ich keine richtige Freude mehr an den Sachen. Ich tauschte sie gegen Kaugummi ein. Hauptsache, ich sah sie nicht mehr. Mir wurde bewusst, dass ich gestohlen hatte, und es war mir sehr unwohl dabei. Unsere Mutter hatte uns zu ehrlichen Menschen erzogen und nun hatte ich so etwas gemacht. Die beste Lösung wäre gewesen, Klaus zu bitten, die Puppensachen wieder zurückzubringen, doch mir fehlte der Mut dazu. Mein Bruder Dieter erzählte mir jedenfalls, dass der Vater ihm gesagt hatte, dass er mich nie mehr sehen wolle. Meiner Mutter hatte ich die ganze Sache verschwiegen, denn ich kam mir auch noch wie eine Verräterin vor.

Wie es damals üblich war, beendete Klaus nach dem achten Schuljahr mit mündlichen und schriftlichen Prüfungen seine Grundschulzeit. Im Frühjahr des gleichen Jahres hatte er Jugendweihe. Diese Art der Schulentlassungsfeier wurde in der

DDR in diesem Jahr das erste Mal durchgeführt. Es war das Gegenstück zur Konfirmation und nicht, wie immer angenommen, eine Erfindung der DDR. In Hamburg fand am 24. März 1890 die erste proletarische Jugendweihe statt. 1892 gab es während der Schulentlassungsfeier eine Theateraufführung, in der die Jugendlichen Abschied nahmen von ihrer Kindheit. Sie sprachen sich gegen die Kirche, gegen den Kapitalismus und für den Befreiungskampf der Arbeiterklasse aus.

Wir waren nicht in der Kirche und so entschied sich meine Mutter für die Jugendweihe. In Vorbereitung der feierlichen Aufnahme der Jugendlichen in den Kreis der Erwachsenen wurden verschiedene Veranstaltungen durchgeführt. Begeistert nahm mein Bruder daran teil. Da waren unter anderem ein Besuch der Leipziger Messe, gemütliche Stunden bei einem Lagerfeuer, Buchlesungen und die Besichtigung des ehemaligen Konzentrationslagers Buchenwald bei Weimar vorgesehen, das ihn tief berührt hatte. Denn es ist schon ein Unterschied, ob man von massenhaften Vernichtungen unschuldiger Menschen hört oder ob man die Gaskammern und Verbrennungsöfen vor Ort sieht. Damals war noch sehr viel aus dieser grausigen Zeit erhalten. Sowohl ein riesiger Haufen von Männer-, Frauen- und Kinderschuhen als auch ein Berg menschlicher Haare erinnerten an die barbarische Zeit der Naziherrschaft. Selbst meine Mutter wusste nicht, dass es so etwas gegeben hatte, denn im beschaulichen Erzgebirge war nicht alles so gegenwärtig wie in den Städten.

Für die Jugendweihefeier wurde Klaus neu eingekleidet. Sakko, Hose und Binder zu einem schönen Hemd machten einen hübschen jungen Mann aus ihm. Dankbar quittierte er die neue Bekleidung, für die unsere Mutter lange gespart hatte. Später zog er die Sachen zur Tanzstunde an.

Klaus war in diesem Alter ein großer, schlaksiger Junge, der viel zu schnell gewachsen war und noch nicht wusste, wohin mit seinen Armen. Die Haare waren kurz geschnitten und auf der rechten Seite trug er brav einen Scheitel. Mit einem kurzen Ruck von rechts nach links warf er seine längeren Stirnhaare in die richtige Richtung. Das war jahrelang sein Markenzeichen.

Unsere Mutter organisierte eine schöne Familienfeier. Lange zuvor hatte sie bei jeder Gelegenheit besondere „Schmeckerchen" zurückgelegt, denn alles, was schön war, war Mangelware. Das Wohnzimmer wurde ausgeräumt, Tische und Stühle von den Nachbarn geborgt; die Feier war ein schönes Erlebnis. Auch unser Bruder Dieter durfte kommen. Er freute sich, bei uns zu sein. Seine Anwesenheit war für mich die allergrößte Freude. Die Krönung war eine echte Buttercremetorte aus der Hand eines Bäckermeisters, der Mann der Cousine meiner Mutter. Klaus war bei all unseren Verwandten sehr beliebt.

Am Abend trafen sich die Jugendlichen aus der Klasse und zogen von Familie zu Familie. Sie waren überall herzlich willkommen und zeigten sich gegenseitig ihre Geschenke. Klaus ging auch mit. An diesem Tag durfte er das erste Gläschen Likör trinken und er fand sich mächtig erwachsen.

Im September begann mein Bruder eine Ausbildung als Elektromonteur im Chemiebetrieb Buna-Werke in Schkopau, der Synthesekautschuk herstellte und das erste Synthesekautschukwerk der Welt war. Mit 18.000 Beschäftigten war das Buna-Werk eines der fünf größten Industriekombinate der DDR. Wilhelm Biedenkopf, der Vater des späteren ersten Ministerpräsidenten von Sachsen, war zeitweise technischer Direktor der Buna- Werke.

Die Lehrausbildung dauerte drei Jahre und er wohnte in einem Lehrlingswohnheim. Er war froh, von zu Hause wegzukommen. Lieber lebte er mit mehreren Gleichaltrigen in einer Wohnbaracke, als sich das ständige Nörgeln des Stiefvaters anzuhören. So fiel auch der tägliche Weg zur Arbeit weg. Immerhin sparte er sich morgens und abends mehr als zwei Stunden Arbeitsweg. Das war für ihn auch eine gute Lösung, aus seiner Einsamkeit herauszukommen. Das Wochenende verbrachte er zu Hause. Unsere Mutter freute sich und verwöhnte ihn heimlich, wie es Mütter so tun. Die Jugendlichen wurden von einem Heimleiter betreut, der auf Ordnung und Disziplin achtete. Klaus bekam erst 60, später 80 Mark Lehrlingsgeld im Monat und gab davon unserer Mutter noch etwas Wirtschaftsgeld ab.

Einmal kam er mitten in der Nacht nach Hause. Meine Mutter bekam einen Riesenschreck, denn er stand mit ein paar Habseligkeiten frierend und müde vor der Tür. Die Baracke brannte, die jungen Leute mussten daher nach Hause geschickt werden. Zusammen mit anderen Jungen war er die Strecke von rund 30 km gelaufen, denn die Straßenbahn fuhr um diese Zeit nicht mehr. Seine persönlichen Dinge konnte er noch retten, einige Sachen aber verbrannten oder wurden durch das Löschwasser unbrauchbar. Ob es ein Defekt oder Brandstiftung war, wurde nie geklärt.

Unsere kleine Wohnung war sehr eng und über die vorübergehende Anwesenheit meines Bruders war der Stiefvater sauer. Die wenigen Stunden seiner Anwesenheit am Wochenende duldete er murrend. Aber auch dann nörgelte er ständig an ihm herum. Was er auch tat, es passte dem Stiefvater nicht. Vielleicht war es auch eine Art Eifersucht, weil er wusste, wie wichtig Klaus für meine Mutter war. Damit Mutter wegen seiner Wäsche keine Probleme bekam, erledigte ich das. Der Stiefvater behauptete oft: „Wenn der kommt, lässt du alles stehen und liegen." Mir tat meine Mutter leid, weil sie ständig zwischen ihren Kindern und ihrem Mann stand. Zwar ließ sich meine Mutter die ständigen Vorwürfe nicht ohne Gegenrede gefallen, dennoch setzte er sie unter Druck und sie war oft traurig.

Kaum hatte mein Bruder seine Lehre beendet, meldete er sich zur Nationalen Volksarmee. Man hatte in den Buna-Werken Lehrlinge geworben und einen relativ hohen Sold in Aussicht gestellt. Mutter war entsetzt und weigerte sich, ihre Unterschrift dafür herzugeben, denn er hatte das 18. Lebensjahr noch nicht erreicht. Aber er ließ nicht locker. Er hielt es zu Hause mit dem Stiefvater nicht mehr aus und wusste nicht, wohin er nach seiner Lehre gehen sollte. So erklärte er es auch unserer Mutter, was ihr schließlich einleuchtete und sie gab nach.

Schweren Herzens verabschiedeten wir uns dann eines Tages von ihm. Er wollte nicht, dass Mutter ihn zum Bahnhof begleitete. Als er ging, sah er etwas traurig, aber fest entschlossen aus. Der Weg zum Bahnhof unserer kleinen Stadt war weit.

Am liebsten wäre ich mit ihm gegangen, aber ich traute mich nicht, es ihm anzubieten.

Klaus hatte sich für den Dienst bei den Seestreitkräften der DDR, der späteren Volksmarine, entschieden. Mit eisernem Willen absolvierte er die schwere Grundausbildung, denn einige Übungen waren nach der Hirnhautentzündung wie ein Horrortrip für ihn. Er biss die Zähne zusammen. Nach dieser Grundausbildung bekam er den Befehl, die Radarstation eines Torpedo-Schnellbootes der Marine zu überwachen. Das hatte ihn fasziniert und zielstrebig arbeitete er sich ein. Sein Leben spielte sich ab jetzt auf einem Schiff der Marine ab. Bei Seegang hatte er es besonders schwer, denn da meldete sich sein Gleichgewichtsproblem. Bis zum Schluss musste er den Kopf oft über die Reling hängen, um sich zu übergeben. Er klagte nie, sondern war immer stolz darauf, auf diesem Schiff zu sein.

Ich war von dem Schritt meines Bruders begeistert. Mit einem Mal war er erwachsen geworden und ich war unglaublich stolz auf ihn. Er hatte gelernt, Dienst nach Befehl zu tun, aber auch, sich zu verteidigen.

Im Binnenland sah man selten Matrosen und tauchte mal einer auf, wurde er bestaunt. Ich hatte nun einen Bruder, der mit einer schmucken Uniform nach Hause kam. Er war selbstbewusster, und ihm war klar, welche Wirkung er nun hatte, besonders auf die Damenwelt und er genoss es, bestaunt zu werden.

Das Zugunglück

Wir waren im siebten Schuljahr, als eines Tages eine neue Schülerin in unsere Klasse kam. Sie machte einen extrem verstörten Eindruck auf uns. Bei jeder Kleinigkeit weinte sie gleich los. Wir wussten einfach nicht, wie wir mit ihr umgehen sollten, bis wir erfuhren, dass ihre Eltern bei einem schweren Eisenbahnunfall ums Leben gekommen waren. Es war einer der schwersten Eisenbahnunfälle der Deutschen Reichsbahn nach dem Zweiten Weltkrieg.

Am 15. Mai 1960 stieß gegen 20.20 Uhr in der Nähe vom Hauptbahnhof Leipzig der ausfahrende Personenzug nach Halle mit dem einfahrenden Eilzug nach Bad Schandau frontal zusammen. Am Unfallort starben 54 Reisende, weitere in den Krankenhäusern. Taxifahrer sammelten sich spontan am Hauptbahnhof und halfen mit, die Verletzten in die umliegenden Krankenhäuser zu transportieren. Die Ursache des Unglückes war menschliches Versagen, aber auch die eingleisige Streckenführung. Im Rahmen der Reparationsleistungen an die Sowjetunion wurden fast alle zweigleisigen Eisenbahnstrecken auf ein Gleis zurückgebaut. Die Anlagen wurden zusammen mit den Lokomotiven als Reparationsgut in die Sowjetunion gebracht. Später wurden die beschlagnahmten Loks und Anlagen gegen 300 neu gebaute Reisezugwagen wieder in die DDR zurückgeführt.

Die Eltern der Schülerin waren sehr jung gewesen und ihre Mutter war gerade schwanger. Tante und Onkel nahmen das Mädchen zu sich.

Als wir von diesem schweren Zugunglück hörten, waren wir alle entsetzt. Als wir jedoch hautnah mit dem Unglück durch unsere neue Mitschülerin konfrontiert wurden, konnte keiner richtig damit umgehen. Niemand von uns konnte sich ihre Situation wirklich vorstellen. Man tat so, als wäre ihre Geschichte nur eine Geschichte und ging zur Tagesordnung über. Kinder können nicht nur grausam, sondern manchmal auch sehr herzlos sein.

Noch immer war sie unter Schock. Sie hatte die Wahl zwischen einem Kinderheim und ihren nicht mehr jungen Verwandten. Wie sie den Verlust ihrer Eltern verarbeitete und damit fertigwurde, interessierte niemanden. Das Mädchen tat mir sehr leid und ich befreundete mich mit ihm. Oft half ich ihr bei Streitereien, die gegen sie gerichtet waren. Da der größte Teil der Klasse sich bereits seit der Kindergartenzeit kannte, blieb sie immer die Neue, sie musste erst ihren Platz in der Klasse finden. Als ich ihre Pflegeeltern kennenlernte, merkte ich bald, wie sehr sie das Mädchen behüteten und schützen wollten. Das schadete ihr aber bei der Entwicklung ihres Selbstbewusstseins manchmal mehr, als dass es nützte. Die Elternrolle mussten sie von heute auf morgen übernehmen, dabei waren sie übereifrig und unbeholfen, denn sie hatten selbst keine Kinder. Aus jeder Mücke wurde ein Elefant gemacht. Das färbte sich bald auch auf die Schülerin ab.

Im Laufe der Zeit heilten ihre seelischen Wunden ein wenig und sie war dankbar, nicht allein zu sein. Wir alle gewöhnten uns nach und nach an sie. Streitereien gab es trotzdem immer mal.

Aufgeschnappt und ausgeplaudert

Schnell vergingen die ersten vier Schuljahre und wir waren die Mittelstufe. Im fünften Schuljahr bekamen wir einen neuen Klassenlehrer, der vorher auch der Klassenlehrer meines Bruders war. Klaus war inzwischen in der Lehrausbildung zum Elektromonteur in den „Chemischen Werken Buna". Anfangs war die neue Situation für mich sehr angenehm, denn der Vergleich in den schulischen Leistungen zu ihm fiel für mich günstig aus. Während er ein stiller und in sich gekehrter Schüler gewesen war, vertrat ich stets meine eigene Meinung und setzte mich auch für andere ein. Das war nicht in jedem Falle gut und meine Eigenwilligkeit rief nicht immer Begeisterung hervor.

Am 1. Juni 1950 wurde in der DDR der Kindertag eingeführt. Der Tag war fortan ein wichtiges Ereignis im Leben aller Kinder. Von den Eltern gab es kleine Geschenke und in den Schulen fanden Sportfeste und Spiele statt oder es wurden Ausflüge organisiert. Auch in den Kinderkrippen und Kindergärten war dieser Tag ein Höhepunkt für die Kleinen. In unserer Schule war stets ein Sportfest in den Disziplinen 100-Meter-Lauf, Weitsprung und Schlagballweitwurf angesagt. Ich war zwar eine recht sportliche Schülerin, hätte jedoch an diesem Tag viel lieber etwas anderes gemacht. Bemerkenswert war, dass ich vom ersten Schuljahr an den zweiten Platz in meiner Altersgruppe belegte, den ersten Platz errang auch in jedem Jahr die gleiche

Mitschülerin. Sport war ihre einzige Stärke, in allen anderen Fächern zeigte sie zu schwache Leistungen, daher konnte sie nicht auf eine Sportschule geschickt werden. Bei der Siegerehrung am Nachmittag gab es für die ersten drei Plätze eine Urkunde und ein Buch. Bis jedoch alle Klassen mit dem Wettkampf fertig und die Sieger ermittelt waren, langweilte man sich und lag faul in der Sonne herum, denn an diesem Tag war oft schönes Wetter. Und jedes Jahr begann in mir der Kampf zwischen Pflichtbewusstsein und Badelust, wobei Letzteres gewann. Obwohl ich anhand der Zwischenergebnisse ahnte, dass ich wieder den zweiten Platz belegen und aufgerufen würde, zog ich es vor, nachmittags ins Schwimmbad zu gehen. Jedes andere Kind wäre stolz gewesen. Das brachte natürlich mit sich, dass ich am nächsten Tag vor versammelter Klasse getadelt wurde. Da ich aber an diesem Tag Geburtstag hatte, fiel die Predigt meines Klassenlehrers kürzer aus. Das Geschenk bekam ich zur Strafe nicht, nur die Urkunde. Immer wieder nahm ich mir fest vor, das zu ändern. Leider gelang es mir nicht. Die Strafe empfand ich jedoch als gerecht.

Eines Tages aber fing der richtige Ärger mit meinem Klassenlehrer an und ich bekam ernsthafte Probleme. Und das kam so:

Ich war Ohrenzeuge, als meine Mutter sich mit der Mutter einer Mitschülerin über unseren Klassenleiter unterhielt. Die Mutter beschwerte sich über die Erziehungswillkür des Lehrers, der ihrer Tochter an diesem Tag für eine kesse Antwort so eine kräftige Ohrfeige versetzt hatte, dass sie mit dem Kopf an die Dampfheizung stieß. Ohrfeigen waren zwar nicht erlaubt, aber auch nicht ausdrücklich verboten. Er hatte es oft auf dieses Mädchen abgesehen. In dieser Familie gab es sechs Kinder mit einem extrem krassen Intelligenzunterschied von geistig behindert über körperbehindert bis sehr intelligent. Das Mädchen, um das es sich handelte, hatte Lernprobleme. Meine Mutter war empört, denn auch ich hatte ihr hin und wieder erzählt, dass er uns an den Ohren oder den kleinen Härchen im Nacken zog oder im schlimmsten Falle ohrfeigte. Ein Wort ergab das andere und plötzlich erzählte meine Mutter eine Begebenheit, die einige Zeit zurücklag. Da sie nun anfing, leiser zu sprechen, sperrte ich meine Ohren auf, so weit ich konnte.

Sie war damals noch alleinstehend, als unser Lehrer eines Tages gegen 8.00 Uhr an unsere Wohnungstür klopfte. Die Klingel war abgestellt, denn sie war aus der Nachtschicht gekommen und schlief. Schlaftrunken nach einer Zwölf-Stunden-Schicht öffnete sie die Tür einen Spaltbreit, um zu sehen, wer da war. Unter dem Vorwand, mit ihr über mein Verhalten zu reden, bat er um Zutritt. Meine Mutter verweigerte es ihm und bat, zu einer anderen Zeit zu kommen. Einige Tage später stand er zur gleichen Zeit wieder vor unserer Tür. Leise schlich sie sich heran und erkannte ihn durch den Türspion. Sie verhielt sich still und machte nicht auf. Er wusste, dass zu dieser Zeit niemand im Haus war, die Kinder waren in der Schule, die Erwachsenen auf der Arbeit. Er rief, sie solle doch aufmachen, er wisse, dass sie zu Hause sei. Mutter rührte sich nicht und er zog davon. Das Szenario wiederholte sich ein drittes Mal. Diesmal schraubte er vor Wut unser Namensschild ab, nachdem er ziemlich ungehalten an die Tür geklopft hatte. Angstvoll stand meine Mutter dahinter und beobachte alles. Sie konnte seine Handlungsweise nicht fassen und begriff nicht, warum er zu einer Zeit kam, wo er genau wusste, dass sie allein war und aus der Nachtschicht kam. Die Elternabende besuchte sie nun nicht mehr, denn ihr war die Situation sehr peinlich. Während sich die beiden Frauen unterhielten, scharrte ich mit den Schuhen im Sand und meine Neugier wurde immer größer. Kein Wort ließ ich mir entgehen. Ich tat so, als würde ich nichts verstehen. In Wirklichkeit lauschte ich den Worten meiner Mutter und traute meinen Ohren nicht. Sie hatte oft verbittert gesagt, dass man als geschiedene Frau Freiwild für andere Männer sei und bei einer Ehescheidung immer die Frau in den Augen der Leute schuld sei.

Mein Klassenlehrer war kein studierter Pädagoge. Er war in russischer Gefangenschaft, wo er zwangsläufig die Sprache erlernt hatte. In der DDR wurde seit 1951 ab der fünften Klasse das Fach Russisch für alle Schüler verpflichtend als Hauptfach eingeführt, schließlich waren wir ja die sowjetische Besatzungszone und die Sowjets unsere Freunde. In dieser Zeit gab es jedoch kaum Lehrer, die diese Sprache beherrschten und lehren konnten. So hatte er sich für eine Qualifizierung in einem Schnellkurs zum „Neulehrer" für Russisch und Mathematik als Seiteneinsteiger angemeldet.

Lehrer mit einer Nazivergangenheit wurden in der DDR aus dem Schuldienst entfernt. Aufgrund dessen fehlten zur Aufrechterhaltung des Unterrichtes in allen Schulen Lehrkräfte. In Schnellkursen wurden in dieser Zeit 40.000 junge Leute zu Lehrern ausgebildet. Der Lehrgang dauerte nur ein paar Monate, dann wurden die Neulehrer auf die Schüler losgelassen. Oft jedoch fehlten jegliche pädagogische Fähigkeiten; Hauptsache, der Unterricht konnte gewährleistet werden. Allerdings gehörte zur Pflicht eines jeden Lehrers, ständige Weiterbildungslehrgänge in den Ferien zu besuchen.

Schon in kurzer Zeit entpuppte sich unser neuer Klassenlehrer als richtiger Choleriker. Bei ihm gab es Lieblingsschüler und solche, die er nicht leiden konnte. Die hatten es schwer und schon bei Kleinigkeiten schrie er los und lief dabei vor Zorn rot an. Abgesehen von den Ohrfeigen schreckte er auch vor Knuffen mit der Faust in den Rücken der Schüler nicht zurück. Mit herabwürdigenden Worten demütigte er seine „schwarzen Schafe". Auf Bestechungen der Eltern reagierte er positiv und ein Wurstpaket vom Bauern machte ihn tolerant und großzügig. Hatte man keine guten Voraussetzungen im logischen Denken, war es nicht einfach, problemlos bei ihm etwas zu lernen. Er besaß weder großartige pädagogischen Fähigkeiten noch die Geduld, die einen guten Lehrer ausmacht. Bald hatten unsere Jungen herausbekommen, dass er ein Fußballfan war. Ahnten wir am Montag, dass er eine Leistungskontrolle vorhatte, verwickelten sie ihn in Diskussionen über die Fußballspiele am Wochenende. Mit wachsender Begeisterung diskutierte er mit ihnen und die Zeit verging. Dann wurde alles auf den anderen Tag verlegt und wir hatten Zeit gewonnen, Vokabeln zu lernen und die Mathematikaufgaben noch zu lösen.

Eigenartigerweise hatte unser Lehrer die Eltern hinter sich. Selten gab es Beschwerden über seine Art und Weise im Umgang mit uns Schülern, und wenn es dann doch einmal vorkam, drehte er einfach den Spieß um. Er kompromittierte die Eltern mit dem Verhalten ihres Kindes, ob gerechtfertigt oder nicht. Sie ließen dann meist von der Beschwerde ab, denn ein schlechtes Verhalten ihres Kindes war ihnen peinlich. Damals wurde noch großer Wert auf gutes Benehmen gegenüber den Erwachsenen gelegt. Eine Bestrafung war nun vorprogrammiert, da half kein Leugnen, der Lehrer hatte recht und Punkt.

Nach dem Gespräch der beiden Frauen fuhren meine Gedanken in meinem Kopf Karussell und ich platzte bald vor dem Bedürfnis, mit jemandem darüber zu reden. So erzählte ich es erst einmal meinen besten Freundinnen. Die verstanden zwar genauso wenig wie ich, wieso er das gemacht hatte, aber sie waren empört. Auf irgendeine Art kam diese Geschichte dann der Direktorin der Schule zu Ohren. Eines Tages bekam meine Mutter von ihr eine Einladung zu einem persönlichen Gespräch. Sie wurde unter vier Augen befragt, ob das Gerücht, das da über unseren Lehrer kursierte, der Wahrheit entsprach. Nun schilderte meine Mutter ihrerseits, was vorgefallen war. Die Direktorin war sehr erstaunt und machte meine Mutter darauf aufmerksam, dass es zu einer Gegenüberstellung kommen würde. Das habe die Konsequenz, dass der Lehrer eventuell vom Schuldienst suspendiert werde. Bereits im Vorfeld hatte selbstverständlich die Direktorin unseren Lehrer über das Gerücht informiert und ihn zur Rede gestellt. Natürlich hatte er alles geleugnet, es gab schließlich keine Zeugen.

Als meine Mutter nach Hause kam, besprach sie die Situation mit meinem Bruder. Ich lauschte im Nebenzimmer, denn die Wände waren sehr hellhörig. Auf der einen Seite war Klaus total entsetzt von dem, was er hörte, auf der anderen Seite tat ihm der Lehrer leid, weil er wusste, dass er drei Kinder hatte. Die große Tochter war eine Mitschülerin gewesen. Als Lehrer hätte man ihn nicht mehr eingesetzt und etwas anderes hatte er nicht gelernt. Und es war ja bereits Vergangenheit. Meine Mutter ließ sich zu der Aussage überreden, dass ich die Geschichte nur erfunden hätte. Weder mein Bruder noch meine Mutter hatten die Folgen bedacht, denn ich war schließlich weiterhin die Schülerin dieses Lehrers. Die Wahrheit wurde zur Lüge und ich war das Opferlamm, nur um den Namen und die Familie des Lehrers zu retten. Wie makaber.

Von nun an sollte sich mein Schülerdasein grundlegend ändern. Mit einem Mal hatte er es ständig auf mich abgesehen, ich war in seinem Visier. Wo er nur konnte, schikanierte er mich, denn jetzt saß er auf dem hohen Ross. Trotz allergrößte Mühe, keine Fehler zu machen und nicht aufzufallen, zählte er mich bei jeder Kleinigkeit an. Immer fand er einen Grund, mich regelrecht vor der Klasse vorzuführen. Was ich auch tat, es war falsch und er stellte mich bloß. Ständig unterstellte er mir, zu lügen. Als ich meiner Mutter davon erzählte, erkannte sie, welchen Fehler sie begangen hatte, aber es war zu spät. Sie sprach mit ihm, es half jedoch nichts. Er reagierte nur mit frecher Ironie. Jetzt war er am Zug und ihr war bewusst, dass sie mir nicht mehr helfen konnte, denn ich stand als Lügnerin da. Auch mein Bruder war sauer über die Reaktion des Lehrers, aber geholfen hat mir das nicht. Da ich nicht das Talent hatte, mich ganz kleinzumachen, wehrte ich mich gegen die Gemeinheiten des Lehrers und widersprach ihm, wenn ich glaubte, hundertprozentig im Recht zu sein. Das reizte ihn noch mehr. Recht haben und recht bekommen waren immer zwei Paar Schuhe. Ich bekam jetzt auch öfters Ohrfeigen von ihm.

Am Ende des siebten Schuljahres gewann unsere Klasse einen Schülerwettbewerb und wurde mit einem 14-tägigen Aufenthalt in einem Pionierlager ausgezeichnet. Es war ein großes Zeltlager an einem See bei Schwerin und wir alle freuten uns sehr. Als einziger Erwachsener fuhr unser Klassenlehrer mit. Wir schliefen in 20-Mann-Zelten. Das hatte noch keiner von uns erlebt und wir waren gespannt und aufgeregt. Meine Liege war die erste rechts neben dem Eingang. Gleich in der ersten Nacht kam ein Junge in unser Zelt. Ich lag noch wach und beobachtete, wie er ein Paar Turnschuhe mitnahm. Leider traute ich mich nicht, ihn anzusprechen, denn mir war, als wandelte er im Schlaf. Dummerweise waren es meine eigenen neuen weißen

Turnschuhe, auf die ich so stolz war. Als ich es am anderen Tag meldete, stellte mich mein Lehrer sofort als Lügnerin hin und ging der Sache nicht nach. Die ganze Zeit hatte ich keine ordentlichen Schuhe. Am Ende der Lagerzeit blieben im benachbarten Jungenzelt weiße Schuhe übrig. Es waren meine, ich erkannte sie sofort. Eine Lügnerin blieb ich dennoch. Wer einmal lügt …

An einem Abend war es trotz angeordneter Nachtruhe noch sehr laut in unserem Zelt. Ich war müde und versuchte zu schlafen. Angelockt von dem Lärm, kam unser Lehrer voller Zorn ins Zelt, trat an meine Liege, riss die Decke von meinem Gesicht, zog mich an meinen Sachen hoch und verpasste mir rechts und links eine Ohrfeige. Dann warf er mich auf die Liege zurück und behauptete, meine Stimme am lautesten gehört zu haben. Alles ging blitzschnell. Dann drehte er sich auf dem Absatz um und verließ das Zelt wieder. Alle Mädchen waren entsetzt und schwiegen betroffen. Ich wusste nicht, was los war, meine Wangen brannten und ich heulte los.

Ein anderes Mal musste ich mich vor das Zelt stellen. Zwar hatten wir alle noch laut gekichert und geschwatzt, aber ich allein bekam die Strafe ab. Es war bereits nach Mitternacht, die anderen Mädchen schliefen längst, als mich eine andere Erzieherin bemerkte und ins Zelt schickte. Auf die Frage, was passiert sei, staunte sie über die Maßnahme sehr,.stellte jedoch unseren Lehrer nicht zur Rede Für mich waren die folgenden Tage im Lager getrübt. Ich fühlte mich ständig beobachtet und ging meinem Lehrer, so gut ich konnte, aus dem Weg.

Gleich zu Beginn des neuen Schuljahres bestellte die Direktorin erneut meine Mutter zu einer Aussprache in die Schule. Mit einem unguten Gefühl folgte sie der Einladung. Ich hatte natürlich zu Hause erzählt, was mir passiert war. Nun erkannten sie, welches Opfer ich geworden war. Auch andere Mitschüler hatten ihren Eltern von den ungewöhnlichen Erziehungsmaßnahmen unseres Lehrers berichtet. Sicherlich ist es dann über den Vorsitzenden des Elternaktivs unserer Klasse an die Direktorin herangetragen worden. Im Gespräch mit meiner Mutter sah sie keinen anderen Ausweg, als ihr den guten Rat zu geben, mich in eine andere Schule zu schicken. Sie machte ihr klar, dass sonst auch bald die Leistungen darunter leiden würden. Das achte Schuljahr hatte bereits begonnen. Die neunte und zehnte Klasse wurde gerade eingeführt. Es bestand noch keine Pflicht, diese beiden Klassen zu absolvieren, aber es war bereits die Regel, um einen guten Ausbildungsplatz zu bekommen. Die Direktorin empfahl meiner Mutter eine Schule in einem kleinen Nachbarort, deren Direktor sie gut kannte. Sie wollte sich für mich verwenden und so geschah es dann auch. Gleich in der darauffolgenden Woche setzte sie sich mit ihm in Verbindung. Er hatte keine Einwände und bereits am Montag darauf führte mich mein Schulweg in eine völlig andere, neue Richtung. Für mich begann eine Wende, die mein weiteres Leben bestimmte. Von nun an musste ich täglich mit dem Linienbus zur Schule fahren. Schnell hatte ich mich daran gewöhnt.

Neue Schule – neues Glück

Den ersten Gang in die neue Schule musste ich alleine machen. Die Nacht zuvor fand ich kaum Schlaf. „Was wird mich da wohl erwarten?", grübelte ich ständig. „Was werden die von mir denken, weshalb ich aus einer anderen Schule in ihre Klasse komme?" Hier gab es in jeder Klassenstufe nur eine Klasse, weil der Ort nicht sehr viele Einwohner zählte. Ich empfand das als angenehm. Die Schüler der Klasse, in die ich kam, waren die „Großen", denn eine neunte und zehnte Klasse gab es in dieser Schule noch nicht.

Der Schulwechsel fiel mir sehr schwer. All meine Schulfreundinnen, die ich bereits seit dem Kindergarten kannte, musste ich zurücklassen. Die Schüler dieser neuen Klasse waren auch bereits seit dem ersten Schuljahr zusammen. Es hatte sich eine gewisse Hierarchie gebildet und ich musste meinen Platz erst finden.

Mein Herz klopfte wie wild, als ich mich am ersten Tag im Lehrerzimmer meldete. Ich war besonders zeitig aufgestanden, hatte sorgfältig meine Kleidung ausgewählt und einen Bus früher als nötig genommen. Bloß nicht zu spät kommen, war mein Ziel. Ein freundlicher alter Lehrer von großer Gestalt kam auf mich zu. Er hatte graue, beinahe weiße Haare und einen kleinen Oberlippenbart. Seine hervorstehenden Wangen waren durch geplatzte kleine Äderchen rot. Mit seinen blauen Augen schaute er mich freundlich an und fragte, ob ich die neue Schülerin der achten Klasse sei. Er stellte sich als „Herr Kalzendorf" vor und erklärte mir, dass er mein neuer Klassenlehrer sei. Dann reichte er mir die Hand und hieß mich willkommen. Gemeinsam gingen wir zu meiner neuen Klasse. Man hatte mich bereits angekündigt. Beim Betreten des Zimmers verstummten die Schüler und alle schauten mich an. Mit ein paar kurzen Worten stellte mich Herr Kalzendorf ihnen vor. Den Grund meines Kommens erwähnte er nicht, eigenartigerweise fragte auch keiner danach. Verlegen ging ich zu der Bank, die er mir zuwies. Meine Banknachbarin, ein großes, stämmiges Mädchen, sah mich freundlich an und der Unterricht begann ganz normal. Ich fand diese Art der Begrüßung nett und war ihr dankbar dafür. Wir hatten diesen Lehrer in den Fächern Deutsch und Mathematik.

Ab jetzt begann ein interessantes Schulleben für mich. Die Schüler dieser Klasse waren anders als die in meiner vorhergehenden. Man merkte, dass sie in diesem kleinen Ort gemeinsam aufgewachsen waren. Sie waren netter zueinander. Die ersten drei besten Schüler der Klasse waren dies seit dem ersten Schuljahr. Besonders die Klassenbeste war es gewöhnt, dass sie der Mittelpunkt der Klasse war. Ich hatte kein Problem damit. Die Unterrichtsweise verlief hier manchmal etwas ländlich-sittlich. Meine andere Klasse war im Unterrichtsstoff ein wenig weiter, was sich in meiner Situation als Vorteil erwies. So konnte ich von der ersten Unterrichtsminute an aktiv mitarbeiten und den anderen Schülern zeigen, dass ich nicht aus einer Hilfsschule kam.

Es dauerte einige Zeit, bis man mich auch beim Spielen auf dem Schulhof einbezog. Die Klassenbeste war am Anfang sehr skeptisch. Sie war eine souveräne, gute Schülerin, doch wir lernten schnell, einander zu akzeptieren.

Bei Ausfallstunden blieb ich in der Schule oder im Ort, da es sich für mich nicht lohnte, mit dem Bus nach Hause zu fahren. Die anderen Schüler dagegen gingen heim. So kam es vor, dass sich der Klassenlehrer öfter mit mir unterhielt. Als ich Vertrauen gefasst hatte, erzählte ich ihm, warum ich die Schule verlassen musste. Er hatte es gewusst, denn er war nicht sehr erstaunt.

Schnell bekam er auch mit, dass es mir schwerfiel, lange Balladen und Gedichte im Fach Deutsch zu lernen. Vor jedem Deutschunterricht war ein anderer Schüler dran, etwas von unseren großen deutschen Dichtern vor der Klasse vorzutragen. Ich bekam nun immer die kürzeren Gedichte oder Balladen. So war mir eine gute Zensur sicher. Heimlich bewunderte ich die anderen, die kein einziges Wort vergaßen und auch gut betonten. Bald gelang mir das auch, denn ich lernte, um meinem Lehrer eine Freude zu bereiten. Er registrierte es und schmunzelte verschmitzt in sein Bärtchen. Mit Leib und Seele war er Lehrer, der zwar streng, aber gerecht und einfühlsam war.

In Mathematik hatte ich so meine Schwächen. Es hatte sich doch bemerkbar gemacht, dass mein ehemaliger Klassenleiter kein tiefgründiges Wissen vermitteln konnte, während mein jetziger Lehrer Mathematik studiert hatte. So musste ich viel nachholen, um den Unterrichtsstoff zu verstehen. Und auch hier half mir Herr Kalzendorf. Hatten wir Ausfallstunden oder Unterricht am Nachmittag, schlug er mir vor, ein paar Mathematikaufgaben zu üben. Bei gutem Wetter bat er mich, mich auf die Bank vor seinem kleinen Häuschen zu setzen, das sich unmittelbar neben der Schule befand. Mit seiner Hilfe konnte ich Aufgaben üben, die ich nicht begriffen hatte, und die freien Stunden wurden somit sinnvoll überbrückt. Ich war danach zwar kein Mathe-Ass, verstand jetzt aber mehr. Auch die Frau des Lehrers lernte ich kennen. Sie war eine freundliche ältere Frau, die mir oft ein Glas Milch oder selbst gemachten Saft reichte, und ich spürte, dass sie mir sehr zugetan war. Die einzige Tochter der beiden studierte mit einem Sonderstipendium im Ausland. Die Eltern sahen sie selten, aber sie sprühten vor Eifer und Stolz, wenn sie von ihr erzählten.

Während einer großen Mathematikarbeit legte mein Klassenlehrer einmal stumm seinen Finger auf eine falsche Aufgabe, sagte nichts und schaute dabei in eine andere Richtung. Ich verstand, dass hier ein grober Fehler war und konnte so die Zensur retten. Wenn wir Arbeiten schrieben, ging er immer durch die Reihen und warf einen Blick auf unsere geistigen Ergüsse.

Eines Tages kam ich in der großen Pause mit der Pionierleiterin der Schule ins Gespräch. Der Verband der Jungen Pioniere wurde am 13. Dezember 1948 gegründet, er nahm die Traditionen der revolutionären Kinderbewegung der Weimarer Republik in sich auf. Er wurde ausschließlich an Schulen organisiert. Wöchentlich, meist am Mittwochnachmittag, fanden abwechslungsreiche und interessante Pioniernachmittage statt. Es gab sogar eine richtige Pionierkleidung mit blauem Rock oder Hose, weißer Bluse oder Hemd. Das äußere Zeichen der Zugehörigkeit war bis zum vierten Schuljahr ein blaues, ab dem fünften Schuljahr ein rotes Halstuch.

Die Pionierleiterin fragte mich nach meiner ehemaligen Schule aus und wollte wissen, was wir im Rahmen der Pionierorganisation und der Schülerselbstverwaltung gemacht hatten. Ich berichtete ihr darüber und sie fragte mich, ob ich nicht die Vorsitzende des Freundschaftsrates der Pioniere der Schule werden wollte. Sie brauchten einen beherzten Schüler der achten Klasse, der sich auch einmal durchsetzen konnte und gute schulische Leistungen vollbrachte. Diese Aufgabe reizte mich sehr, denn man hatte ein gewisses Mitspracherecht bei verschiedenen schulischen Maßnahmen. Die eigene Meinung war gefragt, man war wichtig. Ich überlegte nicht lange und sagte zu. Mein Klassenlehrer fand das auch gut, denn genügend Erfahrungen aus der anderen Schule brachte ich mit. So wurde in jeder Klasse ein Schüler vom Dienst eingeführt. Jede Woche musste eine Klasse den Ordnungsdienst auf dem Hof stellen, der dem diensthabenden Lehrer zur Seite stand. In einer kleinen Schule ist das einfach. Diese Schüler kamen sich wichtig vor und die Aufgabe machte ihnen Spaß. In der gesamten Schule trat mehr Ordnung und Sauberkeit ein. Auch gemeinsame Nachmittage mit den Kindern wurden in der Schule mit guter Beteiligung durchgeführt. Diese Aufgabe machte mir Freude. Bald kannten mich die Schüler der Schule und die Kleineren kamen schon mal mit ihren kleinen Sorgen zu mir. Die Lehrer und der Direktor freuten sich über meine Aktivitäten, und die Anerkennung und die Achtung, die man mir entgegenbrachte, bestärkten mich in meinem Lerneifer sehr.

Dank der Hilfe meines Klassenlehrers hatte ich mich in der neuen Klasse sehr schnell eingewöhnt. Ich lief niemandem den Rang ab und hatte sogar eine neue Freundin. Oft fuhren wir zusammen mit dem Bus, denn sie wohnte in der gleichen Stadt wie ich. Ihr Vater war Lehrer und wechselte dann als Erzieher in das Kinderheim, in dem auch ich ein paar Monate mit meinen Brüdern gelebt hatte. So bestand eine gemeinsame Basis zwischen uns.

Auch die Eltern der Klassenbesten lernte ich kennen. Sie waren neugierig auf mich und so nahm mich eines Tages die Schülerin mit nach Hause. Die Eltern waren so, wie man sich Eltern nur wünschen konnte. Ich beneidete sie heimlich um ihre Familie. Wir beide Mädchen wussten in dem Moment noch nicht, dass wir noch weitere vier Jahre einen gleichen schulischen Weg gehen würden.

Er stellte die Weichen für mein Leben

Es war ein ganz besonderer Wandertag. Unser Klassenlehrer hatte uns vorgeschlagen, diesen Tag so zu gestalten, wie es früher üblich war. Das hieß also, richtig querfeldein zu wandern, mit dem Rucksack auf dem Rücken. Nicht alle waren davon begeistert, aber er versprach, dass es uns gefallen würde. Ein wunderschöner milder und sonniger Tag kündigte sich an. Pünktlich 8.00 Uhr waren alle Schüler vor der Schule. Also liefen wir los. Jeder hatte eine kleine Marschverpflegung dabei. Herr Kalzendorf führte uns tatsächlich über Felder und Wiesen, die wir noch nie bewusst erlebt hatten. Es wehte ein kleiner lauer Wind und da es noch früh am Tag war, zwitscherten munter die Vögel. Die Natur war in das klare Licht der Morgensonne getaucht und alles sah so sauber und frisch aus, obwohl sich unweit, jedoch nicht einsehbar, die riesigen Kohlengruben des Geiseltales befanden.

Unser Lehrer war hier geboren und nach seinem Studium wieder hierher zurückgekehrt. Er liebte dieses Fleckchen Erde und kannte es wie seine eigene Westentasche. Geschickt lenkte er unsere Aufmerksamkeit auf kleine Sehenswürdigkeiten in der Natur. Jeder redete mal mit jedem und zwischendurch wurden auch Wanderlieder gesungen. Man konnte besser dazu wandern, was bei diesem Wetter richtig Spaß machte. Bald wurde eine Rast gemacht und die mitgebrachten Brote verzehrt. Wer Süßigkeiten dabeihatte, teilte bereitwillig. Die freie Natur hatte auch uns frei und froh gemacht. Es war eine angenehme Stimmung unter uns Schülern. Ich spürte immer wieder, dass das von diesem Lehrer ausging. Seine Frau hatte ihm frisch gebackenen Kuchen mitgegeben. So wurde das Geheimnis gelüftet, warum sein Rucksack so prall aussah. Das war natürlich eine tolle Überraschung. Jeder bekam ein Stück und es schmeckte hier besonders gut. Eine Quelle, die unser Lehrer bewusst mit uns angesteuert hatte, lieferte frisches Wasser und so war auch der Durst bald gelöscht. Unsere mitgebrachten Getränkeflaschen waren schon lange leer. Zurück liefen wir einen anderen, auch sehr schönen Weg, Herr Kalzendorf gesellte sich an meine Seite und erkundigte sich, ob mir der Wandertag gefallen habe. Natürlich gefiel mir diese Art von Wandertag sehr gut und ich sagte es ihm voller Begeisterung. Ich hatte den Eindruck, dass er etwas auf dem Herzen hatte, was er mir unbedingt sagen wollte. Und ich hatte mich nicht getäuscht.

Unser Lehrer hatte eine sehr angenehme ruhige Stimme und ich hörte ihn gern reden. Er fragte mich, ob ich schon einen Berufswunsch hätte und wie es mit dem Besuch der neunten und zehnten Klasse sei. Ich erzählte ihm, dass meine Mutter mich aus finanziellen Gründen nach dem achten Schuljahr aus der Schule nehmen möchte. Sie wollte, dass ich dann, genau wie mein Bruder, eine Lehre beginnen würde. Jetzt rückte er mit der Sprache raus. Er sagte mir, dass er mich für eine fähige und intelligente Schülerin halte, die ihren Weg gehen werde. Es wäre einfach zu schade, diese Fähigkeiten nicht zu fördern. Er kenne eine berühmte Schule, die er auch besucht hatte. Hier hatte er sein Abitur gemacht und das Rüstzeug für sein späteres Leben bekommen. Er schwärmte, welche bedeutenden deutschen Denker, Philosophen und Wissenschaftler dort als Schüler waren. Es sei ein ehemaliges Zisterzienserkloster und die Schüler seien ausschließlich im Internat untergebracht. Auch unsere Klassenbeste hatte er dort angemeldet.

Seine Erzählungen hatten mich neugierig gemacht und ich war stolz und glücklich, mit welchen Augen er mich sah. Er bemerkte natürlich, dass ich nicht abgeneigt war. Nun sagte er mir, dass er sich mit meiner Mutter diesbezüglich unterhalten würde, um sie zu „einem Tag der offenen Tür" nach Schulpforte, so hieß die Schule, einzuladen. Ich wusste, dass das ein harter Brocken sein würde, denn meine Mutter sah meine Zukunft mit anderen Augen. Herr Kalzendorf hatte bereits einen vorbereiteten Brief mit und bat mich, ihn meiner Mutter zu übergeben. Darin stand, dass er sie gern im Hinblick auf meinen weiteren Bildungsweg sprechen möchte.

Als wir uns voneinander verabschiedeten, waren alle einer Meinung: Dieser Wandertag war sehr schön. Mein Lehrer zwinkerte mir freundlich zu. Glücklich und erwartungsvoll fuhr ich mit dem Bus nach Hause und konnte es kaum erwarten, meiner Mutter den Brief zu übergeben.

Meine Mutter interessierte sich nicht besonders für meine schulischen Leistungen. Sie merkte, dass alles lief, und der Rest war ihr nicht so wichtig. Hauptsache, es gab keinen Ärger. Umso mehr wunderte sie sich über die Einladung zu dem Lehrergespräch. Die erste Frage war natürlich gleich: „Hast du etwas ausgefressen?" „Nein, es geht einfach um meine Zukunft", sagte ich. Natürlich wusste sie nicht, ob sie Zeit hatte oder ob sie arbeiten musste. Ich bettelte und ließ nicht locker. Schließlich ging es hier um meine Zukunft!

Der Termin harmonierte mit ihrer Schicht und ich begleitete sie in die Schule. Über eine Stunde musste ich warten. Skeptisch kam sie heraus und erzählte mir, was mein Lehrer mit mir plante. Ganz überrascht war sie über die gute Meinung, die er von mir hatte. Ich glaube, sie war zum ersten Mal ein wenig stolz auf mich. Herr Kalzendorf hatte ihr den Termin für die Besichtigung der Schule genannt und sie gebeten, sich selbst eine Meinung zu bilden.

Ich konnte diesen Tag kaum erwarten. Meine Mutter hatte sich extra freigenommen und sich adrett angezogen. Erwartungsvoll fuhr sie los. Mein Lehrer hatte ihr genau beschrieben, wie sie die Schule erreichen konnte.

Das war vielleicht eine Warterei, bis sie wieder zurück war! Sie musste mit dem Zuge bis Naumburg und dann mit dem Bus nach Schulpforte fahren. Der Ort heißt so wie die Schule. Ich war gespannt, welchen Eindruck sie gewonnen hatte, und ließ ihr kaum Zeit zum Verschnaufen. An ihrem Gesichtsausdruck sah ich, dass sie zufrieden war. Ja, sie schwärmte regelrecht von der Schule, den Internaten, den historischen Gebäuden, der Höflichkeit der Schüler und alles drum herum. Sie war total begeistert, so kannte ich sie überhaupt nicht. Und sie war stolz und freute sich, dass ich, ihre Tochter, dahin gehen durfte. Entgegen ihrer sonstigen Art, setzte sie sich sofort hin und schrieb einen Brief an meinen Lehrer, den ich ihm am folgenden Tag gleich übergab. Er hatte fest mit der Zustimmung gerechnet und sagte mir, dass er sofort meine Unterlagen nach Schulpforte schicken werde.

Es dauerte nicht lange und er rief mich zu sich. Er hatte Post aus Schulpforte bekommen, worin man ihm mitteilte, dass in dem naturwissenschaftlichen Zweig kein Platz mehr frei sei, nur in der altsprachlichen Klasse. Hier wurde neben den naturwissenschaftlichen Fächern verstärkt Latein und Griechisch unterrichtet. Es sei aber kein Problem, mit den Sprachen komme man ohne Weiteres klar. Der Grad der Allgemeinbildung war so hoch, dass es keine größeren Unterschiede zu den anderen Klassen gibt. Er überredete mich regelrecht, diesem altsprachlichen Zweig zuzustimmen. Das tat ich dann auch, denn ich hatte mich bereits mit dem Gedanken angefreundet, an dieser Schule mein Abitur zu machen. Die Aufnahme an dieser Schule sah ich vor allem auch als Möglichkeit, endlich von zu Hause und dem verhassten Stiefvaters wegzukommen. Für mich gab es nur noch diesen einen Gedanken.

Mein erster Freund

Noch bevor ich nach Schulpforte ging, lernte ich meinen ersten Freund kennen. Wir Mädchen fingen an, uns für das andere Geschlecht zu interessieren. Bereits im Zeltlager hatten einige Mädchen unserer Klasse einen Freund. Wir waren in die Pubertät gekommen und wollten gern älter sein, als wir waren. Nun begann auch die Zeit, wo der Spiegel eine größere Rolle für uns spielte. Da Mädchen in diesem Alter reifer sind als die gleichaltrigen Jungen, interessierten uns die Jungen unserer Klasse überhaupt nicht. Gern kokettierten und scherzten wir mit den etwas älteren Schülern. Unser Treffpunkt war an der Stirnseite unseres Häuserblockes, wo sich keine Fenster befanden. Hier wurden wir nicht gleich gesehen, waren aber für unsere Eltern leicht erreichbar, falls wir gerufen wurden. Allabendlich standen wir nun hier herum und spielten mit den Jungen Ball oder unterhielten uns über „Gott und die Welt". Es knisterte nur so und jede von uns hätte gern einen Freund gehabt. Eines Tages kamen auch Jungen aus dem Nachbarort. Sie kreuzten mit ihren Motorrädern auf und machten sich wichtig. Wir bestaunten sie natürlich, taten aber sehr gelassen. Es wurde viel gelacht und wenn es zu laut wurde, schimpften manchmal die Erwachsenen.

Einer der motorisierten Jungen sah besonders gut aus. Er war groß und dunkelhaarig und sein Gesicht mit dem kantigen Kinn war sehr markant. Bei seinem Anblick dachte ich oft an einen Cowboy. Alle Mädchen fanden ihn toll. Er machte einen sehr netten Eindruck und jede hätte ihn gern als Freund gehabt. Als er bemerkte, dass er uns gefiel, kam er so oft er konnte. Sein Beruf war E-Lokfahrer im Braunkohletagebau und er arbeitete im Schichtdienst.

Meine kesse, etwas vorlaute Art schien ihm zu gefallen, denn ausgerechnet mich lud er eines Tages zu einem Kinobesuch ein. Ich konnte es nicht fassen. Natürlich sagte ich zu und die anderen Mädchen platzten vor Neid. In der Nacht zuvor bekam ich vor Aufregung kein Auge zu. Endlich war es so weit. Wir trafen uns vor dem Kino. Den ganzen Nachmittag tippelte ich vor meinem Kleiderschrank hin und her und machte Modenschau. Nichts war gut genug, ich wollte ihm doch gefallen. Da fiel mir eine dünne hellblaue Bluse von meiner Mutter in die Hände, die ihr zu klein, mir etwas zu groß war. Ich fand sie dennoch chic. Sie stand mir ausgezeichnet und ich fand mich sexy, sie passte gut zu meinen blauen Augen. Entgegen meiner sonstigen Gewohnheit ging ich sogar etwas eher los und hielt mich im Hintergrund auf, denn ich wollte sehen, wenn er kommt. Endlich erschien er. Als er mich bemerkte, ging ich ganz verlegen und mit hochrotem Kopf auf ihn zu. Wie immer sah er gut aus. Stolz betrat ich an seiner Seite das Kino. Die Karten hatte er bezahlt, denn er verdiente ja bereits sein eigenes Geld. Damals kostete eine Kinokarte 65 Pfennig für Erwachsene, 30 Pfennig für Kinder. Heute kam ein Film für Erwachsene und ich sah ja auch so aus – dachte ich. Es gab keine Platzkarten und so setzten wir uns in die letzte Reihe. An den Film kann ich mich nicht mehr erinnern. Als er meine Hand nahm, verlor ich fast den Verstand, der Film war mir schnuppe. Nach dem Kino brachte er mich artig nach Hause. Wir standen noch eine Weile vor unserer Haustür. Meine Mutter und mein Stiefvater waren zur Nachtschicht, so hatte ich noch ein wenig Zeit. Ich dehnte die Zeit jedoch nicht aus. Die Mitbewohner des Hauses hätten mich sehen können und es meiner Mutter verraten. Sie reagierte immer sehr hart, wenn ich mich nicht an ihre Vorschriften hielt. Genau das wollte ich vermeiden.

Von nun an trafen wir uns öfter und gingen auch gemeinsam spazieren. Wenn es niemand sah, nahm er meine Hand. Ich war glücklich wie noch nie. Bald gaben wir uns den ersten Kuss. Leider konnte er nicht besonders gut küssen, aber ich fand es trotzdem schön und es flatterte im Bauch.

Ich war das erste Mal verliebt und das Leben war mit einem Schlag so leicht. Ich fühlte mich plötzlich wahrgenommen und geliebt, ich war für einen Menschen wichtig. Dieses Gefühl machte sich auch in meinen schulischen Leistungen bemerkbar. Ich machte alles mit mehr Schwung und Begeisterung.

Winfried, so hieß mein Freund, erzählte mir viel von seiner Arbeit und der großen Verantwortung, die er als E-Lokfahrer trug. Immerhin war er erst 18 Jahre alt. Er hatte ein besonderes Zuhause. Mit seinen Eltern, seiner Schwester und seinem Bruder wohnte er abseits der Zivilisation in einem Wasserwerk mitten in einem großen Feld. Die Familie hatte sich einen großen Garten angelegt, wo alles wuchs, was man zum Leben brauchte. Der Fußmarsch zum Wasserwerk dauerte von der Straße aus 20 Minuten. Mit einem Fernglas wurde jeder Ankömmling registriert. Sein Vater, der im Krieg einen Arm verloren hatte, betreute dieses Wasserwerk. Seine Mutter war Hausfrau. Hin und wieder half sie in der nahe gelegenen landwirtschaftlichen Genossenschaft bei der Ernte. Alle Mitglieder dieser Familie verstanden sich gut und es herrschte ein erstaunlich netter und kameradschaftlicher Umgangston.

Seine Familie lernte ich kennen, als ich mich eines Tages einfach auf den Weg machte, um Winfried zu besuchen. Da er ledig war, musste er öfter die Schicht tauschen. Wir hatten uns verabredet und er konnte mich nicht verständigen, denn ein Telefon hatte niemand von uns. Da wir uns nicht so oft sahen, machte ich mir Gedanken, was passiert sein könnte. Ich nahm all meinen Mut zusammen und fuhr mit dem Bus bis zum nächsten Ort. Von hier aus lief ich auf dem Feldweg zum Wasserwerk. Natürlich wurde ich mit dem Fernglas beobachtet. Da mir Winfried davon erzählt hatte, stolperte ich beinahe über meine eigenen Beine, weil ich mich beobachtet fühlte. Und so war es auch. Die Familie kannte mich nicht und rätselte lange, wer da wohl angelaufen kam. Das konnte doch nur die neue „Flamme" von

Winfried sein, der leider nicht zu Hause war. Sein Vater empfing mich sehr freundlich und bat mich herein. Mein Freund musste bereits von mir erzählt haben, denn er fragte, ob ich seine Freundin sei.

In dem großen Gebäude befanden sich die Anlagen zur Aufbereitung des Trinkwassers. Es rauschte und summte. Die Geräusche der Pumpen waren in der darüber befindlichen Wohnung nicht zu überhören, aber alle hatten sich im Laufe der vielen Jahre daran gewöhnt und nahmen sie gar nicht mehr richtig wahr. Über eine Stahltreppe ging es viele Stufen nach oben in die Wohnung. Die Familie lebte in sehr einfachen Verhältnissen. Der wichtigste Raum war die große Wohnküche. Hier spielte sich das gesamte Familienleben ab. Ich war sehr verlegen, mein Mut war mir fast peinlich geworden. Es dauerte nicht lange und wir plauderten nett miteinander. Der Vater freute sich, dass ich gekommen war. Hier war jede Abwechslung willkommen, denn man lebte in relativer Einsamkeit. Nachbarn gab es nicht. Die Kinder hatten einen langen Schulweg und auch der Einkauf musste gut überlegt sein. Weit und breit war kein Geschäft, nur Felder.

Endlich wurde Winfried angekündigt. Der Vater ging ihm entgegen und die Überraschung war groß. Er freute sich sehr und brachte mich dann am frühen Abend an die Bushaltestelle. Ich war selbst über meine Handlungsweise überrascht.

Leider kühlte sich das Gefühl, das ich lange für Liebe hielt, meinerseits ab. Während Winfried lieb und aufmerksam zu mir war, merkte ich bald, dass er für mich nicht intelligent genug war. Er hatte nur das Ziel der siebten Klasse erreicht. Trotzdem hatte er es zu einem E-Lokfahrer für Kohlenzüge im Kohletagebau gebracht. Ich dagegen wollte nach den großen Ferien für vier Jahre an ein Gymnasium gehen und mein Abitur machen. Zwischen uns tat sich eine Bildungskluft auf, die nur ich am Anfang bemerkte. Wir hatten keine sexuelle Beziehung und es war gut so. Als wir den ersten Versuch in der Wohnung meiner Eltern starten wollten, kam überraschenderweise mein Stiefvater vorzeitig aus der Nachtschicht nach Hause. Irgendein Wehwehchen plagte ihn und er musste unbedingt früher nach Hause gehen. Ich erschrak beinahe zu Tode, als ich hörte, dass jemand den Schlüssel ins Türschloss steckte. Zum Glück ging er gleich in sein Bett. Wir waren im Wohnzimmer und zitterten. Uns war die Lust vergangen und es kam zu keiner weiteren günstigen Gelegenheit. Winfried war unerfahren und ich seine erste Freundin.

Abschied

Mit einem sehr guten Zeugnis schloss ich die achte Klasse in meiner neuen Schule ab. Diesmal hatte ich beim Schulwechsel eine Bezugsperson, es war Manuela, die Klassenbeste. Wir beide verstanden uns gut, freuten uns auf die Zeit in Schulpforte und waren gespannt, was da so alles auf uns zukommen würde. Manuela besuchte die Klasse 9b, das war der naturwissenschaftliche Zweig und ich die Klasse 9c, das war der altsprachliche Zweig. Mein Klassenlehrer schlug mir vor, in den beginnenden großen Ferien mit mir Mathematik zu üben. Da er selbst einst Schüler in Schulpforte war, wusste er, wie wichtig es war, ein fundiertes Wissen in allen Fächern zu haben. Er setzte großes Vertrauen in meinen Willen und meine Kraft, den Anforderungen dieser Eliteschule gerecht zu werden. Schließlich war ich ja „nur" ein Arbeiterkind.

Mir fehlten noch einige Dinge, die für das Internatsleben in Schulpforte notwendig waren. Schließlich fuhren wir nur alle vier Wochen nach Hause. Ich suchte mir für die ersten Wochen in den großen Ferien einen Ferienjob. Meine Mutter stand natürlich vor einem finanziellen Problem, aber sie meisterte es ohne große Worte. Ferienjobs waren in dem Jahr knapp und so arbeitete ich in der Zentralküche des Chemiebetriebes meiner Mutter. Alle unangenehmen Arbeiten in einer Großküche warteten auf uns Schüler. Egal ob es Kartoffelschälen, Gemüseputzen, Topfwäsche oder Aufräumarbeiten im Vorratskeller waren, alles hatten wir mitzumachen. Besonders der Geruch beim Anbraten von Knochen für die Zubereitung von Soßen machte meinem Magen zu schaffen. Zu meinem Glück wurde ich eines Tages gebeten, mittags im Speisesaal zu arbeiten. Von nun an bediente ich die Arbeiter und Angestellten mit Limonade, Kaffee und Selters. Das hatte die positive Nebenwirkung, dass ich das eine oder andere kleine Trinkgeld bekam. Ich freute mich jeden Tag auf diese Zeit und die kleinen Gaben konnte ich gut gebrauchen.

Die restliche Zeit der Ferien verbrachte ich damit, mich auf das Leben in Schulpforte vorzubereiten. Mehrere Male traf ich mich noch mit meinem Lehrer. Seine Frau freute sich jedes Mal über mein Kommen und wir setzten uns auf die Bank vor ihrem Haus. Mit viel Geduld übte er mit mir Mathematik und ich gab mir große Mühe, alles zu verstehen.

Die Zeit des Abschiednehmens war gekommen und mit lieben Worten und einem spürbar warmen Herzen verabschiedeten sich die beiden Alten von mir. „Melde dich einfach, wenn du mal wieder zu Hause bist. Meine Frau und ich freuen uns immer über deinen Besuch. Wir wollen doch so gerne wissen, wie es dir so ergeht." Die ganze Zeit hatte ich das Gefühl, dass das Schicksal mir in Gestalt dieses alten Mannes für ein Jahr einen verständnisvollen Ersatzgroßvater geschickt hatte. Ich genoss diese menschliche Wärme. Er war der erste Mensch in meinem Leben, der an mich glaubte. Auch meine Schwächen erkannte er und wies mich dezent darauf hin. Ich lernte, mich in bestimmten Situationen einfach zurückzunehmen, erst nachzudenken und dann zu handeln. Sowohl die Autorität als auch die Würde, die er ausstrahlte, veranlassten uns Schüler, seine Weisungen strikt zu befolgen. Vom ersten Moment an habe ich ihn verehrt und hoch geachtet. Es war für mich ein Glücksfall, ihm begegnet zu sein. Für mich stand und steht immer fest, dass dieser Lehrer die Weichen für mein späteres Leben gestellt hatte.

Leider starb er kurze Zeit später. Er hatte immer schon Probleme mit seinem Herzen gehabt. So war er an seinem Todestag in die Poliklinik gefahren, um seinen Arzt wegen akuter Herz-

beschwerden aufzusuchen. Als man ihn in das Ordinations-
zimmer rief, war er bereits in der Umkleidekabine gestorben.

Die Nachricht vom Tod meines hoch verehrten Lehrers erreichte mich in Schulpforte und ich habe hemmungslos geweint.
Ich verspürte einen Verlustschmerz wie damals, als wir Kinder
nach dem Selbstmordversuch unserer Mutter in das Waisenheim kamen.

Es war das erste Wochenende, an dem wir heimfahren durften. Die Schulleitung meiner alten Schule hatte mich gebeten,
als Vertreterin der Schülerschaft an der Beerdigung teilzunehmen und den Kranz der Schule niederzulegen. Noch nie in meinem vorherigen Leben habe ich um einen Menschen so geweint
wie um diesen. Viele Menschen waren gekommen, um Abschied
von ihm zu nehmen, natürlich auch alle Lehrer, Erzieher und
sonstiges Personal der Schule. Meine gesamte ehemalige Klasse,
viele Schüler und Eltern waren als Trauergäste anwesend. Ein
wenig stolz war ich, dass ich in der kurzen Zeit, in der ich an
dieser Schule weilte, so eine Stellung im Schülerverband hatte,
dass man mir die Kranzniederlegung übertrug.

Meine Mutter ging das erste Mal sehr einfühlsam mit mir
um. Das Wochenende war geprägt von diesem traurigen Ereignis. Mir fiel es schwer, meine ersten Eindrücke von meinem neu-
en Zuhause zu schildern. Alles war in den Hintergrund getreten. Ich hatte doch versprochen, mich oft bei ihm zu melden,
und nun lebte er nicht mehr.

3. Eliteschule Schulpforte

Schulpforte – mein neues Zuhause

Am 1. September 1961 hielt ich Einzug in Schulpforte. Um hier Schüler sein zu dürfen, musste man sich bewerben, und dann wurde im Vorfeld eine Auswahl getroffen. Die Schule forderte das Bildungsmaximum der achten Klasse. Eine Aufnahmeprüfung gab es nicht mehr. Die Schülerselbstverwaltung war noch vorhanden, jedoch ohne alte Rangordnung.

Die Anlage des ehemaligen Zisterzienserklosters Pforte, das jetzige Schulpforte, liegt zwischen Naumburg und Bad Kösen. Meine Mutter begleitete mich auf diesem zukunftsorientierten Weg. Schwer bepackt fuhren wir hierher. Die Fahrt war nicht einfach, denn wir mussten mehrmals umsteigen. Mittags erreichten wir endlich unser Ziel. Heute ist das alles kein Problem mehr, denn die Eltern der Schüler haben alle ein Auto und man fährt bis vor das Internat.

Als die neuen Schüler ankamen, stand das Tor des wunderschönen Eingangsportals offen. Eine dickliche Frau, die als Pförtnerin hier arbeitete, grüßte ein wenig überlaut, aber freundlich, und wies uns den Weg zum „Internat Drei". Fragen stellte sie keine, denn es war nicht zu übersehen, dass es sich um die Neuen handelte. Wer hier Schüler war und wer nicht, wusste sie ganz genau. Bepackt mit Koffern und Taschen, standen wir nun mitten im Schulobjekt von Schulpforte. Mein erster Blick fiel auf die hohe Fassade der Klosterkirche. Sie machte einen so außergewöhnlichen Eindruck auf mich, der in meiner Erinnerung nie ausgelöscht wurde. Die Außenanlagen und alle Wege sahen sehr gepflegt aus. Es war September und Cannas blühten in ihrer herrlichsten Pracht. Diesen Willkommensgruß erlebte ich jedes Mal nach den großen Ferien und immer zog es mich in den Bann dieser Schule. Staunend gingen wir an den historischen Gebäuden des ehemaligen Zisterzienserklosters vorbei bis weit zum hinteren Ende des Objektes, wo sich das „Internat Drei" befand. Der Spätsommer zeigte sich an diesem Tag von seiner schönsten Seite und die Sonne ließ die alten Gemäuer in einem besonderen Licht erscheinen.

Das hier würde also ab heute für vier Jahre mein neues Zuhause sein. Ein Gefühl zwischen Hilflosigkeit und Neugier beschlich mich. *Werde ich die hohen Erwartungen, die an mich gestellt werden, auch erfüllen können? Es wird niemand da sein, der mir zur Seite steht, wenn ich Trost brauche. Wir alle werden die nicht ganz problemlose Zeit der Pubertät hier durchleben. Unsere Eltern werden damit kaum konfrontiert, denn wir sind nur alle vier Wochen für ein Wochenende zu Hause.*

Unsere neue Klasse bestand aus neunzehn Mädchen und drei Jungen. Die Aufteilung der Mädchen in den Internatszimmern war bereits festgelegt. Die drei Jungen schliefen im Jungeninternat über dem Kreuzgang in den ehemaligen Mönchszellen, die früher nicht beheizbar waren. Sie beklagten sich oft über die kalten Zimmer im Sommer, besonders aber in der kalten Jahreszeit.

Ich bezog ein Fünfbettzimmer. Darüber hinaus gab es für die Mädchen unserer Klasse noch zwei Zimmer mit je sechs Betten und ein Zweibettzimmer befand sich abseits vom Rest der Klasse ganz oben in der dritten Etage. Die beiden Mädchen, die hier einzogen, passten in ihrer Wesensart absolut nicht zusammen. Besonders Ilona litt unter dem dominanten Wesen der anderen Mitschülerin. Ich war froh, dass es mich nicht getroffen hatte. In unserem Zimmer war es trotz und wegen der Pubertätszeit nie langweilig.

Schnell brachte ich meine Mutter zurück zur Torwache und verabschiedete mich von ihr. Dann wandte ich mich meinem neuen Leben zu. Jedes der vier Mädchen in meinem Zimmer kam aus einem anderen Milieu: Die Eltern von Ulrike waren selbstständig. Sie hatten ein kleines Unternehmen im Harz und stellten Zelte und Planen für Nutzfahrzeuge her. Sie gehörten also zu den „Kleinkapitalisten" unserer Zeit. Ihre Eltern hatten als Einzige in der Klasse ein kleines Auto. Die Schwester von

Ulrike war auch in Schulpforte und besuchte bereits die zwölfte Klasse. Sie schaute öfter mal bei uns herein. Wir mochten sie sehr, denn sie war sehr nett. Kamen die Eltern der beiden zu Besuch, konnte ich deutlich spüren, wie lieb sie ihre beiden Mädchen hatten. Im Bett neben Ulrike schlief Ricarda, deren Schwester ebenfalls in die gleiche Klasse wie die Schwester von Ulrike ging. Das war auch sicherlich der Grund, warum beide sich gleich anfreundeten und im Klassenraum nebeneinander saßen. Die Eltern von Ricarda waren beide Lehrer in einer Dorfschule. Leider erlitt Ricarda während der Zeit in Schulpforte einen schweren Verlust, von dem ich später berichten werde. Ich habe sie in den Jahren in Schulpforte sehr gemocht. Gern hätte ich sie einmal wiedergesehen, doch sie ist bereits vor einiger Zeit verstorben. Meine Bettnachbarin war Britta. Ihr Vater war Ingenieur, die Mutter Hausfrau. Sie wohnten in der Nähe von Naumburg. Die Eltern kamen öfter am Wochenende, um ihre Tochter zu besuchen. Einmal nahm mich Britta mit nach Hause. Ich beneidete sie um die Liebe und Fürsorge ihrer Eltern. Sie hatte das, was ich nie kennengelernt hatte: Vater und Mutter, die sie liebten. Auch eine Oma war um ihr Wohl besorgt. Trotz der Ermahnungen der Mutter fiel es Britta oft schwer, den mitgebrachten Kuchen mit uns zu teilen. Als Fünfte im Bunde war da noch die dunkelhaarige Barbara. Ihr Vater war Arbeiter in einem Braunkohle-Tagebau, ihre Mutter arbeitete in der Landwirtschaft als Buchhalterin. Wir beide teilten uns die Schulbank und verstanden uns recht gut. Barbara war ein hübsches, ausgeglichenes Mädchen, sie gefiel den Jungen sehr. Wir fünf Mädchen kamen gut miteinander aus und ich fühlte mich in diesem Zimmer wohl. Richtige Auseinandersetzungen gab es nicht. Nur einmal hätten mich die vier Mädels beinahe geviertelt, denn ich hatte eine Agave aus der Schulgärtnerei in einem großen Blumentopf vor unseren Schreibtischblock gestellt. Es sah super aus, aber alle Mädchen zerrissen sich ihre Strümpfe aus Dederon, die der neueste Schrei waren. Sie waren super erotisch und kosteten ein Kapital, nämlich 19 Mark. Aber sie hielten nur von jetzt bis nachher.

Als eine Art Erziehungsmaßnahme musste ich mir eines Tages mit Britta und der dominanten, aber extrem naiven Thea ein Dreibettzimmer teilen. In dem Alter glaubte Thea immer noch, dass man durch einen Kuss ein Kind bekommen konnte. Beide Mädchen waren totale Fans unseres Lehrers und ich hatte nichts bei ihnen zu lachen. In dieser zum Glück recht kurzen Zeit lebte ich regelrecht von den beiden isoliert und fühlte mich einsam. Bei jeder Gelegenheit ließen sie mich auflaufen und ich hatte keine Chance, mich dagegen zu wehren. Der Lehrer stand hinter ihnen und sie waren der Meinung, mich erziehen zu müssen. Das weckte natürlich meinen Widerstand. Ein Glück für mich war, dass ich in meiner Freizeit nicht auf ihre Gnade angewiesen war, denn ich hatte einen Freund.

In unserem Internat überwachten die Schülerinnen der zwölften Klasse, ob wir uns ordentlich wuschen und die allgemeinen Gepflogenheiten im Internat einhielten. Wer zu kess war, wurde ermahnt, freche Antworten untereinander wagten wir nicht. Wir alle mussten erst lernen, uns freiwillig in das Heimleben einzuordnen. Natürlich gab es auch Querelen, wie es unter Heranwachsenden üblich ist, aber alles hielt sich in Grenzen. Schließlich hatten wir alle ein ähnlich gutes Ausgangsniveau. Im Laufe der Zeit lernten wir uns immer besser kennen. Leider fand ich nie ein Mädchen, das für mich eine richtige Freundin sein konnte. Deshalb hatte ich auch nie die Gelegenheit, jemandem meinen Kummer aus der Vergangenheit anzuvertrauen. Aber vielleicht lag es auch an mir.

Das Leben hinter historischen Mauern

Es wurde schon sehr viel über diese einzigartige Schule geschrieben und meist sind es ehemalige Schüler, die über ihre Erlebnisse und tiefe Verbundenheit berichten. Die Jahre hinter den historischen Mauern bis zum Abitur haben die jungen Leute für ihr Leben geprägt, denn es sind die Jahre der Jugend und der Entwicklung vom Kind zum Erwachsenen. Über das heutige Leben und die Regeln in der Internatsschule kann man natürlich ausführlich im Internet nachlesen. Aus diesem Grunde möchte ich nur ein paar bedeutende Fakten zur Landesschule Schulpforte nennen, die vielleicht dem einen oder anderen doch nicht bekannt sind.

Im Jahre 1132 erfolgte die Grundsteinlegung der Klosterkirche des ehemaligen Zisterzienserklosters. Der Kurfürst Moritz von Sachsen gründete im Jahre 1543 die Landesschule. Seit dieser Zeit ist Schulpforte also eine Schule. Das Anliegen des Gründers war die Förderung begabter Schüler ohne Blick auf die soziale Herkunft und den finanziellen Hintergrund der Eltern. Der Schulbesuch war kostenlos, aber auch gnadenlos und entbehrungsreich. In den ersten Jahrzehnten dieser Schule war es den Schülern verboten, Deutsch zu sprechen. Die Sprache war ausschließlich Latein. Die Lebensweise der Schüler entsprach lange noch den Verhältnissen der Mönchszeit. An der Ordnung und dem Inhalt der Bildung der Schule änderte sich über 200 Jahre wenig und man nannte die sich so geformten Verhaltensweisen bei den Schülern und Lehrern sogar Tradition. In seinem Buch „Friedrich Nietzsche", der einer der bedeutendsten Schüler in dieser Bildungseinrichtung war, schrieb Horst Althaus über Schulpforte: „Unter den Schulen in Deutschland des 19. Jahrhunderts galt Schulpforte als eine der Angesehensten, wenn nicht als die Erste überhaupt." Namhafte deutsche Dichter, Philosophen, Wissenschaftler und Personen des öffentlichen Lebens aller Zweige sind Schüler in Schulpforte gewesen, auch einer der Enkel von Goethe. Die Anforderungen an die Schüler waren sehr hoch, sowohl im logischen Denken als auch in Bezug auf die sprachlichen Leistungen und die Disziplin des Lernens. Auch die Zeit des Nationalsozialismus ging nicht spurlos an Schulpforte vorbei. 1935 wurden der gesamte Lehrkörper und die oberen Klassen entlassen. Die Regierung wandelte das Gymnasium in eine „Nationalpolitische Erziehungsanstalt", kurz Napola, um. Nach dieser unrühmlichen Zeit wurden sogar Überlegungen angestellt, diese berühmte traditionsreiche Bildungseinrichtung in ein Waisenhaus, ein Altersheim, eine Arbeiter- oder eine Ferienkolonie umzuwandeln. Diese Ideen wurden jedoch dank der Unterstützung des Bundes ehemaliger Schüler von Schulpforte nicht in die Tat umgesetzt. Die Schulaufsichtsbehörden verwahrten sich ebenfalls gegen derartige Versuche.

Seit jeher lebten in Schulpforte alle Schüler in Internaten. Eine andere Variante gab es zu keiner Zeit. Schulgeld wurde nicht erhoben, das ist auch heute noch so. Die monatlichen Internatskosten betrugen in der Zeit meines Aufenthaltes 60,- Mark der DDR, heute sind es 400 –, Euro, für Landeskinder aus Sachsen-Anhalt 350,- Euro. Jeder hatte damals die Möglichkeit, seine Wäsche kostenlos waschen zu lassen, was gern in Anspruch genommen wurde. Da wir nur alle vier Wochen nach Hause fuhren, brauchten wir wenigstens keine Wäsche mitzuschleppen. Der Koffer war auf der Rückfahrt auch ohne Wäsche schwer, denn für die nächsten vier Wochen wurden allerhand nützliche Dinge von zu Hause mitgeschleppt.

An der Schule standen drei Ausbildungszweige zur Auswahl bereit. Man konnte sich für eine neusprachliche, eine naturwissenschaftliche oder eine altsprachliche Ausbildungsrichtung entscheiden. In allen Klassen war Latein ebenso wie Russisch ein Pflichtfach. Internatsleiter und Lehrer hielten ständig ein waches pädagogisches Auge auf uns. Auch außerhalb des Unterrichts waren die Lehrer für die Erziehung verantwortlich. Gewaltmissbrauch unter den Schülern aufgrund eines fehlenden pädagogischen Interesses der Lehrer gab es nicht. Jeder hatte die gleichen Möglichkeiten, seine Persönlichkeit und seine Fähigkeiten zu entfalten, man musste nur wollen. Nach wie vor gab es festgesetzte Lernzeiten, die streng zu befolgen waren.

Unser Schulalltag war straff organisiert. Um 6.00 Uhr morgens war allgemeines Wecken. Ein lauter Klingelton, der in keinem Zimmer zu überhören war, riss uns aus unseren Jugendträumen. Noch schläfrig schleppte man sich in den einzigen gemeinsamen Waschraum in der ersten Etage. Es führte kein Weg an der morgendlichen Körperpflege vorbei, denn in der Gemeinsamkeit fiel das auf. In dem Waschraum waren zehn

Waschbecken und eine große Badewanne. Das warme Wasser kam aus einem Gas-Durchlauferhitzer. Die Tatsache, dass nur eine Wanne im ganzen Internat existierte, hielt uns fünf Mädchen unseres Zimmers nicht davon ab, in den Freistunden gelegentlich ein gemeinsames Bad zu nehmen. Pflicht war, dass sich alle vorher bereits gewaschen hatten. Wir setzten uns nebeneinander in die Wanne, die Beine baumelten über den Wannenrand. Warmes Wasser lief zu und gebrauchtes gleichzeitig ab. Wassergeld war damals noch kein Thema. Das gemeinsame Bad war für uns ein Gaudi. Wir plauderten und sangen Lieder, bis uns die Füße kalt wurden.

Vor dem morgendlichen Verlassen des Zimmers mussten die Betten gemacht und der eigene Bereich aufgeräumt werden. Das Zimmer mussten wir grundsätzlich in einem ordentlichen Zustand verlassen. In unserer Abwesenheit wurden oft Zimmerkontrollen durchgeführt. Die Ordnung war Bestandteil der Ordnungszensur in den so genannten Kopfnoten.

Der Speisesaal befindet sich auch heute noch im Kreuzgang. Frühstück gab es bis 8.00 Uhr. Es bestand aus zwei Brötchen und einem kleinen Stück Butter. Marmelade, Kunsthonig oder Pflaumenmus konnte man so viel nehmen, wie man brauchte. Mehlsuppe oder manchmal Puddingsuppe standen in einem Essenkübel auf dem Nebentisch. Da die Jungen von zwei Brötchen nicht satt wurden, konnte man später auch drei Brötchen bekommen.

Um 8.00 Uhr begann der Unterricht. Unser Klassenzimmer befand sich im Schulhauptgebäude oberhalb vom Ausgang des Kreuzganges. In der ersten großen Pause gab es Fett- oder Leberwurstbrote als zweites Frühstück. Es war für uns alle unverzichtbar, denn Mittagessen gab es erst ab 13.00 Uhr. Hefeklöße vom Vortag, die mit Marmelade bestrichen waren, mochten alle. Für den Durst stand Tee bereit, dessen Geschmack ein wenig eigenartig war. Es wurde behauptet, dass das von dem „Hängolin" kam, was immer das auch war, das unseren Sexualtrieb angeblich hemmen sollte.

Hunger hatten wir immer. Wir erlebten auch eine Zeit, in der es anstelle von Kartoffeln Erbsen und Nudeln in allen Varianten gab. Eine Kartoffel-Missernte in der DDR war die Ursache dafür. Das Mittagessen fand ich recht abwechslungsreich, denn ich war nicht verwöhnt. Dagegen fiel das Abendessen oft zu mager aus. Von den wenigen Wurstscheiben und der knapp bemessenen Butter wurden die Jungen nicht satt, die dann oft von den Mädchen Essen abbettelten. So gut es ging, brachten wir uns von zu Hause haltbare Lebensmittel mit, konnten sie jedoch schlecht lagern. Neben dem Haupteingang des Schulobjektes war ein kleiner Konsum. Sofern man Geld hatte, konnte man sich hier etwas zu essen kaufen. Heute sind es die edlen Weine dieser Gegend, die hier verkauft werden.

Der Vormittagsunterricht endete um 13.00 Uhr. Nach dem ersehnten Mittagessen bummelten wir ins Internat. Es gab auch Nachmittagsunterricht. Von 14.00 bis 15.30 Uhr war Arbeitsstunde angesagt, wo die Hausaufgaben erledigt wurden und gelernt wurde. Wir hatten das Zimmer nicht zu verlassen, das Internat wurde zugeschlossen. Im gesamten Haus herrschte strenge Ruhe. Das war das „Silentium". Lehrer und Erzieher machten in dieser Zeit Kontrollgänge.

Eine willkommene Abwechslung war die Kaffeepause zwischen 15.30 Uhr und 16.30 Uhr. Im Speisesaal warteten Marmeladenbrötchen oder Brot und Malzkaffee auf uns. Kuchen gab es nur sonntags. Der Speisesaal roch immer wie ein schlecht gelüfteter Brotkasten. Noch heute habe ich den Geruch in der Nase, wenn ich daran denke. Ein kleiner Spaziergang durch den Schulpark gleich hinter unserem Internat war zu jeder Jahreszeit erholsam. Man konnte sich auch mit dem Freund oder der Freundin treffen, sofern man eine(n) hatte. Dann ging die Arbeitsstunde bis 18.00 Uhr weiter. Im Vordergrund standen zwar das Lernen und Üben, aber es wurden auch andere Dinge erledigt, man durfte sich nur nicht bei Kontrollgängen erwischen lassen. Das Schwatzen kam nie zu kurz. Wie sollte es auch, wir waren schließlich Mädchen.

Die Abendbrotzeit war eine Erlösung. Bis 20.00 Uhr hatten nun die Klassen neun und zehn Freizeit. Für die elfte und zwölfte Klasse war um 22.00 Uhr Schluss. Mit dem Klingelzeichen hatten wir im Internat zu sein. Pünktlich um 20.00 Uhr wurden die Internate zugeschlossen. Wer zu spät kam, musste an der Tür läuten. Pech hatte man, wenn gerade die Internatsleiterin da war. Kam es selten vor, gab es von ihr nur eine Zurechtweisung Ansonsten wurde man mit Ausgangssperre diszipliniert. Stand man sich mit den diensthabenden Schülerinnen gut, hatte es keine Konsequenzen. Disziplin war stets oberstes Prinzip.

Ausgang war dienstags von 16.00 bis 20.00 Uhr, für die elften und zwölften Klassen bis 22.00 Uhr. Am Donnerstag war gleich nach dem Unterricht Ausgang bis 20.00 Uhr. Für den nächsten Tag gab es keine Hausaufgaben auf. Sonnabends und sonntags war bis 20.00 Uhr ganztägiger Ausgang.

Nach dem Abendessen war der Schulpark immer ein gefragtes Ziel. Die Mädchen und Jungen aller Klassenstufen flanierten hier einzeln oder in Gruppen. Wir Mädchen hielten nach dem männlichen Geschlecht Ausschau. Wer hier nicht anzutreffen war, füllte seine Freizeit eben individuell anders aus.

Hatte man einen Freund, traf man sich mit ihm. Zu erzählen gab es immer viel und man schmuste heimlich in irgendeiner Ecke. Die Liebe macht auch hinter einer dicken Klostermauer keinen Bogen um junge Leute. Romantische Ecken gab es reichlich. Die besten Plätze waren schnell besetzt und wurden oft zu Stammplätzen erklärt, was stillschweigend respektiert wurde. Nach jedem „Schwof", so nannte man den Tanzabend in der Aula, fanden sich neue Pärchen, die dann entweder tief im Gespräch Runde um Runde im Park drehten oder später in einer Ecke über Gott und die Welt schwatzten, bevor sie sich küssten. Auch vor dem kleinen Friedhof, der sich gleich hinter der Zisterzienserkirche befindet, wurde nicht haltgemacht. Hier steht noch heute die „Ewige Lampe", welche die älteste ihrer Art in Deutschland sein soll. Sie hatte einst den Bestimmungszweck, nachts für das Seelenheil der verstorbenen Katholiken zu leuchten. Man kann bequem in ihr stehen und sie wurde schlichtweg entweiht. Schließlich konnte man sich auch bei Wind und Wetter hier treffen. Heute befindet sich hier eine brennende Grabkerze und Fotos von Schülerinnen und Schülern, die sich in ihrer Zeit in Schulpforte ihr Leben genommen haben, sei es aus Liebeskummer oder wegen des Leistungsdruckes. Ich weiß es nicht und bin jedes Mal erschüttert, wenn ich hineinschaue.

Im Kreuzgang war jede Nische besetzt und man konnte leises Flüstern hören. Wurden Kontrollgänge durch Lehrer und Erzieher gemacht, stiebten alle auseinander. Minne wurde, wenn auch nicht zu verhindern, nicht gern gesehen. Es gab die leichte Minne: hier küsste man sich höchstens. Dann gab es auch noch die Kraftminne, deren Ausführung ich bestimmt nicht näher erklären muss. Das war die verbotene. Wir unterhielten uns diesbezüglich nie darüber miteinander. Niemand wusste von der anderen, welche Minne zum Einsatz kam. Eine Erzieherin des „Internats Vier", die ein uneheliches Kind hatte, war der Meinung, dass alle Männer Schweine sind. Im Gegensatz dazu behauptete unser Klassenlehrer schelmisch, dass die Mädchen grundsätzlich die größeren Ferkel sind. Das war sicher eine langjährige Erfahrung von ihm.

Eine Schülerselbstverwaltung gab es auch in unserer Zeit. Jede Woche war eine andere Klasse die „Klasse vom Dienst". Zwei Schüler bewachten dann für eine Woche das jeweilige Internat, in dem sie wohnten. Sie schliefen in dem kleinen Zimmer hinter dem Wachzimmer. Das war spannend, denn man hatte etwas zu sagen und war wichtig. Ihre Aufgabe bestand darin, das Internat zu den vorbestimmten Zeiten auf- und zuzuschließen und die Post zu verteilen. Wer zu spät kam, musste klingeln. Alle Vorkommnisse im Internat wurden von hier aus weitergeleitet. Hier befand sich auch ein Telefon, jedoch ohne Fernverbindung. Anrufe von den Eltern landeten beim Pförtner und wurden in die Internate weiter verbunden.

Fast alle Lehrer wohnten im Schulobjekt. Ausgang gab es in dieser Woche für die beiden Schüler nicht. Zum Essen ging immer nur einer. Auch der Wachdienst am Torhaus gehörte zur Pflicht der diensthabenden Klasse. Dazu konnte man sich freiwillig melden. Auch hier schlief man in einem kleinen Zimmer hinter dem Wachzimmer des Pförtners. Um die Pförtner bei Laune zu halten, war es ratsam, eine dick belegte Wurstschnitte vom Abendbrot mitzubringen. Dann hatte man die Freiheit, nicht bereits um 21.00 Uhr, wie es für die neunten und zehnten Klassen üblich war, schlafen gehen zu müssen.

Ein besonderer Clou war jedoch die Pförtnerin. Sie kannte jeden und alles, was ringsherum passierte. Ihre Kommentare gab sie stets mit lautem einheimischen Dialekt und alles andere als dezent von sich. Ein von ihr ausgehender, recht gewöhnungsbedürftiger „Duft" war ihr Markenzeichen. Bei ihr zogen wir es vor, uns nicht in die Pförtnerloge, wie bei dem anderen Pförtner, zu setzen. Eigentlich war das ja unsere Pflicht, aber man konnte in dem winzigen Raum kaum atmen, wenn sie da war. Hatte sie keinen Dienst, war es für uns richtiggehend schön. Wir schauten mit strenger Miene durch das kleine Logenfenster und kamen uns wichtig vor. Leider schwebte ihr „Duft" auch bei ihrer Abwesenheit im Raum.

Beim Dienst im Torhaus bestanden unsere Pflichten darin, Besucher hereinzulassen, die sich aus Sicherheitsgründen in eine Liste eintragen mussten. Die Tür im Tor oder das Tor für Autos musste geöffnet werden, wenn jemand berechtigt um Einlass bat. Ankommende Ferngespräche wurden am Abend weitergeleitet. Besuche für Schüler außerhalb der Besuchszeit, also während der Arbeitszeit, wurden nicht gern gesehen. Ausnahmen bildeten die Eltern.

Die anderen Schüler wurden zum Küchendienst eingeteilt. Jeder kam einmal dran. Den Küchendienst mochte ich sehr. Abgesehen davon, dass die Tische abzuräumen und zu säubern waren und beim Abtrocknen zu helfen war, hatte ich bald bemerkt, wie vorteilhaft es war, freundlich und arbeitswillig zu sein. Die Küchenfrauen boten uns dann noch übriges Essen und vor allem Pudding an. Das war ein guter Preis für den Fleiß.

Das gesamte Schulareal war in Bereiche eingeteilt und jede Klasse hatte einen davon, wo sie für Ordnung und Sauberkeit zuständig war. Die gesamte Schulanlage machte immer einen gepflegten und sauberen Eindruck. Der Gärtner, der die Blumenanlagen fachmännisch pflegte, heizte im Winter mit unvermeidbarem Lärm morgens ab 5.00 Uhr unser Internat.

Da sich unser Zimmer genau über dem Heizraum befand, konnte man jede Schippe Kohle mitzählen.

In dem Hauptgebäude der Schule sind noch heute die Klassen- und Lehrerzimmer, Räume der Direktion, Verwaltung, Bibliothek, Aula, eine Sternwarte und Fachräume untergebracht. Auf dem Territorium der Schule gab es eine Wäscherei und eine Arztstation. Auch ein Postgebäude, von wo aus man ein R-Gespräch mit langer Wartezeit nach Hause führen konnte, war da, und die alte Turnhalle, die umgebaut wurde und heute als multifunktionale Spielstätte genutzt wird.

Zu meiner Zeit gab es auch ein Kino. Später wurde der Platz für Internatszwecke benötigt. Ein kleiner Festsaal, in dem unter anderem mündliche Abiturprüfungen und Chorproben des Chores von Schulpforte stattfanden, ist auch noch heute hinter dem Kreuzgang in Richtung Abtskapelle zu finden. Kurzum, alles, was man zum Leben braucht, befindet sich innerhalb einer 1,7 Kilometer langen Klostermauer. Der Kreuzgang mit dem ehemaligen Primaner-Garten war in den großen Pausen Aufenthaltsort der Schüler, wo auch die Pausenbrote ausgeteilt wurden. Farbreste an der Decke der Gewölbe zeugen von einstiger Farbenpracht und Schönheit. Im Kreuzgang war es immer kühl, was sich auch auf die hier befindlichen Klassenräume auswirkte. Besonders im Sommer spürte man den Unterschied zu den anderen anschließenden Gebäuden und Räumen.

Der Speisesaal war in der Klosterzeit, neben der ehemaligen Wohnung des Abtes, der einzige beheizbare Raum. Da man zur damaligen Zeit noch keine Öfen kannte, erfolgte die Erwärmung des Speisesaales durch eine sogenannte Hypokaustenheizung. Von dem Speisesaal führten Röhren in eine darunterliegende Feuerkammer, die vom Keller aus beheizt wurde. Die Röhren waren mit Steindeckel verschlossen. War der Verbrennungsprozess abgeschlossen, wurden die Deckel geöffnet. Die heiße Luft strömte heraus und erwärmte die Luft des Speisesaales. In unserer Zeit war zum Glück schon lange die Zentralheizung erfunden und die ehemalige Abtswohnung war das FDJ-Häuschen.

Die Schule war und ist ein in sich geschlossenes und funktionierendes System. Alle Gebäude haben einen historischen Baustil. Am Anfang mutete es mich ein wenig wie ein Bildungsgefängnis an, doch schnell hatte ich mich an die Bestimmungen gewöhnt und das neue Zuhause lieben gelernt. Trotz vieler für mich teilweise unbequemer Zwischenfälle kam ich immer wieder gern hierher, es war mein Zuhause geworden.

Wenn die Mutter stirbt

Das erste Mal in meinem Leben musste ich hautnah miterleben, wie schlimm es ist, wenn die Mutter stirbt. Wir waren im zehnten Schuljahr und hatten gerade Schulschluss. Einige Schüler unserer Klasse gingen zum Mittagessen in den Speisesaal. Ich stand am Fenster und schaute auf die Straße, die zu unserem Internat führte. Plötzlich sah ich, wie eine Schülerin aus dem Internat gerannt kam. Sie winkte und gab mir Zeichen, das Fenster zu öffnen. Aufgeregt rief sie mir zu, ob Ricarda noch in der Klasse sei. Ich verneinte und verwies auf den Speisesaal. Ricarda war jedoch durch den hinteren Ausgang des Kreuzganges in Richtung unseres Internats unterwegs. Sie hatte dringend auf Post von ihrer Mutter aus dem Krankenhaus gewartet, die sich einer notwendigen Operation unterzogen hatte. Damals war die Entfernung der Gebärmutter eine große Operation und Ricarda machte sich Sorgen um den Ausgang. Endlich war der ersehnte Brief da. Ihre Mutter schrieb ihr, dass es ihr den Umständen entsprechend gut ginge. Sie sei bereits wieder aufgestanden und versorge die anderen Patientinnen, die noch nicht aufstehen konnten, mit Getränken und anderen Dingen. Ricarda solle sich keine Sorgen machen, denn sie komme bestimmt bald nach Hause. Ricarda freute sich über die lieben Zeilen ihrer Mutter. Ihr Vater war einige Jahre älter als die Mutter und sehr streng. Beide Eltern waren Lehrer. Sie hatten nach ihren beiden Mädchen, die vier Jahre auseinander waren, endlich einen kleinen

Sohn bekommen. Der kleine Junge kam jedoch behindert zur Welt – er blieb taub und musste eine Sonderschule besuchen. Er war der Sonnenschein der Familie. Der Vater baute in jahrelangem Fleiß trotz bestehender Mangelwirtschaft in der DDR ein Haus für die Familie. Die Mutter wünschte sich sehnsüchtig einen Balkon, denn sie war aus einer Stadt auf das Dorf zu ihrem Mann gezogen. Das fanden die Kinder lustig – auf dem Dorf und ein Balkon. Es war einmalig und alle freuten sich, dass der Vater diesen Wunsch berücksichtigt hatte. Das Haus war bald das schönste im Ort.

Ricarda hatte gerade den Brief ihrer Mutter gelesen, da wurde sie zum Direktor der Schule in das Hauptgebäude gerufen. Gespannt folgte sie der Aufforderung und betrat ohne jegliche Vorahnung das Zimmer. Der Direktor sah sehr ernst und betroffen aus und bat sie, Platz zu nehmen. Sichtlich aufgewühlt und nach passenden Worten ringend, teilte er Ricarda mit, dass ihre Mutter am Morgen des Tages verstorben sei. Es habe sich vermutlich nach der OP ein Blutgerinnsel gelöst, das zu einer Lungenembolie geführt hatte. Da das Krankenhaus nicht über eine Herz-Lungen-Maschine verfügte, musste sie sterben.

Ricarda war fassungslos und konnte es nicht glauben. Den Brief der Mutter hatte sie noch in der Hand, worin stand, dass es ihr gut ging, und nun sollte sie tot sein? Wortlos stand sie auf und rannte wie besessen aus dem Zimmer. Der Direktor konnte ihr nicht folgen. Er rief im Internat an, aber dort war sie nicht angekommen. Sie war wie vom Erdboden verschwunden. Überall suchten wir nach ihr, konnten sie jedoch nicht finden. Viele von uns weinten, als sie hörten, was passiert war.

Ricarda hatte seit dem neunten Schuljahr einen Freund, der eine Klassenstufe höher war als wir. Ich rannte zu ihm in das Jungeninternat, denn wir brauchten jetzt seine Hilfe, aber er war nicht da. Wir vermuteten, dass Ricarda Trost bei ihm suchte und beide sich irgendwo im Schulobjekt aufhielten.

Unser Lehrer und auch unsere Heimleiterin waren ins Internat gekommen. Wir warteten, dass Ricarda auftauchte, sie kam jedoch nicht. Ich kannte den Ort, wo die beiden sich oft abends nach dem Essen trafen, und erklärte es unserem Lehrer. Er machte sich auf den Weg dorthin und fand beide. Hilflos hielt Dieter Ricarda in den Armen. Sie weinte bitterlich. Behutsam sprach unser Lehrer sie an und machte ihr den Vorschlag, sofort nach Hause zu fahren, um bei ihrer Familie zu sein. Dieter sollte sie begleiten, denn sie stand unter Schock.

Weinend und schluchzend packte sie ihren Koffer. Ich half ihr dabei. Ein Taxi wurde bestellt und beide fuhren zum Bahnhof nach Naumburg. Die Reisekosten hatte die Schule übernommen.

Das Thema vom Tod der Mutter beherrschte uns den ganzen Abend. Keiner war fähig, zu lernen. Jeder versetzte sich in Ricardas Lage und alle weinten. Unser Klassenlehrer machte uns den Vorschlag, dass er und drei noch auszuwählende Schüler aus unserer Klasse gemeinsam mit zur Beerdigung fahren würden. Er war der Meinung, dass der Klassensprecher, die engste Freundin und noch eine Schülerin unserer Wahl mitfahren sollten. Da ich sehr viel mit Ricarda zusammen war, durfte ich mitfahren. Auch Barbara aus unserem Zimmer und Wolfgang als Klassensprecher waren dabei.

Am anderen Tag setzte sich unser Lehrer mit dem Vater telefonisch in Verbindung und informierte ihn von unserem Vorhaben. Dabei erfuhr er auch den Termin der Beerdigung. Da keiner von uns schwarze Kleidung hatte, borgten wir uns alles von anderen Schülern. Wolfgang hatte seinen Jugendweiheanzug angezogen, den er mit im Internat hatte. Wir sahen alle sehr feierlich aus. Schweigend fuhren wir los. Auch unterwegs kam kaum ein Gespräch zustande. Wir fuhren die Strecke über Querfurt. Damals befand sich hier ein Militärflughafen der Sowjetarmee. Als wir kurz vor Querfurt waren, wurde die gesamte Straße wegen Flugübungen gesperrt. Es war völlig egal, ob es eine wichtige Verkehrsverbindung war oder nicht. Lange warteten wir auf die Freigabe der Strecke. Nun standen wir unter Zeitdruck und hofften, dass wir noch rechtzeitig zur Beerdigung erscheinen würden. Als wir zum Haus der Familie kamen, war leider niemand da. Also fuhren wir weiter zum Friedhof, doch weit und breit waren keine Trauergäste zu sehen. Kamen wir nun doch zu spät? Als wir in die Nähe der Friedhofskapelle kamen, wurde gerade die Tür geöffnet und Ricarda kam weinend heraus. Als sie uns wahrnahm, lief sie auf uns zu. Wir nahmen sie in unsere Arme und versicherten ihr, wie sehr wir mit ihr fühlten. Alle kämpften mit den Tränen. Auch unser Lehrer, der sie in die Arme nahm und ihr sein Beileid bekundete, musste schlucken.

Ricarda hatte schon Trauerarbeit geleistet. Sie sah sehr schmal aus. Nun erzählte sie uns, dass es Probleme im Krankenhaus gegeben habe, sodass die Beerdigung verschoben werden musste. Auch sei der goldene Ehering gestohlen worden. Es war kein Einzelfall. Gold war Mangelware, im freien Handel ohne Altgoldabgabe nicht erhältlich. Schweigend fuhren wir nach Schulpforte zurück. Zwei Tage später kam Ricarda wieder in die Schule. Sie genoss ab jetzt eine Sonderstellung bei den Lehrern. Besonders unsere Lehrerin für Latein und Griechisch war ihr sehr zugetan. Sie war eine schrullige Jungfer, die den Eindruck erweckte, selbst eine griechische Göttin zu sein. Das Schicksal von Ricarda machte sie sehr betroffen. Die Bindung zwischen Ricarda und Dieter wurde intensiver. Die Lehrer und Erzieher sahen es nicht gerne, wenn sich zwei junge Leute näherkamen. Verhindern konnten sie es jedoch nicht. Unser Lehrer prophezeite uns dann immer, dass es kaum Liebespaare aus der Schule gab, die hinterher zusammenblieben. Wie auch immer, nichts ist so schön wie die erste Liebe, und die kann man nicht planen oder gar verbieten. Sie überkommt uns wie eine fremde Macht und nimmt uns gefangen, ob wir wollen oder nicht.

Selbstmord eines Schülers

Ganz Schulpforte stand unter Schock: Ein Schüler hatte Selbstmord begangen. Wir waren im elften Schuljahr, es war Winter und den ganzen Tag hatte es geschneit.

Die ein Jahr jüngere Schwester einer Mitschülerin, die ebenfalls in Schulpforte war, kam hin und wieder zu uns ins Internat.

Oft erzählte sie, dass es in ihrer Klasse ziemlich zickig zuging. Bis auf vier Jungen waren der Rest Mädchen. Einen der Jungen fanden alle besonders doof. Er war sehr schüchtern, kam aus einem kleinen Dorf und war ein Bauernkind. Die Mädchen lästerten über ihn und die Jungen ließen ihn links liegen. Auch beim Essen saß er oft allein am Tisch. Er war sehr einsam. Der Junge tat Karla leid. Wenn sie ihre Mitschülerinnen um Mäßigung in ihren Gemeinheiten und Äußerungen bat, wurde sie ausgelacht und gehänselt. Obwohl er in seiner Dorfschule ein sehr guter Schüler war, machte ihm das umfangreiche Lernpensum in Schulpforte zu schaffen. Es war sehr wichtig, mit anderen zu lernen und sich auszutauschen.

An jenem Tag kam Karla zu uns ins Zimmer und erzählte, dass der Junge seit dem Mittagessen verschwunden sei. Im Jungeninternat sei er auch nicht. Es dunkelte bereits und man hatte angefangen, ihn überall in der Schule zu suchen. Selbst im Kreuzgang und im Park suchte man nach ihm. Auch wenn das Haupttor geschlossen war, gab es noch andere Möglichkeiten, die Schule heimlich zu verlassen. Die dicke Klostermauer, die das gesamte Schulobjekt umspannte, hatte ein Loch. Es wurde einst von einem chemiebesessenen Schüler bei einem Versuch durch eine Sprengung verursacht. Große Brocken lagen herum und man konnte an dieser Stelle die Mauer übersteigen. Hinter der Klostermauer stieg steil ein Berg nach oben. Einst war es der einzige Ort, wo die Knaben der ehemaligen Fürsten- und späteren Landesschule sich in ihrer sehr knappen Freizeit aufhalten durften. Daher hieß der Berg auch „Knabenberg". Eine weitere Möglichkeit, unbemerkt aus dem Schulobjekt zu gelangen, war am hinteren Ausgang am Ende des Schulparks. Eine kleine Pforte, die stets geschlossen war, führte zum Sportplatz. Neben der Tür befindet sich auch heute noch ein starkes Gitter über der Kleinen Saale, ein von den ehemaligen Mönchen abgezweigter künstlicher Wasserlauf für die Klostermühle. Einer der Abstände zwischen den ersten Gitterstäben war ein wenig breiter als die anderen. Das reicht, um einen Kopf hindurch zustecken. Es ist ja bekannt – wo der Kopf hindurch kommt, passt

auch der ganze Körper hindurch. Wir haben diesen „Fluchtweg"
oft genug selbst benutzt.

Es war bereits Abend, als eine fremde Frau am Torhaus klingelte. Ganz außer sich vor Entsetzen erzählte sie, dass oben auf
dem Knabenberg ein lebloser Körper an einem Seil um den Hals
am Baum hing. Überall lag dicker Schnee. Sie war mit den Ski
auf dem Knabenberg entlanggelaufen und habe einen Menschen
hängen sehen. Als sie näher kam, sah sie, dass es ein Junge war.
Sie vermutete gleich, dass es ein Schüler von uns sein könnte,
und war völlig überstürzt nach unten gelaufen.

Unser Stellvertretender Direktor, der mit seiner Familie
im Fürstenhaus gleich neben dem Torhaus wohnte, wurde als
Diensthabender von der traurigen Nachricht informiert. Sofort
wurden die Polizei und ein Arzt verständigt und man stieg mit
einem Schlitten den steilen Knabenberg hinauf.

Da der Junge schräg und nicht senkrecht in einer Schlinge
hing, kamen Zweifel auf, ob es Selbstmord oder Mord war. Aufgeklärt wurde es nie. Das Gelände oberhalb des Knabenberges war
ein großes Übungsgebiet der sowjetischen Besatzungstruppen.

Die Nachricht von einem Toten auf dem Knabenberg, der vermutlich der gesuchte Schüler war, verbreitete sich wie ein Lauf-
feuer in der Schule. Trotz des kalten Wetters warteten wir in der
Nähe des Tores auf die Rückkehr unseres Lehrers. Leider wurde
die Vermutung zur traurigen Gewissheit. Es war tatsächlich der
gesuchte Schüler. Eigentlich sprach alles dafür, dass es Selbstmord war. Man erzählte, der Junge habe einen Abschiedsbrief
geschrieben, in dem stand, dass er so nicht weiterleben will und
kann. Der Weg zurück in sein Dorf wäre für ihn keine Lösung,
weil man ihn verspottet hätte. In seiner großen Verzweiflung
fand er nur diesen einen Ausweg.

Am anderen Morgen ging die Klasse geschlossen in dunkler
Kleidung zum Frühstück. Inzwischen hatte es sich herumgesprochen, dass sie ihn gemieden hatten und wir empfanden ihre
Reaktion als Heuchelei. Als er noch lebte, wurde er von den gleichen Schülern ausgegrenzt. Mit einem Schlag war es „der" Mitschüler, um den alle trauerten. Welch eine Ironie des Schicksals!

Der tote Junge wurde in sein Elternhaus überführt, wo er nach Brauch des Dorfes drei Tage aufgebahrt wurde. Am Tage der Beerdigung fuhr die Klasse hin, um von ihm Abschied zu nehmen. Eigentlich waren sie der Grund, warum er sich das junge Leben nahm und seinen Eltern diesen Schmerz zufügte. Karla erzählte uns, wie sie alle mit Tränen in den Augen um den Tisch gingen, auf dem der Sarg stand. Das Mitleid und die Reue der Mitschüler kamen für den Jungen zu spät.

Der Täter kam bei Vollmond

Bereits als Kind konnte ich bei Vollmond nicht schlafen. Oft hatte ich dann am anderen Morgen das Gefühl, dass ich, angetrieben durch eine magische Kraft, in Richtung Fenster gelaufen bin und es auch geöffnet habe. Jemand hatte mich gerufen und ich folgte dieser Stimme. Eigentlich aber glaubte ich immer, dies geträumt zu haben. Ich war eine Schlafwandlerin und man behauptete damals, dass ich mondsüchtig sei.

Die Kraft des Vollmondes machte auch vor Schulpforte nicht halt. Ein Mädchen aus meinem Zimmer erzählte mir, dass es nachts beobachtet hätte, wie ich aus meinem Bett ausstieg und in Richtung Fenster wandelte. Es war Vollmond und sie konnte nicht einschlafen. Sie sprach mich leise an. Daraufhin ging ich in mein Bett zurück und murmelte irgendetwas vor mich hin. Als sie es mir erzählte, konnte ich mich schemenhaft daran erinnern. Es war nicht wichtig und wir vergaßen es wieder. Bis zu jenem Tag, den wohl keines von uns Mädchen vergessen wird.

Ich hatte bereits erwähnt, dass ich in einem Zimmer mit vier anderen Mädchen war. Zu beiden Seiten unseres Zimmers stand je ein Doppelbett. Im rechten Winkel dazu stand das fünfte Bett hinten links an der Wand vor einem der beiden Fenster. In diesem Bett schlief Barbara. Es war Vollmond und ein warmer Junitag war zu Ende gegangen. Wir hatten an einem Hausaufsatz geschrieben und lagen nun in den Betten und schliefen. Beide

Fenster standen weit offen. Vor den Fenstern standen unsere Tische als Block zusammengestellt. Die Stühle, über die wir unsere Kleidungsstücke gelegt hatten, waren an die Tische herangerückt, denn es ging eng im Zimmer zu.

Es war Vollmond und ich war mal wieder in Richtung Fenster unterwegs. Ich schlängelte mich um die Stühle herum, als ein Geräusch mich ablenkte. Vorsichtig und leise lief ich in mein Bett zurück. Ich konnte mich nicht erinnern, warum ich plötzlich wieder zurückgegangen war, und schlief wieder ein. Ein lautes, hartes Geräusch und ein starker Geruch nach Äther rissen mich aus dem Schlaf. Auch die anderen Mädchen wurden davon wach. Beherzt sprang meine Bettnachbarin zur Tür und schaltete das Licht ein. Aus dem einzelnen Bett hörten wir ein Stöhnen. Barbara lag benommen und mit zerzausten Haaren in ihrem Bett. Mühsam richtete sie sich auf und wusste nicht, was geschehen war. Sie konnte uns nur erklären, dass ihr jemand etwas ins Gesicht gedrückt hatte. Mit Händen und Füßen hatte sie sich dagegen gewehrt, bis es plötzlich aufhörte. Neben ihrem Bett fanden wir dann einen Pulli, der nach Äther roch. Wir waren geschockt und konnten nun realisieren, dass jemand durch das offene Fenster eingestiegen war. Dieser Jemand hatte wahllos ein Kleidungsstück von einem Stuhl genommen, es mit Äther getränkt und Barbara aufs Gesicht gedrückt. Da das Bett von ihr etwas defekt war, knallte der Metallbügel unterhalb des Lattenrostes bei der Abwehr auf den Boden. Davon waren wir alle aufgewacht. Als der Täter merkte, dass wir munter wurden, flüchtete er durch das offene Fenster nach draußen. Ricarda hatte den Täter sogar gesehen, war jedoch vor Angst unter ihre Bettdecke gekrochen. Sie konnte erkennen, dass er nur mit einer Badehose bekleidet war.

Nun rannte Britta zur Internatswache, um die Internatsleiterin zu alarmieren. Sie kam sofort und brachte noch einen Lehrer mit. Völlig aufgeregt berichteten wir, was passiert war und redeten wild durcheinander. Vor dem Fenster stand noch die Leiter, die der Täter benutzt hatte. Das Ereignis mutete wie die Tat eines Irren an. Immerhin schliefen in diesem Zimmer fünf und nicht nur ein Mädchen. Die Erwachsenen versuchten uns zu beruhigen. In dieser Nacht konnte nichts mehr erreicht werden. Gleich am nächsten Morgen wurde die Polizei verständigt. Wir wurden aufgefordert, alles unberührt stehen und liegen zu lassen, um die Spuren zu sichern. Nur mit großer Mühe konnten wir wieder einschlafen. Barbara, die wahrscheinlich nur knapp einer Gewalttat entgangen war, weinte nachträglich vor Angst.

Am anderen Morgen war uns die Aufregung der vergangenen Nacht noch allgegenwärtig. Das alles klang wie eine ausgedachte Geschichte hysterischer Mädchen. Barbara, die auch meine Banknachbarin war, roch noch lange Zeit nach Äther. Wir wurden alle einzeln von der Polizei zu dem Tathergang verhört. Unverschämterweise wollten sie Barbara unterstellen, sie hätte den Täter gekannt und ihn nachts bestellt. Über diese Mutmaßung war sie bestürzt und entsetzt. Ricarda, die mich bei meinem Spaziergang beobachtet hatte, berichtete der Polizei davon. Beinahe wäre ich ja auch mit dem Einsteiger zusammengestoßen. Es war mir unangenehm, als ich danach gefragt wurde, denn ich konnte den Zustand nicht richtig erklären, in dem ich mich mitunter bei Vollmond befand. Deshalb sollte ich mich einem Arzt vorstellen. Ich bekam Tabletten verordnet, die ich nie nahm. Es war für mich nicht so wichtig.

Auch in den späteren Jahren brachte ich mich oft mit meinem Schlafwandeln in gefährliche Situationen, besonders als ich hochschwanger war. Stets hatte ich dann das Gefühl, dass eine fremde Macht mich ans Fenster zog und jemand nach mir rief. Da ich immer bei geöffnetem Fenster schlief, ging ich dorthin und beugte mich weit hinaus, um der Stimme zu folgen. Es war schon eigenartig. Am anderen Morgen war ich dann wie „gerädert". Im Laufe der Jahre verlor sich dieses Phänomen.

Alles, was wir wussten, gaben wir der Polizei zu Protokoll. Man suchte den Garten hinter unserem Internat nach Spuren ab und fand einen tiefen Fußabdruck unterhalb unseres Fensters. Der Täter war wohl bei der Flucht von der Leiter gesprungen und in Richtung der Kleinen Saale gelaufen. Es wurde beschlossen, dass einige Jungen entlang der Kleinen Saale Wache hielten, falls der Täter wieder auftauchen sollte. Doch es passierte nichts und die Aktion wurde abgeblasen.

Wir hatten die ganze Aufregung bereits vergessen, als es erneut zu einem Zwischenfall kam. Diesmal war es ein Jahr später im Herbst. In einem Zweibettzimmer des Internats II war eine Schülerin zur Heimfahrt nicht nach Hause gefahren. Der Täter musste beobachtet haben, dass das Mädchen allein im Zimmer schlief. Es war wieder die erste Etage, das Fenster stand offen und auf dem Fensterbrett lagen Arbeitsunterlagen. Als er einstieg, schlief das Mädchen bereits. Er fiel über sie her und wollte auch sie betäuben. Heftig wehrte sie sich und schrie laut um Hilfe. Durch die dünnen Wände des Internats wurde sie im Nebenzimmer gehört, wo auch ein Mädchen dageblieben war. Als es hereingestürzt kam, konnte der Täter wieder durch das offene Fenster fliehen. Diesmal jedoch hatte er einen Fußandruck auf dem Papier hinterlassen, das auf der Fensterbank lag. Der Fußabdruck war identisch mit dem, der unterhalb unseres Fensters gefunden worden war. Die Schülerin kam mit einem Schrecken davon. Der Verdacht, Barbara hätte etwas mit dem Eindringling zu tun, konnte nun endlich widerlegt werden. Aber das wollte ja niemand mehr wissen.

Auch diesmal nahm die Polizei alles zu Protokoll. Ab jetzt wurde erneut abends eine Wache entlang der Kleinen Saale bis hin zur hinteren Pforte organisiert, wohin auch diesmal die Spur geführt hatte. Die Jungen fanden es abenteuerlich und meldeten sich freiwillig. Wir Mädchen hielten bei der Runde durch den Schulpark auch ein kleines Schwätzchen mit unseren mutigen Rittern. Doch eines schönen Abends war es dann endlich so weit. Gerade als die Jungen der Meinung waren, dass sich nun sicher nichts mehr ereignen würde, bemerkten sie einen Fremden. Sie hielten ihn fest und fragten ihn aus. Da er weder Schüler noch Bewohner von Schulpforte war, kam er ihnen verdächtig vor. Sie schleppten den Eindringling zur Torwache und ein Lehrer wurde gerufen. Der Unbekannte behauptete, Verwandte in Schulpforte zu haben, die er besuchen wollte. Für die ungewöhnliche Zeit und den noch ungewöhnlicheren Weg hatte er keine plausible Erklärung. Es stellte sich heraus, dass er tatsächlich Verwandte in Schulpforte hatte, nämlich den FDJ-Sekretär. Aber der Inhalt des Rucksackes deutete darauf hin, dass er mal wieder „unterwegs" war. Durch die Fragestellung der herbeigerufenen Polizei verstrickte er sich so in Lügen und Ausreden, dass er als Täter für die nächtlichen Einbrüche überführt werden konnte.

Bei der Gerichtsverhandlung, zu der auch die beiden Mädchen erscheinen mussten, stellte sich heraus, dass seine Frau hochschwanger war. Da er in dieser Zeit nicht auf Sex verzichten wollte, suchte er auf diese Art seine sexuellen Bedürfnisse zu befriedigen. Für unsere Barbara war es eine unangenehme Auffrischung der Erinnerungen. Der junge Mann wurde wegen versuchter Vergewaltigung zu zwei Jahren Freiheitsstrafe verurteilt. Die Ehefrau ließ sich von ihrem Mann scheiden und in die Mädcheninternate zog wieder Ruhe ein.

Einstieg in ein Grab

Betritt man Schulpforte durch den Haupteingang am Torhaus, fällt der erste Blick geradeaus auf das wohl architektonisch interessanteste Gebäude von Schulpforte, die Zisterzienserkirche, deren Grundstein bereits im 12. Jahrhundert gelegt wurde. Den Anblick der schönen Fassade dieser Kirche vergisst man als ehemaliger Schüler von Schulpforte nie wieder. Früher war es Brauch, in kirchlichen Gebäuden Adlige zu bestatten. Die Bestattung in der Klosterzeit erfolgte nicht ohne materielle Hintergedanken. Stets waren reiche Schenkungen damit verbunden.

In der Zeit, als ich Schülerin in Schulpforte war, wurde der Innenraum dieser Kirche restauriert. Ziel war es, die schlichte Gestalt der Vergangenheit in der Inneneinrichtung dem Bauwerk wiederzugeben.

Im Sozialismus hatte die Kirche keine wichtige Stellung im Staat. Man sah es nicht gern, wenn der Glaube an Gott vor den Glauben an den Sozialismus und später den Kommunismus gestellt wurde. Gleichzeitig Mitglied in der Partei und in der Kirche zu sein, war undenkbar. Ein Ende der Bauzeit war damals nicht abzusehen. Zunächst wurden Planierungsarbeiten in der Kirche durchgeführt. Man hatte sogar den Gedanken, sie als Tonhalle für musikalische Veranstaltungen oder Aufnahmen zu nutzen. Aufgrund des mehrfachen Echos musste dieser Gedanke jedoch wieder verworfen werden. Unser Klassenlehrer leitete nicht nur die historische Bibliothek, sondern machte auch an zwei Tagen der Woche Führungen für Touristen durch Schulpforte. Mit Begeisterung für die Fülle an interessanten Eindrücken an diesem Ort vermittelte er sein fundamentiertes Wissen gern den Besuchern. Schulpforte war weit über die Landesgrenzen hinaus bekannt und durch namhafte Schüler berühmt.

Eines Tages forderte uns unser Klassenlehrer auf, mit ihm in die Kirche zu gehen. Restauratoren hatten bei den Planierungsarbeiten die Grabplatte eines Grabes für einen Spalt geöffnet und warteten auf eine Entscheidung, was mit dem Inhalt des Grabes geschehen sollte. Mehrere Gräber unter dem Boden der Kirche waren bereits geöffnet. Die Sargdeckel lehnten draußen an der Kirchenwand. Teilweise waren sie stark verrottet, aber die Griffe waren oft noch dran. Wir hatten uns nie Gedanken darüber gemacht, wenn wir sie im Vorbeigehen sahen; dass in der Kirche restauriert wurde, war ja nicht zu übersehen. Die Restauratoren waren sehr abergläubische Leute. Fluchtartig hatten sie die Kirche verlassen. Unser Lehrer fragte uns, ob jemand bereit wäre, in das Grab hinabzusteigen und einen Blick auf den Inhalt zu werfen. In so einem Grab befanden sich stets Zeugnisse vergangener Zeiten, die der Nachwelt erhalten bleiben sollten. Viele solcher Zeugnisse konnte man bereits in einer Vitrine in der Bibliothek der Schule bewundern.

Eigentlich war schon der Gedanke gruselig, da hinabzusteigen, wo ein Toter lag, aber ich meldete mich. Durch mein oft ungestümes Wesen hatte ich immer etwas gutzumachen. Die anderen schwiegen. Unser Lehrer leuchtete in das gemauerte Grab hinein. Ein geschlossener Sarg stand darin. Da ich sehr schlank war, passte ich gut durch den Spalt. Ausgestattet mit einer Taschenlampe setzte ich mich auf die Grabplatte und leuchtete die gemauerte Gruft aus, um zu schauen, wohin ich treten konnte. Vorsichtig ließ ich mich hinabgleiten und stand gebeugt neben dem Sarg. Die Grabstelle war aus Sandsteinen gemauert und nicht sehr hoch, sodass ich nicht aufrecht stehen konnte. Auf der gewölbten Decke waren der Name und das Datum der Geburt und des Todes geschrieben. Es war eine junge adelige Frau, die im Alter von 29 Jahren gestorben war. Laut las ich vor, was ich sah, und eine Schülerin schrieb alles auf. Aus welchem Jahrhundert das Grab stammte, habe ich mir nicht gemerkt. Es war jedenfalls schon sehr alt, sonst hätte es sich nicht an dieser Stelle in der Kirche befunden. Nun gab mir unser Lehrer die Anweisung, vorsichtig den Sargdeckel zu öffnen. Es könnte auch sein, dass sich der Griff vom Deckel löse, weil das Holz im Laufe der vielen Jahre morsch geworden sei. Das passierte aber nicht. Alles sah unberührt aus und absolut nicht wie Jahrhunderte alt. Mein Herz klopfte heftig, als ich versuchte, den Deckel zu öffnen. Ohne größere Kraftanstrengung gelang es mir. Unser Lehrer leuchtete von oben mit der Taschenlampe. Aufgeregt warf ich einen flüchtigen Blick auf den Inhalt. Dann lehnte ich den Sargdeckel ganz vorsichtig quer an die Wand des Grabes. Alle anwesenden Schüler waren still vor Ehrfurcht, nur der Lehrer sprach mit mir. Jeder wollte einen kurzen Blick nach unten werfen und durfte dies auch.

Nun endlich schaute ich mir die tote Frau an. Es war spannend und aufregend. Die Frau hatte ein weißes Kleid aus reiner Seide an. Das Ende des Kleides war unten über die Füße geschlagen. Über dem Gesicht lag ein weißer Schleier, der bis über die gefalteten Hände reichte und zu Staub zerfiel. Man konnte schemenhaft den Totenschädel unter dem Schleier erkennen. Sie war sehr klein und zierlich. Der Stoff des Kleides war erhalten geblieben. An einer Hand trug die Frau einen winzigen schmalen Ring aus Gold. Von den Schuhen waren die Sohlen mit Absätzen, ähnlich wie unsere heutigen Blockabsätze, erhalten. Mein Lehrer bat mich, den Ring und die Schuhe nach oben zu reichen.

Ich kann mich nicht mehr hundertprozentig daran erinnern, ob die Knochen der Hand und der Schädel zu Staub zerfielen, als ich den Sargdeckel öffnete. Denn ich war zu aufgeregt, als ich Hand an die Verstorbene legte und den goldenen Ring von ihr nahm. Das Gleiche galt für die Füße. Ich schlug vorsichtig das umgeschlagene Ende des Seidenkleides zurück und nahm das, was von den Schuhen erhalten geblieben war. Nun wurde ich an den Händen wieder nach oben gezogen.

Den Ring probierten viele Mädchen der Schule, die besonders zarte Finger hatten. Er war aber so klein, dass er an keinen Finger passte. Gemeinsam mit den Angaben zur ehemaligen Besitzerin kamen die Schuhe und der Ring in eine Vitrine der Bibliothek. Und ich war stolz auf mich und hoffte, mein Lehrer auch. Ob später dieses Grab beseitigt wurde, ist mir nicht bekannt. Während ich die Erinnerungen an dieses Erlebnis aufschreibe, befällt mich das gleiche unheimliche Gefühl wie damals. Erneut läuft mir eine Gänsehaut über den Rücken. Ich hatte den Sarg geöffnet und die Totenruhe der Frau gestört. Oder war ich unbewusst zum Grabräuber geworden? Vielleicht hatte ich aber auch ein paar wichtige Gegenstände vor der Vernichtung gerettet.

Nach der Wiedervereinigung Deutschlands wurde die Sanierung der Kirche mit ganzer Kraft vorangetrieben. Heute hat sie ihre schlichte Schönheit wieder. Die herrlichen farbigen Kirchenfenster mit den Abbildungen von Melanchthon und Luther sind eine Stiftung ehemaliger Schüler. Gottesdienste finden in einem vierwöchigen Rhythmus in der Abtskapelle statt, die sich am hinteren Ende des Kreuzganges befindet.

Jedes Jahr zum Schulfest vor den großen Ferien finden Veranstaltungen in der Kirche statt, die einen besonders feierlichen Charakter innehaben.

Heimfahrt

Im Abstand von vier Wochen durften wir übers Wochenende nach Hause fahren. Meine Mutter freute sich, mein Stiefvater zog sich sofort zurück und sprach weder mit mir noch mit ihr.

War ich dann wieder weg, dauerte es dann noch mindestens eine Woche, bis er sich wieder normal benahm. Aber was war schon normal an ihm? Meine Mutter war mir wichtig, deshalb sah ich absichtlich über diese Spannung hinweg. Mein Bruder wohnte nicht mehr zu Hause, nun war sie endlich nur für mich da. Sie kochte mein Lieblingsessen und immer hatte sie einen leckeren Kuchen gebacken. Wir redeten viel miteinander und sie freute sich, dass es mir gefiel. Ich glaube, sie war auch ein klein wenig stolz auf mich.

Der Kontakt zu meinen Freundinnen im Ort wurde immer lockerer. Jeder lebte in seiner eigenen kleinen Welt und ich gehörte einem anderen Bildungsniveau an. Man hielt mich jetzt für überheblich und ich weiß nicht einmal, ob ich es wirklich war. Der Umgang formt ja bekanntlich den Menschen. Für diese Formung sorgte ganz besonders unser Klassenlehrer.

Auf der Rückfahrt war der Koffer schwer von frischen Sachen und Lebensmitteln. Im Zug traf man Mitschüler, denn die Anreisezeit war festgelegt. Stand das Signal an den Fischhäusern bei Schulpforte auf Halt, sprangen alle mit ihrem Gepäck aus dem haltenden Zug. Das war natürlich praktisch. Nur noch den Weg bis zur Straße und schon war man da. Natürlich hatten wir Angst vor dem Schaffner, denn hier war keine Bahnstation. Hielt der Zug nicht, ging die Fahrt bis nach Bad Kösen. Oft fuhr kein Bus mehr und wir mussten mit dem schweren Gepäck drei Kilometer zurück nach Schulpforte laufen. Die Arme reichten bald bis zum Fußboden. Jedes Mal war es eine Schlepperei, aber wir waren eine Gruppe. Schwatzend und unter der schweren Last stöhnend, merkten wir die Strecke nicht ganz so schlimm. Sobald man über den Köppelberg war, kam das Torhaus in Sicht. Endlich geschafft!

Wenn ich durch das Tor trat, stellte ich immer wieder fest, dass mich der Anblick, der sich mir bot, magisch anzog. Es war vor allem die eigenartige Verbindung zwischen Vergangenheit, Tradition und Gegenwart. Von diesem Ort mit den altehrwürdigen Gebäuden ging eine unbeschreibliche Atmosphäre aus. Überall spürte man ganz deutlich die geschichtsträchtige Vergangenheit. Es wirkte wie eine Magie auf mich. Und mittendrin durfte ich leben, lieben und lernen. Hatte ich nicht ein Riesenglück? Oder war es mein Schicksal?

Einmal ereignete sich aus Leichtsinn ein schwerer Unfall. Die Heimfahrt umfasste die Zeit zwischen sonnabends nach der zweiten Stunde bis zum darauffolgenden Montag 20.00 Uhr. Die elften und zwölften Klassen mussten erst um 22.00 Uhr im Internat sein. Das war immer eine besondere Aufregung – endlich mal wieder zu Hause sein. Dann ging es immer sehr hektisch zu. Kaum war die zweite Stunde zu Ende, schnappten wir unsere Koffer und rannten zum Tor hinaus, um den Bus nach Naumburg oder Bad Kösen zu erreichen. Die Haltestelle war ganz in der Nähe. Hatte man den Bus verpasst, wurde es sehr knapp. Wir fuhren dann per Anhalter. Meistens funktionierte das. Der Zug musste schließlich erreicht werden, denn die Stunden der Heimfahrt waren kostbar. Oft sprangen wir im letzten Moment auf den letzten Wagen auf und der Zug fuhr los.

Einmal jedoch versuchte eine Schülerin auf den bereits aus dem Bahnhof fahrenden Zug aufzuspringen. Damals konnte man die Tür während der Fahrt öffnen. Sie rutschte jedoch ab und geriet mit den Oberschenkeln zwischen Trittbrett und Bahnsteig. Obwohl der Schaffner den Vorfall beobachtet hatte und den Zug durch eine sofortige Notbremsung zum Stehen brachte, verging eine geraume Zeit, bis der Zug tatsächlich zum Stillstand kam.

Die entsetzten Schreie des Mädchens waren weithin zu hören. Einige Mitschüler waren fassungslose Zeugen des Geschehens. Die vorbeiziehenden Trittbretter rissen in die Oberschenkel tiefe Wunden. Sie hatte dabei noch Glück, nicht unter die Räder gekommen zu sein. Es dauerte nicht lange, da war der Krankenwagen mit einem Rettungsarzt da. Sie kam in das Naumburger Krankenhaus, wo sie lange Zeit zubringen musste. Viele Operationen und Hautverpflanzungen von anderen Körperteilen waren nötig, bis eine annähernde Normalität der Beine hergestellt war. Die Beine waren trotz größter Bemühungen der Ärzte entstellt. Sie wiesen große Narben auf, doch sie wurden gerettet.

Der Vorfall wurde in allen Klassen ausgewertet. In unserer Schülergeneration sprang wohl keiner mehr auf einen fahrenden Zug auf. Es war für alle eine Lehre. Das Ereignis hatte tiefe Spuren in der Erinnerung und an den Beinen des Mädchens hinterlassen. Sie war eine gute Schülerin und konnte trotz der langen Zeit im Krankenhaus weiter am Unterricht in der gleichen Klasse teilnehmen.

Arbeit schadet nicht

Im neunten und zehnten Schuljahr hatten wir nach einem festgelegten Plan Produktionseinsätze und Unterricht im Volksgut nebenan, das einst zum Kloster Pforta gehörte. Man nannte es „Unterricht in der sozialistischen Produktion", kurz USP.

Alle Bereiche in der Landwirtschaft, die es hier gab, mussten wir durchlaufen und es gab keine Tätigkeit, die wir nicht kennenlernten. Wir waren für kurze Zeit in den Pferde- und Kuhställen, in der Schweine- und Schafzucht, aber auch in der Hühnerintensivhaltung eingeteilt. Das Stallausmisten gehörte selbstverständlich dazu. Die Felder des Gutes lagen unweit des Schulobjektes und waren zu Fuß erreichbar. Ob wir nach dem ersten Frost die gerodeten Zuckerrüben zusammenklopften, um sie auf einen Haufen zum Aufladen auf einen Anhänger zu werfen, Rosenkohl ernteten, Kartoffeln lesen mussten oder Chrysanthemen schnitten und sortierten, alles war dabei. Auch Hopfen, der in dieser Gegend angebaut wird, leiteten wir im Frühjahr an. Das heißt, von den jungen Trieben wurde der stärkste an einem Draht nach oben geleitet, zwei Triebe blieben als Ersatz stehen. Der Rest wurde rausgerissen. Leicht war diese Arbeit nicht, weil die Hände schmerzten, aber so etwas kennenzulernen, war interessant.

Auch im Frühjahr die Steine vom Feld zu sammeln, blieb uns nicht erspart, und wir fragten uns, wo denn bloß so viele Steine jedes Jahr herkamen. Sehr gern verluden wir mit der Mistgabel Strohballen vom Wagen in die Scheune. Die Arbeit sah leicht aus, das war sie aber nicht. Waren wir fertig, tobten wir auf den Ballen wie auf einem Trampolin. Das machte riesigen Spaß, war jedoch nicht ganz ungefährlich. In meiner Kindheit hatte ich erlebt, wie ein Kind einmal dabei unbemerkt in einen Zwischenraum tief nach unten gefallen war. Es vermochte sich nicht selbst zu befreien und konnte nur noch tot geborgen werden.

Unser Klassenlehrer war bei jedem Einsatz dabei. Nie machte er sich jedoch schmutzig, aber das störte uns nicht. Selbst seine Arbeitskluft war gebügelt und geschniegelt. In jeder Situation war er ein gepflegter Mann. Mit schnarrender Stimme gab er uns Anweisungen. Er hatte die Dinge stets gut durchdacht und alles lief immer nach Plan wie am Schnürchen. Wir wussten genau, dass er Aufsicht führte und gaben uns fleißig, wenn auch manchmal ungern. Es war halt nicht der Duft der großen, weiten Welt, den man hier zu schnuppern bekam.

An einem unserer Produktionstage waren wir in den Ställen aufgeteilt. Ich hatte das zweifelhafte Vergnügen, den Schwanz von Kühen zu striegeln, um den Kot zu entfernen, bevor das Euter an der Melkanlage angedockt wurde. Am Nachmittag wollten wir uns alle vor dem Hühnerstall treffen. Alle bis auf eine Schülerin waren bereits da. Endlich erschien sie oben auf einer hohen und ziemlich steilen Metalltreppe des Hühnerstalles. Sichtlich erschrocken schaute sie zu uns herunter und stieg eilig die Treppe hinab. Vor Aufregung verfehlte sie eine Stufe und landete auf ihrem Hosenboden. Als sie mit schmerzendem Hinterteil zu unseren Füßen saß, triefte es aus ihren Taschen. Sie hatte rohe Eier in ihren Arbeitsanzug versteckt, die bei der Rutschpartie natürlich zerbrachen. Der Inhalt quoll aus allen Nähten. Erschrocken blickten wir zu unserem strengen Lehrer. Der schmunzelte nur und sagte nichts. Mühsam rappelte sie sich auf und schaute ihn angstvoll mit ihren großen Augen an. Er sagte trotzdem nichts, denn der Schaden war seiner Meinung nach Strafe genug. Der Po tat ihr noch lange weh und die klebrige Eiermasse war auch nicht so einfach aus den Kleidern zu entfernen.

Nach der Zeit in der Landwirtschaft begann eine Ausbildung in der Elektrotechnik. Durch einen Vertrag zwischen Schulpforte und der Betriebsberufsschule des Braunkohlenwerkes Mücheln erhielten wir eine praktische Grundausbildung in der Metallbearbeitung und Einblick in die Grundlagen der Elektrotechnik des Braunkohletagebaus. Mit einem eigens dafür bereitgestellten Bus fuhren wir donnerstags von Schulpforte in meine Heimatstadt Mücheln. Zum Schluss hatten wir in einem Industriegebäude eine Feuchtraumleitung zu installieren, die auch funktionieren musste. Wir standen auf hohen Leitern und über unseren Köpfen summten Strom führende Schienen. Mit einem Hammer meißelten wir Löcher für Holzdübel, die erst zugesägt und danach eingegipst wurden, in die Wand. Darauf kamen die Schellen für die Leitung. Auch Verteiler- und Steckdosen mussten so angebracht werden. Danach musste jeder von uns eine funktionsfähige Grubenlampe fertigen. Eigentlich machte uns die Arbeit Spaß und wir bekamen Zensuren darauf. Nach zwei Jahren erhielten wir einen Qualifikationsnachweis. In meinem späteren Leben konnte ich oft von meinen Erfahrungen profitieren. Ich hatte nie Probleme, Leuchten selbst anzubringen oder ein gebrochenes Kabel zu reparieren.

Der Betrieb lag nur ein paar Kilometer von der Wohnsiedlung, in der ich wohnte, entfernt. Wurde der Unterricht etwas eher beendet, ließ ich mich von dieser Entfernung nicht abhalten und lief im Eilschritt hin und wieder nach Hause. Die Freude über meinen kurzen Besuch dieser Art war oft sehr einseitig. Manchmal hatte ich sogar das Gefühl, zu stören. Ich hatte mich immer auf zu Hause gefreut. Schade!

Der Tanzmeister

Der Höhepunkt am Ende eines Schuljahres in Schulpforte war und ist von jeher das Schulfest. Darbietungen unterschiedlichster Art werden im Rahmen einer Festwoche von den Schülern geboten. Neben Auftritten des Schulchores hatte jede Klasse einen kleinen Beitrag nach eigener Wahl und Idee zu gestalten. Die drei besten Vorführungen wurden prämiert. Schon lange vorher bereitete man sich voller Eifer darauf vor. Als Gäste waren sowohl die Eltern und Geschwister der Schüler als auch ehemalige Schüler von Schulpforte anwesend. Natürlich waren auch fremde Besucher gern gesehene Gäste. Über das gute Essen in der Schulfestwoche freuten wir uns jedes Jahr. Den Abschluss krönte ein großes Lagerfeuer auf dem Klöppelberg. Es wurden stimmungsvollen Lieder gesungen; „Die alten Germanen ..." kannte jeder. Alkohol war in der Schule nie im Spiel. Rauchen war ebenfalls nicht erlaubt, was jedoch nicht heißt, dass es niemand getan hat. Man durfte sich bloß nicht dabei erwischen lassen.

Das Ende des zehnten Schuljahres näherte sich und das Schulfest stand vor der Tür. Unser Klassenlehrer hatte sich unserer Ideenlosigkeit erbarmt. Als begeisterter Historiker hatte er einen Text über das Tanzen in der Vergangenheit und den damit verbundenen Zeitgeschmack der Mode verfasst. Er stellte sich vor, dass einer von uns in Gestalt eines französischen Tanzmeisters über die Veränderung des Tanzes im Wandel der Zeiten erzählen würde. Eine Schülerin unserer Klasse sollte im Hintergrund auf dem Klavier die entsprechende Musik spielen, wonach ein Paar tanzen würde. Die Kleidung für den Tanzmeister wurde aus dem Fundus des Theaters von Naumburg ausgeliehen. Marianne, eine Schülerin aus unserer Klasse, sollte diese Rolle spielen. Sie war sehr groß und die Kleidung wurde nach ihren Körpermaßen ausgesucht. Fleißig lernte sie den Text. Dann ging es an die Betonung und die Gesten. Fast täglich übte unser Klassenlehrer mit ihr und den anderen, die den musikalischen und tänzerischen Hintergrund bilden sollten. Plötzlich aber ging bei Marianne nichts mehr. Sie weinte und schrie, dass sie den Tanzmeister nicht spielen könne und auch nicht wolle. Weder gutes Zureden noch Bitten halfen. Bei der Vorstellung, vor einer voll besetzten Aula aufzutreten, war sie mit den Nerven am Ende.

Das Fest rückte immer näher und ein Ersatz für den Tanzmeister war noch nicht gefunden. Dann kam unserem Lehrer die Erleuchtung. Über eine andere Schülerin wurde ich in die Bibliothek befohlen. Es war nie ein gutes Omen, wenn man so eine Aufforderung bekam. Meistens lauerte dann etwas Unangenehmes auf uns. Doch diesmal hatte er eine Bitte an mich. Ich solle, so meinte er, doch die Rolle des Tanzmeisters übernehmen. Einige Zeit dauerte es, bis ich mich von dem Schreck erholt hatte. „Nein, ausgeschlossen, das kann ich nicht", sagte ich. Beharrlich machte er mir klar, dass ich die einzige Lösung sei und auch als Einzige die entsprechende kräftige Stimme dafür hätte. Er redete mit Engelszungen auf mich ein und bat mich, die Situation zu retten. Doch ich zögerte immer noch. Dann änderte er seine Taktik und meinte, dass ich doch sonst auch immer mit dem Mund weit vorn sei, aber wenn es darauf ankomme, würde ich kneifen. Ihm war bewusst, dass das funktionierte. Ein Feigling wollte ich nicht sein und die Klasse in einer Notlage im Stich lassen wollte ich auch nicht. Also willigte ich ein, wenn auch sehr ungern und mit großen Vorbehalten.

Gedichte hatte ich nie gern auswendig gelernt. Es war so gar nicht mein Ding, einen größeren Text auswendig zu lernen und dann auch noch schauspielerische Leistungen vor einem größeren Publikum zu zeigen. Alles kam mir wie ein Albtraum vor, aber es blieb mir nichts anderes übrig. Zuerst musste ich den Text lernen, dann den französischen Kratzfuß, bis es perfekt war. Mit einer ausschweifenden Geste musste ich den typisch französischen Dreispitz ziehen, wie es damals in Frankreich üblich war. Auch das saß bald. Dann wurde das Kostüm anprobiert. Marianne war dünner und schmalbrüstiger als ich. Also wurde meine Brust mit einer Elastikbinde flach gewickelt. Das Kostüm war aus der Zeit Napoleons nachgestaltet. Es bestand aus einem weißen Hemd mit einem Jabot und Rüschen an den Ärmeln sowie einer schwarzen Jacke mit großem Revers und langen Frackschößen. Die Ärmel hatten große Aufschläge. Dazu trug ich eine Pluderhose aus Seide und weiße Kniestrümpfe. Passend dazu waren die schwarzen Schnallenschuhe. Alles war perfekt und sah sehr originell aus. Das Kostüm wurde mir also angepasst und dann fanden die letzten Proben statt.

Der Tag der Aufführung war gekommen. Zeitig genug war ich in das Kostüm geschlüpft. Eine Mitschülerin, deren Mutter in einer Apotheke arbeitete, hatte mir zur Beruhigung zwei Pillen mitgebracht. Ich war nun mal kein Schauspielertyp und hatte mir das hier nicht ausgesucht. Unsere Klasse wurde aufgerufen, der Moment meines Auftrittes war da. Mit dem eingeübten schwungvollen Kratzfuß begrüßte ich das Publikum. Dann sprach ich meinen Text mit der Angst im Nacken, bloß nicht stecken zu bleiben. Das Lampenfieber hatte mir fast den Verstand geraubt, aber jetzt musste ich hier durch, ob ich wollte oder nicht. In der Aula war es still und ich hörte meine eigene Stimme – schrecklich. Während ich sprach, spielte die Schülerin am Klavier alte Tanzweisen und das Paar führte die Tänze vor. Zum Schluss wurden moderne Tänze gezeigt, die gerade in Mode waren. Der Twist war gerade der Favorit. Die beiden Tänzer hatten zuerst die Kleidung jener alten Zeiten an und darunter moderne Sachen. Mit Schwung zogen sie die obersten Sachen aus, warfen sie beiseite und tanzten wild durch die Gegend. Das Publikum war begeistert und wir ernteten großen Beifall. Für unsere Darbietung erhielten wir von der Jury den zweiten Preis. Unser Lehrer freute sich über den Erfolg seiner Klasse und bedankte sich besonders bei mir. Das ging runter wie Öl. Die Pluspunkte hatte ich nötig.

Junge Liebe

Gegen Ende des zehnten Schuljahres hatte auch ich mich verliebt. Der Junge entsprach eigentlich so gar nicht meinen Vorstellungen, aber schuld daran waren meine lückenhaften Kenntnisse im Fach Russisch, das ab der fünften Klasse unterrichtet wurde. Die schlechte Einstellung zu dieser Sprache resultierte auch aus der ablehnenden Haltung unserer Eltern zur sowjetischen Besatzungsmacht. Meine Mutter erklärte mir oft, wie wenig sie von den „Freunden" hielt. Denn gerade ihre Generation hatte bewusst die Nachkriegssituation miterlebt. Viele deutsche Frauen waren von den Soldaten vergewaltigt worden. Die Sowjetbürger wurden uns als Vorbilder hingestellt. Wir sollten von ihnen lernen, wie man arbeitete und lebte, denn „Von der Sowjetunion lernen heißt siegen lernen". Solche und ähnliche Parolen begleiteten uns tagtäglich, ebenso wie die empfohlenen Arbeitsmethoden. Es war manchmal regelrecht lächerlich. Gerade die Deutschen waren für ihren Erfindergeist, ihren Fleiß und ihre Akkuratesse bekannt. Bekannt war auch, dass es in den meisten Dörfern des riesigen Landes weder Strom noch fließendes Wasser gab. Das Arbeiten mussten wir weiß Gott nicht von denen lernen! So hatte ich also schon von vornherein Probleme mit dem Lerneifer in dieser Sprache. „Sie wird einmal eine wichtige Weltsprache", prophezeiten unsere Lehrer. Es sah ja auch ganz danach aus, denn die Sowjetunion galt als eine Weltmacht. Nun hieß es also nichts wie ran und die Sprache lernen. Unsere Russischlehrerin hatte einige Jahre in Moskau studiert und war eine bekennende Freundin dieser Sprache. Sosehr ich mich auch bemühte, ich kam auf keinen grünen Zweig. Es reichte gerade für eine Drei oder Vier. Ich war ein Dorn in ihrem Auge.

In einer Parallelklasse gab es einen Schüler, der sehr gut in Russisch war. Sie empfahl ihn mir als Lernhilfe. Er hieß Günter und war ein Sprachgenie. Wir verabredeten uns also zum Lernen. Gemeinsam begannen wir, meine Sprachlücken zu beleuchten, um sie zu schließen. Dabei fanden wir heraus, dass wir uns vortrefflich verstanden. Wir sprachen viel, aber nicht nur über Russisch.

Bald verabredeten wir uns nach dem Abendessen noch zu einem kleinen Rundgang durch den Park. Unsere Fortschritte zeichneten sich auf einem ganz anderen Gebiet ab: Wir verliebten uns ineinander. Zwar taten wir so, als würden wir Russisch üben, aber wir übten eher auf dem Gebiet der Minne. Wir trafen uns nun regelmäßig und es war eine sehr schöne Zeit. Alles war so rosarot und mit einem Mal ganz anders. Wir konnten es kaum erwarten, uns nach dem Abendessen zu sehen. Unsere Ecke zum Schmusen und Küssen war am rauschenden Wasser der „Kleinen Saale", in der Nähe der alten Mühle, die bis 1906 noch in Betrieb war. Kaum jemand kam abends hier vorbei und wir waren ungestört. Hier konnte ich mir alle großen und kleinen Sorgen des Alltags in der Schule und im Internat von der Seele reden, denn Günter kannte die Lehrer und Schüler, von denen ich sprach.

Auch zu unseren Ausgangszeiten am Wochenende unternahmen wir viel gemeinsam. Wir besuchten die Rudelsburg bei Bad Kösen und bummelten durch Naumburg. Wir setzten mit der Fähre am Fischhaus über die Saale und liefen entlang der Weinberge. Beim Kosten der reifen Trauben klingelte ein Warnsignal und wir liefen lachend davon. Auch häufige Wanderungen zum Knabenberg und von dort zum Bismarckturm standen auf dem Plan. Wir schrieben uns kleine Liebesbriefchen und niemand konnte uns trennen. Es war eine wunderschöne, unvergessliche Zeit, die ich so nie wieder erlebte.

Mein Klassenlehrer fand die Sache nicht so gut und erklärte meiner Mutter, die er zu sich bestellt hatte, dass wir überhaupt nicht zusammenpassen würden. Nun, er war auf alle Freunde der Mädchen in seiner Klasse ein klein wenig „eifersüchtig". Er wollte nicht, dass wir uns mit unseren Gefühlen verausgabten, denn das Grundanliegen in dieser Schule war das Lernen. Aber wir waren jung und die Liebe war für uns spannend wie bei allen jungen Menschen. Und sie macht auch nicht vor dicken Klostermauern halt.

Mit Sex hatten wir es nicht so eilig. Ich war 18 Jahre, als es das erste Mal passierte. Es war unromantisch und nicht schön für mich. Die sexuellen Übergriffe meines Stiefvaters in meiner Kindheit hatten gravierende Spuren hinterlassen. Es wurden Erinnerungen wach, die ich ständig weggedrückt hatte. Unsere Gefühle lebten wir leider nie aus und bald war auch die Phase der Verliebtheit vorbei. Wir sahen es als unausgesprochene Verpflichtung an, kein Kind vor Ende der Ausbildung in die Welt zu setzen. Auch anderen Schülern schien es so zu gehen wie uns. In den vier Jahren, in denen ich in Schulpforte war, gab es unter den Schülerinnen keine einzige Schwangerschaft. Zwar hatten wir „den Menschen" in Biologie behandelt, aber von der Verhütung hatte wohl kaum jemand eine richtige Ahnung, von Verhütungsmitteln erst recht nicht. Die Pille war noch nicht erfunden, von Kondomen war keine Rede. Mit einer natürlichen Verhütung hatten wir uns nicht beschäftigt. Keiner redete darüber und jeder tat so, als gäbe es keinen Sex. Meine Mutter erzählte mir, dass ihre Kolleginnen oft unkten, dass ich wohl sicher als Dank für die lange Ausbildungszeit zuerst ein Kind bekäme, bevor ich Geld verdienen würde. Das war damals normal. Man heiratete seltener aus Liebe, sondern weil ein Kind unterwegs war.

Durch den Russischunterricht quälte ich mich mehr schlecht als recht. In den Ferien besuchten wir uns gegenseitig. Unsere Wohnorte waren nicht weit voneinander entfernt, jedoch umständlich zu erreichen.

Günter war das älteste von vier Kindern. Er hatte noch zwei Brüder und eine Schwester. Sein Vater arbeitete im Braunkohletagebau und seine Mutter in der Gemeindeverwaltung. Er war das Wunderkind der Familie. Seine Mutter war eine harte, strenge und fleißige Frau. Sie führte das Regime in der Familie. Was sie sagte, wurde getan. Der Vater dagegen war lustig und gutmütig. Er war sehr lieb zu seinen Kindern. Es waren einfache, aber sehr saubere und fleißige Leute. Als sie mich kennenlernten, schlossen sie mich bald in ihr Herz. Die Mutter zeigte mir nicht durch Worte, sondern durch Gesten, dass sie mich gernhatte.

Mit den Geschwistern verstand ich mich sehr gut, besonders mit der Schwester. Sie verehrte mich regelrecht. Ich half ihr beim Stricken und Nähen und brachte ihr viele Dinge bei, vor allem einen besseren Geschmack in der Kleidung. Hier bekam ich die familiäre Wärme zu spüren, die ich mir immer so gewünscht hatte.

Waren wir bei Günters Familie, tat er immer sehr kühl. Niemand kam auf die Idee, wir wären ein Liebespaar. Meine Mutter musste sich erst an ihn gewöhnen. Sie war diplomatisch, obwohl sie mir gestand, dass er ihr nicht so richtig gefiel. Günter war blond, etwas größer als ich und hatte einen herben, beinahe nordischen Gesichtsausdruck. Mich störte das nicht, weil ich ihn liebte. Wir verstanden uns gut und alles andere zählte nicht. Aber so richtig zärtlich und liebevoll konnte er zu mir nicht sein. Er war sehr rational. Bei uns zu Hause war er kühl und höflich. Mein großer Bruder dagegen küsste sich mit meiner Schwägerin ständig, wann immer die beiden Lust zum Küssen hatten, und sie hatten oft Lust. Sie konnten uns beide nicht verstehen. Wenn ich an unsere gemeinsame Zukunft dachte, bekam ich Angst vor der Kälte, die Günter ausstrahlte. „Es wird schon noch alles gut werden", dachte ich immer, aber es wurde nicht gut. Unser Lehrer hatte wieder einmal recht mit seiner Behauptung: „Wer sich in Schulpforte verliebt, bleibt nicht zusammen." Wir beide hatten keine gemeinsame Zukunft.

Der Chor von Schulpforte

Der Chor von Schulpforte war schon damals bekannt. Es gab keine schulische Veranstaltung ohne ihn. Als ich ihn im neunten Schuljahr das erste Mal hörte und sah, war ich total fasziniert. Seither war mein sehnlichster Wunsch, in diesem Chor zu singen. Ich war davon überzeugt, eine gute Singstimme zu haben. Da zwischen meiner Musiklehrerin und mir die Chemie nicht richtig stimmte, bekam ich auch keine Empfehlung für den Chor. So bat ich eine Mitschülerin, die bereits zum Chor gehörte, den Chorleiter zu fragen, ob ich zum Vorsingen kommen könne. Gute Chorstimmen wurden immer gesucht und er lud mich zur nächsten Chorprobe ein. Zunächst musste ich allein vor ihm singen. Er sang mir etwas vor und ich musste es nachsingen. Meine Stimmlage gefiel ihm und er gliederte mich in der Stimmlage „Alt" ein. Ich war glücklich und stolz ging ich nun dienstags und donnerstags mit zu den Proben. Das Vorsingen vor dem ganzen Chor war gewöhnungsbedürftig, aber es traf schließlich jeden. Ich merkte sofort, was für ein netter und kollegialer Geist hier herrschte. Es wurde hart geprobt, aber auch viel gelacht. Ich freute mich sehr über das schöne Zusammengehörigkeitsgefühl und fühlte mich in dieser Gemeinschaft wohl. Nach den Proben, die nach dem Abendessen und vor Auftritten auch sonnabends oder sonntags waren, liefen wir trällernd ins Internat zurück. Jede Stimme wurde einzeln bis zur Perfektion gebracht. Das perfekte Zusammenspiel der Stimmen, der zu einem Punkt gebrachte Einsatz und das saubere Ende eines Liedes ließen jedes Mal einen Schauer über meinen Rücken laufen. Wir sangen die schönsten deutschen, aber auch internationale Volkslieder und alte und neue Liebeslieder gehörten zu unserer Liederpalette. Zu unserem Repertoire gehörte die Aufführung der „Singschule" aus „Zar und Zimmermann" von Albert Lortzing. Wir hatten einen begnadeten Tenor im Chor, der diese Passagen sang. Alle Mädchen mochten ihn sehr. Obwohl er nicht hübsch war, ging von ihm ein unwiderstehlicher Charme aus.

Eines Tages kam unser Chorleiter und brachte eine Vertonung der Streiche von Wilhelm Buschs „Max und Moritz" als Kantate mit. Er hatte die Vorstellung, dass der Chor im Hintergrund singt und zwei Jungen, die von Gestalt klein waren, spielten die Moritaten von Max und Moritz. Die Kostüme und Dekorationen stellten wir selbst her. Es war eine schöne Herausforderung. Mit sehr viel Eifer und Freude gingen wir an die Arbeit. Die passenden zwei Jungen waren schnell gefunden. Mir kam die Idee, aus Hanf, den der Klempner zum Abdichten benutzt, Perücken herzustellen. Mehrere Lagen Zeitungspapier wurden zu Kappen zusammengeleimt und der Hanf darauf per Hand festgenäht. Dann wurden die Fasern geformt, wie es in dem Buch von Wilhelm Busch zu sehen ist. Die beiden Perücken waren mir gut gelangen und unser Chorleiter war begeistert. Die anderen Requisiten und die Herstellung der Kostüme für die beiden Jungen hatten andere übernommen. Die Kantate wurde bis zur Perfektion geprobt. Den ersten Auftritt hatten wir in unserer Aula und alle tobten vor Begeisterung. Danach organisierte unser Chorleiter öffentliche Auftritte. Das war nicht nur ein besonderer Höhepunkt, sondern auch eine Geldeinnahmequelle für den Chor. Wir führten aber nicht nur die Kantate von „Max und Moritz" auf, sondern gestalteten Chorabende mit unserer gesamten Liederpalette.

In den großen Ferien fuhr der Chor in ein Sommerlager. Die dafür benötigten Gelder stammten auch aus den Erlösen unserer Auftritte. Das Sommerlager war jedes Mal ein besonderes Erlebnis. Es diente der Einstudierung neuer Lieder, der intensiven Festigung alter Lieder und der Stimmbildung. Öffentliche Auftritte waren immer ein wichtiger Bestandteil des Sommerlagers. Der Tagesablauf wurde wie Unterricht straff organisiert.

Einmal ging es nach Ilmenau. Wir fuhren mit dem Zug dorthin. Kaum fuhr er los, wurde gesungen, und schon bald kamen aus den anderen Wagen die Leute in unser Abteil und hörten zu. Das spornte uns an und ein Lied folgte dem anderen, die Einfälle nahmen kein Ende. Begeistert klatschten die Mitreisenden. Unser Chorleiter war solche Spontanauftritte gewöhnt und schmunzelte vor sich hin.

Wir wohnten in einer Jugendherberge in der Nähe des „Kickelhahns", dem Hausberg der Stadt Ilmenau in Thüringen, wo Goethe sein Abendlied „Über allen Gipfeln ist Ruh'" geschrieben hat. Genau an dieser Stelle sangen wir dann auch dieses Lied. Wundervoll klang es in der Abendstimmung des Waldes.

Morgens und abends mussten wir uns selbst verpflegen. Jeder war mal dran und es klappte gut. Geprobt haben wir im Musikzimmer des Schlosses von Ilmenau. Die Freizeit kam nie zu kurz und an einem heißen Nachmittag fanden wir uns alle im Schwimmbad wieder. Als unser Solosänger anfing, die „Singschule" zu trällern, hielt uns nichts mehr. Bekleidet mit Badeanzügen und Badehosen fielen wir mit unseren Stimmen ein und es war wie ein ungeplanter Auftritt. Die Badegäste kamen neugierig herbei und wir sangen wie kleine Götter. Es machte einfach Spaß. Man wollte uns Geld geben, aber wir hatten strengstes Verbot, etwas anzunehmen. Beim gemeinsamen Spaziergang abends durch die Stadt wurde aus einem Summen meist immer ein Lied. Die Leute freuten sich über unsere Sangeslust, denn die Lieder klangen gut.

Im Jahr darauf führte uns das Chorlager in den Harz. Wir besuchten die Städte Quedlinburg, Thale und Wernigerode. Im Schloss von Wernigerode waren zwei Auftritte vor einer schönen Kulisse vorgesehen. Sie wurden ein voller Erfolg. Die Kantate von „Max und Moritz" durfte auch hier nicht fehlen.

Nach den großen Ferien ging es dann am 1. September mit neuem Elan los und wir freuten uns alle auf unser Wiedersehen bei der ersten Probe. Ich mochte unseren Chorleiter sehr. Jedem Einzelnen von uns vermittelte er das Gefühl, wichtig zu sein.

In dem darauffolgenden Jahr waren in der DDR Volkswahlen. Man wählte die Kandidaten der Nationalen Front. Die Wahlen waren immer eine Farce. Die Kandidaten standen fest, andere gab es nicht. Niemand hätte es sich ohne Repressalien erlauben können, andere Kandidaten vorzuschlagen. Eine fast 100-prozentige Wahlbeteiligung wurde dadurch gesichert, in dem man die, die nicht zur Wahlurne gingen, zu Hause noch vor der Schließung der Wahllokale besuchte. Die Wahlscheine und eine Urne wurden gleich mitgebracht.

Ich war leider nicht klug genug, um zu erkennen, dass man allein nicht gegen den Strom schwimmen kann. Meine Mutter ging selten zur Wahl, die Wahl kam zu ihr. Ihr Alibi war ihre Schicht. Über politische Wahlpropaganda von Schulkindern vor den Wahllokalen oder anderswo schimpfte sie. So etwas hinterlässt natürlich bei den eigenen Kindern Spuren. Sie war Arbeiterin und sah wohl, wie gut es den Bonzen und den Parteigenossen im Betrieb ging.

In Vorbereitung der Wahlen hatte unser Chor natürlich auch öffentliche Auftritte mit Kampfliedern der Partei, FDJ und so weiter. Mehrfach traten wir auf dem Markt von Naumburg auf. Am Wahlsonntag sollte unsere Klasse über die Dörfer fahren und vor den Wahllokalen Lieder vom Frieden, Sozialismus und Klassenkampf singen. Ein Schüler sollte die Wähler auffordern: „Wählt die Kandidaten der Nationalen Front!" Eine andere Wahl war ja gar nicht möglich.

Unser Lehrer dachte dabei wieder einmal an mich, da ich nicht nur beherzt war, sondern auch eine klare laute Stimme hatte. Ich weigerte mich sofort. Alles, bloß nicht das! Ich wollte mich doch nicht lächerlich machen! Als ich meinem Lehrer erklärte, dass ich nicht bereit sei, so etwas zu tun, hatte ich den Eindruck, dass er nicht glaubte, was er da hörte. Ein „Nein" kannte er von uns nicht. Er fragte mich, warum ich mich weigerte und ich antwortete ihm. Er war außer sich, als ich mir erlaubte, ihm zu sagen, dass es mir peinlich sei, mich dahin zu stellen und so etwas zu schreien. Keiner der anderen Mitschüler hätte es gewagt, hier zu widersprechen. Sein Unmut über mich stand ihm ins Gesicht geschrieben, als er sagte, wenn ich nicht vor die Klasse treten und den besagten Satz laut sagen könne, habe ich auch nichts im Chor zu suchen, denn der Chor sei ein Teil des politischen Auftrages der Schule.

Nie warf unser Lehrer sinnlos mit sozialistischen Floskeln und Parolen um sich. Ich war der festen Meinung, dass er es nicht fertigbringen würde, mich deshalb aus dem Chor zu werfen. Das wäre für mich die schlimmste Strafe gewesen.

Bald darauf wurde ich ins Musikzimmer bestellt. Dort warteten der Chorleiter und mein Klassenlehrer bereits auf mich. Nun klopfte mein Herz doch laut. Beide hatten ernste Gesichter. Noch immer erwartete ich, dass ich nur eine erneute Standpauke und eine Verwarnung bekommen würde. Der Chorleiter eröffnete mir, dass mein Klassenlehrer mit ihm gesprochen habe und er bedauerte, dass er sich unter diesen Bedingungen von mir trennen müsse. Er sprach mit leiser Stimme und ich musste mich sehr zusammenreißen, nicht zu weinen. Die heutige Probe sei die letzte für mich, und er bat mich, den Chor bei den beiden bereits geplanten Auftritten noch zu unterstützen, weil er keinen Ersatz für meine Altstimme hatte. Mein Klassenlehrer sagte nichts mehr dazu und ging. Für ihn stand fest, dass er meinen Willen brechen musste, damit mein Auftreten keine Schule machte. Ich hatte ihn vor der Klasse bloßgestellt – ihn, vor dem alle Schüler großen Respekt hatten!

Nach und nach trafen die anderen Mitglieder des Chores ein. In meinem Kopf summte und brummte es. Ich konnte einfach nicht fassen, was ich da gehört hatte. Das konnte doch nicht wahr sein, dass ich so bestraft wurde, nur weil ich mich nicht dem Willen meines Lehrers beugte. Als alle anwesend waren, erklärte der Chorleiter mit wenigen Worten, dass ich wegen einer Verweigerung nicht mehr im Chor singen dürfe. Er betonte, dass es einen einheitlichen Standpunkt zwischen ihm und meinem Klassenlehrer in dieser Sache gebe. Alle schauten mich erschrocken an und keiner sagte ein Wort. Ich fühlte, dass es den anderen leidtat und ich wusste auch, dass ich nicht unbeliebt war. Der Chorleiter fühlte genau, wie es mir ging und schlug vor, dass der Chor mir noch ein Lied meiner Wahl zum Abschied singen sollte. Ein dicker Kloß saß mir im Hals. Mit leiser, erstickter Stimme wünschte ich mir das Lied „Liebe sucht den Weg zum Herzen". Mit der Stimmgabel suchte er den Ton für alle Stimmen. Während der Chor gedämpft für mich sang, schlug ich die Hände vor mein Gesicht und weinte hemmungslos. Das, was ich am meisten liebte, wo ich mich wohlfühlte, hatte man mir genommen. Ich war mit Leib und Seele Mitglied dieses berühmten Chores und ich war so stolz darauf!

An dieser Probe konnte ich nicht mehr teilnehmen. Ich ging in unser Zimmer ins Internat. Keiner fragte mich, was geschehen war. Niemand war da, der mir Mut zusprach. Die beiden Mädchen in meinem Zimmer waren immer auf der Seite unseres Klassenlehrers, denn sie verehrten ihn. Ich fühlte mich so allein.

Jedes Mal, wenn ich an diese Situation denke, höre ich das Lied und es steigt Wehmut in mir auf. Ich nahm noch an den beiden Auftritten des Chores teil und so war der Weggang nicht so abrupt für mich. Allmählich hatte ich mich damit abgefunden, nicht mehr Teil des Chores zu sein. Manchmal stellte ich mich unter das Fenster des Raumes, wo der Chor übte und hörte traurig zu.

Nicht aus der Reihe tanzen

„Sabine nutzt ihre verhältnismäßigen guten Anlagen nur selten aus und ist auch am Unterricht nicht genügend interessiert. Es fehlen der Wille und die Energie zum bewussten Lernen. Auch im allgemeinen Verhalten sollte sie beherrschter und verantwortungsbewusster sein. Für die Zukunft ist zu wünschen, dass Sabines gute Eigenschaften die Oberhand gewinnen."

Gerade dieses Zeugnis war nach meinem Empfinden gut ausgefallen, aber es war das Schuljahr mit einigen unschönen Ereignissen. Unsere Musiklehrerin, die in unserem Internat wohnte, hatte von mir behauptet, ihren Ring gestohlen zu haben, den sie dann später in ihrem Bett wiederfand. Ich hatte nach ihr das Klavierzimmer betreten und danach vermisste sie ihn. Heftig hatte ich mich gegen diese Beschuldigung gewehrt, aber ihre Behauptung gegenüber meinem Lehrer stand zunächst im Raum.

Ich hatte oft den Eindruck, dass mein Klassenlehrer mich auf dem „Kieker" hatte. Einmal stellte er mir in Deutsch eine Frage, die ich nicht beantworten konnte. Mit ernster Miene schaute ich ihn an und gab keine Antwort. Ich sagte jedoch nicht, dass ich es nicht wusste. Meinen Blick deutete er völlig falsch und sagte schroff: „Dein Blick kotzt mich einfach an." Das war für mich zu viel. Ich weiß, dass mein ernster Blick ein wenig wie Protest aussieht, aber er kannte mich ja bereits seit zwei Jahren. Verletzt und schweigend verließ ich ohne Erlaubnis das Klassenzimmer.

Im Internat warf ich mich weinend auf mein Bett. Verzweiflung und Selbstmitleid hatten mich gepackt. Wir waren alle im pubertären Alter, wo man alles gleich auf die „Goldwaage" legte und schnell beleidigt war. Es dauerte nicht lange, da erschien mein Lehrer im Internat. Er entschuldigte sich für seine unüberlegte Bemerkung. Ich war jedoch so gekränkt, dass ich mich weder zu ihm umdrehte noch seine Entschuldigung annahm. Wortlos verließ er das Internatszimmer. Das war sehr ungeschickt von mir. Das wurde mir jedoch erst hinterher klar. Er war nicht der Mensch, den man ungestraft „abblitzen" ließ.

Ein anderes Mal ging er meiner Meinung nach ebenfalls zu weit. Ich hatte eine heftige Nierenentzündung bekommen und lag deshalb mit Fieber im Krankenzimmer unseres Internats. Die Krankenschwester war gekommen und ließ Fieber messen. Wir waren zu zweit im Zimmer. Als ich das Fieberthermometer unter dem Arm hervornehmen wollte, fiel es mir aus der Hand und zerbrach. Ich stieg aus dem Bett aus, um die Quecksilberperlen aufzusammeln. Gerade in diesem Moment kam er herein, um nach mir zu schauen. Sofort stellte er fest, dass ich wohl gar nicht krank sei und nur simuliere. Ich hatte nicht einmal die Chance, die Situation zu erklären. Er drehte sich um und ging.

Beleidigt nahm ich mein Bettzeug und ging in mein Zimmer zurück. Obwohl ich mich wirklich krank fühlte, zog ich mich an und setzte mich an meinen Arbeitstisch. Kurze Zeit später ging die Tür auf und die Krankenschwester kam aufgeregt herein. Sie wusste, dass ich Fieber hatte, und auch meine Werte waren schlecht. Durch die andere Schülerin im Krankenzimmer hatte sie erfahren, was vorgefallen war. Sie hatte mit meinem Klassenlehrer gesprochen und die Angelegenheit aufgeklärt. Nun forderte sie mich mit aller Strenge und Konsequenz auf, in das Krankenzimmer zurückzugehen. Trotzig weigerte ich mich und sagte, ich sei nicht krank. Sie ging auf mein Theater nicht ein, schnappte mein Bettzeug und mich und ab ging es wieder ins Krankenzimmer.

Nun herrschte erneute Spannung zwischen meinem Lehrer und mir. Ich wusste einfach nicht mehr, wie ich mich unauffällig und richtig verhalten sollte. Nach diesem Vorfall wurde ich in das Dreibettzimmer verlegt. Die beiden anderen Mädchen waren Freundinnen, die unseren Lehrer sehr verehrten. Sie hielten ständig ein Auge auf mein Tun und Lassen, ansonsten ignorierten sie meine Anwesenheit. Für mich war diese Situation bis zum Abitur wie eine Strafe. Gern war ich mit anderen zusammen und hatte mich auch in dem Fünfbettzimmer wohlgefühlt. Wehren konnte ich mich gegen diese Maßnahme nicht und war froh, dass ich einen Freund hatte. Viele Jahre später erklärte mir anlässlich eines Klassentreffens mein damaliger Lehrer, dass er mit dieser Maßnahme meinen Willen brechen wollte.

Der blaue Brief

Von den drei Jungen unserer Klasse war Klaus-Dieter das Plappermäulchen. Von ihm konnte man alle Neuigkeiten von Schulpforte erfahren, er wusste über alle und alles Bescheid. Auch darüber, was wer von wem sprach und wer mit wem ging oder nicht. Er war einfach ein Informationsbüro auf zwei Füßen.

Eine besondere Vorliebe hatte er für Britta, eine Schülerin unserer Klasse. Sie war ein hübsches Mädchen und war durch ihre Unbeschwertheit auch unter den Jungen sehr beliebt. Da sie ihre herrlich gelockten Haare zu einer Art Pferdeschwanz band, hatte sie den Spitznamen „Pferdchen" bekommen.

In unserem Klassenzimmer standen zwei Tischreihen für je zehn Schüler, an jedem Tisch zwei. Da unsere Klasse jedoch aus 22 Schülern bestand, musste ein einzelner Tisch für zwei Schüler hinzu gestellt werden. Zusammen mit einer Mitschülerin saß Klaus-Dieter an diesem einzelnen Tisch gleich neben der Tür. Hier hatte man die denkbar ungünstigsten Voraussetzungen, von jemandem abzuschreiben, denn es gab weder einen Vorder- noch einen Hintermann.

Das elfte Schuljahr ging zu Ende und Klaus-Dieter hatte erkannt, dass es für ihn günstiger wäre, die Schule zu verlassen. Im Fach Griechisch sah es düster aus und es sollte doch keine Fünf auf dem Zeugnis stehen. Als eine große Arbeit in diesem Fach anstand, flehte er mich an, ihm auf irgendeine Weise zu helfen, damit es eine bessere Endzensur würde. Wenn er leicht links nach hinten schaute, saß ich in einem günstigen Blickwinkel. Im Gegensatz zu ihm hatte ich gute „Beziehungen", denn hinter mir saß unsere Klassenbeste, die mit ihrem Wissen sehr großzügig war.

Ich war mit meiner Arbeit fertig, als ich bemerkte, wie Klaus-Dieter sich hilflos zu mir umdrehte, sobald die Lehrerin uns den Rücken zuwendete. Da kam mir eine Idee. Ich schrieb in ein leeres DIN-A4-Heft mit gut lesbaren Buchstaben die jeweilige Form und Bestimmung des griechischen Verbs und hielt es unbemerkt in seine Richtung, sobald sich die Gelegenheit bot. Er las und nickte ab. Die Griechischlehrerin bemerkte nichts. Als sie sah, dass ich fertig war, kam sie zu mir und bat mich, die Arbeit abzugeben und den Raum zu verlassen. Da plötzlich sah sie das Heft auf meinem Platz liegen und schlug es auf. Wie naiv von mir, dass ich es liegen gelassen hatte! Nun konnte sie sehen, dass es Wort für Wort die Arbeit war. Sie stutzte und fragte mich, was ich damit getan hätte, wem ich „vorgesagt" hätte. Die anderen wurden auch fertig und schauten ganz interessiert. Ich leugnete, dass ich jemandem geholfen hätte. Da sie es nicht gesehen hatte, konnte sie es auch nicht beweisen. Ganz erschrocken schaute mich Klaus-Dieter an. Ich stritt alles ab und blieb bei meiner Behauptung. Die Lehrerin sammelte die Arbeiten ein, auch meine. Sie verglich die Arbeit mit dem, was in dem Heft stand und konnte natürlich eine Übereinstimmung feststellen. Das war aber noch lange kein Beweis für eine unerlaubte Handlung, dachte ich.

Prustend lief sie in das Lehrerzimmer, um Verstärkung zu holen. Während sie verschwand, hielten wir kurz Kriegsrat, wie es nun weitergehen sollte. Die meisten hatten nichts mitbekommen und kamen aus dem Stauen über die momentane Situation nicht heraus. Klaus-Dieter war die Situation äußerst peinlich. Die Klasse meinte, ich solle standhaft bleiben, weil sie mir den Betrug ja erst beweisen müsse. Das sah ich auch so.

Dann erschien unser Klassenlehrer. Sein Gesichtsausdruck sprach Bände. Sicher dachte er: „Schon wieder die!" Nun ging die Befragung weiter und ich blieb standhaft. Auch er hatte keinen Erfolg. Er schickte einen Mitschüler in die Parallelklasse, in der mein Freund war. Günter kam und erfasste die Situation. Es sah schlecht um mich aus. Ihm wurde nun erklärt, was passiert sei. Nun würde ich den Mut nicht finden, den Betrug zuzugeben. Ich war in eine Sackgasse geraten, aus der ich nicht mehr problemlos herauskam. Nun war es Klaus-Dieter, der nicht mehr länger mit ansehen konnte, wie die Schlinge um meinen Hals seinetwegen immer enger wurde. Er beichtete, was passiert war und beschwor, dass er allein Schuld hätte. Jetzt kippte auch die Meinung der Klasse. Durch geschicktes Reden unseres Klassenlehrers erreichte er, dass alle mich verurteilten, auch wenn sie vorher anderer Meinung waren. Nun hatte ich wirklich schlechte Karten. Mir wurde angedroht, dass man sich disziplinarische Schritte vorbehalte, und das geschah dann auch mit ganzer Kraft und geballter Autorität.

Das folgende Wochenende war Heimfahrt und ich bekam einen „Blauen Brief" für meine Mutter mit, für den ich quittieren musste. Die Post ging damals wesentlich länger als heute und die Sache eilte. In dem vom Schuldirektor unterschriebenen Brief stand, dass ich wegen Betrugs und Lüge die Schule verlassen müsse. Meine Mutter sollte zu einem klärenden Gespräch in die Schule kommen und sich um eine Schule bemühen, wo ich die zwölfte Klasse weiterbesuchen und mein Abitur ablegen konnte.

Meine Mutter konnte erst einmal nicht begreifen, was vorgefallen war. Ich erzählte ihr alles und versuchte, auch nichts zu beschönigen. Sie hatte immer eine etwas andere Vorstellung von Recht und Unrecht und verurteilte mich nicht, sondern fragte, wie es wohl nun weitergehen sollte. Das wusste ich auch nicht und es fiel mir schwer, wieder nach Schulpforte zu fahren. Lange dachte ich über meine schwierige Lage nach und beschloss, nicht aufzugeben, sondern um meine Zukunft zu kämpfen. Ich konnte und wollte nicht an die Oberschule in meinem Heimatort gehen, denn das wäre eine Schande für mich gewesen.

Als ich wieder in Schulpforte war, nahm ich all meinen Mut zusammen und ging am Nachmittag zur Wohnung unseres Direktors, die sich in einem historischen Gebäude von Schulpforte befand. Niemand wusste von meinem Vorhaben. Mein Freund, der darin auch die einzige Chance sah, nicht von der Schule zu fliegen, bestärkte mich in meinem Vorhaben. Jedes Wort, das ich sagen wollte, hatte ich mir vorher genau überlegt. Mit klopfendem Herzen klingelte ich. Seine Frau öffnete die Tür. Sie war ebenfalls Lehrerin, jedoch nicht in Schulpforte. Ich bat um ein Gespräch mit ihrem Mann. Sie ließ mich eintreten und rief ihn.

Da der Direktor unsere Klasse nicht unterrichtete und an der Schule etwa 350 Schüler lernten, kam ich ihm nur bekannt vor. Er wusste also nicht, dass ich die Sünderin mit dem "Blauen Brief" war und bat mich in sein Arbeitszimmer. Er fragte nach meinem Anliegen und ich erzählte ihm in allen Einzelheiten, was passiert war und meine Ängste für die Zukunft. Auch erzählte ich ihm, wie ich überhaupt an diese Schule gekommen sei und was das für mich bedeuten würde. Mit leiser, trauriger Stimme versicherte ich ihm, dass ich mein Verhalten sehr bereute und alles dafür tun würde, um auf dieser Schule bleiben zu dürfen.

Er rief seine Frau herbei. Sie hörte sich alles mit an und bat ihn, mir eine Chance zu geben. Er versprach mir, dass er sein Bestes tun werde, damit ich bleiben könne, aber versprechen könne er nichts. Eine angemessene Strafe würde ich dennoch bekommen. Am liebsten wäre ich ihm um den Hals gefallen, aber es war ja noch nichts entschieden. Voller Hoffnung verabschiedete ich mich von den beiden.

Meine Mitschüler wussten nicht mehr, wie sie sich mir gegenüber verhalten sollten. Ich erzählte erst einmal nichts.

Der Tag kam, an dem meine Mutter nach Schulpforte bestellt wurde. Sie war extra beim Friseur gewesen, um einen guten Eindruck zu machen. Ich sah ihr die Aufregung an, die Situation war ihr sehr unangenehm. Mein Bruder Dieter, der gerade bei ihr zu Besuch war, begleitete sie. In seiner Ausgangsuniform des Wachregimentes, bei dem er in Berlin diente, machte er natürlich bei den Genossen einen guten Eindruck. Ob es half, wusste keiner.

Als beide nach dem Gespräch mit dem Direktor und meinem Klassenlehrer zu mir ins Internat kamen, sah ich an ihren Gesichtern, dass meine Haut gerettet war. Ich durfte in Schulpforte bleiben, aber ich bekam auf dem Zeugnis der elften Klasse in Betragen die Zensur „Vier". Mit dem Zeugnis der elften Klasse bewarb man sich an Universitäten, Hochschulen oder anderen Bildungseinrichtungen. Für mich bedeutete es, dass ich mich nun erst mit dem Halbjahreszeugnis der zwölften Klasse bewerben konnte, denn mit einer derartigen Zensur in Betragen hatte man keine Chancen. Die besten Studienplätze wären bis dahin vielleicht vergeben.

Ich ließ den Mut nicht sinken und freute mich einfach, dass ich bleiben durfte. Meine allgemeine Situation war dennoch nicht rosig, denn das Abitur hatte ich noch vor mir und mein Lehrer war immer der Meinung, dass es sich dann beweisen würde, wer die Macht und das letzte Wort hätte. Ich wusste, dass ich ein starkes Mädchen war und meinen Weg schon finden würde. Irgendetwas würde sich ergeben. Damals bemühten sich die Schulen sehr, ihren Abiturienten bei der Suche nach Studienplätzen behilflich zu sein. Sie setzten sich teilweise persönlich mit den Universitäten, Hoch- und Fachschulen in Verbindung, um freie Studienplätze zu finden. Wir waren nie allein bei der Suche.

Klaus-Dieter war sehr froh über den positiven Ausgang und entschuldigte sich noch einmal für alles. Er verließ die Schule und fand seinen Weg. Immerhin waren es drei Jahre, die er in Schulpforte erlebte und die auch ihn geprägt haben.

Ich war alles andere als stolz auf meine Betrügerei und anschließende Lügerei. So etwas musste ja schiefgehen. Um das Abitur nicht zu gefährden, durfte ab sofort nichts mehr passieren. Für mich war dieses Erlebnis eine Lehre. Ich hatte mich in Gefahr begeben und wäre beinahe darin umgekommen.

Ausgerechnet in diesem Sommer drehte die DEFA den Film „Die besten Jahre" mit dem Hauptdrehort Schulpforte. Die Regie führte Günther Rücker, der auch das Drehbuch schrieb und für das Szenarium verantwortlich war. Die Hauptrolle wurde von Horst Drinda gespielt. Bekannte und beliebte DDR-Schauspieler wie Rolf Hoppe, Lissy Tempelhof und Harry Hindemith waren in den Rollen vertreten. Uns Schülern wurde angeboten, kleine Nebenrollen zu übernehmen oder sich als Statisten zur Verfügung zu stellen. Pro Tag bekam man 25 Mark. Das war für uns sehr, sehr viel Geld, denn das gab es auch, wenn nicht gedreht wurde. Einige meiner Mitschülerinnen meldeten sich und wurden auch genommen. Wie gern wäre ich auch dabei gewesen, aber ich wollte nichts wie weg von Schulpforte. Ich fühlte mich nach meinem unrühmlichen Auftritt sehr unwohl und niedergeschlagen. Die Zeit musste erst einmal die Ereignisse etwas neutralisieren. So fuhr ich also auf dem schnellsten Weg nach Hause, während in Schulpforte Filmgeschichte geschrieben wurde.

Was soll ich bloß mal werden?

Die Frage, was ich einmal werden wollte, stellte ich mir immer und immer wieder. Als ich nach Schulpforte kam, hatte ich den Wunsch, Kinderärztin zu werden. Darunter konnte ich mir etwas vorstellen. In den Ferien nach dem elften Schuljahr versuchte ich, im Kreiskrankenhaus Merseburg einen Ferienjob zu bekommen. Mit dem Argument,, dass ich im kommenden Jahr mein Abitur machen würde und Medizin studieren möchte, hatte ich Glück. Man stellte mich als „Mädchen für alles" auf der Unfallstation des Krankenhauses ein und ich habe mich vor keiner Arbeit gescheut. Da ich bereits 18 Jahre alt war, arbeitete ich sowohl in der Früh- als auch in der Spätschicht. Neben Fenster und Zimmer putzen verteilte ich das Essen, die Pillen nach Plan, wusch die Patienten und half beim Umbetten. Als ich beim Mittagessen im Aufenthaltsraum der Schwestern und Ärzte erzählte, dass ich noch nie eine Leiche gesehen hatte, beschloss der Stationsarzt, mir das nicht vorzuenthalten. Als einen Tag später eine alte Frau verstorben war, wartete man extra auf mein Kommen. An diesem Tag hatte ich Spätschicht. Ich hatte zum Glück noch nichts gegessen. Die Überraschung war gelungen. Die tote alte Frau lag nackt auf einer Liege. Man gab mir den Rat, sie von den Füßen nach oben zu betrachten. Auf den Augen lagen kleine Mulläppchen und die Hände waren gefaltet.

Sie war friedlich eingeschlafen. Ich war erstaunt, dass ich die Tote so ruhig und ohne negative Gefühle anschauen konnte. In dem Moment des Betrachtens fühlte ich Respekt vor dem Tod. Gemeinsam mit einer Schwester sollte ich die Tote in die Leichenhalle des Krankenhauses bringen. Eine Zinkbahre auf Rädern wurde gebracht und beim Umlagern fasste ich die Leiche an den Füßen mit an. Die Totenstarre war bereits eingetreten. Wir fuhren mit dem Sarg im Aufzug nach unten und gelangten über einen schmalen Weg zur nahen Leichenhalle. In dem engen Aufzug wurde mir dann doch ein wenig unheimlich bei dem Gedanken, dass vor mir ein toter Mensch lag.

Wir klingelten an der Tür der Leichenhalle und der Pathologe öffnete uns. Er sagte mir, dass ich mich nicht wundern solle, hinter einem zugezogenen Vorhang liege noch eine Leiche. Entlang des Ganges lagen nebeneinander rot gefliese Kabinen. Die Vorhänge waren zurückgezogen und ich schaute ängstlich in jede hinein. Jeder Schritt hallte. Um jegliche Geräusche zu vermeiden, trat ich leise auf. Die Schwester und ich legten mit Schwung die tote Frau auf die Bahre in einer Kabine und zogen den Vorhang zu. Der Pathologe zeigte mir noch den oberen Teil der Leichenhalle, wo die Toten obduziert wurden. Ein sehr unwohles Gefühl in der Magengegend konnte ich nicht verhindern und mein Herz klopfte heftig. Zum Glück lag kein Toter da. Überall roch es nach Desinfektionsmittel. Ich war froh, als ich dieses Haus wieder verlassen konnte und wünschte mir, keine weitere Leiche mehr zu sehen. Lachend versprach man mir das auch.

Der Pathologe besuchte mich öfter in der Küche, wo ich half, das Essen für die Patienten vorzubereiten. Er war ein sehr sympathischer Arzt mittleren Alters. Man erzählte über ihn, dass er es schwer hatte, eine Frau zu finden. Auch ich habe es immer vermieden, ihm die Hand zu geben, weil ich daran denken musste, dass er mit toten Menschen zu tun hatte. Er war sehr nett zu mir und lächelte in sich hinein, weil er meine Ablehnung bemerkte. Verschmitzt erzählte er mir auch, dass er einmal zu später Stunde einen verstorbenen Patienten mit einer starken

Rückgratverkrümmung eingeliefert bekam. Der Mann konnte nur noch sitzen. Als er am anderen Morgen den Raum betrat, sah er einen toten Mann auf dem Seziertisch sitzen. Er hatte nicht mehr daran gedacht und rannte selbst vor Entsetzen hinaus. Dann erinnerte er sich daran, wie dieser Tote am Abend zuvor gebracht worden war.

Die Illusion, Medizin zu studieren, hatte ich begraben. Im Laufe der Zeit stellte ich fest, dass mir das Lernen nicht so leichtfiel, wie es für so ein langes Studium notwendig wäre. Ich hatte zwar als gute Voraussetzungen Griechisch und Latein gelernt, mir fehlten jedoch die notwendige Ausdauer und der Ehrgeiz. Das Thema war also abgehakt.

Mir fehlte völlig die Orientierung, was ich studieren oder welchen Beruf ich erlernen sollte. In dieser Situation wurde damals kein Schüler alleingelassen. Wie mein Klassenlehrer noch zu mir stand, weiß ich nicht. Jedenfalls ließ er mich nicht hängen und tastete sich bei einem Gespräch vorwärts, um herauszufinden, was mich interessieren könnte.

Bereits als Kind hatte ich ein Talent zum Zeichen und Malen. Ich malte sehr gern realistische Bilder aus der Natur. Eine Pflanze oder einen Gegenstand konnte ich so malen, dass jeder erkennen konnte, was es ist und es auch schön fand. Schon als Schülerin in der Grundschule nahm ich an Zeichenwettbewerben teil. Meine Zeichnungen wurden immer ausgestellt und oft prämiert. Ich hatte Freude daran, wurde aber nicht gefördert. In Schulpforte konnte ich mein Talent im Zeichnen weiterentwickeln. Wir hatten einen sehr guten Zeichenlehrer, der uns lehrte, wie man Porträts und Gebäude proportionsgerecht malte. Er zeigte uns, wie man Licht und Schatten in Bildern darstellte, um die Gegenstände plastisch erscheinen zu lassen. Es machte sehr großen Spaß, denn er hatte die Fähigkeit, Freude am Zeichnen zu wecken. Mein Klassenlehrer kannte mein Talent und redete mir ein, mich an der Hochschule für Angewandte Kunst auf der Burg Giebichenstein in Halle an der Saale zu bewerben. Dazu musste man zehn eigene Arbeiten einreichen. Ich suchte also meine besten Zeichnungen heraus und sandte sie gemeinsam mit einer Bewerbung an diese Hochschule. Es dauerte nicht lange und ich wurde zu einem Vorstellungsgespräch eingeladen. Die eingesandten Zeichnungen fanden Zuspruch.

Erwartungsvoll fuhr ich also nach Halle. Kommunikationsprobleme hatte ich nie und bald war eine angenehme Gesprächsbasis gefunden. Im feinsten Hochdeutsch plauderte ich drauflos und man fand an mir Gefallen. Die Zensuren auf dem Bewerbungszeugnis sahen auch nicht schlecht aus und die Frage nach dem Zeugnis der elften Klasse wurde nicht gestellt. Nach einer kurzen Beratung teilte man mir mit, dass man grundsätzlich an mir interessiert sei, aber eine Aufnahme des Studiums erst nach einer abgeschlossenen Berufsausbildung infrage käme. Das war damals gesetzlich vorgeschrieben. Sie machten mir den Vorschlag, mich in eine Berufsausbildung als Goldschmied zu vermitteln, die drei Jahre dauerte. Ich bekam Bedenkzeit, die ich einzuhalten hatte. Es war ein Glückfall, einen Ausbildungsplatz als Goldschmied angeboten zu bekommen.

Als ich nach Hause kam und meiner Mutter davon berichtete, war sie jedoch nicht davon begeistert. Sie konnte mich nicht so viele Jahre bei ihrem geringen Lohn finanziell unterstützen und mein Stiefvater machte bereits Stimmung gegen mich. Immerhin lagen drei Jahre Berufsausbildung und fünf Jahre Studium vor mir, bis ich endlich mein eigenes Geld verdient hätte. Das sah ich ein, denn alles, was sie mir zusteckte, geschah heimlich, um sich Vorwürfe zu ersparen. Schweren Herzens teilte ich der Hochschule meinen Entschluss mit. Nun stand ich wieder am Anfang und guter Rat war teuer.

Trotz des unrühmlichen Vorfalls im elften Schuljahr half mir mein Klassenlehrer auch weiterhin bei der Suche nach einem Studienplatz. Ab September hatte ich die Aussicht, an einer Textil-Ingenieurschule zu studieren. Ich bewarb mich und wurde angenommen. Mit ganzer Kraft stürzte ich mich nun in die Prüfungsvorbereitungen für das Abitur, denn ich wollte es unbedingt schaffen.

Der Unfall – Abschied von Schulpforte

Nur noch eine mündliche Prüfung hatte ich zu überstehen und ich büffelte, bis nichts mehr ging. Es war das Fach Erdkunde. Dann sollte Schluss sein mit dem Prüfungsstress. Plötzlich wurde ich zum Telefon gerufen. Es war eine schlechte Nachricht für mich. Das Krankenhaus Merseburg rief an und teilte mir mit, dass meine Mutter einen Betriebsunfall hatte und mit zwei gebrochenen Armen im Krankenhaus lag. Ich versuchte, sofort meinen Klassenlehrer zu erreichen und bat ihn, nach Hause fahren zu dürfen. In dieser Situation wurde mir das selbstverständlich erlaubt. Meine Lernunterlagen nahm ich mit und mit dem nächsten Zug fuhr ich auf direktem Weg ins Krankenhaus.

Meine Mutter arbeitete in der Luftzerlegung des Chemiebetriebes als Anlagenfahrerin. Wie der Name schon sagt, wurde hier die Luft zerlegt, die auf einem freien Feld über ein Rohrsystem angesaugt wurde. Sie wurde komprimiert, wobei Stickstoff entzogen wurde. Zurück blieb flüssige Luft, die im Normalfall eine Temperatur von minus 176 Grad Celsius hatte. In dem Gebäude, in dem meine Mutter arbeitete, waren noch Spuren der Zerstörung aus dem Zweiten Weltkrieg vorhanden, denn dieses Werk war ein besonderes Ziel für die Flugzeuge der Alliierten. Ausgerechnet meine Mutter war es, die immer wieder gewettert hatte, dass bestimmt mal einer über einen der Stahlträger stolpern würde, der gefährlich aus dem Boden hervorragte.

Es war eine Ironie des Schicksals, denn sie selbst war das Opfer. Als es passierte, hatte sie in jeder Hand einen Behälter mit besagter flüssiger Luft. Sie dachte nicht mehr an das Hindernis, stolperte darüber und stürzte. Im Halbdunkel der Halle hatte sie den Metallträger nicht gesehen. Instinktiv schleuderte sie die Behälter von sich, damit sie nicht mit der flüssigen Luft in Berührung käme, die schwere Verbrennungen verursacht hätte. Bei der Kontrolle eines defekten Ventils an einem Kesselwagen mit flüssiger Luft war ein Mensch total verbrannt und geschrumpft, als das Ventil brach und die flüssige Luft sich über ihn ergoss. Meine Mutter, die immer ein wenig korpulent war, fiel mit ihrem gesamten Körpergewicht auf ihre Arme und brach sich dabei beide. Zum Glück fand man sie sehr schnell und sie wurde, vorbei an ihrem ahnungslosen Ehemann, mit Blaulicht ins Kreiskrankenhaus gebracht. Man hatte vergessen, ihn über den Unfall zu informieren. Als sie nicht nach Hause kam, rief er auf bei ihrer Arbeitsstelle an und erfuhr, was passiert war.

Der Bruch des rechten Unterarmes war kompliziert, die Hand stand im rechten Winkel ab. Auch der Oberarm war gebrochen. Es musste operiert werden. Der linke Unterarm war normal gebrochen. Nach der Operation wurden beide Arme in Gips gelegt. Meine Mutter war völlig hilflos geworden.

In diesem Krankenhaus hatte ich ein Jahr zuvor in den Ferien gearbeitet. Als ich hörte, auf welcher Station sie lag, freute ich mich, die Schwestern und Ärzte wiederzusehen. Als man mir das Zimmer nannte, bekam ich jedoch einen Schreck. Ausgerechnet in dem Zimmer, wo man hoffnungslose Fälle legte oder Leute, die nicht mit anderen Patientinnen auskamen, lag meine arme Mutter. Als ich das Zimmer betrat, schaute sie mich ganz erstaunt an. Sie hatte nicht mit mir gerechnet und konnte es nicht fassen, dass ich so schnell gekommen war, denn sie wusste, dass ich mitten im Abiturstress steckte. Ihre körperliche und psychische Verfassung waren alles andere als gut. Sie roch sehr unangenehm und fühlte sich unwohl und schmutzig. Völlig hilflos lag sie in ihrem Bett und sah aus wie ein Häufchen Elend. Die anderen Frauen röchelten vor sich hin. Das Abendessen stand auf dem Nachttisch, aber niemand hatte Zeit, sie zu füttern. Ohne fremde Hilfe konnte meine Mutter weder essen noch trinken, weder sich waschen noch auf die Toilette gehen.

Entschlossen ging ich zum Stationsarzt, den ich kannte, und bat ihn, mir meine Mutter umgehend nach Hause zu schicken. Er machte mich auf die hilflose Situation aufmerksam und erinnerte mich, dass ich noch Prüfung hätte. In dieser Situation konnte ich meine Mutter jedoch nicht alleinlassen. Ich würde schon einen Weg finden und blieb hartnäckig. Sie musste hier raus. Der Arzt versprach mir, sie am nächsten Tag auf eigene Gefahr nach Hause bringen zu lassen. Das war nicht im Sinne meines Stiefvaters. Er wollte seine Ruhe haben und keine zusätzliche Arbeit. Mir jedoch war das völlig egal, es war schließlich meine Mutter.

Meine erste Handlung war, sie zu baden. Aber das war ohne Bad gar nicht so einfach. In allen zur Verfügung stehenden Töpfen bereitete ich auf dem Herd heißes Wasser. Gemeinsam mit meinem Stiefvater holte ich die große Zinkwanne aus dem Keller und stellte sie in die Küche. Dann ging er zur Nachtschicht. Bereits beim Ausziehen zierte sich meine Mutter wie eine Jungfrau. Geprägt durch meine Jahre im Internat gab es für mich keine Scham und ich redete ihr gut zu. Vorsichtig stieg sie in die Wanne und ich hielt sie dabei unter den Armen fest. Der Einstieg war geschafft. Es war eine Freude, zu sehen, wie sie sich wohlfühlte. Sie genoss das schöne Wasser und ich wusch sie gründlich. Dann aber musste sie aus der Wanne steigen. Was immer wir auch versuchten, es ging nicht. Sie hatte große Angst, abzurutschen. Mit den Gipsarmen konnte sie sich auch nicht festhalten oder abstützen. Und für mich allein war sie zu schwer. Kurz entschlossen klingelte ich bei einer Nachbarin im Haus, die meine Mutter von der Arbeit kannte, und bat sie um Hilfe. Gemeinsam schafften wir es dann, Mutter aus der Wanne zu hieven. Sie war glücklich, dass sie sauber war und dass ihr nichts passiert war.

Ich hatte die Verantwortung für meine Mutter übernommen, ihr in jeder Situation zu helfen. Sie musste gefüttert werden, die Nase geputzt, der Po gesäubert, die Zähne geputzt und gekratzt werden, wenn es irgendwo juckte. Auch anziehen konnte sie sich nicht. Eben alles, wofür wir die Arme und Hände benutzen. Das tägliche Waschen sorgte immer für Heiterkeit. Bald hatte sie ihre Scham überwunden. Ich nahm alles mit Humor und sie konnte sich ja doch nicht entziehen. Wir lachten viel und wuchsen so als Tochter und Mutter das erste Mal zusammen. Da meine Mutter selbst sehr humorvoll war, funktionierte es gut mit meinen lustigen Bemerkungen. Sie war so dankbar, dass ich für sie da war und ich so glücklich, dass sie mich brauchte. Das erste Mal in meinem Leben spürte ich ihre Liebe und genoss jeden Augenblick. Ich machte ihr die Situation so erträglich wie möglich. Eine wundervolle Zeit zwischen uns beiden begann. Aber ich musste noch einmal für zwei Tage nach Schulpforte zurück, um die letzte mündliche Prüfung hinter mich zu bringen. Der Termin stand bereits fest und ich hatte meinen Stiefvater darüber informiert.

Der Tag kam, an dem ich nach Schulpforte fahren musste. Nachdem ich meine Mutter versorgt hatte, fuhr ich los. An diesem Tag kümmerte sich meinen Stiefvater um sie. Er half ihr auch beim Zubettgehen. Am anderen Tag fuhr er jedoch einfach mit dem Fahrrad davon, als meine Mutter noch schlief. Sie hatte schlecht geschlafen, weil die Arme schmerzten und die Hände geschwollen waren. Der Gips drückte und darunter krabbelte die Haut unerträglich. Ihr Mann hatte keine Lust zu warten, bis sie aufstehen wollte. Er ließ sie so unbeholfen, wie sie war, im Bett zurück. Als sie aufwachte, merkte sie, dass sie allein war. Sie wollte aufstehen, schaffte es aber aus dieser Lage ohne Hilfe nicht. Dann klingelte es an der Tür. Eine Frau aus der Nachbarschaft wollte sie besuchen. Die Schlafzimmertür stand offen. Meine Mutter rief laut, dass sie im Bett liege und nicht aufstehen könne. Ihr Mann sei nicht da und sie brauche dringend Hilfe. Die Frau hatte es verstanden und versprach zu helfen. Sie holte aus ihrer Wohnung einen sogenannten „Dietrich", öffnete damit die Wohnungstür und half meiner verzweifelten Mutter aus ihrer misslichen Lage.

Als ich in den frühen Abendstunden heimkam, hatte sich meine Mutter noch nicht beruhigt. Sie war empört, dass ihr Mann sie in dieser hilflosen Situation allein gelassen hatte. Auch die Nachbarin war sprachlos. Erst am nächsten Tag kam er nach Hause. Er hatte bei einem Freund übernachtet. Natürlich gab es bittere Vorwürfe und Streit. Gleich am nächsten Tag fuhr ich mit meiner Mutter in unsere Poliklinik. Der Gips wurde aufgeschnitten und sie bekam einen neuen Verband.

Aufgrund der häuslichen Ausnahmesituation wurde ich von dem Praktikum befreit, das im Anschluss an die mündlichen Prüfungen vorgesehen war. Nach Schulpforte fuhr ich nur noch zur Zeugnisübergabe. Es sollte für viele Jahre das letzte Mal sein.

In der wunderschönen Aula der Schule fand die Übergabe der Abiturzeugnisse statt. Im Vorfeld hatten wir Mädchen uns viele Gedanken zu unserer Garderobe für diesen feierlichen Augenblick gemacht. Keine hatte verraten, was sie tragen würde, und so war jedes Mädchen eine kleine Überraschung. Ich trug an diesem Tag ein kleines schwarzes ärmelloses Samtkleid mit einem weißen Einsatz. Auch die neuen Stöckelschuhe durften nicht fehlen, mit denen wir kaum auf dem holprigen historischen Pflaster von Schulpforte laufen konnten. Aber wir sahen chic aus. Unsere beiden Jungen kamen in dunklen Anzügen. Aus ihnen waren junge Männer geworden, was man in der neunten Klasse kaum ahnen konnte. Der Bart wuchs und der Stimmbruch lag hinter ihnen. Unser Klassenlehrer erschien im festlichen Anzug und Fliege und sah, wie immer, wie aus dem Ei gepellt aus.

Mit einem kleinen Programm wurde der Festakt eröffnet und natürlich durfte der Chor nicht fehlen. Die Lieder klangen wundervoll wie immer und noch immer schmerzte es mich, dass ich ihn hatte verlassen müssen. Noch ein paar Worte des Rückblicks auf die vergangenen vier Jahre, die wir alle gemeinsam mit mehr oder weniger schönen Erlebnissen hier verbracht hatten, dann wurde klassenweise jeder Schüler einzeln nach vorn gerufen. Der Direktor der Schule übergab mit ein paar verbindlichen Sätzen das Zeugnis. Auch unser Klassenlehrer drückte uns die Hand und hatte für jeden einen Spruch auf den Lippen. Danach ging es zum Fototermin auf die Treppe des Seiteneingangs des Schulgebäudes bei den Terrarien. Hier wurden wir nach jedem Schuljahresende fotografiert und hier sollte auch das letzte Klassenfoto entstehen. Nun waren die Stunden in Schulpforte gezählt, denn ich musste noch am gleichen Tag nach Hause fahren. So konnte ich auch nicht an der Abschlussfeier der Klasse teilnehmen, die im „Bismarckturm" auf dem Knabenberg stattfand.

Ab jetzt wartete auf uns alle ein völlig neuer Lebensabschnitt, auf den man uns in Schulpforte vier Jahre lang vorbereitet hatte. *Wie werden wir unser Wissen und unsere Fähigkeiten umsetzen? Wird uns der „Geist" von Schulpforte ein Leben lang begleiten?* Ich war und bin immer noch stolz, dass ich hier als Schülerin weilen durfte, auch wenn der Himmel manchmal drohte, über mir einzustürzen.

4. Studienzeit mit Hindernissen

Aller Anfang ist schwer

Die großen Ferien nach dem Abitur neigten sich dem Ende zu. Ich glaubte, die Pflichten einer Tochter erfüllt zu haben und ich hatte es gern getan. Die Gesundheit meiner Mutter war so weit wiederhergestellt, sodass sie keine fremde Hilfe mehr für die normalen Dinge des täglichen Lebens benötigte. Das gebrochene Gelenk der rechten Hand blieb leider in seiner Funktion eingeschränkt. Im Laufe der Zeit gewöhnte sie sich an diesen Zustand.

Nach meiner Ferientätigkeit verbrachte ich die wenigen verbleibenden Tage mit meinem Freund. Bereits zu dieser Zeit fühlte ich, dass das Feuer zwischen uns erloschen war und die Gewohnheit sich breitgemacht hatte. Er war nie ein glühender Liebhaber gewesen und Erfahrungen mit dem anderen Geschlecht hatte weder er noch ich. Wir waren jeweils die ersten Partner füreinander. Hinzu kam, dass uns die Angst im Nacken saß, unsere Eltern zu enttäuschen und nicht den vorgezeigten Bildungsweg zu gehen. Ich sehnte mich oft nach Zärtlichkeit und Wärme, was er mir jedoch von seiner Art her nicht geben konnte. Dieser schöne naive Mädchentraum war nun leider ausgeträumt. Aufgrund meiner Kindheitserlebnisse war ich auch nicht das Mädchen, das sich nahm, was es gern hätte.

Der Sommer ging vorüber. Alles war so weit vorbereitete und am letzten Tag im August fuhr jeder zu seinem Studienort – er nach Berlin und ich nach Forst. Günter hatte einen Studienplatz an der Hochschule für Außenhandel in Berlin bekommen. Er war sehr intelligent und verfügte über ein ausgeprägtes logisches Denkvermögen. Seit dem zehnten Schuljahr in Schulpforte waren wir ein Paar und sahen uns beinahe jeden Tag. Nun sollte die Trennung beweisen, ob wir zueinander gehörten oder nicht.

Von meinem Heimatort bis zum Studienort musste ich dreimal umsteigen. Schwer schleppte ich meinen Koffer vom Bahnhof bis zur Ingenieurschule, die am anderen Ende der Stadt lag. Zunächst einmal quartierte man mich in ein Sechsbettzimmer in der Internatsbaracke ein. In diesem Zimmer wohnten Mädchen des zweiten Studienjahres. Als ich das Zimmer betrat, war noch niemand da, und ich belegte das einzige leere Bett. Es war ein herrlicher Spätsommertag und so hielt ich mich bis zum Dunkelwerden vor dem Internatseingang auf, um meine Mitschülerin aus Schulpforte nicht zu verpassen. Sie hatte auch nur ein Bett in einem belegten Zimmer im Internat bekommen. Wir wollten den nächsten Tag abwarten, um die Lage zu peilen, was sich da noch an Möglichkeiten bot.

Es wurde Abend und noch immer war kein Mädchen aus meinem Zimmer angereist. Ich legte mich schlafen. Aus den anderen Zimmern konnte ich beinahe jedes gesprochene Wort verstehen. Die Wände waren sehr hellhörig, es war schließlich eine Baracke. Sosehr ich mich auch bemühte, ich bekam kein Auge zu. Zum einen fror ich unter der neuen Decke, denn ich hatte auch keine Bettwäsche mit und der Stoff der Decke war kalt und steif, und zum anderen wartete ich auf die unbekannten Mädchen, die mit mir das Zimmer teilen mussten.

Gegen Mitternacht trafen sie dann alle mit Getöse ein. Das Licht wurde angeschaltet und man staunte erst einmal über die neue Mitbewohnerin. So richtig gefiel es niemandem, denn sie stöhnten missmutig, als sie mich da so liegen sahen. Ganz eingeschüchtert grüßte ich die Mädchen, die den Gruß nur schwach oder nicht erwiderten. Deutlich spürte ich ihren Unwillen gegen mein unerwünschtes Dasein, aber im Moment ließ sich das ja nicht ändern. Dann klopften noch ein paar Jungen ans Fenster und ein lautes Hallo begann. Sie waren alle aus den Semesterferien zurückgekehrt und begrüßten sich lautstark. An Rücksichtnahme war nicht zu denken und die Empörung über meine Anwesenheit wurde auch gleich mitgeteilt. Mir war die Situation äußerst unangenehm und ich stellte mich schlafend.

Das Internat lag unmittelbar neben der Ingenieurschule. Am anderen Morgen traf ich mich mit Uta und wir gingen gemeinsam in die Mensa frühstücken. Ihr war es so ähnlich ergangen wie mir. Anhand eines Aushanges fanden wir den Raum, wo sich der Rest unserer Studiengruppe einzufinden hatte. Neugierig schaute man jeden Neuankommenden an. Ich war froh, nicht allein zu sein. Nachdem uns Inhalt und Ziel unseres Studiums erläutert wurden, bemühten wir uns um eine bessere Unterkunft. In der Ingenieurschule hingen Zettel aus, auf denen Privatunterkünfte angeboten wurden. Ein Großteil unserer Seminargruppe wohnte in einem anderen Internat. Aber auch dort waren leider keine Zimmer mehr frei, nur noch einzelne Betten, und das hatten wir ja schon. Also beschlossen wir, uns die privaten Zimmer anzusehen.

Die meisten der angebotenen Zimmer waren klein und sehr unmodern eingerichtet. Man spürte richtig die Muffigkeit der Vergangenheit und wer weiß, welche Oma in dem Zimmer gestorben war. Unverhältnismäßig teuer waren sie außerdem. Dann entdeckten wir eine Adresse in der Nähe der Schule. Es war ein kleines Mehrfamilienhaus, wo neben drei Generationen einer Familie noch eine Untermieterin und fünf Studenten wohnten. Die Untermieterin der kleinen Wohnung hatte eine neue Arbeit in einer anderen Stadt gefunden und konnte ihre Möbel nicht mitnehmen. Die Wohnung lag im ersten Stock und bestand aus einem Wohn- und Schlafraum und einer kleinen Küche. Da in dem Zimmer sowohl ein Bett als auch eine Liege standen, entschlossen wir uns, diese kleine Wohnung zu mieten. Glücklich zogen wir am gleichen Tag ein. Die Miete kostete 50 Mark im Monat. Die Hälfte war für jeden erschwinglich.

Der Hausbesitzer hatte den gleichen Familiennamen wie mein Stiefvater und das machte ihn nicht gerade sympathisch. Namen sind ja bekanntlich Schall und Rauch, aber in mir weckte der Name unangenehme Erinnerungen. Er bewohnte mit seiner Frau und seinen drei kleinen Kindern die Räume im Parterre. Darüber wohnten seine Mutter und wir. Die Toilette auf dem Flur mussten wir mit der Oma teilen. Der Trinkwasseranschluss für uns befand sich ebenfalls auf dem Flur. Über uns waren noch zwei kleine Zimmer, die auch an Studenten vermietet waren. In dem einen Zimmer wohnten zwei, in dem anderen Zimmer drei

Mädchen. Jede bezahlte für das winzige Loch 25 Mark. Da waren wir beide wirklich gut dran.

Der Vermieter hatte auch einen Hund, einen Dobermann. Dem zeigte er dann und wann, wer von beiden der Herr war. War niemand im Haus, jaulte und bellte der Hund, dass man auswachsen konnte vor Wut. Nebenan befand sich eine Staatsreserve, die von zwei scharfen Dobermännern bewacht wurde. Jedes Mal, wenn jemand an dem Zaun vorbeiging, bellten sich die beiden die Seele aus dem Leib. Mit diesem Hundekonzert konnte man Tote aufwecken.

Kaum war die Frau unseres Vermieters nicht da, lauerte er regelrecht auf uns, um zotige Bemerkungen loszuwerden. Als ich einmal auf dem Boden Wäsche aufhängte, kam er mir mit einem fiesen Grinsen so nahe, dass ich seinen schlechten Atem roch. Ich geriet in Panik und fiel beinahe die schmale Treppe hinab.

Uta war meine ehemalige Mitschülerin in Schulpforte. Wir hatten jedoch nicht in einem Zimmer zusammengewohnt, so kannte ich weder ihre Eigenheiten noch ihre familiären Verhältnisse näher, eben nur so, wie man sich in der Klasse kennt. Sie hatte noch drei Geschwister. Ihre Eltern arbeiteten in einer Landwirtschaftlichen Produktionsgenossenschaft. Zu Hause hielten sie Schweine und diverses Kleinvieh. Ihr Vater versorgte in der LPG den Rinderstall, die Mutter arbeitete im Hühnerstall. Sie waren Neubauern und hatten vom Staat ein Einfamilienhaus bekommen. Das Einkommen im Monat war nicht sehr hoch, doch sie lebten weitestgehend von ihren eigenen tierischen und pflanzlichen Erzeugnissen. Die Eltern mussten hart arbeiten, denn Tiere kennen keinen Achtstundentag. Aber sie taten es aus Überzeugung, Landwirtschaft war ihr Leben. In der Genossenschaft rechnete man nach sogenannten Einheiten ab und am Jahresende wurde die Erfüllung ermittelt. Dann kam es vor, dass die Bauern anhand der Erfüllungen der Einheiten so viel Prämie bekamen, dass sie sich ein Auto davon kaufen konnten. 10.000 bis 20.000 Mark waren keine Seltenheit. Wie sich das zusammensetzte, weiß ich nicht. Ich dachte oft, es sollte auch so sein, denn um nichts in der Welt hätte ich gern mit diesen Menschen getauscht.

Mehrmals im Jahr schlachtete die Familie ein Schwein. Die Mutter schickte uns dann im Winter Pakete mit Fleisch und Wurst. Das war sehr lecker und für mich ganz neu. Vor allem aber half es uns wirtschaften.

In dieser Zeit gab es noch ein Stipendium vom Staat, das sich nach dem Einkommen der Eltern richtete. Eigentlich war ich ein Arbeiterkind und hätte 180 Mark Stipendium bekommen müssen. Da aber mein leiblicher Vater noch lebte und Angestellter war, standen mir laut Gesetz nur 90 Mark im Monat zu, obwohl ich nicht in seinem Haushalt lebte. Hinzu kamen die 50 Mark Alimente von meinem Vater. Von diesem Geld musste ich mein gesamtes Leben bestreiten, einschließlich Miete und Fahrtkosten. Uta erhielt kein Stipendium. Das Einkommen ihrer Eltern lag über der Einkommensgrenze, da man das Einkommen zum Jahresende hinzuzählte. Sie bekam jeden Monat von ihren Eltern Geld geschickt.

Obwohl wir beide sehr unterschiedlich waren, verstanden wir uns im ersten Studienjahr sehr gut. Während ich immer wieder Probleme mit ihrem Ordnungssinn hatte, sah sie das Leben viel lockerer als ich. Sie nahm manches nicht so genau und lebte daher entspannter als ich. Eigentlich aber war sie ein richtiger guter Kumpel. Alles machten wir gemeinsam und sie teilte, wenn sie konnte, das letzte Stück Brot mit mir. Wir hatten es uns in unserer kleinen Wohnung so richtig gemütlich gemacht und selten gab es Streit zwischen uns. Ute war ein „Arbeitstier". Was sie anpackte, erledigte sie umsichtig und schnell.

In unserer Küche waren ein Geschirrschrank, ein Tisch mit zwei Stühlen und ein Gasherd. Hier kochten und aßen wir. Auf einem kleinen Schränkchen stand eine Schüssel, in der wir uns wuschen. Der Ausguss war auf dem Flur, wo wir auch das Wasser holten. In dem Bett, das in unserem Wohn- und Schlafraum stand, schlief ich, Uta schlief auf der Liege. Dann waren da noch ein Tisch mit vier Stühlen, ein Kleiderschrank und eine Anrichte. Der große Kachelofen musste im Winter geheizt werden und verbreitete eine wohlige Wärme. Ein Blumenständer mit Grünpflanzen lockerte die Atmosphäre auf. Zwei parallele Fenster mit hübschen modernen Gardinen sorgten für ausreichendes Licht. Ein ausrangierter großer grüner Teppich meiner Mutter brachte Gemütlichkeit und ein altes Radio leierte, wenn wir abends gemeinsam zusammensaßen und fleißig für uns Pullover strickten oder Lieder aus der Zeit im Chor sangen.

In diesem Jahr organisierten wir für die ganze Seminargruppe eine Weihnachtsfeier in unserer „Bude". Alle hatten von zu Hause etwas mitzubringen. Gefragt waren eingeweektes Obst, Butter, Zucker, Mehl, Wurst u. Ä. Jeder lieferte etwas bei uns ab und wir beide haben Kuchen gebacken und leckere Speisen vorbereitet. Uta konnte sowohl backen als auch kochen. Sie war es von zu Hause gewöhnt. Ich befolgte gern ihre Anweisungen und erledigte die „niederen" Küchenarbeiten. Wir hatten viel Spaß dabei.

Jeder aus unserer Studiengruppe musste ein Wichtelpaket mitbringen. Die Namen wurden vorher ausgelost und nichts verraten. Wir beide kannten das bereits aus der Zeit in Schulpforte und es machte jedem Spaß. Um für alle eine Sitzgelegenheit zu haben, wurden mitgebrachte Decken auf dem Fußboden ausgebreitet. Die Jungens besorgten einen Tannenbaum, den wir in die Ecke am Ofen quetschten. Unser Dozent spendierte Glühwein und Weihnachtsstollen. Alles war improvisiert, aber urgemütlich und schön. Wir hatten unseren Vermieter verständigt, falls es etwas lauter würde.

Mit Spannung wurden die Geschenke aus dem Sack verteilt. Alle Weihnachtslieder, die uns einfielen, sangen wir voller Hingabe. Dann wurde kräftig zugelangt, denn Kuchen gab es nicht alle Tage. Auch das vorbereitete Abendessen fand großen Anklang. Dieser Abend trug sehr dazu bei, die „Stutenbissigkeit" unter uns Mädchen etwas abzubauen. Wir hatten sehr viel Freude miteinander und beim Abschied versicherten alle, dass sie sich den Tag nicht so nett vorgestellt hatten. Uta und ich waren ganz stolz auf uns und unser Organisationstalent. Zum Schluss wurde der übrig gebliebene Kuchen aufgeteilt und alle bekamen etwas ab.

So etwas haben wir später nie wieder auf die Beine gekriegt, weil wir mit einer anderen Semestergruppe zusammengelegt wurden. Nun gab es noch mehr Meinungen und Ansichten. Der Anteil an Mädchen war einfach zu hoch. Zu unserem Bergfest nach der Hälfte der Studienzeit gestalteten wir beide die Bergfestzeitung. Diesmal feierten wir in einer Gaststätte, aber das war auch sehr lustig. Ich schrieb die Klassenchronik und wir lachten bei der Vorbereitung mehr als bei der Durchführung. Es wurde ein gelungenes Fest. Selbst auf meinem Abschlusszeugnis wurde das sehr lobend erwähnt, so begeistert war unser Dozent.

Das Studium

Als ich mich für dieses Studium entschieden hatte, war mir nicht klar, was sich überhaupt dahinter verbarg. Das Ziel hieß „Ingenieurin für Technische Textilien", meine Fachrichtung hieß „Technologie der Bastfaserspinnerei". Mein Gefühl sagte mir, dass es sich hier um angenehme Dinge textiler Art handeln musste. „Hauptsache, es hat mit dem Studienplatz geklappt und dann schauen wir mal, was daraus wird", dachte ich mir. Nie und nimmer hatte ich geahnt, was da auf mich zukommen würde. Sehr oft musste ich in meinem Leben die Erfahrung machen, dass man sich an fast alles gewöhnen kann, wenn man nur will. An neuen Situationen, die ich vorher nie gekannt, ja sogar abgelehnt hatte, konnte ich später sogar Freude finden.

Wieder einmal waren wir bis auf drei Jungen eine reine Mädchenklasse. Alle hatten in diesem Jahr das Abitur gemacht. Gegenüber den anderen Seminargruppen war es ein Vorteil, denn wir hatten kein Russisch und Deutsch mehr. Für irgendetwas musste das Abitur doch gut gewesen sein. Aus allen Bezirken der Republik war jemand vertreten. Bis dahin hatte ich nicht einmal gewusst, was Bastfasern sind und nun wollte ich es studieren. Aber genau das sollten wir ja hier kennenlernen. Eine Bastfaser ist zum Beispiel Flachs, der bei uns angebaut und zu Leinen verarbeitet wurde und Jute, die vorzugsweise aus Indien kam und sowohl in der Sack- und Verpackungsmittelindustrie als auch in der Seilerei verarbeitet wurde. Aber auch Sisal findet eine ähnliche Verwendung.

Wir lernten ganz speziell die Flachsaufbereitung und Verarbeitung bis hin zur Bastfaserspinnerei kennen. Auch Sondertechnologien, wie zum Beispiel die Netzherstellung für die Binnen- und Hochseefischerei und die Herstellung von Erntebinde- und Hochdruckpressengarnen gehörten zu dem Wissen, das wir uns aneignen sollten.

Unabhängig von der praktischen Tätigkeit in unserem Spinnereilabor an der Ingenieurschule hatten wir produktive Einsätze in einer Flachsrösterei. Eine Flachsrösterei ist mit einer Kaffeerösterei in keiner Weise zu vergleichen. Flachs ist eine heimische Pflanze, die ähnlich aussieht wie Getreide. In den langen Halmen befinden sich die Leinenfasern, die von einer harten, holzähnlichen Ummantelung umgeben sind. Die Außenschicht gilt es zu erweichen, um an die Faser zu gelangen und sie freizulegen. In einem extra dafür gebauten Kanal mit Wasser, das mit Fäulnisbakterien angereichert ist, wurde das Flachsstroh eingelegt und langsam bewegt. Durch die Bakterien wird der harte Mantel der Faser erweicht. Am Ende des Kanals wird nach einer gewissen Zeit das angefaulte Flachsstroh mit einer mechanischen Hebevorrichtung bündelweise aus dem Kanal gehoben und abgespült. Dann wird es in einem großen Trockenofen getrocknet. Danach wird der Holzmantel in einer Vorrichtung gebrochen und anschließend der Hechelei zugeführt. Die so freigelegten Fasern werden versponnen und das Garn weiterverarbeitet.

Leinen wird heute noch vielseitig angewendet. Die um die Fasern befindlichen Holzteilchen wurden zu sogenannten Schäbenplatten weiterverarbeitet, die in der Möbelindustrie Anwendung finden.

Gleich am Anfang wurde uns eröffnet, dass es möglich sein könne, dass man sich durch die Bakterien, die überall in der Luft waren, eine Infektion, ähnlich einer Grippe mit Fieber, einhandeln könne. Einige hat es dann auch erwischt.

In den Abteilungen war man noch anderen unangenehmen Bedingungen ausgesetzt. Im Bereich des Kanals, wo die Fasern faulten, stank es fürchterlich; wo sie gespült und getrocknet wurden, war man trotz Gummistiefeln und Gummischürze nass. Am ganzen Körper stank man nach Fäulnis. In der Hechelei war feiner Holzstaub, der sich überall festsetzte und krabbelte. Bei der Herstellung der Platten wurden die feinen Holzteilchen der Fasern mit Formaldehydharzen verklebt und unter Druck und Hitze gepresst, was wieder eine andere Form von unangenehmem Geruch war und auf die Atemwege ging.

Die Platten wurden in der Möbelindustrie eingesetzt und waren auch begehrte Exportartikel als Alternative zu Holzplatten. Nachdem wir alle Abteilungen durchlaufen hatten, waren alle froh, als der Einsatz hier beendet war. Die Arbeiter, die in diesem Betrieb sauer ihr Geld verdienten, waren einfache Leute. Trotzdem waren sie wie eine große Familie. Nie in meinem weiteren Leben wäre ich freiwillig bereit gewesen, in so einem Produktionsbetrieb zu arbeiten.

Das Ziel unseres Studiums war es, uns zu fachkompetenten, leitenden Mitarbeitern auszubilden. Eine große Rolle spielte dabei das Fach Arbeitspsychologie, das ich sehr interessant fand. Uns wurde damals noch gelehrt, dass der Mensch im Mittelpunkt steht und dass er das wichtigste Produktionsinstrument ist. In dieser Zeit steckte die Datenverarbeitung noch in den Kinderschuhen und niemand schenkte der Prognose Glauben, dass die Technik den Menschen ersetzen, ja verdrängen würde. Das Buch „Der Mensch neben Dir" von Karl Hecht war Pflichtlektüre und beinhaltete, dass jeder Mensch ein wichtiges Kettenglied der Gesellschaft ist. Hier spielte die Psyche des Menschen noch eine Rolle. Das zog sich hin bis in die familiären Belange der Kollegen. Es gab noch Arbeitskollektive, wo tatsächlich im Kollektiv gemeinsam überlegt wurde, wie geholfen werden konnte, wenn „Not am Mann" war. Heute sind es Arbeitsteams, wo man nach Möglichkeit die Familie außen vor lässt. Nur zwei Jahre vor uns war unser erster „Dozent" noch selbst Student an dieser Schule gewesen. An der Ingenieurschule mangelte es an Lehrkräften. Da er mit einer sehr guten Note seinen Ingenieurabschluss geschafft hatte, bot man ihm eine Stelle als „Dozent" an. Das Einzige, was sofort auffiel, war sein gutes Aussehen. Dann hörten die positiven Seiten an ihm aber auch schon auf. Er war ein arroganter und unreifer junger Mann. Sein schneller Erfolg war ihm zu Kopf gestiegen. Kaum fähig, uns Wissen zu vermitteln, war seine erste Aktivität, mit einer hübschen Studentin aus unserem Seminar zu flirten. Sein Balzen war nicht zu übersehen. Er war jedoch nicht ihr Typ und sie ließ ihn abblitzen, denn zu Hause hatte sie einen festen Freund. Wie sich bald herausstellte, sollte ihr das aber nicht gut bekommen. Sie ignorierte bewusst seine Bemühungen. Wir fanden sein Benehmen doof und regten uns natürlich darüber auf. Immerhin war er verheiratet und hatte eine kleine Tochter.

Es war gleich im ersten Semester, als wir im Spinnereilabor praktischen Unterricht hatten. Durch eine Unachtsamkeit hatte Christina ein Stromkabel an der Trommelspinnmaschine beschädigt und einen Kurzschluss verursacht. Wie besessen brüllte er sie an, wie blöd sie denn sei, dass sie nicht gesehen habe, was sie mache. Er sorgte dafür, dass sie noch unter weiteren fadenscheinigen Behauptungen von Pflichtverletzungen die Ingenieurschule verlassen musste. Für uns alle war es unfassbar, dass er mit diesen Lügen durchgekommen war. Nach dem ersten Studienjahr verließ unser „Dozent" die Ingenieurschule und wir bekamen einen anderen. Darüber waren wir absolut nicht traurig. Ab dem zweiten Studienjahr wurden wir mit einer anderen Seminargruppe zusammengelegt. Wir waren jetzt dreißig Studierende mit annähernd so vielen unterschiedlichen Meinungen.

Fast alle Studenten unserer Seminargruppe hatten einen festen Freund oder eine feste Freundin und die ersten Schwangerschaften stellten sich ein. So heiratete die eine oder andere und Babys wurden geboren. Die Antibabypille gab es noch nicht. Die Kleinen waren entweder in einem Wochenheim und kamen am Wochenende nach Hause oder das Kind war in der Kinderkrippe und der Mann und die Eltern versorgten es am Abend. Es war jedenfalls nicht leicht und die Mädchen fuhren jedes Wochenende nach Hause.

Unsere zukünftige Arbeitsstelle nach dem Studium mussten wir nicht selbst suchen. Alle Industriezweige gehörten einem „Kombinat" oder einer „Vereinigung Volkseigener Betriebe", kurz „VVB" genannt, an. Die VVB „Technische Textilien", zu der die Ingenieurschule gehörte, nannte die Betriebe, die ingenieurtechnisches Personal benötigten und die Praktika für die Studenten organisierten. Auch die Ingenieurarbeit wurde über Themen aus diesen Betrieben geschrieben.

Bereits mit Beginn des zweiten Studienjahres wurde uns mitgeteilt, in welchem Betrieb wir voraussichtlich später einmal arbeiten würden. War man mit der Wahl des Ortes nicht einverstanden, wurde einem ein anderer Betrieb angeboten. Meistens richtete man sich nach der Heimatadresse und den in der Nähe befindlichen Betrieben, die zu der VVB gehörten. Ich wurde neben vier weiteren Studentinnen nach Leipzig in den Betrieb „Jutespinnerei und -weberei Leipzig" vermittelt. Hier absolvierten wir nach jedem Semester ein Betriebspraktikum mit dem Ziel, eine Belegarbeit zu schreiben. Das Thema bezog sich auf technologische Belange in diesem Betrieb. Gewohnt haben wir bei Betriebsangehörigen, die ein Zimmer zur Verfügung stellten. Die Miete mussten wir nicht bezahlen und bekamen auch das Frühstück kostenlos.

Verlobung ohne Garantie

Nach den Schwierigkeiten in Schulpforte hatten mein Freund Günter und ich einander geschworen, zusammenzuhalten und es den anderen zu zeigen – von wegen „aus den Augen, aus dem Sinn"! Doch nicht wir! Also beschlossen wir, uns zu verloben. Die große Liebe war es nicht mehr, aber das Große und Ganze stimmte. „Wer weiß schon, wie es mit der großen Liebe überhaupt ist und ob es sie wirklich gibt", dachte ich mir. Wir hatten uns aneinander gewöhnt, hatten gleiche Interessen und wir konnten gut miteinander reden.

Da wir kein Altgold hatten, kauften wir uns Goldmantelringe. Gleich am zweiten Sonnabend kam Günter aus Berlin zu mir nach Forst. Ich war allein, Uta war zu ihrem Freund nach Hause gefahren. Wir setzten uns auf eine Bank in einer Parkanlage und steckten uns gegenseitig den Ring über den linken Ringfinger. Ein wenig verlegen küssten wir uns und waren nun verlobt. Es war völlig unromantisch, alles andere als feierlich und glich eher einer Pflichterfüllung laut Protokoll. Wir teilten unsere Verlobung den Eltern mit und meine Mutter organisierte später eine kleine Familienfeier bei uns zu Hause. Wir waren bereits zwei Jahre zusammen. Die Eltern freuten sich, dass kein Kind unterwegs war und die Sache war abgehakt. Auch jetzt schliefen wir weder bei seinen noch bei meinen Eltern zusammen. Das war nicht vorgesehen und Günter setzte sich auch bei seinen Eltern nicht durch. Wir wurden einfach nicht wie Verlobte behandelt und fügten uns drein.

Ich nahm die Sache mit der Verlobung sehr ernst und verzichtete auf jegliche Tanzveranstaltungen und sonstige Unternehmungen. So habe ich mich selbst einer wunderschönen Zeit während des Studiums beraubt. Während die anderen Mädchen sich amüsierten, saß ich zu Hause und schrieb mindestens zweimal in der Woche einen Brief an meinen Verlobten. Ich freute mich über jede Zeile von ihm, aber alles war so sachlich geworden, ich wollte es nur nicht wahrhaben.

Eigentlich war ich nie ein Kind der Traurigkeit und manchmal staunte ich selbst über mich und meine Passivität. „Treue um jeden Preis" war meine Devise. Schließlich war ich auf den kleinen goldenen Ring an meiner linken Hand stolz und drehte die Hand immer so, dass man ihn sah. Mindestens einmal im Monat fuhr ich zu ihm nach Berlin auf eine geliehene Fahrpreisermäßigung für Studenten. Der Fahrpreis war für Studenten sehr gering.

Er holte mich vom Bahnhof ab und ich schlief dann im Internat bei einer ehemaligen Mitschülerin aus seiner Klasse in Schulpforte, die Veterinärmedizin studierte. Auf diese Art lernte ich Berlin sehr gut kennen. Wir unternahmen viel, denn alle

Verkehrsmittel waren preiswert und wir hatten Studentenausweise. Man durfte sich mit der falschen Ermäßigung natürlich nicht erwischen lassen. Dann behauptete ich, dass ich keinen Personalausweis dabeihätte. Bis auf ein Mal wurde das immer geglaubt. Es kam auch vor, dass ich vor der Kontrolle flüchtete. Am einfachsten war es in einem Doppelstockzug. Während die Kontrolle oben auf dem Weg nach vorn war, ging ich unten nach hinten und dann hinter ihm nach oben. Wurde hier kontrolliert, half oft die Ausrede, dass man gerade kontrolliert wurde. Jedenfalls klappte es nach Berlin und zurück immer.

Günter besuchte mich natürlich auch in Forst. Er schlief dann auf der Liege von Uta, die sich eine andere Schlafmöglichkeit suchte oder nach Hause gefahren war. Ich tat es auch für sie. Mit dem Essen war es schon schwieriger. Ich gab nie zu, dass ich knapp bei Kasse war. In der Woche lebte ich sehr sparsam. Morgens reichte mir ein Brötchen mit etwas Margarine und Marmelade. Mittags aß ich meistens in der Mensa von irgendeiner Kommilitonin den Nachschlag. Manchmal hatte ich Glück und bekam ein Stückchen Fleisch. Meist aber waren es nur Kartoffeln und Gemüse. Es genügte mir. Abends und an den sonstigen Wochenenden musste die Kartoffel mit all ihren Variationen herhalten: Da gab es Salzkartoffeln, Pellkartoffeln, Kartoffelpuffer, Bratkartoffeln, Kartoffelsalat, Kartoffelbrei, Kartoffelsuppe und auch Quarkkeulchen, die hauptsächlich aus Kartoffeln bestehen. Alles war zwar sehr billig und die Preise stabil, aber ohne Geld bekam man trotzdem nichts. So konnte ich das Geld für das Wochenende sparen, wenn Günter kam.

Für ihn bemühte ich mich immer, etwas Nettes zum Essen zu machen, aber meine Kochtalente waren eher mager. Während andere Mädchen zu Hause bei den Müttern oder Großmüttern das Kochen gelernt hatten, war ich im Internat gewesen. Und wenn ich dann einmal zu Hause war, kochte meine Mutter für mich. Sie brauchte mich nur zur Unterhaltung. Ich half ihr nur bei den Koch-Nebenarbeiten, wie Kartoffel schälen und Gemüse putzen. Den Rest machte sie und ich war darüber nicht traurig.

Wenn ich nach Forst zurückfuhr, packte sie mir auch jedes Mal Lebensmittel ein, die dann lange reichen mussten.

Meine Mutter hatte sich mit meiner Verlobung abgefunden, gefallen hat ihr mein Günter nie so richtig. Wir benahmen uns auch nie wie verliebte junge Leute, warum bloß? Eigentlich litt ich oft unter dieser Gefühlskälte. Hatte ich mir doch das Leben mit meinem Freund ganz anders – herzlicher und wärmer – vorgestellt. Es war vielleicht eine Frage der Erziehung.

Per Anhalter

Unsere Seminargruppe wollte sich in Cottbus die Oper „Aida" ansehen und wir hatten uns mit Festkleidung und Stöckelschuhen ausstaffiert. Hinterher gingen wir noch eine Kleinigkeit essen, bevor wir alle mit dem Zug nach Forst zurückfuhren. Es war der letzte Zug, der auf keinen Fall verpasst werden sollte. Alle, außer Uta, meiner Mitbewohnerin, machten sich rechtzeitig auf den Weg zum Bahnhof. Uta hatte sich kurz zuvor einen jungen Mann angelacht, mit dem sie sich treffen wollte, so sagte sie es mir jedenfalls. Zu dem Zeitpunkt wusste sie noch nicht, wie sie nach Hause kommen würde.

In Forst trennten wir uns, je nachdem, wo jeder wohnte. Ich lief allein in unsere Wohnung und mir war es unheimlich, dass Uta nicht bei uns war. Aber sie war frisch verliebt und nicht zu halten.

Obwohl es schon nach Mitternacht war, fand ich keinen Schlaf. Ich lauschte auf jedes Geräusch auf der Straße und wartete, dass ich Schlüsselrasseln hörte. Aber es tat sich nichts. Sosehr ich mich auch bemühte, ich bekam kein Auge zu. Meine Unruhe steigerte sich, als hätte ich eine böse Vorahnung. Es wurde bereits Tag, als ich für kurze Zeit eingeschlafen war. Das Knarren unserer Treppe ließ mich hellwach werden, ich sprang aus dem Bett und lief zur Tür. Mit einem verweinten Gesicht, erschöpft, zerzaust und barfuß stand Uta da. Ich bekam einen

Schreck und nahm sie in die Arme. Mir war sofort klar, dass etwas passiert sein musste.

Uta schmiss sich erst einmal auf ihr Bett und schluchzte laut. Noch immer stand ihr die Angst ins Gesicht geschrieben. Der junge Mann, mit dem sie sich treffen wollte, war nicht gekommen. Sie wartete und wartete und dann war es für den letzten Zug nach Forst zu spät. Also beschloss sie, per Anhalter zu fahren. Das war damals normal, jedoch nicht in der Nacht. Bald hielt auch ein Auto, in dem ein einzelner Mann saß. Sorglos stieg Uta ein, nachdem sie ihr Ziel genannt hatte. Er versicherte ihr, dass er auch in die Richtung fahre, und fuhr los. Die Straße von Cottbus nach Forst führt eine lange Strecke durch den Wald. Am Tag ist es eine sehr schöne Fahrt, aber in der Nacht mit einem fremden Mann in einem fremden Auto nicht ganz ungefährlich. Und so war es dann auch. Es dauerte nicht lange, da griff der Fahrer Uta mit der rechten Hand an den Beinen nach oben. Es war die Zeit der Miniröcke. Uta wehrte die Hand ab. Der Mann sagte, sie solle sich nicht so haben und hielt das Auto an. Uta flehte ihn an, sie doch in Ruhe zu lassen und weiterzufahren. Er grinste nur und machte Anstalten, sie zu sexuellen Handlungen zu zwingen. Voller Angst und Panik stieg Uta aus dem Auto aus. Ringsherum war nur dunkler Wald. Als der Mann merkte, dass er nicht zu seinem Ziel kam, beugte er sich über den Beifahrersitz, zog die Tür zu und fuhr einfach los. Er ließ Uta in einer völlig unbekannten Umgebung und in der Dunkelheit zurück.

Sie war Brillenträgerin und so war es für sie umso schwerer, etwas zu erkennen. Vor lauter Aufregung wusste sie auch nicht mehr, in welche Richtung sie laufen musste. Zitternd vor Angst lief sie los, kaum, dass sie die Hand vor den Augen sah. Eigentlich wollte sie das nächste Auto anhalten, aber dann hatte sie Angst, der Kerl könnte wieder auftauchen. Die Straße war nicht sehr stark befahren, aber bei jedem Fahrzeug versteckte sie sich im Straßengraben. Sobald das Auto vorbeigefahren war, war es wieder stockdunkel um sie herum. Sie fror und bald schmerzten die Füße, denn sie hatte Absatzschuhe an. Der dünne Sommermantel wärmte auch nicht gerade. Vor Angst weinend und auf jedes Geräusch rechts und links aus dem Wald lauschend, lief sie so schnell sie konnte. Die Entfernung wurde zur Unendlichkeit. Der Morgen dämmerte bereits, als sie Forst erreicht hatte.

Ich half ihr beim Ausziehen und machte ihr schnell warmes Wasser für ein Fußbad. Sie zitterte noch am ganzen Körper. Nur langsam beruhigte sie sich. Das Geschehene tat mir sehr leid und ich half ihr ins Bett. Nicht lange, da klingelte der Wecker. Ich ließ sie schlafen und entschuldigte sie in der Ingenieurschule. Alle waren entsetzt und hatten Verständnis. Uta fuhr nie wieder allein und am Abend per Anhalter.

Ganz verzichten konnten wir auf diese Art des Mitfahrens nicht, denn es war eine sehr preiswerte Gelegenheit, um nach Hause zu kommen. Wir fuhren dann oft gemeinsam, denn wir hatten annähernd den gleichen Heimweg. Das Geld war bei uns immer knapp.

Ich mag sie und ertrage sie nicht

Grundsätzlich verstanden wir beiden Mädchen uns gut. Auch in unseren Ansichten ergänzten wir uns sehr gut. Es gab nichts, was wir nicht gemeinsam taten. Da wir auch beide im Chor von Schulpforte gesungen hatten, trällerten wir auch gern unsere Lieder. Kurzum, es ging eine geraume Zeit gut mit uns beiden. Das Trennende zwischen uns war ihr Sinn für Ordnung. Wenn man täglich auf so kleinem Raum zusammenwohnt, müssen eine gewisse Ordnung und gegenseitige Rücksichtnahme als ungeschriebenes Gesetz bestehen. Streit und Uneinigkeit sind sonst vorprogrammiert. Uta kam aus einer Bauernfamilie. Das Große und Ganze stimmte, aber im Detail war sie oberflächlich und gedankenlos. Ihre Unordnung und Liederlichkeit waren nicht vorsätzlich, sie kannte es einfach nicht anders. Vielleicht war ich aber auch zu pedantisch. Uta hatte in gewissen Lebensbereichen andere Gewohnheiten als ich. Alles blieb liegen, so wie sie es hingelegt hatte und ich räumte ständig auf, um mich wohlzufühlen. Sie bemerkte einfach nicht, dass mich das so störte, und ich wiederum nervte sie mit meinem Ordnungssinn.

Wir hatten in Forst einen Jugendklub, wo wir hin und wieder einmal hineinschauten. Der Klubleiter war ein netter, gut aussehender Mann, der einige Jahre älter war als wir. Die jungen Mädchen umschwärmten ihn und er nutzte das auch aus. Er war verheiratet und hatte eine Tochter, die bereits in die Schule ging. Wie es dann passierte, weiß ich nicht, aber Uta wurde seine Geliebte.

Uta war nicht besonders hübsch, aber sie hatte etwas Unerklärliches an sich. Sie war klein, zierlich und trug eine Brille. Ihre schönen blauen Augen standen im Kontrast zu den dunklen halblangen Haaren, die sie stets vor den Ohren nach hinten zu einem Schwanz zusammenband, um die abstehenden Ohren zu verdecken. Trotz ihrer leichten O-Beine trug sie gern Stiefel, die diesen Makel noch unterstrichen, und dazu hatte sie Miniröcke an. Ihr Selbstbewusstsein war bemerkenswert und sie diskutierte, bis ihr die Argumente ausgingen, was dauern konnte. Ihre Stimme war leicht rau, und das war ihr Markenzeichen. Sie konnte richtig gut und ungeniert flirrten und wich keinem Männerblick aus. Darum beneidete ich sie immer ein wenig, denn ich war das genaue Gegenteil von ihr.

So muss es auch zwischen ihr und dem Leiter des Jugendklubhauses gefunkt haben. Sie war verliebt und stolz auf ihre Eroberung. Ihr war es völlig egal, dass er Frau und Kind hatte. Sie brachte es auch fertig, ihn zu Hause zu besuchen, und schlief mit ihm im Wohnzimmer, während seine Frau mit der kleinen Tochter im Schlafzimmer schlief. Das störte Uta absolut nicht, denn sie war blind vor Liebe.

Bald eroberte sie auch das Herz des kleinen Mädchens, das nicht wusste, was los war. Wie sehr die Noch-Ehefrau unter diesen unzumutbaren Umständen litt, interessierte sie nicht. In ihrer unerschütterlichen Liebe hatte sie jeglichen Anstand und sämtliche Hemmungen verloren. Sie konnte sich einfach nicht vorstellen, wie es der anderen Frau ging. Es war ihr egal und sie war der Meinung, dass die Ehe sowieso kaputt war und eine Ehescheidung unumgänglich sei.

Manchmal kochte die kalte Wut in mir. Durch die bitteren Erfahrungen meiner Mutter hatte ich eine andere Sichtweite dazu als sie. Ich konnte ihre egoistische Handlungsweise einfach nicht mehr tolerieren und redete nur noch das Nötigste mit ihr. Wir fingen an, uns zu streiten und ich war sehr unwirsch zu ihr. Sie ging mir nur noch auf den Geist und hinzu kam ihre Oberflächlichkeit. Es war mir alles zu viel geworden. Sie beklagte sich bei ihrem neuen Freund über unsere Zustände und er ließ sie bei sich einziehen. Wir trennten uns im Unfrieden. Nun lebte sie mit in der Wohnung, wo auch die Ehefrau und das Kind wohnten. Akuter Wohnungsmangel in der DDR zwang die Partner zum unfreiwilligen Zusammenleben und die Lebenssituationen waren oft unerträglich.

In der Seminargruppe sprachen wir kein Wort mehr miteinander. Die meisten anderen verstanden das Verhalten von ihr auch nicht, aber das störte Uta wenig. Sie glaubte, dass sie die große Liebe gefunden hatte, um die sie kämpfen musste. Vielleicht war es auch so. Für mich begann mal wieder ein neues Leben, jedoch sehr oft in Einsamkeit, denn die anderen Mädchen unserer Seminargruppe hatten ihre Freundinnenund ich hatte immer das Gefühl, zu stören.

Einsamkeit macht krank

Als Uta schweigend aus der kleinen Wohnung auszog, wurde es still um mich herum. Nun hatte ich zwar immer eine ordentliche Wohnung, aber ich war außerhalb der Seminargruppe einsam. Am Anfang merkte ich es nicht so sehr. Mal fuhr ich zu meinem Verlobten nach Berlin und ein anderes Mal kam er zu mir nach Forst. In dieser Zeit schrieben wir uns sehr viele Briefe. Aber in der Zeit dazwischen war ich allein. Hinzu kam, dass ich die Miete nun auch allein zahlen musste. So wurde mein kleines Budget noch schmaler und ich wusste nicht, wo ich noch sparen konnte.

Mit dem Job in der Berufsschule klappte es nun auch nicht mehr, denn allein machen wollte ich es nicht. Hin und wieder klopfte ich bei den Studentinnen über mir im Haus an, aber auf die Dauer wollte ich denen nicht auf den Geist gehen. Manchmal besuchte ich die Mädchen aus meiner Seminargruppe. Sie luden mich auch ein, doch danach war ich wieder allein. In dieser Zeit traten wieder meine schweren Migräneattacken auf. Manchmal hatte ich solche heftigen Kopfschmerzen, dass ich dachte, die Wände kommen auf mich zu. Ich musste mich an der Wand vorwärtstasten, um auf die Toilette zu kommen. Das ganze Zimmer drehte sich um mich, als wäre ich in einem Karussell. Oft musste ich mich übergeben und war völlig hilflos. Medizin dagegen hatte ich nicht. Wenn es mir dann wieder besser ging, war ich auf dem aufsteigenden Ast und dachte nicht daran, zum Arzt zu gehen, und während des Anfalls war ich nicht fähig, dorthin zu gehen. Meistens passierte es am Wochenende, wenn ich so allein war. Ich konnte mir auch kaum noch eine Fahrt nach Hause leisten.

Als wir noch zusammenwohnten, erzählte mir Uta einmal ganz nebenbei, dass sie Günter in Leipzig auf dem Hauptbahnhof eng umschlungen mit einer anderen gesehen habe. Ich wusste, dass Uta das nicht erfunden hatte. Geschockt war ich allerdings nicht. Unsere Beziehung war längst auf dem Tiefpunkt angelangt. Günter lebte sein Leben in Berlin und ich meines in Forst. Wir gingen sehr sachlich miteinander um. Selbst wenn wir spazieren gingen, fasste er selten nach meiner Hand. Ich beneidete andere Pärchen, die sich küssten und sich verliebt an den Händen hielten. Die Kälte, die von ihm ausging, war verletzend, aber ich konnte mich nicht dagegen wehren. Einmal fragte ich ihn einfach so zum Scherz, ob er weiß, was das Gegenteil von „Sevilla" ist. „Nein", sagte er schroff. Daraufhin antwortete ich ihm: „Das Gegenteil ist – ‚er will nicht'." Er wurde richtig böse und nahm mir meine Albernheiten übel.

Ganz leise in mir hörte ich die Abschiedsglocken läuten. Aber ich konnte dieses unbestimmte Gefühl nicht so eindeutig definieren. Es war nur noch Trauer über die verlorene Illusion unserer Liebe übrig geblieben. Gleichzeitig aber war mir bewusst, dass wir nicht füreinander geschaffen waren. Es war eigentlich schon an der Zeit, der Wahrheit ins Auge zu blicken, aber uns fehlte der Mut dazu. Zu viel verband uns durch die vier Jahre. Wir waren einfach zu feige, miteinander zu reden und uns zu sagen, was uns stört und was uns gefällt. Wir wussten nicht, wie wir es uns gegenseitig eingestehen sollten, dass eine Trennung besser für uns beide wäre. *Was kommt danach und was werden die Eltern sagen?* Ich hatte bei seinen Eltern einen guten Stand. Besonders der Vater mit seinem trockenen Humor mochte mich sehr.

Nachdem mir Uta von ihrer Beobachtung erzählt hatte, nahm ich mir vor, die Initiative zu ergreifen. Wir trafen uns ein letztes Mal in Forst. Günter hatte mich besucht und es war wieder so ein kaltes, liebloses Wochenende. Ich war froh, als es Sonntagnachmittag war. Wir hatten uns kaum noch etwas zu sagen. Kurz bevor der Bus kam, der ihn nach Cottbus zum Zug nach Berlin bringen sollte, sagte ich ihm, dass ich mich für immer von ihm trennen möchte. Es war auch in seinem Sinne. Trotzdem verabschiedeten wir uns weinend. Es waren immerhin vier Jahre unserer Jugend, die wir zusammen waren. Aber wir haben auch kostbare Jahre unserer unwiederbringlichen Jugend verschenkt, denn die letzte Zeit war unehrlich und bedrückend gewesen.

Günter schrieb mir noch einen langen Brief, in dem er sich für die schöne Zeit bedankte, die wir gemeinsam verbracht haben. Seinen Eltern musste er unsere Trennung schonend beibringen, denn sie dachten, wir würden gleich nach dem Studium heiraten.

Meine Mutter und mein Bruder Klaus empfanden die Trennung als logische Folge, denn wir wären alles andere als ein Liebespaar gewesen, meinten sie. Und wenn man vor der Ehe keines ist, was soll dann in der Ehe werden? Ich hatte den Schritt in die richtige Richtung gemacht, jetzt mussten nur noch die Gefühle folgen. In den Semesterferien zuvor hatten wir uns während unseres Urlaubes gemeinsam fotografieren lassen. Der Fotograf meinte, dass das nicht gut geht, wenn man sich als Verlobte fotografieren lässt. Er sollte recht behalten. Ich brauchte einige Zeit, um mit der neuen Situation fertigzuwerden. Und auch diesmal musste ich alles allein verarbeiten.

Dann kam noch ein Phänomen hinzu, das ich mir nie habe erklären können. Wenn ich besonders lange allein war, kam es oft vor, dass ich nachts aufstand und im halbwachen Zustand das Bett bezog, in dem Uta einst schlief. Ich war dann in dem festen Glauben, dass meine Mutter zu mir zu Besuch kommen würde. Am anderen Morgen war ich jedes Mal entsetzt, wenn ich das bezogene Bett sah. Ich dachte oft, dass es nur ein Traum war, aber beim Öffnen der Augen sah ich, dass ich tatsächlich wieder unterwegs gewesen war. Ich konnte diese Situation nicht einordnen und sprach mit niemandem ein Wort darüber. Nach so einer Nacht hatte ich am Morgen eine unbändige Sehnsucht nach meiner Mutter, dass ich meinte, mir schmerzt die Seele in meiner Brust. Dann brauchte ich Minuten, um zu mir zu kommen und die Ereignisse der Nacht zu verdrängen.

Die Einsamkeit und die unfreiwillige Isolation hatten einen geselligen Menschen wie mich krank gemacht. In den zurückliegenden Jahren hatte ich immer in einer Gemeinschaft gelebt. Von mir gingen oft die Initiativen zu Aktivitäten aus. Ich bin so gern mit anderen Menschen zusammen und gehöre zu denen, die nicht lange reden, sondern handeln. Einen Hang zur Melancholie hatte ich nie und ich war auch nie ein Kind der Traurigkeit. Aber alles hat sich bei mir im Unterbewusstsein abgespielt.

Der Bruder meines Stiefvaters wohnte in Forst, wo ich studierte. Er war meinem Stiefvater im Aussehen und Benehmen sehr ähnlich, deshalb stattete ich dort selten einen Besuch ab. Seine Frau war sehr lieb zu mir, aber die Verhältnisse, in denen sie lebten, waren mir zu primitiv und ich fühlte mich nicht wohl. Hinzu kam, dass sich neben ihrer Wohnung ein Beerdigungsinstitut befand, wo Särge standen. Die waren mit einer sehr scharf riechenden Lasur gestrichen worden und der Geruch zog in die Wohnung der Verwandten. Der Gedanke an die Särge nebenan ließ mich erschauern und der Geruch verursachte bei mir Kopfschmerzen.

Eines Tages beschlossen meine Mutter und mein Stiefvater, den Verwandten in Forst einen Besuch abzustatten. Der Stiefvater schlief bei seinem Bruder, meine Mutter schlief bei mir. Das waren für mich die schönsten Stunden der letzten beiden Jahre. Abends hatte ich meine Mutter für mich. Es war einfach unbeschreiblich, was das für ein schönes Gefühl bei mir auslöste. Bis tief in die Nacht haben wir uns im Bett unterhalten. Ich habe ihr so viel von meinem Studium und den Erlebnissen hier erzählt. Meine Unterbewusstseinshandlungen verschwieg ich ihr. Sie wäre traurig geworden, weil ich bei der Schilderung meine kindlichen Gefühle bestimmt nicht hätte verbergen können und geweint hätte. Ich hatte sie doch so sehr lieb und hatte sie so selten für mich. Ich sehnte mich nach einem Streicheln und nach einer mütterlichen Umarmung. Ich hatte doch so wenig Liebe und Zärtlichkeit in meiner Kindheit bekommen. Meine Mutter war in diesen Tagen sehr, sehr lieb zu mir. Sie kaufte mir genügend Vorräte zum Essen und schenkte mir auch noch Geld. Ich spürte, dass sie sich bei mir wohlfühlte. Es waren schöne Tage der Gemeinsamkeit. Diese Zeit der Nähe und des Gedankenaustausches zwischen uns beiden hatte mir sehr geholfen. Der nächtliche Spuk war vorbei.

Die Zeit der Abschlussprüfungen begann und oft haben wir in der Seminargruppe gemeinsam gelernt. Ein Praktikum mit der Anfertigung einer Belegarbeit war noch zu absolvieren und dann stand die Ingenieurarbeit vor uns. Sie war noch eine große Hürde, die genommen werden musste. Dass noch eine böse Überraschung auf mich wartete, ahnte ich zum Glück nicht.

Der Ernteeinsatz

Zu Beginn des letzten Studienjahres war ein Ernteeinsatz in einem Dorf hinter Ostberlin vorgesehen. Gegen eine kleine Entlohnung sollten wir bei der Kartoffelernte helfen. Jeweils zwei Studenten wohnten bei einer Bauernfamilie. Bereits vorher mussten wir uns einigen, wer mit wem zusammen sein möchte. Meistens blieben diejenigen, die auch sonst zusammenwohnten, beieinander. Da es auch Internatszimmer mit einer Dreierbelegung gab, war Gabi aus unserer Seminargruppe übrig geblieben. Sie wünschte sich, mit mir zusammenzuziehen. Ich freute mich sehr darüber, denn Gabi war das verträglichste Mädchen in unserer Seminargruppe, ausgeglichen und lieb. Wer sich mit ihr nicht verstand, war selbst schuld. Die Zeit mit ihr war auch wirklich schön und geprägt von Harmonie und Fröhlichkeit. Der Einsatz war im Oktober und dauerte vier Wochen. Wir fuhren gemeinsam mit dem Zug nach Berlin und von dort weiter mit dem Bus bis zu diesem Dorf. Als wir ankamen, bekamen wir willkürlich die Familie genannt, wo wir für vier Wochen zu Gast waren.

Gabi und ich sollten bei dem reichsten Bauern des Dorfes wohnen. Als wir das hörten, freuten wir uns heimlich und erwarteten eine tolle Unterkunft. Das Haus war das größte im Dorf. Rein äußerlich machte es einen schönen Eindruck. Wir klingelten und eine Frau, die die Wirtschaft führte, öffnete uns. Wir erklärten, dass wir die neuen Erntehelfer seien, und sie bat uns herein. Gleich im Hauseingang wurde uns der Schlüssel für ein Zimmer auf dem Dachboden gegeben. Wir sollten dann zum Abendessen hinunterkommen. Ein geistig behinderter Junge, dessen Alter schwer zu schätzen war, wies uns den Weg. Mit unseren schweren Koffern stiegen wir auf einer knarrenden alten Holztreppe auf den Boden hinauf. Schnaufend oben angekommen, schloss er uns die kleine Bodenkammer auf, die nun vier Wochen lang unser Zuhause sein sollte. Der Dachboden war sehr groß. Ringsherum standen alte abgestellte Sachen herum. Hier oben gab es nur diesen einen Raum.

Voller Erwartung betraten wir das Zimmer und glaubten gleich in der Tür, dass uns der Schlag trifft. Es war ein schmaler Schlauch, zwei alte, durchgelegene Holzbetten standen rechts hintereinander. Die Bettwäsche war mindestens so alt wie der Bauernhof, aber sauber. Die Federbetten waren klumpig und schwer. Auf der anderen Seite stand ein alter Tisch ohne Tischdecke und zwei Stühle. An der Wand links neben der Tür befand sich ein schmaler Kleiderschrank, auch so alt wie das andere Inventar. Was an dem Fenster hing, sah eher aus wie ein Lappen als eine Gardine. Bis auf ein kitschiges Bild an der Wand war das Zimmer total schmucklos. Der Fußboden bestand aus knarrenden alten Holzdielen. Da das Zimmer nicht beheizbar war, ahnten wir bereits, was da auf uns zukam.

Der Junge verabschiedete sich grinsend und versprach, uns zu besuchen. Darauf legten wir absolut keinen Wert. Er tat es trotzdem, und zwar immer, wenn wir schliefen. Zum Glück hatten wir unsere Tür abgeschlossen. Er strich öfter auf dem Boden herum und wir gingen stets zu zweit.

Nachdem wir uns von unserem ersten Schreck erholt hatten, überlegten wir, wer in welchem Bett schlafen sollte. Ich ließ Gabi den Vortritt. Sie hatte immer Probleme mit den Nieren und ich redete ihr gut zu, das dickere Federbett zu nehmen. Wir bezogen also die Betten und versuchten, uns so gut wie nur irgendwie möglich einzurichten. Dann tasteten wir uns über den spärlich beleuchteten Boden zur Treppe nach unten. Wir klopften an der Küchentür. Die gleiche Frau, die uns empfangen hatte, bat uns, in einer Art Küche Platz zu nehmen. Hier aßen die Leute, die auf dem Hof arbeiteten, die eigentliche Küche des Bauern lag dahinter. Wir setzten uns und die Frau brachte uns dick geschnittene Brotscheiben, Butter und ein wenig selbst geschlachtete Wurst. Der Tee stand in einer Kanne auf dem Tisch. Kunterbunte Tassen und Teller bekamen wir auch. Der Tisch war von der vorhergehenden Belegung noch nicht abgeräumt worden und auf der geschmacklosen Plastiktischdecke waren noch die Spuren des Essens zu sehen. Uns verging der Appetit. Alles war so lieblos und unsauber, dass nur der Hunger das Essen befahl.

Der Bauer und die Bäuerin saßen im Wohnzimmer hinter der Küche und schauten Fernsehen. Nach einer Weile kam der Bauer und begrüßte uns mürrisch. Mit einem verstohlenen Blick durch die offene Wohnzimmertür sahen wir, dass dort dunkelrote Samtpolstermöbel standen und ein dicker Teppich lag. Es sah sehr wertvoll und gemütlich aus. Nach dem Essen zeigte die Frau uns das Bad, wo wir uns waschen konnten. Das Waschbecken und die Badewanne hatten dicke Schmutzränder vom letzten oder vorletzten Benutzer. Nachdem wir uns zum Schlafengehen verabschiedet hatten, zogen wir uns auf unser Zimmer zurück. Wir waren von all den ersten Eindrücken so entsetzt, dass wir kaum Worte dafür fanden, denn wir hatten vergessen, dass wir uns auf einem Bauernhof befanden und nicht in einem Hotel. Gemeinsam gingen wir in das Bad, um uns zu waschen. Vorher aber schrubbten wir Wanne, Waschbecken und Toilette. Dann erst waren wir in der Lage, sie zu benutzen. So hielten wir es jeden Tag, auch morgens, denn wir standen nach dem Bauer auf und danach war das Waschbecken wieder mit Seifenrückständen verschmutzt.

Es dauerte eine ganze Weile, bis wir in unseren Betten warm wurden, denn draußen war es bereits empfindlich kalt und regnerisch. Das Dach des Bodens war nicht isoliert und wir spürten die feuchtkalte Luft in unserem Zimmer. Die Nacht war miserabel. In den durchgelegenen Betten schlief man sehr schlecht. Die Federn in der Zudecke waren überall, bloß nicht da, wo wir sie brauchten. Wir beiden froren in der ersten Nacht jämmerlich und fühlten uns nicht besonders glücklich über unsere Unterkunft.

Das Frühstück nahmen wir in dem gleichen Raum ein wie am Vorabend das Abendessen. Nur stand jetzt das schmutzige Geschirr mitsamt den Essensresten von den anderen, die bereits auf dem Hof arbeiteten, auf dem Tisch. Die frischen Brötchen und die selbst gemachte Marmelade schmeckten gut und das munterte uns ein wenig auf. Wir wollten uns von den anderen unterscheiden und stellten unser benutztes Geschirr in das Waschbecken und säuberten den Tisch. Das registrierte jedoch niemand. Gleich nach dem Frühstück machten wir uns auf den Weg zu unserem Treffpunkt bei der LPG. Eine LPG war in der DDR eine Landwirtschaftliche Produktions-Genossenschaft.

Aus allen Richtungen des Dorfes strömten unsere Kommilitonen herbei. Sie waren mehr oder weniger von ihrer Unterkunft begeistert, aber wir beide hatten das schlechteste Los gezogen. Bei uns war Reichtum mit Geiz gepaart.

Nachdem der LPG-Vorsitzende uns als Erntehelfer herzlich begrüßt und uns die Philosophie und Produktion seiner LPG erklärt hatte, wurde uns die Art des Einsatzes mitgeteilt. Wir sollten also für vier Wochen an der Kartoffelsortieranlage, die man „Klapper" nannte, die Kartoffeln der Größe nach sortieren und dabei auch die Steine entfernen, die mit aufgeladen wurden. Jeder bekam ein Paar Gummistiefel, eine Gummijacke und Gummihandschuhe. Dann ging es los.

Die Klapper stand in der Nähe der großen Felder. Die frisch vom Feld geernteten Kartoffeln wurden erst abgekippt und dann auf das Band mit einer Kartoffelforke geworfen. Das Transportband bewegte sich mit einer bestimmten Geschwindigkeit. Die kleinen und angehackten Knollen wurden zu Futterkartoffeln, der Rest wurde nach zwei Größen sortiert. Es handelte sich um Einkellerungskartoffeln, die den Winter überstehen mussten. Im Handel gab es danach meist keine Kartoffeln mehr zu kaufen.

Aufgrund des schlechten Wetters und zum Schutz vor dem kalten Wind hatte man ein großes Zelt aufgebaut. Trotzdem zog es überall herein und nach kurzer Zeit froren wir alle. In den Pausen bekamen wir heißen Tee und gut belegte Brote. Besonders unsere Jungen hatten großen Hunger und die Schnitten schmeckten an der frischen Luft besonders gut. In der Mittagspause gingen wir in den Speiseraum der LPG. Hier war es schön warm, das Essen war reichlich und gut. Die Bauern waren alle sehr nett zu uns.

Das Arbeitstempo war hoch und man musste aufpassen, ordentlich zu arbeiten. Die Bauern, die uns zur Seite standen, verstanden bei der Arbeit keinen Spaß. Trotzdem schwatzten wir munter und ließen uns nicht entmutigen, bis die Anstrengung und die Kälte das nicht mehr zuließen. Dann schwiegen wir und taten nur noch mechanisch unsere Arbeit. Der kalte Oktoberwind pfiff durch alle Ecken in das Zelt und die Fingerspitzen fingen an zu kribbeln. Vom vielen Stehen schmerzten uns die Füße und der Rücken. Trotz aller verfügbaren Sachen, die wir übereinander gezogen hatten, froren wir. Sobald die Sonne durch die Wolken schaute, entspannte sich die Lage und wir waren etwas fröhlicher bei der Sache. Man kann sich vorstellen, wie sehr wir uns die Pausen herbeisehnten und sie in vollen Zügen genossen.

Dann endlich war Feierabend. Wir wurden in das Dorf zurückgebracht und nahmen meist ein wärmendes Bad. Oft legten wir uns eine kurze Zeit ins Bett und ruhten uns aus. Da es bei uns so kalt und ungemütlich war, trafen wir uns fast immer mit den anderen. Die meisten von uns hatten es gut getroffen. Sie wurden regelrecht in den Familien integriert und durften mit fernsehen. Bei ihnen gab es jeden Abend eine andere Überraschung zum Essen.

Eine Frau, die auch zwei Mädchen aus unserer Seminargruppe aufgenommen hatte, wunderte sich nicht über unsere Berichte. Alle im Dorf wussten, dass der Großbauer steinreich, aber geizig und unfreundlich war. Sie konnte nicht verstehen, dass wir so ärmlich untergebracht waren. Sie schlug uns vor, die Pflaumen von ihrem Baum zu ernten, um uns einen Pflaumenkuchen zum Sattessen zu backen. Das taten wir gern und mit Begeisterung. Nun hatte sie vier Mädels an ihrem Tisch und es war sehr lustig und gemütlich. Der Kuchen war lecker und Gabi und ich bedankten uns herzlich. Trotzdem ließen wir es nicht zur Gewohnheit werden, weil wir bemerkten, dass hier kein Überfluss herrschte, sondern nur eine gute Seele.

Wir beneideten die anderen um ihr Glück und trafen uns mal bei den einen oder anderen. Gemeinsam veranstalteten wir Strickabende und jeder von uns stellte mindestens einen Pullover her. Stricken war damals sehr in Mode und das neue gute Stück wurde auch gleich abends angezogen. So machten wir aus unserer Not eine Tugend und stellten dabei freudig fest, wie gut wir uns verstanden, wenn wir nur wollten. Alkohol und Zigaretten spielten bei uns Mädchen absolut keine Rolle. Dafür war auch einfach kein Geld da.

Da unsere Seminargruppe überwiegend aus Mädchen bestand, luden uns die Dorfjungen zu einem Tanzabend in den Nachbarort ein. Die Transportfrage war auch bald geklärt. Einige der Jungen hatten ein Motorrad. Darauf fuhren neben dem

Fahrer jedes Mal zwei Mädchen mit, bis alle hingekarrt waren. Die Polizei hätte uns nicht sehen dürfen. Die Jungen der Seminargruppe waren natürlich auch eingeladen. Es wurde ein sehr lustiger Abend. Wir saßen alle gemeinsam an einem Tisch, der zusammengestellt wurde. Es wurde erzählt, gelacht und gesungen und der Stiefel mit Bier machte die Runde. Wer ungeschickt war, bekam einen Schwapp Bier ins Gesicht geschüttet und die anderen warteten schon darauf. Das löste natürlich ungebremste Heiterkeit aus. Wer zum Schluss alles bezahlt hatte, weiß ich nicht. Wir waren ja schon nach den ersten kräftigen Schluck Bier angetrunken. Dann gab es da und dort ein Küsschen, aber alles blieb im Rahmen. Die hübschen Mädchen unter uns waren gebunden und die anderen sehr schüchtern, aber heilbar. Auf die gleiche Weise, wie wir gekommen waren, fuhren wir wieder zurück, nur herrschten jetzt andere Bedingungen. Die Jungen aus dem Dorf hatten etwas mehr Bier getrunken als wir. Ganz geheuer war uns der Rücktransport nicht. Sie fuhren langsam, denn lieber schlecht gefahren als betrunken gelaufen. Zweimal wurde ich verloren, da ich hinten saß. Aber es kam zu einer glücklichen Ankunft.

Nicht ganz so still wie an den vorangegangenen Abenden stolperten wir die Treppe nach oben. Das schien der Bauer gehört zu haben. Plötzlich stand er in der Küchentür. Wir bekamen einen riesigen Schreck. Doch er lud uns ein hereinzukommen und wir kamen aus dem Staunen nicht mehr heraus. Artig setzten wir uns auf die rote Samtcouch und erzählten nur ganz kurz, dass wir von einem netten Abend kamen. Das war ihm sicher nicht entgangen, denn im Dorf blieb nichts unbemerkt. Die Bäuerin war auch da. Beide fragten uns nun ein wenig aus und wir gaben bereitwillig Antwort. Das Bier hatte uns die Zunge gelockert und wir sagten mutig, dass wir nachts froren. Die Bäuerin gab uns daraufhin jedem eine Wolldecke. Dann boten sie uns an, hin und wieder zum Fernsehen zu kommen, wenn wir Lust hätten. Wir bedankten uns höflich für das Angebot und nahmen es auch einmal an. Aber wir fühlten uns in dieser Gesellschaft nicht sehr wohl. Die Freundlichkeit des Bauern war nur aufgesetzt. Mit der Bäuerin konnte man jedoch nett plaudern, was uns beiden nicht schwerfiel. Es hatte sich im Dorf herumgesprochen, unter welchen Bedingungen wir hier untergebracht waren. Sicherlich hatte man es ihm zugetragen und so kam sein Sinneswandel. Anders konnte es nicht sein.

Auf dem Hof des Bauern stand ein großer Walnussbaum, der voller Nüsse hing. Wir überlegten nicht lange und pflückten uns eine Handvoll Nüsse ab. Sie waren noch nicht ganz reif und mussten noch trocknen. Aber wenn man die innere grüne, bittere Schale entfernte, schmeckten sie herrlich. Der Bauer hatte uns beobachtet und sofort war der Baum am anderen Tag abgeerntet. Wir überlegten uns, dass er doch die Nüsse irgendwo zum Trocknen ausbreiten musste. Lange brauchten wir nicht zu suchen, am anderen Ende des großen Bodens wurden wir schnell fündig. Nun war es für uns noch bequemer geworden, Nüsse zu essen, aber jetzt fehlte der Reiz.

Die Zeit des Ernteeinsatzes ging trotzdem schnell vorüber und der lang ersehnte Zahltag war in Sicht. In unserer Seminargruppe war ein Student, der nach zehn Jahren Dienst bei der Nationalen Volksarmee dieses Studium aufgenommen hatte. Ich wusste nur so viel, dass er einen Dienstgrad hatte, also anderen Leuten Befehle erteilt hatte. Da er Parteigenosse war, genoss er alle Vorteile des Studierens. Er bekam ein Sonderstipendium, das um einiges höher war als der Regelsatz. Er war verheiratet und hatte ein Kind, aber das waren andere auch. Er genoss eine Sonderstellung und glaubte, uns wie bei der Armee bevormunden zu können. Da war er bei mir gerade an der richtigen Adresse. Ich widersprach ihm bei jedem seiner Versuche. Auf so einen hatte ich gerade noch gewartet.

Als er uns vorschlug, von dem Geld, das wir uns so hart erarbeitet hatten, 25 Prozent für die internationale Solidarität zu spenden, blieb mir fast das Wort im Hals stecken. Und das war sehr selten. Wie sehr hatten wir uns alle auf das so sauer verdiente Geld gefreut und er wollte sich einfach einen guten Namen bei den Genossen machen. Die meisten trauten sich nicht, sich dazu zu äußern, und schimpften hinter seinem Rücken.

Ich dagegen protestierte laut und weigerte mich, auch nur einen Pfennig herauszurücken. Er war empört über meine Haltung. Dass ich nur 90 Mark Stipendium im Monat bekam, interessierte ihn nicht, und die Sache war bereits in seinem Sinne beschlossen. Ich wusste wohl, dass es gefährlich war, gegen den Strom zu schwimmen. Es war immerhin das letzte Studienjahr und wir sollten doch zu sozialistischen Persönlichkeiten mit zukünftigen Führungsqualitäten herangezogen werden. Weil alle anderen zu feige waren, sich gegen diese Willkür zu wehren, gab ich murrend klein bei.

Auf der Heimfahrt mit dem Zug spendierte mir ein Kommilitone einen „französischen Kaffee" und wir unterhielten uns sehr angeregt. Johann war ein guter Student. Er hatte bereits mehrere Jahre in einem Textilbetrieb als Meister gearbeitet und für ihn war alles völlig normal. Im Fach Betriebsökonomie hatte ich nicht die leiseste Ahnung, da ich bis dahin noch nie richtig in einem Produktionsprozess gearbeitet hatte. Das fing schon bei der Definition „Losgröße" an. Ich konnte mir darunter nichts vorstellen und alles, was damit zusammenhing, waren für mich „böhmische Dörfer". Also setzte ich mich in diesem Fach direkt neben ihn und er ließ mich abschreiben. Später ging mir dann bei meiner täglichen Arbeit ein Licht auf. Aber wie sagte bereits Goethe? „Es ist nicht genug, zu wissen, man muss es auch anwenden ..."

Als wir da so nett im Zug am Fenster standen und unseren französischen Kaffee schlürften, kam unser gedienter Genosse hinzu. Wir plauderten miteinander, als wären wir die besten Freunde. Das Thema Solidaritätsspende ließen wir unberührt. Ich konnte ja doch nicht allein gegen den Strom schwimmen. Der Ernteeinsatz war hinter uns, wir hatten ein wenig Geld bekommen und es ging nach Hause. Später bemerkte er, dass er nicht gedacht hätte, was ich für interessante Ansichten über das Leben hätte und wie nett man sich mit mir unterhalten könnte. Wir begruben unser Kriegsbeil und hatten eine bessere Gangart miteinander gefunden.

In meiner Abschlussbeurteilung stand unter anderem: „Sie ist eine ordentliche und hilfsbereite Studentin. Offen und ehrlich vertritt sie ihre Meinung, oft noch impulsiv und unüberlegt. Sie beteiligt sich aktiv an politischen Diskussionen, wobei sie manchmal zu lebhaften Diskussionen innerhalb des Studentenkollektivs auffordert. Hervorzuheben ist ihre ständige Einsatzbereitschaft und Kameradschaft, die sich immer wieder durch die freiwillige Übernahme von gesellschaftlichen Aufträgen bestätigt."

Wie schon gesagt, ich gehörte immer zu denen, die diskutierten, auch wenn es manchmal eine Gratwanderung gegen die politische Auffassung der Partei war. Und ich gehörte auch zu denen, die nicht lange fragten, sondern handelten. Dadurch hatte ich es weiß Gott nicht immer leicht.

Nach dem Studium besuchte mich Johann in Leipzig und lud mich in eine Bar ein. Im nicht mehr ganz nüchternen Zustand erzählte er mir, dass er für einen anderen Studenten aus unserer Seminargruppe die gesamte Ingenieurarbeit geschrieben hatte. Es handelte sich um einen Parteigenossen, der von Anfang an mit durch das Studium geschleppt wurde. Die Parteigruppe an der Ingenieurschule wollte nicht, dass er durchfiel, und Johann bekam den Auftrag, die Ingenieurarbeit zu schreiben. Während er für diese Ingenieurarbeit eine „Eins" geschrieben hatte, bekam er für seine eigene Arbeit nur eine „Zwei", da kaum noch genügend Zeit dafür war. Das ärgerte ihn, aber er hatte ja den Betrug mitgemacht. Ich staunte nicht schlecht, was so alles möglich war, wenn man der richtigen Partei angehörte.

Die Katastrophe

„Leben ist, was uns zustößt, während wir uns etwas ganz anderes vorgenommen haben."
Henry Miller

Nach dem Ernteeinsatz begann der Endspurt der Studienzeit. Es wurde gezielt auf die Prüfungen hingearbeitet. Mathe und Physik glichen einer Erkenntnistheorie. Dann bekamen wir unsere Themen und fuhren in unsere Betriebe. Der jeweilige Mentor war benannt worden. Geklärt werden musste noch, wo man in dieser Zeit wohnte. Schließlich waren wir fünf Studentinnen in Leipzig.

Ich bekam die Adresse von den Eltern der Chefsekretärin des Produktionsdirektors. Der Vater war ein selbstständiger Unternehmer, der eine Polstererwerkstatt hatte. Hier wurden unter anderem Sitze für Passagierflugzeuge der Lufthansa hergestellt. Die Eheleute wohnten in einem wunderschönen Gründerzeithaus, das noch sehr gut erhalten war. Das Haus gehörte ihnen und ich bekam in ihrer Wohnung das ehemalige Kinderzimmer der Tochter zugewiesen. Das Zimmer war sehr groß, die Möbel waren neu und sehr schön. Der vordere Teil des Zimmers war voll mit Flugzeugsitzen, die frisch mit Leder bezogen waren und noch sehr stark danach rochen. Dennoch war ich froh, ein ordentliches Bett zu haben.

Meine Lebensmittel durfte ich in den Kühlschrank der Familie stellen. Am Anfang habe ich alleine in der Küche gegessen, während die Eheleute im Speisezimmer aßen. Als der Herr des Hauses hörte, dass ich an meiner Ingenieurarbeit schrieb, stieg ich in seinem Ansehen und ich durfte mit im Speisezimmer essen. Allerdings nur mein eigenes Essen, das sich in der Auswahl sehr stark von dem der Gastgeber unterschied. Man aß sehr vornehm, was mir allerdings auch gefiel. Gute Tischmanieren finde ich immer angebracht. Ich hatte ein Bad für mich und das war in dieser Zeit purer Luxus.

Ich konnte mich täglich duschen, das war mir noch nie passiert. Überhaupt herrschten in dieser Wohnung großer Luxus und Eleganz. Hier wurde Geld verdient und das in der DDR. Unter den Eheleuten herrschte eine kalte Atmosphäre und ich bekam auch bald mit, warum. Der Mann hatte seine ältere Ehefrau gegen eine halb so alte Geliebte ausgetauscht. Die Geschäftsfrau war total frustriert, wollte jedoch aus Vermögensgründen einer Scheidung nicht zustimmen. Ich hasste es, wieder einmal so ein Thema mitzuerleben, und zog mich völlig zurück.

Die meiste Zeit war ich im Betrieb und setzte mich mit der Problematik der Ingenieurarbeit auseinander, für deren Anfertigung wir für sechs Wochen freigestellt wurden. Die Themen bezogen sich auf Produktionsprozesse des Betriebes. Wichtig war die politische Einleitung, die eine einzige sozialistische Phrase war. Man konnte sie auch aus dem „Neuen Deutschland", dem politischen Tagesblatt der SED der DDR, entnehmen und ein wenig betriebsorientiert umformulieren.

Aufgrund fehlender Erfahrungen fiel es mir schwer, die Prozesse des Betriebes richtig einzuordnen, sie ökonomisch zu durchleuchten. Aber wir hatten ja einen Mentor, der uns helfen sollte. Zunächst erarbeitete ich ein Konzept, nachdem ich die wichtigsten Fakten zusammengetragen hatte. War ein Teil fertig, bat ich um ein Konsultationsgespräch mit meinem Mentor, der seit Jahren der Produktionsleiter des Betriebes war. Er hatte den Überblick über alle Abläufe und Prozesse. Hastig überflog er mein Konzept und ich hatte den Eindruck, er war nicht ganz bei der Sache. Irgendwie bekam ich auch einmal mit, dass er stark alkoholisiert war. Jedenfalls hatte er nichts hinzuzufügen oder zu bemängeln und ich arbeitete fleißig weiter. Taschenrechner gab es damals noch nicht, alle Rechnungen wurden mit dem Rechenschieber gerechnet. Die Sekretärin meines Mentors tippte dann meine Arbeit auf einer mechanischen Schreibmaschine ab.

Hin und wieder nahm ich mir die Zeit und bummelte durch Leipzig. Als ich eines Tages in Richtung „Karl-Marx-Platz", dem heutigen Augustusplatz, gehen wollte, sah ich eine aufgeregte Menschenmenge. Vor allem junge Leute standen gestikulierend da oder saßen protestierend auf dem Boden. Überall waren Pfützen, obwohl es nicht geregnet hatte. Im Gegenteil, es war herrlicher Sonnenschein. Viele Polizisten standen rings um die aufgeregte Menschenmenge. Mit einem Megafon wurden immer wieder die Passanten aufmerksam gemacht, nicht stehen zu bleiben. Neugierig fragte ich einen abseitsstehenden älteren Mann, der die Szene beobachtete, was hier los sei. Er erzählte mir, dass die Universitätskirche St. Pauli, volkstümlich Paulinerkirche genannt, gesprengt werden sollte und die Studenten dagegen protestieren. Man hatte bereits Wasserwerfer gegen sie eingesetzt, aber es kamen immer wieder neue Studenten herbei. Die Situation drohte zu eskalieren und ich suchte das Weite.

Laut Planung der Stadtverwaltung zur Neugestaltung des Universitätskomplexes sah man die Errichtung eines politisch-kulturellen Zentrums vor, das Leipzig als sozialistische Großstadt präsentieren sollte. Im Mai 1968 bestätigte das Politbüro des Zentralkomitees der SED, die Sozialistische Einheitspartei Deutschland, den Bebauungsplan und somit den Abriss der Paulinerkirche. Besonders in der Theologischen Fakultät regte sich Widerstand. Eine Gruppe von Studenten des Theologischen Seminars protestierten am Tag der Sprengung und wurde zu Haftstrafen verurteilt. Innerhalb einer Woche vor der Sprengung konnte eine Gruppe von Steinmetzen einen großen Teil der Innenausstattung der Kirche abbauen und retten. Der gerettete Flügelaltar wurde in der Thomaskirche aufgestellt. Während der Sprengtrupp die Löcher für die Sprengladung bohrte, spielte der Küster Kurt Grahl auf der Hauptorgel, bis er aus der Kirche vertrieben wurde. Diese Orgel fiel der Sprengung zum Opfer. Die Bodenplatten der Kirche wurden in den Mainächten heimlich herausgerissen, die in einer Gruft vorhandenen etwa 800 Gräber wurden geplündert. Die Paulinerkirche wurde am 30. Mai 1968 gesprengt.

Die Zeit verging sehr schnell und die Ingenieurarbeit musste fertig werden. Zum vorgegebenen Zeitpunkt fuhren wir an die Ingenieurschule zurück und gaben termingerecht unsere Ingenieurarbeit ab. Ab jetzt konnten wir uns zurücklehnen, den größten Stress hatten wir hinter uns. Nach einer kurzen Erholungspause war ein gemeinsamer Tagesausflug unserer Seminargruppe nach Bad Saarow geplant. Unser Klassenlehrer war mit von der Partie. Er hatte schon fast alle Arbeiten durchgesehen. Wir versuchten, ihn auszuhorchen, was uns jedoch nicht gelang. Er schwieg und schmunzelte nur. Der Ausflug war sehr schön, denn wir waren alle erleichtert. Trotzdem hatte ich den ganzen Tag das Gefühl, dass mir unser Dozent auswich. Ich hatte bei ihm einen guten Stand, denn er mochte meine progressive, offene Art. Für mein Gefühl benahm er sich sehr eigenartig, als ich ihn fragte, ob er schon meine Arbeit durchgesehen habe. Sein Verhalten konnte ich mir nicht erklären und verdrängte eine dunkle Vorahnung. Ausgelassen und fröhlich ging der Tag zu Ende. Wir bekamen die Termine der Verteidigung und fuhren erst einmal glücklich, aber gespannt nach Hause.

Das Geld von dem Ernteeinsatz hatte ich vorwiegend dafür verwendet, um mir ein nettes Kostüm und eine Bluse für die Exmatrikulationsfeier schneidern zu lassen. Es war das erste und letzte Mal, dass ich mir etwas nähen ließ. Kostüm und Bluse waren bald fertig, nun konnte die Feier kommen. Das bisschen Verteidigung würde bestimmt auch noch klappen, dachte ich. Wir würden ja sehen.

Der Tag der Verteidigung war gekommen. Zu diesem Anlass trug ich ein schwarzes Kostüm. Beim Friseur war ich vorher auch noch, um besonders gut auszusehen. Ganz aufgeregt stand ich vor der Tür, hinter der die Juroren saßen, die über Top oder Flop zu entscheiden hatten. Endlich wurde ich hereingerufen. Als ich den Raum betrat, sah ich nur in betroffene Gesichter. Niemand lächelte mir aufmunternd zu. Ich spürte förmlich die Spannung, die in der Luft lag. Was war bloß los? Ich hatte mir den Auftritt ganz anders vorgestellt. Man stellte mir irgendwelche belanglosen Fragen, bevor mein Klassenlehrer mir mit Worten ringend eröffnete, dass ich meine Arbeit nicht verteidigen könne, weil ich das Thema verfehlt hätte. Er erörterte mir auch, wie das Thema lauten müsste, das zu meinen Ausführungen passe. Unter diesem Thema hätte ich eine glatte Zwei in der Bewertung bekommen. Aber so sei es leider eine Fünf. Man könne sich nicht erklären, wie es dazu kommen konnte; ich konnte es jedoch am allerwenigsten. Mir wurde die Möglichkeit eingeräumt, innerhalb des nächsten Jahres die Ingenieurarbeit zu wiederholen. Der Hohn bei der Sache war, dass mein Betriebsmentor auch anwesend war und keinerlei Schuldgefühle zeigte. Sicherlich hatte man sich vorher darüber abgestimmt, wie man es handhaben würde.

Mit allem hätte ich gerechnet, bloß damit nicht. Ich hatte mich doch immer mit meinem Mentor besprochen! Fassungslos und wie versteinert stand ich da und begriff erst einmal gar nichts. Mir war, als öffnete sich unter mir der Boden und ich fiel immer tiefer und tiefer, wie bei einer Äthernarkose. Ich hörte die Stimmen aus der Ferne und hoffte, bald aufzuwachen. Zu meiner eigenen Verteidigung sagte ich ein paar Worte, aber es war nicht meine Stimme, die ich hörte. Nicht ein Wort blieb haften, was da noch gesagt wurde. Mich interessierte nichts mehr, was das Thema betraf. „Nur noch weg von hier", war mein einziger Gedanke. Ich drehte mich um und verließ wort- und grußlos den Raum.

Wie in einem Trancezustand lief ich ziellos durch die Stadt. Es war niemand für mich da, dem ich wenigstens weinend in die Arme hätte fallen können und der mich tröstete. Das eben Erlebte hatte für mich solch eine Tragweite, dass meine normale Denkfähigkeit ausgeschaltet wurde. Mechanisch lief ich zur Post und meldete ein Gespräch nach Hause an. Ich hoffte sehr, dass es die Stimme meiner Mutter wäre, die sich melden würde, und nicht mein Stiefvater. Endlich war die Verbindung hergestellt und meine Mutter war am Telefon. Ich ließ sie gar nicht erst zu Wort kommen, sondern teilte ihr mit trockener Stimme mit, dass ich durchgefallen sei. Sie schwieg einen Moment und sagte nur: „Komm nach Hause, mein Kind, dann sehen wir weiter." Ich erstickte fast vor Tränen und sagte nur kurz: „Ja, ich komme, sobald ich kann", und legte auf.

Ich wollte meiner Mutter nie Kummer bereiten und nun diese Schande! Alle würden schadenfroh lachen, wenn man nach mir fragte. Wie peinlich für sie, die doch in der letzten Zeit so stolz auf mich gewesen war! Endlich hatte ich erreicht, dass wir einander nähergekommen waren, dass sie mich liebte, und jetzt diese Enttäuschung!

Meine Nerven spielten verrückt. Ich lief in meine kleine Studentenwohnung und räumte mechanisch alles ordentlich auf.

Dann ging ich in die Küche, schloss die Tür und drehte den Gashahn auf. Ich setzte mich an den Küchentisch, stützte meinen Kopf in meine Hände und wartete weinend auf den Tod. Mit leisem Zischen strömte das Gas aus den drei Kochstellen heraus. Bald roch es fürchterlich unangenehm, wie das Gas halt damals roch.

Ich hatte keine Minute an irgendwelche Konsequenzen gedacht, auch nicht daran, dass es zu einer Explosion kommen könnte und unschuldige Menschen sterben könnten. Plötzlich kam mir alles so ungewiss vor. *Wie wird es sein? Werde ich merken, wenn ich sterbe? Wird es wehtun?* Dann fiel mir meine Mutter ein. Sie hatte in ihrem Leben so viel Pech gehabt und das hier würde ihr das Herz brechen. Mein Verstand wurde hellwach und mein Herz schlug wie wild. *Nein, ich will nicht sterben! Es wird bestimmt eine Lösung geben. Eigentlich habe ich doch noch gar nicht richtig gelebt!* Ich war so neugierig, wie das Leben wohl sein würde, wenn es keine schulischen Zwänge mehr geben würde, wenn man nicht mehr lernen musste. Bis jetzt hatte ich doch immer gekämpft und einen Weg gefunden, wenn „die Karre im Dreck steckte".

Mir war bereits ein wenig komisch im Kopf, als ich aufstand und alle Gashähne schloss. Rasch öffnete ich das Küchenfenster und atmete tief durch. Dann zog ich mich aus und legte mich in mein Bett. Vorher öffnete ich auch die anderen Fenster der kleinen Wohnung. Bald war ich tief und fest eingeschlafen. Als ich aufwachte, war es bereits Abend. Ich hatte kein Geräusch im Haus wahrgenommen, weder das Knarren der Flurdielen noch das gewohnte Schreien und Sprechen der drei Kinder des Vermieters, wenn sie aus der Schule und dem Kindergarten nach Hause kamen.

Als ich zu mir kam, war mit einem Mal alles wieder da. Vor meinem geistigen Auge lief der traurige Film dieses Tages ab und ich fing an, vor Verzweiflung, Trauer und Enttäuschung bitterlich zu weinen. Es dauerte lange, bis ich mich beruhigte und mir gut zuredete, mich nicht in diese Situation hineinzusteigern. Eine Migräneattacke legte mich völlig lahm und erst am anderen Nachmittag war ich davon erlöst und wieder klar im Kopf. Erlöst war ich auch von dem Gedanken, in eine Sackgasse geraten zu sein. „Mir wird schon etwas einfallen. Bis jetzt ist mir immer etwas eingefallen, egal, worum es ging", dachte ich. „Und es gibt immer ein Danach!"

Der Hunger meldete sich und während ich aß, drehten sich meine Gedanken um die weitere Vorgehensweise in meinem zukünftigen Leben. An eine Teilnahme an der Exmatrikulationsfeier war nicht mehr zu denken. Bis zur Aufnahme meiner neuen Tätigkeit hatte ich zu niemand Kontakt.

Es gibt immer ein Danach

Zunächst beschloss ich, mit dem nächsten Zug nach Hause zu fahren. Ich hatte meine Mutter im Unklaren gelassen, wann ich kommen würde, aber mir war bewusst, dass sie schon voller Unruhe auf mich wartete. Und so war es auch. Ich rief sie vorher an, um sicher zu sein, dass sie auch zu Hause war. Was ich jetzt am allerwenigsten brauchen konnte, war die alleinige Anwesenheit meines Stiefvaters. Im tiefsten Inneren hasste und verachtete ich ihn, weil er mir meine Kindheit zerstört hatte. Manchmal ekelte es mich, wenn ich ihn nur sah. Er hatte für niemanden Verständnis, und schon gar nicht für mich. Es war mir schon unangenehm genug, hier meine Ferien verbringen zu müssen. Ich war ihm im Weg, wann immer ich kam. Er hatte zwar meiner Mutter oft versprochen, dass ihr Zusammenleben besser würde, wenn wir Kinder aus dem Haus wären, aber dies trat nie ein. Mein Bruder verließ das Haus, als er 17 Jahre alt war. Als ich ging, war ich 15. Sie waren also zu diesem Zeitpunkt seit sieben Jahren nur mit sich allein und er war launisch wie eh und je. Ich hatte in dem Sinne auch kein Elternhaus, wo ich willkommen war und wo ich aufgefangen wurde. Das war mir völlig klar und ich musste über den Berg sein, wenn ich hier eintreffen würde.

Meine Mutter kannte meine Zugverbindungen und stand schon am Bahnsteig, um mich abzuholen. Es tat mir unsagbar gut, sie zu sehen. Sie nahm mich wortlos in die Arme und ich konnte meine Tränen nicht länger zurückhalten. Bis hierher hatte ich mit meinem Kummer allein fertigwerden müssen. Ich wusste, dass es Schlimmeres gab, aber das hier war für mich schlimm genug.

Sie hakte sich wie immer bei mir ein und wir gingen beinahe schweigend nach Hause. Wir waren allein und das war gut für mich. Sie hatte frischen Kuchen gebacken und der Kaffee duftete schon. Nun endlich konnte ich mit jemandem über meine verpatzte Ingenieurarbeit reden. Manchmal konnte ich nicht weiterreden, weil die Tränen einen Kloß im Hals verursachten. Es kam auch bei ihr die Frage, wie das denn passieren konnte und ob man nicht vorher gemerkt habe, dass alles falsch war. Natürlich hatte es einer bemerkt, sonst wäre es doch nicht so ausgegangen. Nicht alles konnte sie richtig verstehen, aber das sollte sie ja auch gar nicht. Sie sollte einfach nur zuhören und ein Gefühl für die Situation bekommen, ohne „Hätte" und „Aber". Vorwürfe kann niemand gebrauchen, der in Schwierigkeiten steckt. „Wie soll es jetzt mit dir weiter gehen?", war ihre Frage. „War denn alles umsonst bis hierher?" Darüber hatte ich mir selbstverständlich auch Gedanken gemacht und informierte sie über meine nächsten Schritte.

Um keinen Preis der Welt wollte ich in diesen Betrieb zurückkehren, wo ich so versagt hatte. Ich nahm mir die Übersicht zur Hand, in der die Betriebe verzeichnet waren, die zu unserem Industriezweig gehörten. Es sollte ja auch ein Betrieb sein, der nicht allzu weit entfernt von meiner Mutter lag. Sie brauchte ihre Kinder für die Seele und das Herz, wie jede Mutter das braucht. Kinder sind lebenslänglich, Mütter auch!

Mein Augenmerk fiel auf Mühlanger, einen kleinen Ort bei Wittenberg. Es war ein Betrieb, der zu unserem Industriezweig gehörte. Hier könnte ich sicher problemlos meine Ingenieurarbeit schreiben, dachte ich. Eine Kommilitonin aus meiner Seminargruppe, mit der ich mich sehr gut verstanden hatte, würde hier ab September arbeiten. So wäre ich nicht allein hier. Ich setzte mich mit ihr in Verbindung und bat sie, in der Kaderabteilung für mich nachzufragen, ob es eine freie Planstelle für mich gäbe. Eine Kaderabteilung war damals das, was man heute Personalbüro nennt. Natürlich hatte es sich in der Seminargruppe herumgesprochen, was mir widerfahren war und sie versprach, sich zu kümmern.

Ich hatte mich bisher noch nicht mit meinem Betrieb in Leipzig in Verbindung gesetzt. Es widerstrebte mir, diesem Produktionsleiter zu begegnen, den ich für mein Dilemma für schuldig hielt. Nicht ich, sondern er kannte hier die Produktionsabläufe wie kein anderer. Alle Leute in diesem kleinen Betrieb wussten, dass wir unsere Ingenieurarbeit geschrieben hatten, und es ließ sich nicht verheimlichen, dass ich durchgefallen war. Es kam für mich also nicht infrage, hier als einzige Verliererin anzufangen. Ich erfand eine Lüge, um eine Begründung für den Weggang aus dem Betrieb zu haben, ohne mich bloßstellen zu müssen. Aber vorher wollte ich die Tätigkeit in einem anderen Betrieb sicherstellen.

Sehr schnell bekam ich einen Termin bei dem Kaderleiter in Mühlanger und fuhr voller Hoffnung hin. Zunächst ließ er mich bereitwillig erzählen, was der Grund meines Kommens war. Ich sagte ihm, dass ich heiraten möchte und mein zukünftiger Mann in Wittenberg wohnen würde. So läge es auf der Hand, dass ich nicht in Leipzig, sondern hier in Mühlanger arbeiten möchte. Meinen Verlobungsring, den ich noch immer besaß, hatte ich vorsichtshalber auf den linken Ringfinger gesteckt. Natürlich enthielt ich ihm auch nicht vor, dass ich meine Ingenieurarbeit verfehlt hatte und bemüht war, im Laufe des nächsten Jahres erneut eine Ingenieurarbeit zu schreiben. Die Sache schien ihm zwar logisch, dennoch sehr fadenscheinig, und er fragte mich geradeheraus nach dem wahren Grund meines Weggehens. Da er einen so netten und verständnisvollen Eindruck auf mich machte, erzählte ich ihm meine wahren Bedenken und Ängste. Er gab mir zu verstehen, dass er meine Situation sehr gut verstehen könne, aber eine richtige Lösung sei das in seinen Augen nicht. Dann bat er mich, ihn für einen Moment zu entschuldigen, da er ein dringendes Telefonat zu führen habe. Er verließ den Raum und ließ mich mit meinen Gedanken eine ganze Weile allein.

Als er wieder hereinkam, war mir beinahe klar, dass er sich mit seiner Amtskollegin in Leipzig in Verbindung gesetzt hatte. Sein Gesicht sprach Bände und verriet mir, dass es eine gute Nachricht geben würde. Mit einem Lächeln im Gesicht erzählte er mir, dass er tatsächlich mit der Kaderleiterin des Betriebes in Leipzig gesprochen habe. Sie sei verwundert, dass ich mich nicht gemeldet habe, und ließ mir mitteilen, dass ich unbedingt kommen solle. Gemeinsam mit dem Direktor des Betriebes wollte sie sich mit mir an einem Tisch setzen und die bestmögliche Lösung für mich finden. Sie ließ mir auch sagen, dass sie meine Lage verstehen könne, aber man müsste auch gemeinsam darüber reden, wie es zu so einer Verfehlung des Themas hatte kommen können.

Der Kaderleiter aus Mühlanger bat mich, mir die ganze Sache noch einmal zu überlegen und die Möglichkeit der Lösung meines Problems erst anzuhören. Dann könnte ich immer noch bei ihm anfangen, denn er hätte auch für mich eine gute Einsatzmöglichkeit. Er sprach mir Mut zu und dass ich doch die Chance hätte, zu zeigen, was ich leisten könne. „Sie sind noch so jung und eines Tages denkt überhaupt niemand mehr daran, was einmal war." Verschmitzt fragte er mich noch, ob ich denn wirklich heiraten wolle. Ich verneinte verlegen und er lachte nur. Es sei zumindest eine gute Notlüge gewesen. Herzlich verabschiedete er sich von mir und wünschte mir viel Glück. „Ich erfahre ganz bestimmt, was aus Ihnen geworden ist", sagte er zum Abschied zu mir.

Erleichtert machte ich mich auf den Weg nach Hause und auch meine Mutter war über diese Lösung froh, denn sie liebte Leipzig als Großstadt sehr und freute sich schon, mich dort besuchen zu können. Ich rief auch gleich in Leipzig an. Die Kaderleiterin freute sich, dass ich mich meldete, und schlug mir ein gemeinsames Treffen in Leipzig vor. In diesem Moment hatte ich den Eindruck, dass noch alles gut werden würde.

Gespannt fuhr ich nach Leipzig. Da noch Semesterferien waren, traf ich auch niemand von den anderen, die hier am 1. September anfangen wollten. Ich wurde sehr freundlich empfangen. Gemeinsam gingen wir zum Büro des Direktors, der uns bereits erwartete. Zuerst einmal wollte er genau wissen, wie das Thema hieß und wie der Ablauf meines Herangehens war. Ich schilderte ihm genau, wie oft und in welchen Intervallen ich meinen Mentor aufgesucht hatte. Da ich nun nichts mehr zu verlieren hatte, verkniff ich mir auch nicht meine Vermutung, dass mein Mentor nicht immer ganz nüchtern war, wenn ich zu einer Konsultation bei ihm war. Das Problem sei ihm leider bekannt, erwiderte er. Dann bat er den Produktionsleiter, an dem weiteren Gespräch teilzunehmen. Mir war die Konfrontation sehr unangenehm, aber der Direktor meinte, dass er auch die Gegenseite hören müsse. Das leuchtete mir ein. Der Produktionsleiter kam und zeigte keine Spur von Verlegenheit oder Schuld. Im Gegenteil, arrogant meinte er, dass es ihm leid täte, dass jemand wie ich nicht in der Lage sei, die Problematik zu erfassen. Er war schon seit vielen Jahren in diesem Betrieb und er war der Meinung, dass er der einzige wäre, der hier überhaupt Ahnung hätte. Dass er nicht Betriebsdirektor geworden war, konnte er nie verstehen, und nun intrigierte er mit allen Mittel gegen den jetzigen Direktor. In der Produktion hatte er seine Zuträger und machte überall Stimmung. Zu seiner eigentlichen Arbeit, sich um die Probleme und Belange in der Produktion gemeinsam mit den Meistern zu kümmern, kam er nicht. Hinzu kam, dass er auch während der Arbeitszeit Alkohol trank. Ihm war überhaupt nicht an jungen, strebsamen Ingenieuren gelegen. Oft war er unter fadenscheinigen Gründen nicht im Betrieb. Dann war er angeblich bei der Bezirksparteileitung, wo er eine Funktion innehatte. Da er ein einflussreicher Genosse war, konnte man ihn nie richtig greifen. Er hatte seine Hände überall im Spiel und war gefährlich.

Glück gehabt

Mit Betroffenheit hörte sich mein Bruder meinen Bericht von meinem Misserfolg bei der Ingenieurarbeit an. Ich bat ihn um Verschwiegenheit. Ob er sich daran gehalten hatte, weiß ich nicht. Jedenfalls machte er mir den Vorschlag, Urlaub mit ihm und seiner Frau in Ungarn zu machen. Da er nie Entscheidungen ohne seine Frau traf, war mir klar, dass sie von meinem Pech erfahren hatte. Ist ja auch egal. Die beiden hatten eine Adresse von einer Familie in Ungarn bekommen, die Zimmer in einem neuen Bungalow direkt am Balaton vermieteten. Sosehr ich mich zu jeder anderen Zeit darüber aufgeregt hätte, dass sie nie ihre Kinder mit in den Urlaub nahmen, so sehr freute ich mich jetzt über dieses Angebot. Mein Problem war, dass ich kein Geld mehr hatte. Die 90 Mark vom Stipendium reichten für so einen Urlaub natürlich nicht. Ich sollte jedoch nur einen Beitrag zum Essen geben und selbst für meine persönlichen Wünsche sorgen. Meine Mutter überredete mich mitzufahren und gab mir Geld. Sie freute sich über das Angebot meines Bruders sehr. Da wir mit dem Auto fuhren, war die Fahrt für mich kostenlos. Freudig sagte ich zu und fieberte dem Reisetermin entgegen.

Dann war es endlich so weit. Mein Bruder und seine Frau kamen aus der Nachtschicht. Nach ein paar Stunden Schlaf wurde gestartet. Ich saß vorn neben meinen Bruder, um ihn anhand der Karte zu lotsen. Nachts kamen wir in Prag an, dann ging es quer durch die Slowakei. Stunde um Stunde rollte das Auto durch die Nacht. Während meine Schwägerin hinten schlief, hielt ich meinen Bruder durch ständiges Erzählen wach. Das erste Mal hatte ich Gelegenheit, über mich zu sprechen. Er wusste fast nichts von mir und staunte über das eine oder andere, was ich ihm von mir erzählte.

Am anderen Morgen erreichten wir die Grenze zu Ungarn. Nach einer Schlafpause ging es weiter und bald sahen wir den Balaton. Wir waren endlich am Ziel. In der Nähe von Siófok und unmittelbar am Balaton stand der neue kleine Bungalow, in dem wir für zwei Wochen Urlaub machen wollten. Er gehörte einer ungarischen Familie, die in drei Generationen zusammenlebte. Die Großmutter bewirtschaftete den ganzen Sommer hindurch das kleine Grundstück und den Bungalow. Der Großvater hatte einst eine kleine Likörfabrik. Bei der blutigen Niederschlagung des Volksaufstandes in Ungarn im Oktober 1956 wurde er schwer verletzt und danach enteignet. Er arbeitete nun als Betriebsleiter in seiner eigenen Likörfabrik. Die beiden Enkelinnen verbrachten ihre Ferien bei der Großmutter am Balaton. Am Wochenende traf sich die gesamte Familie am Balaton. Der Umgang in dieser Familie war so herzlich und liebevoll, wie wir es als Deutsche kaum kennen.

Besonders ich hatte es der Großmutter angetan. Sie entdeckte in mir eine große Ähnlichkeit zu ihrer einzigen Tochter. Die beiden Mädchen bestätigten diesen Vergleich. Als ich dann am Wochenende die Tochter kennenlernte, bemerkte ich die Ähnlichkeit auch. Wir beide mochten uns auf Anhieb. Ich wurde besonders geliebt und verwöhnt. Die Großmutter streichelte mich oft und freute sich über diese Ähnlichkeit. Es tat mir gut, von fremden Menschen geliebt zu werden. Es war wie ein Wunder.

Meistens kochte meine Schwägerin selbst. Sie war eine gute Köchin und das Essen schmeckte immer. Gingen wir jedoch in eine Gaststätte, konnte ich mir ein Essen nicht leisten. Während beide ein Supermenü aßen, knabberte ich an trockenen Bratkartoffeln, die sich als Pommes entpuppt hatten. Ich behauptete, keinen Hunger zu haben. Entbehrung war ich gewöhnt und froh darüber, dass ich meinen Urlaub hier verbringen durfte. Es war das erste Mal, dass ich in Ungarn war, und mir gefiel es hier sehr gut. Alles andere war für mich untergeordnet. In diesem Urlaub ereignete sich auch eine urkomische Geschichte:

Es war gleich am Anfang unseres Urlaubes. Die ganze Nacht hatte es geregnet. Auf den Wegen und den unbefestigten Straßen im Bungalowgebiet am Balaton hatten sich große Pfützen gebildet. Wir waren mit dem Auto unterwegs, um einzukaufen. Um die Stoßdämpfer des Autos zu schonen, wich mein Bruder mit einem geschickten Manöver den größten und vermutlich tiefsten Pfützen aus. Ich saß neben ihm, als ich eine bildhübsche, braun gebrannte Ungarin in einem knappen Bikini sah. Mit ihren wunderschönen langen Beinen hüpfte sie ebenfalls über die Pfützen und sah dabei sehr anmutig aus. Ich war von diesem Anblick fasziniert und machte meinen Bruder auf die schöne Ungarin aufmerksam. Mein Bruder, der aus höchster Konzentration herausgerissen wurde, schaute hin und vergaß vor Begeisterung zu lenken. Plötzlich stand da ein kleiner Baum im Weg, der genau auf uns zukam. Wir fuhren zwar nur Schritttempo, jedoch vorwärts und nicht zurück. Es gab einen Ruck und der kleine Baum hatte das Auto zum Stehen gebracht. Der Baum war zum Greifen nahe, doch die Kühlerhaube war eingedrückt. Alles geschah in Sekunden. Jetzt schaute zwar die hübsche Ungarin neugierig zu meinem unglücklich dreinschauenden Bruder, aber der Moment für einen Flirt war denkbar ungünstig. Bei dem Auto handelte es sich um einen F8, der Vorläufer des F9, den später der „Wartburg" ablöste, also ein Auto aus Blech.

Meine Schwägerin kochte vor Wut und machte mich für den Schaden verantwortlich. Das Auto fuhr noch und so versuchten wir gleich eine Autowerkstatt in Siófok zu finden. Ganz in der Nähe fanden wir eine. Es war Samstagnachmittag. In der Werkstatt zeigte niemand auch nur die geringste Lust, sich unser Auto anzusehen, geschweige denn zu reparieren. Nervös fuhr mein Bruder weiter, denn seine Frau wetterte mit uns beiden. Er war schuld, weil er immer nach anderen Weibern gucken musste, und ich war schuld, weil ich ihm die auch noch gezeigt hatte. Für die Schönheit anderer Frauen hatte sie leider sehr wenig Begeisterung übrig. Hinzu kam, dass mein Bruder ein Fan von Naturschönheiten war. Aber nun war dieses mittelgroße Unglück passiert, und das auch noch im Ausland. Große finanzielle Möglichkeiten hatte man nicht, denn der Umtauschsatz war limitiert.

Es war, als würde uns das Auto diese Meckerei übel nehmen, denn mitten auf einem Parkplatz blieb es quer hinter den anderen Autos stehen. Nichts ging mehr. Voller Zorn forderte mich meine Schwägerin auf, zu der Werkstatt zurückzulaufen und dafür zu sorgen, dass das Auto in die Werkstatt geschleppt

wurde. So stieg ich also aus und machte mich auf den Weg dorthin. Unterwegs überlegte ich mir eine Strategie und war selbst
gespannt, wie dieses Lustspiel ausgehen würde.

Auf dem Hof der Autowerkstatt stand unter anderem ein Ös-
terreicher mit seinem dicken, fetten Mercedes. Als ich fragte, ob
jemand Deutsch spreche, fragte er mich, wie er mir helfen könne. Als ich ihm die Story mit der hübschen Ungarin und meinem Bruder erzählte, lachte er lauthals los und versprach mir,
zu helfen. Nein, so etwas hatte er noch nicht gehört. Er sprach
mit dem Besitzer der Autowerkstatt auf Ungarisch und erzählte ihm, was uns passiert war. Auch der Ungar lachte laut los
und gab einem Arbeiter die Anweisung, unser Auto mit einem
Abschleppfahrzeug in die Werkstatt zu holen. Als ich mit dem
Auto auf dem Parkplatz ankam, herrschte bereits heller Aufruhr.
Ein Autobesitzer wollte aus der Parklücke fahren und so musste
unser Auto weggeschoben werden. Die Situation war unangenehm, aber es kam ja Hilfe. Mein Bruder war froh über meinen
Erfolg und meine Schwägerin befand sich auf dem Gipfel ihres
Unmutes. Jetzt war das Geld, das nicht für eine Autoreparatur,
sondern für den Urlaub geplant gewesen war, ein echtes Prob-
lem, denn für beides reichte es nun nicht mehr.

Zunächst wurde das Auto nach dem Schaden untersucht
und ein Kostenvoranschlag gemacht. Der Preis bedeutete, dass
ein normaler Urlaub nicht mehr möglich war. Wir hatten zwar
jede Menge Konserven mit, aber im Urlaub braucht man ja noch
mehr als nur Konserven zum Leben. Es war eine missliche Lage.
Der Chef versprach uns, das Auto bis zum Montagnachmittag
zu reparieren. Die Motorhaube musste ausgebeult werden und
eine Reparatur am Motor war auch nötig. Die Kosten habe ich
mir nicht gemerkt, der Ärger darum war groß genug. Fest stand,
dass sie einen großen Teil des Urlaubsgeldes aufbrauchten. Es
half alles nichts, das Auto musste repariert werden. Wir mussten ja damit nach Hause fahren.

Mit dem nächsten Bus fuhren wir zum Bungalow zurück.
Mein Bruder versuchte vergebens, seine total frustrierte Frau
zu beruhigen. Voller Gnade und Barmherzigkeit, jedoch im-

mer noch knurrend, bereitete sie das Abendbrot. Wir aßen auf der kleinen Terrasse des Bungalows. Die Abendsonne gab sich Mühe, uns zu erheitern, aber jeder schwieg vor sich hin. Mir war der Appetit vergangen. Um nicht noch mehr Unmut heraufzubeschwören, würgte ich das Essen herunter. Ich fühlte mich richtig schlecht, schließlich war ich der Auslöser dieser Misere.

Als wir so alle vor uns hin schwiegen, standen plötzlich vier deutsche Urlauber vor uns. Freundlich grüßten sie und erzählten uns, dass sie im vorigen Jahr ebenfalls in diesem Bungalow ihren Urlaub verbracht hatten. Bei einem Spaziergang am See hatten sie einen wunderschönen großen Bungalow entdeckt, in dem sie in diesem Jahr ihren Urlaub verbrachten. Heute wollten sie die nette alte Ungarin besuchen. Im weiteren Gespräch erfuhren wir, dass es sich um ein Geschäftsehepaar und deren Fahrer mit Ehefrau handelte. Sie waren in Halle an der Saale Besitzer eines Kaufhauses. Wir stellten uns auch vor.

Angelockt durch die lauten Stimmen, kam unsere alte Ungarin herbei. Mit einem fröhlichen „Hallo" begrüßte sie die ehemaligen Gäste, umarmte und küsste sie auf die rechte und die linke Wange. Sie setzten sich alle zu uns und die alte Ungarin brachte einen Krug Wein. Schnell war eine nette Unterhaltung im Gange. Wir erzählten, woher wir kamen, und sie freuten sich, dass wir aus der gleichen Gegend waren wie sie.

Dann sah ich meine Chance gekommen. Ich plauderte munter drauflos und berichtete, dass ich gerade mit meinem Studium fertig sei und mein Bruder und seine Frau so nett waren, mich hierher mitzunehmen. Sie fanden das auch sehr anständig. Dann erzählte ich auf humorvolle Art die Begebenheit mit dem Auto, von der schönen Ungarin und dem im Wege stehenden Baum. Ich nahm alle Schuld auf mich, weil man ja einen konzentriert fahrenden Mann nicht mit Nebensächlichkeiten ablenken darf, und schon gar nicht mit einer schönen Ungarin. Alle lachten und fragten nun meinen Bruder nach Einzelheiten des Schadens und dem Reparaturpreis. Mein Bruder ist nicht der Mensch, der seine momentane Verfassung verbergen kann. Der Geschäftsmann fragte sofort, ob er uns finanziell helfen könne, und wir befanden uns in einer Situation, wo wir dieses Angebot nicht abschlagen konnten. Mein Bruder nannte den Betrag des Kostenvoranschlages und der Mann sagte sofort, dass er uns das Geld leihen würde. Der Umtauschkurs war damals 1:4, also für einen ungarischen Forint musste man 4 DDR-Mark bezahlen. Der Geldumtausch war begrenzt. Pro Person und Tag konnte man 40 Mark höchstens für drei Wochen tauschen. Das Erstaunliche an der Geschichte war, dass er uns das Geld in Forint geben konnte.

Uns fiel ein Stein vom Herzen und wir bedankten uns ganz herzlich. Entspannt plauderten wir noch eine ganze Weile miteinander. Als sie sich von uns verabschiedeten, gaben sie uns die Adresse ihrer Ferienunterkunft und luden uns für den nächsten Nachmittag herzlich zu sich ein. Gern nahmen wir die Einladung an. Es kam mir vor, als hätte uns der Himmel vier Engel in unserer großen Not geschickt. Und das, wo ich doch ein bekennender Atheist bin. Erleichtert sah ich den nun folgenden Urlaubstagen entgegen.

Bewaffnet mit einem schönen Blumenstrauß aus dem Garten unserer ungarischen Mama machten wir uns am folgenden Tag auf den Weg. Sie hatte ihn für uns gepflückt, als wir ihr von dem Anlass erzählten. Es war Sonntag und die Blumengeschäfte waren geschlossen. Die Hallenser freuten sich über unser Kommen und zeigten uns stolz ihre Eroberung. So etwas Schönes hatten wir noch nicht gesehen, konnten uns aber auch diesen Preis nicht leisten. Es war ein netter Nachmittag. Der Geschäftsmann übergab mir lachend das Geld, weil ich die Verursacherin der Verführung war. Auf eine Quittung gegen Unterschrift verzichtete er und meinte, dass er über Menschenkenntnisse verfüge und genau wisse, dass wir ihm nach dem Urlaub das Geld bringen würden. Über dieses Vertrauen waren wir sehr verblüfft und für uns war es eine Ehrensache, dieses nicht zu missbrauchen.

Als wir das Auto aus der Werkstatt abholten, war der Preis nicht so hoch wie angenommen. Die Welt und die Stimmung meiner Schwägerin waren wieder in Ordnung, der Urlaub war gerettet. Nun folgte auch noch ein Wetter wie im Bilderbuch. Wir badeten ausgiebig in dem weichen Wasser des „Ungarischen Meeres". Die Sonne bräunt hier besonders intensiv. Mein Bruder und ich waren knackig braun und meine Schwägerin glich eher einer sich häutenden Schlange, denn ihre Haut war empfindlicher als unsere. Ich genoss den Urlaub in vollen Zügen. Faul ließ ich mich von den sanften Wellen des Balaton wiegen und war dabei einmal auf meiner Luftmatratze eingeschlafen. Als ich aufwachte, befand ich mich beinahe in der Mitte des Sees. Der Balaton ist für seine Unberechenbarkeit bekannt. Jährlich ertrinken hier leichtfertige Menschen, wie ich es gerade war. Ich bekam einen großen Schreck, denn das Ufer, wo ich hergekommen war, war weit entfernt. Es war eine sehr große Strecke, die ich zurückschwimmen musste. Da hörte ich über mir ein Flugzeug brummen und es dauerte nicht lange, da fuhr ein Motorboot längsseits. Sie schimpften auf Ungarisch mit mir und zogen mich brutal an den Armen auf ihr Boot. Dabei verlor ich beinahe meine Bikini-Hose. Die Luftmatratze zogen sie auch aus dem Wasser und brachten mich zurück an das Ufer. Dort setzten sie mich unsanft ab und ich konnte mir selbst ausmalen, was sie mir sagen wollten. Es war mir peinlich, aber ich war sehr froh über die Hilfe.

Wir haben noch viel unternommen, besuchten Budapest und waren von dieser wunderschönen, eleganten und quicklebendigen Metropole begeistert. Hier konnte man Weltstadtluft schnuppern, anders als in Ostberlin. Alles hatte für uns einen Hauch von westlichem Flair. Die Angebote in den Geschäften waren ganz anders als bei uns. Das Parlament direkt an der Donau, die Elisabethbrücke, die den Fluss majestätisch überspannt, die Margareteninsel mit ihren Thermalbädern und die Fischerbastei hoch über der Stadt, von der aus man weit über die Stadt blicken kann – all das faszinierte uns und hinterließ einen nachhaltigen Eindruck. Hinzu kommt der Charme der Ungarn. Die Kleidung der selbstbewussten jungen Budapesterinnen hatte einen besonderen Pfiff. Oft waren sie ein richtiger „Hingucker". Die vielen herrlichen Blumenstände machten die Geschäftsstraßen lebendig und bunt. In den meisten Hinterhöfen waren kleine Geschäfte, wo man schöne Pullover kaufen konnte, die vor Ort auf Strickmaschinen hergestellt wurden. Budapest war für uns wie der Westen des Ostens.

Die Leute aus Halle fuhren bald zurück und wir haben sie erst bei der Geldrückgabe wiedergesehen. Auch unser Urlaub ging zu Ende. Die Großmutter bot mir an, im nächsten Jahr wieder ihr Gast zu sein. Ich könnte bei ihr ohne Bezahlung wohnen, meinte sie. Die Einladung nahm ich dankend an und versprach, wiederzukommen, wenn es die Umstände erlaubten.

Mein Bruder hatte uns vor dem Urlaub bei unseren Großeltern im Erzgebirge zum Besuch angemeldet. So fuhren wir also über einen Umweg nach Hause. Als wir gerade den Zinnwalder Berg auf der tschechischen Seite nach oben fuhren, ergab sich eine kritische Situation. Mein Bruder überholte einen schwedischen Lastkraftwagen. Plötzlich zog der Lkw nach links auf unsere Spur. Eine Ausweichmöglichkeit hatten wir nicht, hinter uns bildete sich eine Autoschlange. Ich hatte den Eindruck, der Fahrer sei eingeschlafen, und schrie meinen Bruder zu, er solle hupen. Wir bemerkten ein leichtes Schaben, als der Fahrer des schwedischen Lkws seine Kursabweichung korrigierte und wieder nach rechts fuhr. Gleich auf dem nächsten Parkplatz hielt mein Bruder an. Auch der Lkw kam angefahren und hielt. Der Fahrer stieg aus und besah sich den Schaden am rechten Vorderrad. Es war ein Lackschaden. Der Schwede bat meinen Bruder, keine Polizei wegen dieser Bagatelle zu holen, und fragte, ob er mit 150 Kronen einverstanden wäre. Er holte das Geld aus seiner Tasche und hielt es uns hin. Als ich das fremde Geld sah, riet ich meinem Bruder, sich tschechisches Geld geben zu lassen, dann könnten wir ja noch in der Tschechoslowakei einkaufen. Der Schwede schaute ungläubig und gab uns das gewünschte Geld. Erst später wurde uns bewusst, was für ein Unsinn das war. Mit diesem Geld hätte man doch herrlich und viel im Intershop einkaufen können. Es war zu spät. Meine Dummheit tat mir noch lange leid, doch mein Bruder machte mir zum Glück keine Vorwürfe. Er hatte doch selbst einen Kopf zum Denken.

Ich war gespannt, was nun auf mich zukommen würde, denn ich war seit meinem fünften Lebensjahr nie wieder bei meinen Großeltern gewesen. Oft hatte ich als Kind Sehnsucht nach meinen Großeltern, denn ich hatte nur diese, da meine Mutter eine Waise war. Meine Mutter erzählte mir oft voller Liebe und Achtung von ihnen. Als wir im Erzgebirge ankamen, wollte ich erst einmal unsere Mutter anrufen, um ihr mitzuteilen, wo wir waren. Das Gespräch musste auf der kleinen Post angemeldet werden. Nur sehr wenige Leute hatten damals ein privates Telefon. Meine Mutter war in eine Wohnung gezogen, wo bereits ein Telefon vorhanden war. Als die Verbindung hergestellt war, rief, ja schrie meine Mutter ganz aufgeregt, wie froh sie sei, dass ich mich meldete. „Was ist denn los?", fragte ich sie. Sie weinte vor Freude am Telefon, als sie hörte, dass wir heil angekommen waren. Dann fragte sie mich, ob ich denn nicht wüsste, dass die Grenzen zur Tschechoslowakei dicht seien und die Russen mit Panzern in Prag stünden. Nein, das wussten wir nicht. Nun erzählte mir meine Mutter kurz, was sie aus Berichten von Rundfunk und Fernsehen wusste. Besonders der Westen hatte viele Informationen gesendet. Die DDR-Sender hielten sich mit ihrer Berichterstattung stark zurück. Folgendes hatte sich ereignet:

Am späten Nachmittag des 20. August hatten wir die Grenze der ČSSR in Richtung DDR passiert. In der Nacht zum 21. August waren die Truppen des Warschauer Pakts in die Tschechoslowakei einmarschiert. Am Morgen des 21. August wurde der zivile Grenzverkehr in der ČSSR eingestellt. Die Menschen waren wie eingekesselt. Das führte unter den rückreisenden Urlaubern auf der Autobahn zu chaotischen Zuständen. Riesige Umwege mussten in Kauf genommen werden, um teilweise über die damalige Sowjetunion in die DDR zu gelangen.

Viele der rückreisenden Urlauber hatten kein Geld mehr, da sie alles hart für die Rückreise kalkuliert hatten. Die Devisen für die Transitländer waren knapp bemessen. Damit konnte man lediglich tanken und etwas zum Essen kaufen. Kinder waren mit dabei, die natürlich Hunger und Durst hatten. Man half sich zwar teilweise untereinander, dennoch spielten sich dramatische Szenen ab. An den Tankstellen weigerte man sich, den deutschen Urlaubern Benzin zu verkaufen. Einige gaben ihre Reserven aus den mitgeführten Benzinkanistern ab, wenn sie ihren Tank voll hatten.

Von alldem waren wir verschont geblieben. Es muss eine ganz knappe Zeitspanne gewesen sein, die wir unbewusst Vorsprung gehabt hatten. Später gab man dem Ereignis vom 21. August 1968 den Namen „Prager Frühling".

Als wir bei den Großeltern ankamen, war die Freude der beiden Alten groß. Die Oma lag im Bett. Ihr ging es nicht gut und Opa versorgte sie. Besonders über den Besuch meines Bruders freuten sich die beiden. Er war immer ihr Lieblingsenkelkind, weil sie ihn in den ersten Jahren direkt aufwachsen sahen. Auch meine Schwägerin war für die beiden keine Unbekannte. Zu mir sagte Opa: „Und du musst die Sabine sein, Ursulas Tochter." Er schaute mich mit einem warmen, lieben Blick an. „Ja, Opa, das bin ich", sagte ich. Laut sagte er dann zur kranken Oma, dass die Sabine von der Ursel da sei. Oma sah mich an und überlegte. Ich sehe meiner Mutter sehr ähnlich und Omas Blick verriet mir, dass sie in mir meine Mutter sah. Dankbar registrierte ich die Sympathie, die beide noch immer für meine Mutter empfanden. So war ich den beiden nicht ganz fremd.

Oma und Opa hatten eine Kommode im Wohnzimmer, auf der viele Fotos von ihren Kindern und Enkelkindern standen. Ich entdeckte meine beiden Brüder mit ihren Frauen. Auch die Fotos meiner beiden Neffen waren dabei. Nur mein Foto fehlte, wie immer und überall. Ich registrierte es nur nebenbei, da ich es nicht anders gewohnt war. Ich bin nun einmal ungewollt geboren worden und daran hatte sich nichts geändert. Aber ein wenig traurig war ich doch darüber, ich spielte nur die starke Frau.

Meine Großeltern waren sehr lieb und herzlich zu mir und ich glaube, sie freuten sich aufrichtig, dass sie mich einmal wiedersehen konnten. Immerhin war ich doch auch ein direkter Spross von ihnen. Die Kinder sind immer die Leidtragenden, wenn die Eltern auseinandergehen. Und ich litt noch stärker darunter als mein großer Bruder. Im Aussehen meines Opas konnte ich eine sehr große Ähnlichkeit zu meinen beiden Brüdern und auch zu meinem leiblichen Vater erkennen. Es beeindruckte mich sehr, wie so etwas von Generation zu Generation weitergegeben wird.

5. Endlich leben!

Interessantes neues Leben

Nach unserer glücklichen Heimkehr aus dem Urlaub in Ungarn fuhren wir sofort am nächsten Tag nach Halle, um unsere Schulden zu bezahlen. Es gab ein großes Hallo, als man uns kommen sah. Fröhlich wurden noch einmal die Rettung in der Not und die überaus attraktive Ursache ausgewertet. Danach sahen wir die Geschäftsleute nie wieder. In einer „Nacht-und-Nebel-Aktion" der DDR wurden sie im Frühjahr 1972 zwangsweise enteignet.

Nun wurde es aber Zeit, mich auf mein neues Leben vorzubereiten. Im letzten Praktikum in Leipzig hatte ich bei einer Frau gewohnt, die ihr aktives Arbeitsleben in diesem Betrieb beendet hatte. In dem gleichen Haus, das sich gegenüber von dem Betrieb befand, war in einer Wohngemeinschaft dreier Frauen ein Zimmer frei geworden. Ich schaute es mir an und es gefiel mir. Wohnraum war damals sehr knapp und für mich war es ein wahrer Glücksumstand.

Das Zimmer war leer und ich konnte es nach meinem Geschmack einrichten. Die beiden Fenster waren zur Straße hin. Da es die Sonnenseite war, machte das Zimmer einen hellen und freundlichen Eindruck. An der Decke befand sich Stuckarbeit aus vergangenen Zeiten. Der Fußboden war aus echten edlen Holzdielen. Die Toilette war auf halber Treppe, aber das war damals in den alten Häusern üblich. Bei der Anschaffung meiner ersten eigenen Möbel half mir meine Mutter und nach langem Suchen fand ich endlich eine Schrankwand, die mir gefiel. Dazu kauften wir noch einen Tisch, eine Schlafcouch und einen Sessel. Meine Mutter nahm für mich einen Kredit auf und ich zahlte ihr das Geld monatlich über einen Dauerauftrag zurück. Kurz bevor ich meinen ersten Arbeitstag begann, wurden die Möbel geliefert. Im vorderen Teil des Zimmers konnte ich mir mit den ehemaligen Möbeln meines Bruders eine winzige Küche einrichten, die durch einen Raumteiler vom übrigen Zimmer getrennt wurde. Diese Teile bekam ich geschenkt. Ein großer Kachelofen gleich neben der Tür sorgte in der kalten Jahreszeit für mollige Wärme. Es war ein schönes Gefühl, eigene Möbel in den eigenen vier Wänden zu haben. Nun konnte mein neues Leben beginnen!

Mit Herzklopfen betrat ich am 1. September den Betrieb, wo mich viele kannten und wo bestimmt alle wussten, dass ich die Ingenieurarbeit vermasselt hatte. Auch die anderen Mädels aus meiner Studiengruppe waren da und begrüßten mich freundlich. Mein Misserfolg in puncto Ingenieurarbeit hatte sich natürlich herumgesprochen, aber da musste ich nun einmal durch.

In der Zwischenzeit hatte sich auch einiges verändert. Den Produktionsleiter, der mein Mentor war, gab es nicht mehr. Man hatte ihn bereits seit einiger Zeit beobachtet, denn seine Dreistigkeiten nahmen ungesunde Ausmaße an. Dann kam das alles entscheidende Ereignis: Im Leipziger Zentralstadion spielte die Fußballmannschaft „Lokomotive Leipzig" gegen eine Mannschaft aus Jugoslawien. Er war ein Fußballfanatiker und ließ kein Spiel aus. Durch seine vielen Beziehungen bekam er auch immer eine Eintrittskarte und war auch bei diesem Spiel im Stadion. „Lok Leipzig" verlor das Spiel. Beim Verlassen des Stadions schrie er vor Wut ganz laut, dass man damals viel zu wenige Jugoslawen vergast hätte. Das Spiel wurde streng beobachtet und dieser unverschämte Satz wurde von dem Richtigen gehört. Jugoslawien war damals eine Föderation und gehörte nicht zum sozialistischen Lager. Er wurde für seine Äußerung zur Verantwortung gezogen. Im Betrieb konnte er dann seine Sachen packen und gehen, gleichzeitig wurde seine Planstelle gestrichen. Sie war ohnehin wirkungslos und verursachte nur Kosten, denn es gab noch einen Produktionsdirektor mit den gleichen Aufgaben.

Zuerst meldete ich mich in der Kaderabteilung. Auch der Direktor schaute kurz mal herein. Anfangs sollte ich als Sachbearbeiterin in der Abteilung Normung arbeiten mit der Option, nach bestandener Ingenieurarbeit die kleine Abteilung zu leiten. Die ehemalige Leiterin der Abteilung war auf ihrer Karriereleiter nach oben gestiegen und versprach, mir bei Problemen helfend zur Seite zu stehen. Ich konnte es immer noch nicht fassen, so ein Glück im Unglück zu haben.

Mein Anfangsgehalt betrug 515 –, Mark brutto, das waren 380 –, Mark netto. Davon bekam meine Mutter100 –, Mark für den Kredit, den sie für mich zum Kauf der Möbel aufgenommen hatte, die Miete betrug 30 –, Mark. Der Rest war zum Leben. Da ich allein war und im Betrieb sehr preiswert essen konnte, kam ich gut über die Runden. Ein sparsames Leben war ich von jeher gewöhnt. Große Sprünge konnte ich allerdings nicht machen. Wenn ich nach Hause fuhr, steckte mir meine Mutter immer das eine oder andere zu.

Eigentlich begann jetzt für mich eine schöne Zeit. Mit der Kollegin in meiner Abteilung verstand ich mich sehr gut und die anderen Mädels waren auch noch da. Mit Uta, meiner ehemaligen Mitbewohnern während des Studiums, vertrug ich mich wieder, worüber ich sehr froh war. Bei laufender Produktion wurde in diesem Betrieb eine völlig neue Technologie eingeführt. Schritt für Schritt wurde die Produktion umgestellt. Anstelle des Naturproduktes Jute, das man nur gegen harte Währung vorwiegend aus Indien bezog, wurde Plastikfolie eingesetzt. Die wurde in der DDR hergestellt und auf großen Rollen geliefert. Die Folie wurde über entsprechende Vorrichtungen erwärmt, gestreckt, in Fäden geschnitten und getrennt auf Spulen aufgewickelt, das war die sogenannte „Folienreckanlage". In der Rundweberei entstand ein Endlosschlauch, der danach konfektioniert wurde, das heißt, es wurden gleich lange Abschnitte geschnitten, die auf einer Seite zugenäht und auf der anderen Seite gesäumt wurden. So entstanden Foliensäcke, die als Verpackungen jeglicher Art dienten. In einer anderen Abteilung wurden Hochdruckpresse-Fäden für Erntebindemaschine gedrillt, ähnlich wie in einer Seilerei. Sie hießen schlicht „Erntebindehochdruckpressefäden". Diese neue Technologie und das neue Material waren einmalig und es mussten neue Arbeitsnormen erstellt werden. Dazu waren viele Tests unterschiedlicher

Art notwendig. Ich hatte nun die Aufgabe, besonders die Tests in der Nachtschicht abzusichern. Es kam auch zu produktionsbedingten Ausfällen, die gemeistert werden mussten. Durch die Reibung der Folie entstanden hohe statische Aufladungen, die sich bei Annäherung entluden. So ein elektrostatischer Schlag war zwar ungefährlich, aber schmerzhaft. Das war nicht jedermanns Sache und man musste ausprobieren, wie man sich verhalten musste, um nicht so einen Schlag zu bekommen.

Die neue Produktion verursachte sehr viel Aufregung unter den Arbeitern. Schließlich spekulierte man auf mehr Lohn bei höherem Produktionsausstoß, denn die Löhne in der Textilindustrie waren sehr niedrig. Alles war in Bewegung. Auch im Heizhaus sah es witzig aus. Der alte Heizkessel machte es nicht mehr und so organisierte man vorübergehend eine richtige Dampflokomotive von der Deutschen Reichsbahn. Sie hatte den nötigen Dampf zu produzieren, der vor allem für die Beheizung der Produktionsräume gebraucht wurde. Da der Betrieb zum Bereich der Leichtindustrie gehörte, wurden hier auch öfter Leute beschäftigt, die über das Ministerium des Inneren gelenkt wurden. Das waren insbesondere Mädchen, die wegen unerlaubter Prostitution vor allem während der Messe in Leipzig einsaßen und nun hier als eine Art Eingliederungsmaßnahme einer Arbeit nachgehen mussten. Diese Mädchen sorgten oft für Unruhe, nicht nur unter den Männern. Splitternackt liefen sie im Waschraum der Frauen die Treppe von den oben befindlichen Dusch- und Waschräumen nach unten zu den Umkleideräumen. Aus „beruflichen" Gründen waren diese Mädels oft reinlicher als viele Frauen des Betriebes. Und hübsch waren sie außerdem. Mit frechen und frivolen Bemerkungen provozierten sie jedoch viele „anständige" Frauen. Damals stand man diesen Dingen nicht so offen gegenüber wie heute. So war jedenfalls immer etwas los.

Aufgrund meiner Tätigkeit hatte ich in allen Produktionsabteilungen zu tun und bald kannten mich die Arbeiter. Ich hatte keine Probleme im Umgang mit ihnen, schließlich war meine Mutter auch eine Arbeiterin. Während des Studiums hatten wir eine intensive Ausbildung in Arbeitspsychologie, was mir in einigen menschlichen Fragen sehr half. Bald wurde die Bitte an mich herangetragen, in der Konfliktkommission des Betriebes mitzuarbeiten. Durch die Verfassung der DDR hatte eine Konfliktkommission, die es in jedem größeren Produktionsbetrieb gab, den Status gesellschaftlicher Gerichte. Ein wesentlicher Grundsatz bestand darin, Ursachen und Bedingungen entgegenwirken, aus denen Rechtsstreitigkeiten und Rechtsverletzungen entstehen konnten. Es war einigen nicht entgangen, dass ich stets versucht hatte, mir eine objektive Meinung zu bilden, und sie auch laut kundtat. Da ich keine weiteren Verpflichtungen hatte, willigte ich ein. Die Probleme der in Konflikte geratenen Leute waren vielfältig und beschäftigten mich oft nachhaltig über die Arbeitszeit hinaus.

Kindstaufe in der Kirche war im Sozialismus verpönt. Die Philosophie der Kirche entsprach nicht der sozialistischen Philosophie. So führte man eine „sozialistische Namensgebung" ein. In einer Feierstunde im Kreise der Familie und Freunde wurde dem Kind der Name gegeben. Die Eltern bekamen eine Urkunde, einen Strauß Blumen und einen Geschenkgutschein. Auch in unserem Betrieb wurde diese Form der Feierstunde angeboten und von jungen Eltern gern angenommen. Da ich durch die Spracherziehung meines Deutschlehrers in Schulpforte beinahe Hochdeutsch sprach, bat man mich oft, die feierlichen Worte und Gedichte vorzutragen. Mein schwarzes Kostüm, das ein Geschenk meiner Mutter für die Pflege nach ihrem Unfall war, leistete nun gute Dienste. Die Feierstunden fanden sonnabends statt. Ich war an den Wochenenden oft allein und so tat ich es nach anfänglichem Lampenfieber gern. Mein „Auftritt" brachte mir bei den Betriebsangehörigen zusätzliche Sympathien ein. Die Leute begegneten mir anschließend sehr freundlich und mir machte die Zeremonie einfach Spaß.

Parallel zur Leipziger Messe fanden Sondermessen in unserem Betrieb statt. Hier wurden die neusten Entwicklungen und Exponate aus unserem Industriezweig gezeigt, die zu den Verbrauchsgütern gehörten. Ich wurde gebeten, den Messestand

zu betreuen. Eine große Messeneuheit aus unserem Industriezweig war in diesem Jahr eine Wildlederimitation aus sogenannten Vliestextilien. Taschen und Schuhe aus diesem Material wurden potentiellen Interessenten vorgestellt. Es sollte
eine Alternative zu teuren Lederimporten aus den nicht sozialistischen Ländern sein. Auch Bekleidungsartikel aus Papier, als
Wegwerfartikel, wurden gezeigt. So wurden Kleider, darunter
auch Brautkleider, aus Papier vorgestellt, die natürlich reißfes-
ter waren als normales Papier. Für Werbezwecke wurden nun
Bräute gesucht, die bereit waren, diese Papierbrautkleider zu
ihrer Hochzeit zu tragen.

Dieses neue Material setzte sich jedoch nicht durch. Die Textilien aus Papier waren zu steif, das Interesse der Käufer war
eher schlecht. Auch die Lederimitationen fanden keine Reso-
nanz. Nur für kurze Zeit waren sie auf dem Markt zu sehen. Für
mich war es sehr interessant, da hier nur auserlesene Leute Zutritt hatten. Man testete das Interesse der Experten. Ich jedoch
war stolz, hier dabei gewesen zu sein. Zum Abschluss bekam ich
eine schicke Konferenzmappe aus dieser Wildlederimitation.

Das Allerwichtigste in diesem ersten Jahr meiner Berufstätigkeit war jedoch meine zweite Ingenieurarbeit. Das Thema
bezog sich ausschließlich auf die neue Produktionsstrecke. Aufgrund meiner neuen praktischen Erfahrungen in der Produktion wusste ich genau, worüber ich schrieb. Der Leitende Ingenieur von dem westdeutschen Unternehmen „Höchst", der für die
Einführung der neuen Technik verantwortlich war, stand mir
heimlich bei Fachfragen zur Seite. Die Monteure stellten mir teilweise ihre Unterlagen zur Verfügung. Der Kontakt war zwar aus
politischen Gründen nicht erlaubt, doch ich konnte es tarnen.

Mit meinen eigenen gewonnenen Erfahrungen machte meine Ingenieurarbeit gute Fortschritte. Selbst mein Mentor staunte über meine Erkenntnisse und Ansichten. Als ich zur Konsultation an die Ingenieurschule fahren sollte, hatte auch der
Betriebsdirektor einen Konsultationstermin dort. Er schrieb
ebenfalls gerade an seiner Ingenieurarbeit und nahm mich in
seinem Auto mit. Seine Frau war dabei und so war es für mich

wie ein Ausflug. Beide waren sehr nett und großzügig zu mir. Jedenfalls war das ganz bestimmt nicht zum Nachteil für mich. Mein ehemaliger Dozent an der Ingenieurschule freute sich über meine Arbeit und meinte, dass sie erfolgsträchtig sei. Ich achtete darauf, nicht zu viel aus den Unterlagen der Monteure zu übernehmen, um keinen Argwohn zu wecken. Die Sache könnte politisch verzerrt werden. In dieser Zeit musste man immer in Habachtstellung sein. Immerhin war der Produzent unserer neuen Produktion unser Klassenfeind.

Vonseiten der Ingenieurschule hatte man es so eingerichtet, dass der Direktor mit mir am gleichen Tag den Verteidigungstermin der Ingenieurarbeit hatte. So fuhren wir wieder zu dritt hin. Ich fand es nett und tat es gern.

Sehr entspannt verteidigte ich dann meine Arbeit. Bei jedem Wort wusste ich, wovon ich sprach, und bekam eine gute Zwei. Es war ein schönes Gefühl, das zu vernehmen. So richtig stolz war ich nicht mehr auf die Urkunde, aber der Titel „Ingenieur der sozialistischen Industrie" war in meinem weiteren Leben sehr wichtig. Ein Jahr war seit dem Unglückstag vergangen und mein Leben hatte eine wunderbare Wende genommen. Aber letztlich waren es mein Fleiß und mein Art, die Dinge richtig anzupacken. Ich war nun genau so vollwertig wie die anderen und hatte es weiter gebracht. Gleich nach der erfolgreichen Verteidigung der Arbeit bekam ich einen neuen Arbeitsvertrag als Leiterin der Abteilung Normung und damit ein höheres Gehalt.

Ich suche einen Mann

Alles war gut geworden und ich hätte glücklich sein können, doch außerhalb der Arbeitszeit war ich allein. In der Woche erfüllte mich meine Arbeit voll und ganz, doch mit dem Wochenende kam die Einsamkeit. Einen Freund hatte ich nicht. Damals heiratete man wesentlich früher als heute, der Heiratsgrund war oft ein Kind. Ich sehnte mich nach einem lieben Partner und bekam sogar mit meinen 23 Jahren schon leichte Torschlusspanik. Bloß wie und wo lernt man einen Mann kennen? Internet gab es damals noch nicht. Lernte man einen Mann kennen, war der bereits verheiratet oder in festen Händen. Es war nicht einfach, mein Problem zu lösen. Von den anderen vier Absolventen hatten zwei ein Kind und einen Ehemann, die Dritte fuhr zu ihrer Familie nach Hause. Auch Uta fuhr jetzt jedes Wochenende nach Berlin, weil ihr Freud dort wohnte. Sie war immer noch mit diesem Typen aus der Studienzeit zusammen, also war es wohl doch die große Liebe.

Einmal fragte sie mich, ob ich nicht Lust hätte, mit ihr tanzen zu gehen. Sie hätte von einer Tanzgaststätte gehört, wo Singles und Alleinstehende hingingen. Die Gaststätte wurde im Volksmund „Schorschl", nach dem Vornamen des Wirtes Georg Pickelmann genannt und befand sich in Leipzig-Connewitz. Dieser verstand es, die „Tanzbar" zu einer der angesagtesten Vergnügungsstätten Leipzigs und darüber hinaus zu machen. Wir beide kannten Leipzig viel zu wenig, um zu wissen, was für ein Publikum hier verkehrte, sonst hätten wir gewusst, dass hier besonders Leute anzutreffen waren, die ein Abenteuer suchten. Um sicherzugehen, dass wir auch einen Platz bekamen, rief Uta dort an und ließ zwei Plätze für uns reservieren. Wir machten uns ausgehfein und fuhren mit der Straßenbahn bis beinahe vor die Tür dieses Lokals. Es war ein lauer, frühsommerlicher Abend.

Als wir gegen 20.00 Uhr die Gaststätte betraten, wurden wir von dem Personal sofort an einen Tisch platziert, wo bereits zwei Männer saßen. Man achtete darauf, dass Frauen an die Tische von Männern gesetzt wurden und umgekehrt. Es waren schon einige Leute da und getanzt wurde in mehreren Räumen, die nach den drei Töchtern des Besitzers benannt wurden. Die Beleuchtung war gedämpft, die Hereinkommenden wurden aufmerksam von den bereits Anwesenden taxiert. Es dauerte nicht lange, da wurde Ute von einem jungen Mann zum Tanzen aufgefordert. Nun saß ich mit den zwei Herren allein an dem Tisch. Einer der beiden rückte näher zu mir heran. Obwohl seine Haare bereits gelichtet waren, sah er recht angenehm aus. Ich schätzte sein Alter auf Ende dreißig. Er fing eine Unterhaltung mit mir an und fragte, ob wir das erste Mal hier seien. Ich bejahte und er klärte mich auf, wie es hier so zuging.

Die meisten der Damen und Herren suchten nur ein kurzes Abenteuer, oft waren es Dienstreisende. Nach einer Weile forderte er mich auch zum Tanzen auf. Er nahm mich fest in die Arme und führte fantastisch. Ich stellte fest, dass er ein guter Tänzer war, es machte Spaß, mit ihm zu tanzen. Zwischendurch holte mich auch ein anderer Mann. Der erklärte mir, dass die Männer erst die Frauen beim Tanzen beobachteten, bevor sie diejenige dann aufforderten. Uta ließ kaum einen Tanz aus. Sie hatte in der Zwischenzeit einen festen Tänzer gefunden und zu unserer Überraschung stellte sich heraus, dass er ebenfalls sein Abitur in Schulpforte absolviert hatte. „Willkommen an Bord", meinten wir beide. Nun gab es Gesprächsstoff ohne Ende. Dieter, mein Gesprächspartner, ließ nun nicht mehr zu, dass mich andere Männer zum Tanzen holten. Wir tanzen fast jede Tour und zwischendurch wurde ein Schluck Wein getrunken. Uta und ich hielten uns mit unserem Alkoholkonsum zurück, denn wir tranken im Normalfall nichts. Die Wirkung von einem Glas spürten wir schon gehörig.

Die Gaststätte hatte sich in der Zwischenzeit gefüllt. Aus allen drei Bars klang Tanzmusik. Dieter machte mich dann auf ein Pärchen aufmerksam, das eng umschlungen tanzte. Er wollte mit mir wetten, dass beide gleich das Lokal verlassen und nach einer halben Stunde wiederkommen würden. Und so war es dann auch. Die Dame sah ein wenig zerzaust aus und glättete mit der Hand ihre Kleidung. Dann tanzten sie eng umschlungen weiter. Mir war klar, was hier so vor sich ging, und es war mir ein wenig peinlich.

Es ging bereits auf Mitternacht zu, als wir beiden Mädels beschlossen, uns auf den Heimweg zu machen. Es war sehr schön und interessant für uns gewesen, aber nun war es genug. Wir riefen uns ein Taxi, das auch bald erschien. Der Besitzer dieser Gaststätte hatte seine Beziehungen, denn Taxis waren rar. Die beiden Herren verabschiedeten sich herzlich von uns. Uta hatte Dieter ohne mein Wissen meine Telefonnummer vom Betrieb gegeben. Da Dieter mir sympathisch war, hatte ich damit kein Problem. Den nächsten Tag verbrachten Uta und ich gemeinsam und werteten den Tanzabend gründlich aus. Nun wussten wir, was man unter dem Tanzlokal „Schorschl" verstand.

In der darauffolgenden Woche meldete sich Dieter telefonisch bei mir. Ich war überrascht. Es war ein heißer Tag und er lud mich ein, mit ihm an den Kanal baden zu fahren. „Warum nicht?", dachte ich und willigte ein. Er holte mich mit einem hellblauen Motorroller ab und es ging in Richtung Kanal. Der Kanal war in Leipzig der Inbegriff von FKK, also Nacktbaden. Aber eigentlich war hier alles erlaubt. Er wurde im Zweiten Weltkrieg gebaut und sollte die Verbindungsstrecke zwischen dem Leipziger Hafen und dem Mittellandkanal bilden. Er wurde jedoch nie fertiggestellt. Das Wasser war nicht tief, gerade so, dass man schwimmen konnte. Es ist kein fließendes Gewässer und daher wesentlich wärmer als in anderen Bädern.

Das erste Mal hatten wir beide Badebekleidung dabei. Wir badeten ausgiebig und unterhielten uns sehr angeregt. Dabei erfuhr ich, dass er Maschinenbauingenieur war. Er arbeitete als Abteilungsleiter bei TAKRAF in Leipzig, einem Betrieb, der Tagebauausrüstungen, Krane und Förderanlagen produzierte. Nach seinem familiären Status fragte ich ihn nicht. Damals war man in seinem Alter und bei seinem Aussehen einfach in festen Händen. Aber vielleicht war er doch nicht verheiratet? Jedenfalls wollte ich es erst einmal nicht wissen. Bestimmt hätte er es mir erzählt. Das Thema grenzten wir aus und ich genoss es, verehrt zu werden.

Wir trafen uns noch ein paarmal und er brachte mich jedes Mal artig nach Hause. Ich hatte mich in ihn verliebt und ich merkte, dass ich ihm auch nicht egal war. Eines Tages lud ich ihn einfach zu mir in mein Zimmer ein. Ich hatte ein kleines Essen vorbereitet. Es gab Steaks, die mir völlig misslungen waren. Er lachte nur und aß es trotzdem. Wir plauderten ausgelassen und tranken ein Glas Wein. Es war schön, Besuch von einem Mann zu haben. Dann kam es, wie es kommen musste, wir schliefen zusammen. Leider musste ich mich dazu überwinden, denn der sexuelle Missbrauch meines Stiefvaters hatte tiefe Spuren hinterlassen. So musste ich mir fast einreden, dass ich nicht benutzt wurde. Die Erinnerung an meine leidvolle Erfahrung stand wieder vor mir. „Hoffentlich verblasst diese traurige Erinnerung bald", dachte ich.

Es blieb nicht bei dem einen Mal. Wir trafen uns nur in der Woche und ich wollte nicht wissen, aus welchem Grund. Lange genug war ich allein gewesen und nun wollte ich einfach nur geliebt und verehrt werden. Eines Tages rückte er mit der Sprache heraus. Er berichtete mir, dass er verheiratet war und drei Kinder hatte. Die beiden Jungen waren elf und zwölf Jahre alt und seine kleine Tochter war noch ein Baby von einem Jahr. Er zeigte mir stolz ein Bild von seinen Kindern. Ich dachte, mich trifft der Schlag. Nie in meinem Leben wollte ich anderen Kindern den Vater und einer Frau den Mann wegnehmen. Ich hatte es am eigenen Leibe erlebt und wusste, wie meine Mutter gelitten hatte. Es gab doch genug Männer auf dieser Erde, warum landete ich ausgerechnet bei einem verheirateten Mann?! Wie konnte ich nur so naiv sein! Das kommt davon, wenn man vor der Wahrheit die Augen schließt. Ich gab ihm zu verstehen, dass wir unsere Beziehung, so schön sie auch war, unbedingt beenden müssten. Mit einem Mal kam ich mir so schuldig vor. Er hatte ja auch nie von seiner Frau gesprochen. Von einer zerrütteten Ehe war auch nie die Rede gewesen. Was treibt einen Mann, der drei Kinder und eine Frau hat, in die Arme einer anderen Frau? War es Abenteuer oder meine Jugend? Immerhin war ich 15 Jahre jünger als seine Frau.

Es war August und mein erster Jahresurlaub stand bevor. Ich fuhr für zwei Wochen mit der Cousine meiner Mutter, deren Mann und Tochter nach Ungarn. Die ungarische Familie hatte mich wieder eingeladen und ich durfte kostenlos bei ihnen am Balaton wohnen. Das ließ ich mir nicht entgehen, denn das Geld war bei mir immer knapp. Onkel und Tante freuten sich, denn man brauchte eine Adresse, um in Ungarn Urlaub zu machen.

Erst mit einer schriftlichen Einladung der Gastgeber konnte man ein Visum beantragen. Die zehn Jahre jüngere Tochter war zwar manchmal eine freche Göre zu mir, aber ich ließ sie einfach abblitzen. Es waren schöne und erholsame Urlaubstage und ich verstand mich sehr gut mit meinen Verwandten.

Braun gebrannt und erholt kam ich nach Leipzig zurück. Als ich mein Zimmer betrat, traute ich meinen Augen nicht. Auf dem Tisch stand eine große Schale mit herrlichen Seerosen. Die wunderschönen Blüten waren in die großen Blätter gesteckt worden. Es war ein traumhafter Anblick. Ein prächtiger bunter Strauß stand auch auf dem Schrank. Meine Mitbewohnerin sollte mir nicht sagen, von wem die Blumen waren, aber sie beschrieb mir den Überbringer. Ich wusste gleich, wer es war. Kein anderer als Dieter wollte mir mit dieser ungewöhnlichen Blumenpracht eine Freude machen. Bei einem gemeinsamen Besuch der Internationalen Gartenbauausstellung in Erfurt war ihm aufgefallen, wie sehr mir Seerosen gefielen. Noch nie hatte ein Mann mir gegenüber eine derartige Aufmerksamkeit gezeigt und so viel Fantasie entwickelt. Ich war total gerührt. Offensichtlich hatte es ihn voll erwischt, aber ich konnte und wollte die Verantwortung für die Konsequenzen aus dieser Beziehung nicht übernehmen.

Es dauerte nicht lange, da stand er selbst vor meiner Tür. Er glaubte, dass es einfach so weitergehen würde wie bisher. Ich versuchte, ernsthaft mit ihm zu reden, doch er sagte mir, dass er sich so lange mit mir treffen möchte, bis ich einen anderen Mann gefunden hätte. Das konnte er doch wohl nicht im Ernst meinen, dachte ich. Ich musste nun immer daran denken, was für Ausreden er sich wohl einfallen ließ, wenn er zu mir kam. Wie hilflos und abhängig doch eine Frau ist, die drei Kinder hat und auf den Ernährer angewiesen ist. Ich konnte und wollte so nicht mehr weitermachen. Da war wieder einmal „Väterchen Zufall" meine Rettung.

Die beste Lösung

Es war Mitte September, als Uta hatte beschlossen hatte, nach Berlin zu ihrem Freund zu ziehen, wo sie bereits einen neuen Job gefunden hatte. Ihre Kündigung hatte sie bereits eingereicht und zum Abschied wollten wir alle gemeinsam ausgehen. Aber es kam anders, als man meistens denkt. Erst waren alle dafür und dann kam bei allen anderen etwas dazwischen. Nur wir zwei blieben übrig und beschlossen, die Sache auch allein durchzuziehen. Schließlich musste Uta verabschiedet werden, und das mit ganzer Kraft. Ein letztes Mal wollten wir schwofen gehen, immerhin hatten wir beide bereits sieben gemeinsame Jahre hinter uns, wenn auch mit zwischenzeitlichen Unstimmigkeiten. Aber schließlich waren wir damals jung, weiblich und zickig.

Lange rätselten wir, wo wir beide diesmal hingehen sollten. Zum „Schorschl" wollten wir nicht noch einmal. Das kannten wir nun. Jemand empfahl uns das Ring-Café am Georgiring, wo donnerstags Singletanz war. Wir fanden die Idee gut und reservierten zwei Plätze. Als wir ankamen, waren nur sehr wenige Leute da. Je weiter aber der Abend vorrückte, umso mehr füllte sich der große Saal.

Zunächst saßen alle Frauen an einer Stelle des Raumes jeweils an Tischen für vier Personen. Das lockerte sich später auf. Ich fand den Anblick lustig. Mir kam es vor, als wären sie alle auf Männerfang aus. Auch einige kunterbunte Vögel waren dabei, denen man ihr Vorhaben gleich ansah. Uta bestellte für uns beide eine Flasche Wein. Eine nette junge Frau, die auch an unserem Tisch saß, luden wir zum Trinken ein. Wir drei plauderten lustig und lachten miteinander. Im Gespräch mit den anderen stellte sich dann auch heraus, dass einige Frauen tatsächlich darauf aus waren, einen Mann kennenzulernen. Ja, wo auch sonst?

Die Musik war ziemlich laut und am Anfang tanzten nur sehr wenige. Das mochte ich nun überhaupt nicht. Bloß jetzt nicht aufgefordert werden und auf der Tanzfläche beinahe allein tanzen! Eine ganze Weile tat sich erst einmal nichts. Obwohl wir beide uns einbildeten, noch am normalsten auszusehen, kam einfach niemand, um uns zum Tanzen aufzufordern. Dann wurden Uta und ich gleichzeitig geholt. Der Junge, der mich holte, konnte sehr gut tanzen, aber seine Gespräche waren hohl. Ich war froh, als er mich wieder zum Tisch brachte.

Dann kam ein sehr korrekt gekleideter Mann schnurstracks auf mich zu. Er beeilte sich, denn auch ein anderer hatte den gleichen Weg. Mit einem artigen Diener forderte er mich zum Tanzen auf. Wir tanzten beide wie die „alte Schule". Er war sehr galant und wirbelte mich elegant durch den Saal. So gut es bei der lauten Musik ging, unterhielten wir uns. Dabei erfuhr ich, dass er gerade dienstlich in Leipzig sei, um einige Dinge zu besorgen, die er für ein Hotel in Dresden benötige. Er erzählte mir, dass er vorher in Leipzig in einem Hotel gearbeitet hatte und nun in einem der drei Interhotels auf der Prager Straße einen neuen Job begonnen hatte. Daraufhin fragte er mich nach meinem Beruf. Ich erklärte ihm, dass ich als Angestellte in einem kleinen Leipziger Betrieb arbeitete. Er gab sich zufrieden und wir plauderten nun über belanglose Dinge. Ich hatte keine Lust, ihm Näheres über mich zu offenbaren.

Für die nächsten Tänze hielt er sich in meiner Nähe auf, um mich nicht zu verpassen. So tanzten wir für den Rest des Abends zusammen. Als Uta sah, wie beschäftigt ich war, verabschiedete sie sich etwas eher. Sie hatte auch ihre Tänzer, wollte aber nicht so lange bleiben. Als mein Tänzer mich nach meinem Namen fragte, verriet ich nur meinen Familiennamen. So begeistert war ich nun auch nicht von ihm, dass ich gleich per „Du" sein wollte. Das war noch nie mein Ding.

Bald war es Zeit, nach Hause zu fahren. Er bot mir an, mich mit seinem Dienstwagen zu fahren. Da er einen sehr anständigen Eindruck auf mich gemacht hatte, vertraute ich ihm. Schließlich hatte ich es relativ weit bis nach Hause. Die Straßenbahnen fuhren um diese Zeit in sehr großen Abständen und die Nacht war kühl. Also alles Gründe, um sich nach Hause bringen zu lassen.

Gemeinsam verließen wir das Ring-Café. Mein Tänzer behauptete, das Auto gegenüber dem Schauspielhaus abgestellt zu haben. Also liefen wir quer durch die Stadt dorthin. Als wir ankamen, war weit und breit kein größerer Gegenstand zu erkennen, der wie ein Auto aussah. Ich fühlte mich veralbert und bereute mein blindes Vertrauen. Wir liefen hin und her und noch immer behauptete er, das Auto hier abgestellt zu haben. Dann plötzlich fiel ihm ein, dass das Auto ja genau auf der anderen Straßenseite stehen müsste. Ich glaubte ihm nun kein Wort mehr und wollte allein loslaufen. Er beschwor mich, ihm zu vertrauen, und siehe da, das Auto stand wirklich dort. Mir war es ein Rätsel, dass ein Mann vergessen konnte, wo er sein Auto geparkt hat. Schließlich war er nicht betrunken. Da ich fröstelte, war ich froh, nun endlich nach Hause zu kommen.

Ich ließ mich nicht vor meinem Haus absetzen, sondern dort, wo Uta wohnte, denn mir war die Sache nicht mehr so ganz geheuer. Als wir uns voneinander verabschiedeten, bat er mich um meine Telefonnummer. Ich gab ihm die von Uta. Höflich verabschiedete er sich von mir und fuhr los. Er musste in dieser Nacht noch bis nach Dresden. Ganz schlau wurde ich aus diesem Mann nicht, aber das musste ich wohl auch nicht. Ich war ja zu nichts verpflichtet. Getanzt hatten wir beide gut miteinander und der Abend war bis auf die Autosucherei auch ganz nett gewesen. Mehr nicht.

Am anderen Tag wollte Uta natürlich alles haargenau wissen, wie es unter Mädchen so ist. Wir lachten beide über diesen Mann, fanden ihn aber nett. Ein paar Tage später kam Uta ganz aufgeregt in mein Zimmer und erzählte mir, dass ER bereits drei Mal angerufen hatte. Er wollte einfach nicht glauben, dass ich gerade eine Dienstberatung hatte und nicht zu sprechen war. Endlich klappte es. Das Telefon klingelte und ER war am anderen Ende der Leitung. Beinahe vorwurfsvoll erklärte er mir gleich, dass es gar nicht nett sei, mich verleugnen zu lassen. Ich wusste nicht, wovon er sprach, und gab ihm das auch zu verstehen. Nachdem er sich beruhigt hatte, teilte er mir mit, dass er in der nächsten Woche wieder in Leipzig sei und sich gern mit mir treffen würde. Ich solle es doch einrichten, wenn ich es auch möchte. „Warum eigentlich nicht?", dachte ich und sagte ihm zu. Schmetterlinge im Bauch hatte ich dabei nicht. Aus unseren Gesprächen im Ring-Café wusste ich, dass er nicht verheiratet war. Also ging ich hier auch kein Risiko ein. Vielleicht käme ich so schneller von Dieter los, was mein festes Bestreben war.

Zum verabredeten Termin holte mich mein Tänzer vom Betrieb ab. Ich bestellte ihn aber nicht an das Tor, denn man hatte mich bereits mit Dieter gesehen und mein guter Ruf war mir wichtig. Diesmal hatte er gleich sein Auto dabei. Es war ein roter „Skoda Octavia". Wir fuhren zum Hotel „International", das heute der „Fürstenhof" ist, wo er als Empfangssekretär seine Hotellaufbahn begonnen hatte. Er lud mich zu einer Tasse Kaffee ein.

Als wir das Hotel betraten, wurde er sehr laut und fröhlich von seinen ehemaligen Kollegen begrüßt. Er war elegant gekleidet und ich fühlte mich an seiner Seite wohl. Bei einer Tasse Kaffee erfuhr ich, dass er für ein Jahr im Austausch in einem Hotel in Prag gearbeitet hatte. Er war auch ganz stolz darauf. Zurück nach Deutschland kam er allerdings beinahe fluchtartig. Nun erzählte er mir, dass er damals in dem Prager Hotel Nachtschicht hatte und am anderen Morgen an der Moldau sein Auto waschen wollte. Als er das Brummen von Flugzeugen hörte, schaute er zum Himmel hinauf und sah kleine russische Panzer an Fallschirmen lautlos nach unten schweben. Er hatte zwar im Radio von den Unruhen in Prag gehört, konnte aber den Ernst der Lage nicht einschätzen. Die vom Himmel herunterfallenden Panzer ließen nichts Gutes ahnen. Eilig fuhr er zum Hotel und rannte in sein Zimmer. Dort warf er seine Sachen gleich aus dem Fenster nach unten, um kein großes Aufsehen zu erregen. Schnell verstaute er alles im Auto und fuhr in Richtung Grenze zur DDR. Kaum war er in Deutschland, da brachte man schon die Meldung von der Zerschlagung des „Prager Frühlings". Besonders in Prag ging es drunter und drüber. Genau wie wir war er noch rechtzeitig über die Grenze gekommen.

Seine abrupte Rückreise hatte für ihn keinerlei Konsequenzen. Im Gegenteil, man hatte ihm angetragen, den Empfangsbereich in den Interhotels Prager Straße in Dresden mit aufzubauen. Zunächst war von den drei Hotels nur das Hotel „Bastei" fertig, wo er anfänglich arbeitete und wohnte. Seine Aufgabe bestand darin, junge Empfangssekretärinnen auszubilden. In einem der drei Hotels sollte er später als Empfangschef arbeiten. Das alles klang für mich sehr interessant. Der Moment war gekommen, wo er der Meinung war, dass wir uns ruhig mit „Du" ansprechen sollten. Er hieß Siegfried. Verliebt hatte ich mich nicht in ihn, aber er war interessant, nett und zehn Jahre älter als ich. Nach diesem Nachmittag trennten wir uns und er versprach, sich wieder bei mir zu melden. Seine Eltern wohnten in Leipzig und er wollte sie demnächst besuchen.

Wir trafen uns noch mehrere Male, ohne dass etwas zwischen uns passierte. Auf diese Weise lernten wir uns näher kennen und ich erzählte ihm so nebenbei, dass ich Ingenieur war. Das beeindruckte ihn sehr. Er fand es gut, dass ich damit nicht prahlte. Schließlich konnte er nicht wissen, dass ich dazu keinen Grund hatte.

Dann kam es zu einem letzten Treffen mit Dieter. Ich erklärte ihm, dass ich mich nicht mehr mit ihm treffen möchte, weil ich einen Mann kennengelernt hatte. Er war sehr betroffen und verstand meine Handlungsweise nicht. Am liebsten wäre es ihm gewesen, wenn ich mich auch noch mit ihm getroffen hätte. Das wollte ich beim besten Willen nicht. Ich war froh, so eine Lösung gefunden zu haben. Nur mit einem neuen Partner kommt man schnell von einer Beziehung los. Als ich ein paar Tage später aus meinem Fenster schaute, sah ich ihn eng umschlungen mit einer jungen Frau auf dem gegenüberliegenden Fußweg stehen. Ich wollte meinen Augen nicht trauen, aber es war eindeutig er. Es machte auf mich den Eindruck, als hätte er nur darauf gewartet, dass ich aus dem Fenster schaue und ihn sehe, weil er wusste, dass ich das abends gerne tat. Genau vor meinem Haus war die Haltestelle der Straßenbahn. Es war interessant, die ein- und aussteigenden Leute zu beobachten. Zuerst wunderte ich mich, warum er dort mit einer Frau stand, dann fiel mir ein, dass er mich damit bestimmt eifersüchtig machen wollte. Das funktionierte aber nicht, denn ich hatte mich nicht nur körperlich, sondern auch gefühlsmäßig von ihm getrennt. Ich fand es total lächerlich und war froh über meine rigorose Entscheidung.

Schneller als gedacht

Für mich hatte sich die Sache mit Dieter erledigt und ich war froh, so problemlos aus dieser Affäre gekommen zu sein.

Als Siegfried sich wieder per Telefon meldete, lud er mich nach Dresden zu einer Fahrt auf einen Luxusdampfer auf der Elbe ein. Es war bereits Oktober. Das Wort Luxusdampfer klang mir so geschwollen und ich fragte ihn, ob es denn auch eine Nummer kleiner gehe. Nein, meinte er, um diese Zeit fahren nur noch die Luxusdampfer, denn die sind beheizbar. Das hatten wir auch nötig, denn der Oktober zeigte sich abends von seiner kühlen Seite.

Als ich in Dresden auf dem Hauptbahnhof ankam, empfing er mich mit einem kleinen Rosenstrauß. Ich fand die Geste sehr nett. Dann erklärte er mir, dass er im Hotel „Bastei" ein Zimmer bewohne, wo aber Damenbesuche nicht erlaubt waren. Ich sollte mich also unbemerkt an der Rezeption vorbeischmuggeln, während er seine neuen Kolleginnen in ein Gespräch verwickelte. Das funktionierte gut. Ich stellte meine Reisetasche in seinem Zimmer ab, machte mich ein wenig frisch und bald waren wir auf dem Weg zur Dampferanlegestelle an den Brühlschen Terrassen.

Es war ein wunderschöner Herbsttag und die Fahrt auf dem Dampfer war ein Genuss. Für mich war es das erste Mal, dass ich eine Dampferfahrt auf der Elbe machte. Vorbei am Dresdner Elbflorenz und an der Terrasse des berühmten Schlosses von Pillnitz fuhren wir bis Pirna. Wir schauten uns die Stadt an und anschließend lud mich Siegfried zum Essen in ein Hotel ein. Bald wurde es Zeit, denn die Rückfahrt war ebenfalls mit einem Dampfer geplant. Stromabwärts ging etwas schneller. Der Abend war bereits empfindlich kühl und wir registrierten dankbar die Vorzüge eines beheizten Dampfers. Am Terrassenufer der Dresdner Altstadt angekommen, steuerte Siegfried zielgerichtet auf eine Gaststätte gegenüber dem Zwinger zu, in deren obere Etage eine Tanzbar war. Der Einlassdienst fragte nach unserer Eintrittskarte, die wir natürlich nicht hatten. Erstaunt und lächelnd sah ich, wie uns Siegfried mit einem Geldschein Zutritt für beide verschaffte. So also ging das, dachte ich bei mir.

Wir tanzten bereits sehr eng miteinander und der Wein tat ein Übriges. Wir plauderten und ich hatte das Gefühl, als würden wir uns schon eine Ewigkeit kennen. Es war spät, als wir beschlossen, zu gehen, und ich war gespannt, wo ich wohl schlafen würde. Unser Weg führte uns wieder in Richtung Prager Straße zum Hotel „Bastei". Siegfried instruierte mich, in das Hotel zu gehen und so zu tun, als wollte ich die Hotelgaststätte besuchen. Er holte sich in der Zwischenzeit an der Rezeption seinen Zimmerschlüssel. Während sich die junge Frau umdrehte, um den Schlüssel von der Wand abzuhängen, huschte ich um die Ecke und stieg auf Zehenspitzen die Treppen hinauf. Er fuhr mit dem Aufzug, der von der Rezeption gut einzusehen war. Das Zimmer befand sich in der ersten Etage. Es war zweckmäßig und nach dem neuesten Standard eingerichtet. Kein Wunder, denn die Hotels waren neu gebaut worden. Außer einem Bett, einem Tisch mit Stuhl und dem eingebauten Schrank war noch eine Liege da. Sie war als Aufbettung gedacht. Darunter befand sich eine zweite Zudecke.

Wir beide befanden uns in einer sehr angenehmen und beschwingten Stimmung. Nun gab es auch kein Rätselraten mehr, wo ich wohl schlafen würde. Nach einer wohltuenden warmen Dusche huschte ich ganz verlegen in das frisch bezogene Bett. Alles duftete so sauber und für mich war hier alles Luxus pur. Es dauerte nicht lange und Siegfried kuschelte sich an mich. Wir schliefen miteinander und ich bekam für den Rest der Nacht kaum ein Auge zu. Es war alles so aufregend und neu für mich. Zwar war es nicht die große Leidenschaft oder gar Liebe auf den ersten Blick, aber immerhin der Anfang einer neuen Beziehung. Während ich nun grübelte, wie das hier wohl weitergehen würde, versuchte ich, nicht aus dem schmalen Bett zu fallen. Meine neue Beziehung schlief tief und fest und bald fielen auch mir die Augen zu.

Am anderen Tag zeigte mir Siegfried die Sehenswürdigkeiten von Dresden. Wir besuchten den Zwinger und die alten Meister. Ich war begeistert. Kunst interessierte mich schon immer. Bestürzt war ich über den Anblick des völlig zerstörten und ausgebrannten Schlosses mit dem Taschenbergpalais. Die Ruinen sahen zwar verkohlt aus, dennoch konnte man die einstige Schönheit der historischen Bauten erahnen. Die Stadt stand immer noch am Anfang eines Neubeginns nach der sinnlosen Zerstörung am 14. Februar 1945. Wo vorher Schutt und Asche waren, wurden neue Häuser gebaut. Allerdings war der Baustil völlig anders als vor der Zerstörung. Die bevorzugte Bauweise war Plattenbau, der so gar nicht zu dieser wunderschönen alten Architektur passte.

Ich hatte an diesem Tag ein selbst geschneidertes Kostüm an und Siegfried war begeistert, dass ich so etwas selbst nähen konnte. Immer wieder machte er mir nette Komplimente.

Es war ein schönes Wochenende gewesen. Zufrieden mit mir und der neuen Situation fuhr ich nach Leipzig zurück. Noch nie hatte ich so viele schöne Dinge hintereinander erlebt. Siegfried brachte mich zum Zug. Zum Abschied nahm er mich ganz fest in die Arme und sagte mir, dass er mich liebe. Ich war mir nicht ganz sicher, ob ich das auch tat, aber angenehm war die Situation auf jeden Fall. Seit langer Zeit fühlte ich so etwas wie Geborgenheit.

Mein Zukünftiger

Als ich Siegfried kennenlernte, war ich 23 Jahre alt und er war zehn Jahre älter. Den Altersunterschied fand ich sehr angenehm. Seine Reife und Lebenserfahrungen wirkten auf mich beruhigend. Ich vertraute ihm voll und ganz und sein Organisationstalent imponierte mir sehr. Er hatte bereits eine Ehe hinter sich. Sein damals sechsjähriger Sohn lebte bei seiner geschiedenen Frau. Die Scheidung lag zwei Jahre zurück. Ich war froh, dass er nicht verheiratet war. Wenigstens war diesmal alles klar. Sein erster Beruf war Schriftenmaler. Er hatte eine künstlerische Begabung, die er leider nie ausbaute. Da er von den Nitrofarben eine Allergie bekam und unter ständigen Magenproblemen litt, musste er den Beruf aufgeben. Er begann eine Lehre zum Industriekaufmann. Danach bewarb er sich als Empfangssekretär und bekam eine Stelle im Hotel „International" in Leipzig. Seine Frau war Kellnerin im damaligen Untergrundmessehaus am Markt. Weil ein Kind unterwegs war, heirateten sie. Es war seine erste große Liebe. Am Anfang war auch alles bestens, dann entwickelten sich beide völlig unterschiedlich. Während er sich durch den Umgang mit den Privilegierten der DDR zu einer eleganten Persönlichkeit entwickelte, kam seine Frau abgespannt von der anstrengenden Arbeit einer Kellnerin nach Hause. Todmüde und nach Zigarettenqualm riechend fiel sie ins Bett. Auf Äußerlichkeiten legte sie privat keinen besonderen Wert. Er dagegen war ein schöngeistiger Mensch, für den das äußere Aussehen wichtig war. Zwischen ihnen entstand eine Kluft, die beide zu spät bemerkten, um noch etwas daran ändern zu können. Es kam, wie es kommen musste, er ließ sich von ihr scheiden, weil er mit ihr nicht mehr zusammenleben konnte. Ehescheidungen waren damals absolut kein Problem. Man kannte weder ein Trennungsjahr noch hatte man Verpflichtungen jeglicher Art dem anderen gegenüber, außer Alimente für Kinder zu zahlen. Die Scheidung ging schnell vonstatten und war bei Weitem nicht so teuer wie heute.

Das Angebot, für ein Jahr in ein Partnerhotel nach Prag zu gehen, nahm er gern an. Hier lernte er die Tochter des Direktors vom Prager Flughafen kennen. Der Vater war Stammgast in dem Hotel, wo Siegfried arbeitete, und so kamen beide zusammen. Weil er mehr zu sein schien, als er tatsächlich war, stand einer Verlobung nichts im Weg, was dann auch beschlossen wurde. Ganz glücklich waren jedoch weder Siegfried noch seine Eltern. Das Mädchen war sehr verwöhnt und sprach wenig Deutsch. Eine Abhängigkeit von den reichen Schwiegereltern war vorprogrammiert. In dieser Situation hatte er mich kennengelernt. Mein wacher Verstand und meine unkomplizierte Art gefielen ihm sehr und ihm fiel es wie Schuppen von den Augen, welchen Fehler er beinahe begangen hätte. Die neue Situation kam ihm also auch sehr gelegen und er forcierte unsere Beziehung.

Die Familie von Siegfried gehörte zu den Vertriebenen aus Schlesien. Von den drei Kindern war er das jüngste. Der Bruder war zwei Jahre älter als er und die Schwester vier Jahre.

Die Eltern seiner Mutter waren in Schlesien Fabrikbesitzer gewesen. Der Urgroßvater besaß im Westerzgebirge einige Papiermühlen und war nebenbei Verleger von Klöppelspitzen, welche die Frauen der Erzbergleute als Zuverdienst zum kargen Lohn ihrer Männer mühselig herstellten. Er war ein ehrgeiziger Bastler und erfand den ersten Motorschlitten im Erzgebirge. Da Siegfrieds Mutter nicht dem Wunsch ihrer Familie entsprochen hatte, einen standesgemäßen Mann zu heiraten, wurde sie enterbt und aus der Familie ausgeschlossen. Der Mann, den sie liebte und heiratete, war ein sehr gut aussehender Mann, der aber aus einer Arbeiterfamilie stammte. Zudem war er drei Jahre jünger als sie. Die Liebe zu diesem Mann war so groß, dass sie alles auf sich nahm. Doch diese große Liebe war anscheinend nur ein Strohfeuer. Ihr Sohn war gerade mal drei Jahre alt, als sie eine Affäre mit einem Maler aus dem Nachbarort hatte. Ihr Mann war zu dieser Zeit an der Front. Aus dieser Affäre entstand Siegfried. Als er geboren wurde, war die Ähnlichkeit zu diesem Maler bereits unverkennbar. Nun war die Not groß. Wie sollte sie es nur ihrem Mann beibringen, dass dieses Kind nicht sein Sohn war? Ihr Mann bemerkte sofort das Kuckucksei. Er gab ihr jedoch zu verstehen, dass nun nichts mehr an der Situation zu ändern sei. Das Kind solle in der Familie aufwachsen, aber wehe, es komme ihm in die Quere. Es hatte zu tun, was von ihm verlangt wurde, ein „Aber" würde es nie geben. Er befahl ihr, mit niemandem darüber zu reden, um ihn nicht lächerlich zu machen. Das Aussehen des kleinen Jungen ließ jedoch keine Frage offen. Die Umwelt schwieg. Dann kam die Flucht aus Schlesien, die Familie landete in Leipzig.

Mit der Geburt dieses außerehelichen Kindes begann ein harter Lebensweg für seine Mutter. Stets stand sie zwischen ihrem Mann und dem Sohn, den sie heimlich abgöttisch liebte. Ihr Mann entwickelte sich zu einem Despoten, der ihr ständig zu verstehen gab, welches Gnadenbrot der Junge bei ihm genoss. Sie sorgte ständig dafür, dass der kleine Junge keine Fehler machte. Alle Probleme räumte sie vorher aus dem Weg und so wurde das Kind unbewusst falsch erzogen. Damit nichts entzweiging, brauchte es auch zu Hause nichts tun. Dafür waren die anderen Kinder umso mehr gefragt. Entsprechend wurden sie von der Mutter wesentlich härter erzogen. Besonders der andere Sohn litt unter dieser Differenzierung.

Siegfried hatte als Kind ein sehr freundliches und sonniges Wesen. Das kam ihm besonders zu Hilfe, als er nach dem Krieg in die Dörfer zu den Bauern geschickt wurde, um Kleidung und Gebrauchsgegenstände gegen Essen zu tauschen. Er kam immer mit vollen Taschen nach Hause und die Mutter war stolz auf ihn. Das Talent zum Malen und die schönen Dinge zu erkennen, hatte er von seinem Erzeuger geerbt. Die beiden anderen Kinder hatten nicht so eine Gabe und so kam es oft zu Streitereien untereinander.

Der strenge Vater zeigte ein mildes Lächeln, wenn die volle Tasche mit den Nahrungsmitteln auf dem Tisch stand, die der kleine Bastard organisiert hatte. Einmal, so erzählte mir seine Mutter, hatte Siegfried sich erlaubt, einen Camembert-Käse allein aufzuessen, weil er großen Hunger hatte. Als der Vater das Zimmer betrat und den Jungen essen sah, war er außer sich vor Wut. In seinem Zorn griff er den Jungen, öffnete das Fenster und machte Anstalten, ihn hinauszuwerfen. Zu Tode erschrocken rannte die Mutter herbei und entriss ihm das Kind. Noch Jahre danach war sie sich nicht im Klaren, ob er sein Vorhaben in die Tat umgesetzt und den Jungen aus dem Fenster geworfen hätte oder nicht. Der Vater warf dem Jungen vor, dass er ihn jahrelang ernährt hatte und er kein Recht hätte, irgendetwas unerlaubt zu essen, auch wenn er es besorgt hatte.

Dieses Vorkommnis bohrte sich ganz tief in die Seele des Jungen ein. Die Mutter hütete ihn noch mehr und ermahnte ihn ständig, ja keine Fehler zu machen. In der Schule entwickelte er sich zu einem ganz normalen, lernfreudigen Kind. Seine Leistungen waren meist besser als die seiner Geschwister, und das war sein Glück. Erst als er im Interhotel arbeitete und dort sehr erfolgreich und beliebt war, wurde der Vater auf ihn aufmerksam. Mit einem Mal war er stolz auf „seinen Sohn".

Siegried hatte sich in den Jahren seiner Kindheit der Situation angepasst und war immer nur um die Gunst des Vaters bemüht. Im Laufe unserer Ehejahre merkte ich ganz deutlich, dass der Charakter des Menschen tatsächlich sein Schicksal ist. Siegfried hätte es nie gewagt, seinem Vater zu widersprechen. Auch seine Mutter war für ihn eine Respektsperson. In seinem Berufsleben dehnte sich dieses Untertänigkeitsverhalten auf seine Vorgesetzten aus. Dennoch war er kein Feigling, eher ein sehr pflichtbewusster Mitarbeiter, der es gewöhnt war, diszipliniert zu sein.

Diese ihm anerzogene Gehorsamkeit praktizierte er später bei seinen beiden Söhnen. Er entwickelte sich zu einem oft despotischen Vater und nutzte seine körperliche Überlegenheit und die Hilflosigkeit der Kinder aus. Auch ich stand hin und wieder zwischen meinem Mann und den beiden Jungen.

Wir trafen uns nun beinahe jedes Wochenende. Entweder fuhr ich nach Dresden oder Siegfried kam nach Leipzig. Hatte er Wochenenddienst, ging es natürlich nicht und ich ließ mich mal wieder bei meiner Mutter blicken.

Einmal hatten wir uns in Leipzig verabredet. Ich fuhr an diesem Freitagabend zum Bahnhof, um ihn vom Zug abzuholen, aber er kam weder mit dem vereinbarten Zug noch den späteren Zügen. Völlig beunruhigt fuhr ich mit der letzten Straßenbahn nach Hause. Was war passiert, dass er nicht gekommen war? Am anderen Tag bat ich den Pförtner meines Betriebes, telefonieren zu dürfen. Ich rief im Hotel in Dresden an und erfuhr, dass er keinen Dienst hatte. Das verstand ich nun überhaupt nicht. Wir waren doch verabredet. Um ihn nicht zu kompromittieren, fragte ich nicht weiter nach. Auch an diesem Tag wartete ich vergebens auf sein Kommen. Ich konnte mir einfach keinen Reim darauf machen und bekam meine Unruhe kaum in den Griff. Am Montagmorgen rief er endlich in meinem Büro an und entschuldigte sich. Er sagte mir, dass er eine dringende Angelegenheit regeln musste und aus diesem Grund nicht nach Leipzig kommen konnte. Ich fand es nicht gut, dass er mich nicht bereits am Freitag darüber informiert hatte. Mit knappen Sätzen erklärte er mir den Grund.

Er hatte bis zu dieser Zeit das Verhältnis mit der Tochter des Prager Flughafenchefs noch nicht gelöst. Die junge Frau war an diesem Wochenende nach Dresden gekommen, um sich mit ihm zu verloben. Sie hatte auch die wertvollen Verlobungsringe mit, die der Vater spendiert hatte. Nun war es an Siegfried, endlich die Wahrheit zu sagen. Ihm fiel das nicht leicht, weil beide bereits von der Verlobung gesprochen hatten. Deshalb lud er die junge Tschechin zum Essen ein und erklärte ihr in Ruhe, dass es für beide besser sei, diese Verbindung nicht einzugehen. Die Verständigung war nicht einfach. Siegfried konnte eine wenig Tschechisch und sie fast kein Deutsch. Das war also der Grund, warum er mich versetzt hatte.

Das Wochenende darauf kam Siegfried nach Leipzig. Er wollte seine Eltern besuchen, um ihnen die neue Situation mitzuteilen. Gleichzeitig wollte er die Gelegenheit wahrnehmen, um mich vorzustellen. Ich hatte großes Lampenfieber. Wir waren für 15.00 Uhr angekündigt. Als wir an der Wohnungstür klingelten, war es jedoch 15.30 Uhr. Die Mutter öffnete die Tür. Bereits im Hausflur beschimpfte sie ihren Sohn, wie er es wagen konnte, erst jetzt zu erscheinen. Seit einer halben Stunde warteten sie bereits auf ihn. Mich registrierte sie nicht. Mit so einem Empfang hätte ich nicht gerechnet.

Nachdem sie ihren Frust abgeladen hatte, wendete sie sich endlich mir zu. Ich gab ihr den kleinen Blumenstrauß, den sie mürrisch entgegennahm. Das schlug mir fast auf den Magen. Nunmehr völlig eingeschüchtert, setzte ich mich auf das Sofa. Dann kam der Vater herein und begrüßte uns sehr freundlich. Ich war über seine Erscheinung angenehm überrascht. Er war groß, relativ schlank, hatte breite Schultern und seine ergrauten Haare waren noch zahlreich vorhanden. Bei der Begrüßung seines Sohnes drückte er ihm freundschaftlich die Schulter. Mich begrüßte er mit einem festen Händedruck und sagte mir, dass er sich freue, mich kennenzulernen. Siegfrieds Mutter war noch immer unfreundlich, rückte nervös die Stühle zurecht und zupfte an der Tischdecke. Im Gegensatz zu ihrem Mann war sie wesentlich kleiner und untersetzt. Sie sah um einige Jahre älter aus als er. Ihre langen Haare, die immer noch sehr dunkel waren, hatte sie zu einem Zopf geflochten und mit Nadeln am Hinterkopf zu einem Dutt gesteckt. Dadurch wirkte sie noch älter, vor allem aber altmodisch.

Sie unterhielt sich nun mit Siegfried und fragte ihn nach diesem und jenem. Mich beachtete sie kaum. Der Vater fing mit mir ein nettes Gespräch an. Von Anfang an war er mir sympathisch und ich glaube, das beruhte auf Gegenseitigkeit. Als er mich nach meinem Beruf fragte, gab ich ihm bereitwillig Auskunft. In seinem Gesicht sah ich, dass ihm das gefiel.

Siegfried hatte mich vorher instruiert, nach Möglichkeit um nichts zu bitten und auch eventuell den Kaffee abzulehnen. Ich verstand leider nicht, wie er das meinte, weil ich das von zu Hause nicht kannte. Aber das erklärte sich bald von selbst. Als die Mutter fragte, ob sie Kaffee kochen solle, sagte Siegfried sofort, dass es nicht unbedingt nötig sei. Ich schloss mich seiner Meinung vorsichtshalber an und wartete, was es damit auf sich hatte. Die Mutter war sichtlich froh und blieb sitzen. Erst als der Vater sie energisch aufforderte, eine Kanne Kaffee zu kochen, ging sie in die Küche. Die Sparsamkeit der Mutter grenzte an Geiz, aber das hatte seinen Grund. Sie hatte nie einen Beruf erlernt. Stattdessen zog sie drei Kinder groß. Der Vater brachte das Geld nach Hause. Als ich sie kennenlernte, arbeitete sie halbtags als Putzfrau in einem Krankenhaus. Das Essen, das für die Patienten nicht verteilt wurde und übrig blieb, nahm sie mit nach Hause. Für beide war es dann das Abendbrot. Am Monatsanfang wurden immer mit größter Sorgfalt die Einteilung und der Einkauf der Lebensmittel vorgenommen. Der Vater führte sorgfältig über jeglichen Verbrauch Statistik und danach wurde eingekauft. Es durfte nichts dazwischenkommen, denn dann reichten die gekauften Vorräte nicht. Der Besuch von uns war nicht eingeplant gewesen und bedeutete zusätzlichen Verbrauch.

Der Vater verwaltete das Geld und nur er entschied, wofür es ausgegeben wurde. Da fiel selten ein Kleidungsstück für die Mutter ab. Aufgrund dieser Sparsamkeit konnten sie sich einen kleinen gebrauchten Trabant leisten. Er arbeitete beim Zollamt. Später erfuhr ich, dass er dort eine Geliebte hatte. Gut sah er ja aus. Die Mutter ahnte es und trank heimlich, um ihren Kummer zu ertränken. Manchmal war sie betrunken, wenn wir zu Besuch kamen. Dann war sie ein jämmerliches Häufchen Unglück. Da sie nicht geliebt wurde, konnte sie auch keine Liebe geben. Ich spürte förmlich, dass das keine gute Ehe war. Trotz der vielen Jahre, die sie in Leipzig lebten, sprachen beide noch den schlesischen Dialekt. Die Kinder sagten zum Vater „Vatl" und zur Mutter „Muttl". So eine Anrede hatte ich mir später ein für alle Mal verbeten.

Hilfe, ich bin schwanger!

Für uns beide war klar, dass wir zusammenbleiben wollten. Das Hin- und Herfahren war nicht gerade die optimale Lösung. Manchmal trafen wir uns auch mitten in der Woche auf halber Strecke in Riesa und gingen dort gemeinsam essen. Das Wochenende in einem Hotel ist die Zeit, wo die meisten Gäste da sind. Oft hatte Siegfried keine Zeit für mich, denn schließlich war er Empfangschef in einem großen Hotel. Da die neue Tätigkeit in Dresden für ihn eine reizvolle Herausforderung war, lag es nahe, dass ich zu ihm zog. Aber er hatte noch keine Wohnung und das war ja die Voraussetzung für einen Umzug. Bis dahin schlief ich bei ihm im Hotelzimmer, was man allerdings nicht gerne sah, denn Unverheirateten war es damals nicht gestattet, zusammen in einem Hotelzimmer zu schlafen. Da machte man bei uns auch keine Ausnahme, weil es nicht der sozialistischen Moral entsprach.

In der Zwischenzeit hatte meine Mutter Siegfried kennengelernt. Sie war ein wenig irritiert, dass er zehn Jahre älter war als ich, und machte sich natürlich auch Sorgen, ob das gut gehen würde. Wir hatten uns doch eben erst kennengelernt. Grundsätzlich aber fand sie ihn nett. Siegfried seinerseits gewann ihre Sympathie mit seinem Charme.

Ende Oktober bemerkte ich, dass ich schwanger war, das bestätigte auch meine Frauenärztin. Ich wollte auf gar keinen Fall ein Kind haben und flehte sie an, einer Unterbrechung zuzustimmen. Da ich in keiner Notsituation war und ein geregeltes Einkommen hatte, sah sie leider keine Chance. Auch die Ärztekommission hätte nicht zugestimmt. Wir kannten uns gerade mal sechs Wochen! So hatte ich mir den Anfang meines neuen Lebens nach der langen Ausbildungszeit nicht vorgestellt. Ich war doch selbst noch gar nicht reif für ein Kind, hatte noch nichts erlebt. Ich haderte mit meinem Schicksal, aber es half alles nichts.

Als ich Siegfried von meiner Schwangerschaft erzählte, nahm er mich in die Arme und weinte. Er erklärte mir, dass er sich darüber sehr freue, weil er seinen kleinen Sohn vermisste. Über diese Reaktion war ich erstaunt und bewunderte seine Vernunft. Eine Woche später machte er mir einen Heiratsantrag. Ich nahm ihn an und fand, dass das die beste Lösung war. Ein Kind allein großzuziehen, war nie mein Ziel gewesen.

Die Begeisterung meiner Mutter hielt sich in Grenzen, aber sie war froh, dass wir wenigstens heiraten wollten. Siegfried bestellte das Aufgebot im Standesamt Dresden-Mitte. Leider war in diesem Jahr nur noch der Tag vor dem Heiligen Abend für eine Trauung frei. Wir nahmen ihn an und heirateten am 23. Dezember. Nun wurde ernsthaft mein Umzug nach Dresden ins Auge gefasst. Zuerst aber musste eine Wohnung her, egal wie. Siegfried ging sofort zur Wohnraumlenkung seines Hotelbetriebes. Er betonte, dass wir heiraten wollten und ein Kind unterwegs sei. Da die Interhotels der Prager Straße ein Schwerpunktvorhaben in Dresden waren und er aus einer anderen Stadt kam, wurde er bevorzugt behandelt. Eine kleine Einraumwohnung in einem Hochhaus in der Nähe der Prager Straße wurde uns in Aussicht gestellt.

Bald erhielten wir die Nachricht, dass die Wohnung in Dresden bezogen werden konnte. Siegfried organisierte einen Kleintransporter. Meine Möbel und die anderen Kleinigkeiten waren schnell aufgeladen. Er erzählte mir, dass er seine neu gekauften Möbel eingelagert hatte, sie wären so ähnlich wie meine. Tatsache war, dass er genau den gleichen Typ der Schrankwand gekauft hatte wie ich. So konnten wir unsere kleine Wohnung hervorragend komplettieren. Dann verkaufte er sein Auto, denn er hatte keine Ersparnisse. Autos waren sehr gefragt und sein Chef war der dankbare Käufer. Der Zeitpunkt des Verkaufes stellte sich später als äußerst günstig heraus, da die Reparaturen begannen. Von dem Erlös wurden elektrischen Großgeräte wie Kühlschrank, Waschmaschine und Fernseher gekauft. Auch für die Hochzeit blieb ein wenig Geld übrig. Die Hochzeitsfeier selbst bezahlte nach alter Tradition meine Mutter.

In meinem Betrieb in Leipzig war man von meinem Vorhaben nicht sehr begeistert. Ich hatte mir eine gute Stellung erarbeitet. Die Tatsache, dass ich schwanger war und heiraten wollte, fanden zwar alle schön für mich, aber ich hinterließ doch eine kleine Lücke. Das gab mir in gewissem Sinne eine Genugtuung.

6. Lebendiger Alltag

Hallo, neues Leben!

Jetzt war ich eine Dresdnerin. Die kleine Einraumwohnung befand sich in der sechsten Etage eines Hochhauses. Der Dresdner Hauptbahnhof und die Prager Straße waren nur ein paar Schritte entfernt. Auf einem langen Flur reihte sich Tür an Tür. Oft standen die Frauen vor ihrer Wohnungstür und hielten ein Schwätzchen. Es roch nach dem, was gerade gekocht wurde. Ging ich vorbei, schwiegen sie und ich spürte die neugierigen Blicke im Rücken. Die Wohnung bestand aus einem Zimmer mit einem Balkon, der so breit war wie das Zimmer. Links neben der Eingangstür befanden sich Toilette und Dusche. Es schloss sich eine winzige Küchenzeile an. Auf zwei Kochplatten zauberte mein Mann die tollsten Menüs. Die Küche war danach nicht wiederzuerkennen, aber das Essen schmeckte super. Er schaute im Hotel gern den Köchen über die Schulter und entwickelte sich zu einem Hobbykoch.

Ein Einbauschrank gegenüber im Flur war sehr hilfreich. Das Zimmer war etwa 16 Quadratmeter groß und quadratisch. Hier konnten wir gut unsere Möbel platzieren, denn wir hatten ja beide den gleichen Typ unabhängig voneinander gekauft. Alles war auf engstem Raum angeordnet. In einen Müllschlucker gleich neben der Tür warf man seinen Müll unsortiert hinein, der im Keller in eine große Tonne fiel. Später war diese Art der Müllentsorgung aus hygienischen Gründen verboten. Ratten tummelten sich im Keller, denn auch Lebensmittel landeten hier und es roch sehr abenteuerlich. Das ganze Haus war hellhörig und das in 16 Etagen. Manchmal war es eine Last, trotzdem waren wir von der kleinen Wohnung begeistert. Sie war neu und modern. Vor allem aber war sie mit einer Fernheizung ausgestattet. Das war damals wie ein Lottogewinn. Der Nachteil der Wohnung war, dass man bei geöffnetem Fenster die Geräusche des nahen Bahnhofes hörte und bei geschlossenem Fenster nicht schlafen konnte. Manchmal glaubte ich auch, den Geruch von den Dampflokomotiven wahrzunehmen. Wir schliefen auf meiner Doppelbettcouch, die täglich aufgeklappt und wieder zurückgeklappt werden musste. Die Zeit im Internat hatte mich geprägt. War das Zimmer aufgeräumt, war für mich die Welt in Ordnung. Dann kam uns das Zimmer auch nicht so klein vor.

Es war eine glückliche Zeit, als wir hier wohnten. Alle Wege waren kurz. Vor dem Bahnhof war meine Straßenbahnhaltestelle, die ich in kürzester Zeit erreichen konnte. Trotzdem rannte ich jeden Tag, um meine Bahn nicht zu verpassen. Als ich hochschwanger war, passierte es mir nicht nur einmal, dass ich nach so einer Sprinttour vor Anstrengung beinahe das Bewusstsein verlor. Ich klemmte meinen dicken Bauch hinter die Zahlbox, um nicht zusammen zu rutschen. Hier war es während der Fahrt dunkel, die Tür zum Fahrgastraum war zu. Niemand bemerkte meine Not. Es ging aber immer gut aus. Die Nähe des Hotels brachte den Nachteil mit sich, dass Siegfried bei jeder Kleinigkeit gerufen wurde. Die drei Interhotels der Prager Straße waren noch im Aufbau und die neuen Kolleginnen unerfahren. Bei kritischen Situationen wussten sie keinen Rat und Zechprellerei gab es damals schon. Dann war mein Mann stundenlang weg und ich allein.

Es war nicht ganz einfach, für mich in Dresden eine neue Arbeitsstelle zu finden. Da ich Textilingenieur war, wollte ich auch in dieser Branche bleiben. Ich hatte ja auch nichts anderes gelernt. Siegfried machte durch Zufall ausfindig, dass es in Dresden einen Zweigbetrieb der „Plauener Spitze" gab. Er organisierte für mich einen Gesprächstermin. Qualifizierte junge Leute waren immer willkommen. Es sollte aber die richtige Tätigkeit entsprechend meiner Qualifikation sein. Einen Schritt zurück wollte ich auch nicht tun. Ich war schließlich froh, einen nach vorn gemacht zu haben.

Als ich mich bewarb, war ich in dem Leipziger Betrieb Leiterin der Technischen Kontrollorganisation, kurz TKO. Aufgrund dessen bot man mir zunächst eine Stelle als Gütekontrolleur in der TKO des Betriebes an, mit der Option, nach der Einarbeitungszeit als Gruppenleiterin tätig zu sein. Ich erklärte mich damit einverstanden. Meine Schwangerschaft verschwieg ich vorsichtshalber. Nun führte mich der Kaderleiter durch den Betrieb und ich war sehr beeindruckt. Das Hauptprodukt war Raschelspitze. Sie wurde auf modernsten Maschinen hergestellt und war fast ausschließlich für den Export bestimmt. Wunderschöne Dessins wurden hergestellt. Die Spitze wurde für kostbare Gardinen, aber auch für die Herstellung von modernen Bekleidungsartikeln aus Elastikspitze verwendet. Riesige Mengen Tüll wurden für Ballettröcke und Ähnliches in die damalige Sowjetunion exportiert. Das war schon etwas anderes als die Sack- und Verpackungsmittelindustrie. Diese Produkte faszinierten mich.

In dem Betrieb wurde in drei Schichten gearbeitet, eine Arbeiterin bediente sechs Maschinen. Natürlich gab es auch Männer in diesem Beruf. Ich bewunderte die Fertigkeit und Konzentrationsfähigkeit dieser Leute. Wie von Geisterhand entstanden mit feinen Nadeln die herrlichsten Muster. Das Material waren zarte synthetische Fäden bis hin zu den neuen Silastikfäden. Die Muster wurden in einer besonderen Abteilung von fähigen Designern entworfen.

Am 26. November war mein erster Arbeitstag. Zu der Abteilung, wo nun mein Schreibtisch stand, gehörten noch vier weitere Mitarbeiter. Der Abteilungsleiter war ein Bulgare, der mit einer deutschen Frau verheiratet war. Wir verstanden uns von Anfang an gut. Ein älterer Mitarbeiter jedoch hatte vom ersten Tag an ein Problem mit mir. Ich sollte zukünftig seine Gruppenleiterin werden und er bekam mit, dass mein zukünftiger Mann ein Genosse war. Ich spürte regelrecht, wie er mich hasste, und ich musste ständig aufpassen, keine Fehler zu begehen. Er beobachtete mich überall und hetzte andere Arbeiter, mit denen ich nun zu tun hatte, gegen mich auf.

Der Betrieb war wie ein Familienbetrieb. Man kannte sich seit vielen Jahren, neue Kollegen wurden argwöhnisch betrachtet. Bald aber wurde ich von meinem Chef aufgeklärt, warum der alte Mann so verbittert war. In der Nazizeit gehörte er der SS an und war nach der Befreiung des KZ Buchenwald durch die Sowjetarmee dort selbst als Häftling inhaftiert. Er hatte seinen rechten Daumen in diesem Lager verloren. Somit konnte er auch rechts nicht zufassen. Der Daumen ist ja für die anderen Finger der Gegenpol. Seine Seele war voller Hass, besonders aber auf die Genossen. Ich als Jungingenieurin war ihm ein Dorn im Auge. Das gesamte System war im zuwider und er machte keinen Hehl daraus. Da er kurz vor der Rente stand, schenkte man ihm keine größere Beachtung. Ihm war nicht mehr zu helfen. Dennoch hatte er seine Zuhörer unter den Arbeitern.

Die breite Bevölkerung hatte nie erfahren, dass die Konzentrationslager weiter benutzt wurden. Mitleid konnte ich deswegen auch nicht entwickeln. Diese Leute hatten ja auch kein Mitleid mit denen, die vorher hier qualvoll starben, im Gegenteil. Seine Abneigung gegen mich ignorierte ich, soweit mir das gelang, und erweiterte mein fachliches Wissen, indem ich ihn über betriebliche Dinge um Rat bat. Er war ein äußerst guter Fachmann auf dem Gebiet der Raschelwirkerei. Gern gab er Ratschläge, aber stets in einer poltrigen Art. Ich tat so, als bemerkte ich es nicht. Ändern konnte und wollte ich diesen Mann nicht.

Hochzeit und die alte Dame

Der Hochzeit sah ich gelassen entgegen. Ich verließ mich ganz und gar auf meinen zukünftigen Mann, denn er war ein richtiges Organisationstalent. Ein Polterabend stand außer Frage. Ich kannte in Dresden niemand und alle Verwandten mussten anreisen. Eine Feier in der kleinen Einraumwohnung kam auch nicht infrage. Meine Mutter hatte mir das Brautkleid gekauft. Es war ein schlichtes, langes, weißes Modellkleid in Prinzessform. Die lange Form war gerade in Mode gekommen und ich fand das super. In diesem Kleid konnte ich auch das kleine Babybäuchlein kaschieren. Keiner erkannte eine Schwangerschaft als Heiratsgrund. Den Brautschleier kaufte nach altem Brauch die Frau meines großen Bruders. Aufgeregt oder total verliebt war ich nicht, sondern gespannt, was da so alles auf mich zukommen würde.

Am 23. Dezember sollte also geheiratet werden. Siegried hatte alles organisiert. Die Trauung fand um 10.00 Uhr im Standesamt Dresden-Mitte statt. Die anschließende Feier wurde im Dresdner Hotel „Astoria" organisiert. Im Gegensatz zu dem gleichnamigen Hotel in Leipzig war dieses Hotel klein, aber fein. Hier schliefen auch unsere Gäste, die alle bereits am Vortag angereist waren. Mit den Eheringen hatten wir großes Glück. Eigentlich bekam man keine echten goldene Ringe ohne Altgoldabgabe, das wir leider nicht hatten. Auch mit Verwandten im Westen konnte keiner von uns beiden aufwarten – schade. Und genau im November dieses Jahres wurden aus irgendeinem politischen Anlass Eheringe aus 333er Gold frei verkauft. Sie hatten einen leicht rötlichen Ton und ein kleines Muster war eingraviert. Wir sahen sie in Leipzig und kauften sie sofort. Ich war auf diesen Ring sehr stolz. Es war mein erster und lange Zeit einziger goldener Ring.

Der Tag der Hochzeit war gekommen. Es war ein bitterkalter Wintertag. Meine Eltern waren am Vortag wegen eingefrorener Weichen stundenlang im Zug von Leipzig nach Dresden stecken geblieben. Zu jedem Zug, der aus Leipzig laut Fahrplan kommen sollte, war ich hinüber zum Bahnhof gelaufen, um sie abzuholen. Endlich kamen sie total durchgefroren an. Wir aßen zusammen und tranken noch ein Gläschen Wein, bevor Siegfried sie in ihr Hotel brachte.

Am anderen Morgen stand ich bereits um 6.00 Uhr auf, da ich um 7.00 Uhr meinen Friseurtermin hatte. Die Friseuse war extra wegen mir früher ins Geschäft gegangen. Den Schleier hatte ich mitgenommen, damit die Frisur entsprechend angepasst werden konnte. Siegfried hatte nach Alkoholgenuss immer einen sehr tiefen und festen Schlaf. Deshalb stellte ich den Wecker auf einen Teller mit zwei Löffeln. Es mussten noch der Brautstrauß, das Sträußchen für den Bräutigam und die Blumen für die Gäste besorgt werden. Siegfried hatte alles im Blumenladen auf der Prager Straße bestellt. Die Frauen dort kannten ihn vom Hotel her.

Als ich gegen 8.30 Uhr vom Friseur zurückkam, lag mein lieber Siegfried immer noch im Bett und schlief ganz fest. Ich war sauer und aufgeregt, denn die Zeit wurde knapp. Als ich ihn energisch weckte, stand er wie vom Blitz getroffen auf und in wenigen Minuten war er auf dem Weg zum Blumenladen. Nun hieß es schnell aufräumen und das Brautkleid anziehen. Ich fummelte mir den Schleier in die Haare. Die neuen Schuhe drückten jetzt schon und ich war noch nicht geschminkt. Die Zeit raste. Schnell, schnell, schnell, gleich würde der Kollege klingeln, der uns mit seinem tollen Westschlitten zum Standesamt fahren sollte. Gegen 9.30 Uhr wollten wir am „Astoria" sein, wo die anderen Gäste auf uns warteten, um uns hinterherzufahren.

Endlich kam Siegfried mit den Blumen. Gegessen hatte er natürlich nichts. Und da klingelte auch schon der Kollege. Rasch zum Fahrstuhl gerannt und nur nichts vergessen. *Sind die Ringe dabei? Hast du deinen Personalausweis? Verdammt, die Blumen für die Gäste!* Zurück in die Wohnung. Ich warte am Fahrstuhl. Nun wird der auch noch in die zehnte Etage gerufen. Bloß nicht mitfahren, die lachen sich tot, wenn die um diese Zeit eine Braut im Aufzug sehen. Der Aufzug kam leer an, zum Glück! Nun aber los. Autotür auf, Braut und Bräutigam rein, Tür zu! Keine Zeit, den Fahrer zu begrüßen. Mit Wohlwollen bemerkte ich, dass es ein „Westauto" war, ein heller Opel. Die anderen werden staunen! Klapper, klapper, es ist hundekalt.

In rasender Geschwindigkeit ging es zum Hotel, wo die Gäste bereits im Eingangsbereich des Hotels warteten. Meine Schwägerin, die auf Befehl weinen kann, tat das sofort bei meinem Anblick. Auch meine Mutter war total gerührt von ihrer Tochter als weiße Braut und wischte sich verstohlen die Tränen aus den Augen. Wir blieben im Auto sitzen und die anderen stiegen auch in ihre Autos, denn mein Bruder und meine Schwiegereltern waren mit ihren Autos da. Es waren die einzigen Hochzeitsgäste, denn der Zeitpunkt war denkbar ungünstig. Schließlich war am anderen Tag Heilig Abend, wo jeder gern zu Hause war.

Fünf Minuten vor der Trauung kamen wir am Standesamt an. Am Arm von Siegfried stakte ich in meinen Stöckelschuhen durch den knirschenden Schnee. Im Vorraum ordneten alle ihre Garderobe und nahmen die Blumensträuße. Ich legte würdevoll den Brautstrauß aus roten Rosen auf den Unterarm. Die Tür wurde geöffnet, ein Hochzeitslied erklang vom Plattenspieler und wir schritten hinein, gefolgt von den Gästen. Im letzten Moment kam noch der Chef von Siegfried angesaust.

Blumen waren damals in dieser Jahreszeit knapp. Die Dekoration auf dem Tisch der Standesbeamtin waren zwei Blumentöpfe mit roten Weihnachtssternen. Ich fand es trotzdem schön. Die Standesbeamtin machte einen gepflegten, feierlichen Eindruck und ihre Rede war sehr schön. Jawort, Unterschrift, Küsschen. Dann wurde gratuliert. Als wir wieder zum Auto gingen, kam unser Fahrer mit einem Strauß aus weißem Flieder und roten Rosen auf uns zu. Als er mir die Blumen übergeben wollte, war der Flieder bereits braun von der Kälte. Nun, ich sah den guten Willen und freute mich trotzdem. So kalt war es lange nicht gewesen. Die Fahrt ging zurück ins Hotel „Astoria", wo im „Dresdner Zimmer" alles für uns vorbereitet war. Über unseren Köpfen hing das Bild von Canaletto mit der Frauenkirche. Niemand ahnte damals, dass diese schöne Kirche einst wiederauferstehen und in neuem Glanz erstrahlen würde. Sie war damals eine Ruine, ein Mahnmal.

Die Erwartungshaltung unserer Hochzeitsgäste war hoch, denn es hatte vorher noch niemand in einem Interhotel gefeiert. Als wir ankamen, wurde erst einmal mit einem Glas Sekt auf unsere Eheschließung angestoßen. Ein kleiner Imbiss füllte die Wartezeit bis zum raffinierten Hochzeitsmenü. Gratulanten aus dem Kollegenkreis vom Siegfried trafen ein. Ein Musikertrio sorgte für die musikalische Unterhaltung und auch den Hochzeitswalzer vergaß man nicht. Siegried war ein charmanter Tänzer und unser Tanz war gelungen. Das von meinem Mann sorgfältig ausgesuchte Hochzeitsmenü wurde unter wohlwollender Bewunderung verzehrt. Alles war vom Feinsten und mein Mann unglaublich stolz. Nach dem Kaffeetrinken vertraten sich unsere Gäste die Beine oder suchten kurz ihr Zimmer auf. Es war sehr praktisch, hier zu wohnen. Zwischendurch kamen immer wieder Kollegen meines Mannes, um zu gratulieren. Ich freute mich über seine bereits erworbene Beliebtheit. Das Hotel war weihnachtlich geschmückt, was unserer Hochzeit einen besonders feierlichen Rahmen gab.

Mein Mann hatte mir erzählt, dass er einen weiblichen Stammgast habe, den er bereits aus Leipzig kannte. Es war eine ältere, alleinstehende Unternehmerin, die in Sonneberg die Chefin einer Spielzeugfabrik für Plüschtiere war. Während der Leipziger Messe schlief sie damals immer im Hotel „International" und ließ sich besonders von ihm betreuen. Sein Witz und sein Charme gefielen ihr und sie bestand darauf, dass er in Leipzig alle Wege für sie organisierte. Sie blieb nie etwas schuldig, denn sie war reich und hatte keine Kinder. Das war die angenehme Seite und auch sonst war die alte Dame sehr amüsant. Als sie erfuhr, dass er nicht mehr in Leipzig war und vor Weihnachten heiraten würde, lud sie sich kurzerhand selbst zu unserer Hochzeit ein. Das Weihnachtsfest wollte sie anschließend in seinem Hotel auf der Prager Straße verbringen, da sie sowieso allein war. So wusste sie, dass wenigstens mein Mann für sie da war.

Auf diese Dame wartete nun mein Mann. Ihr Weg war weit, denn sie kam aus dem tief verschneiten thüringischen Sonneberg, wo fast ausschließlich die Spielzeugindustrie der DDR angesiedelt war. Es war bereits Zeit für das Abendbrot, als die Tür zu unserem Hochzeitszimmer aufging und besagte Damen mit trippelnden Schritten und vornehmem Getue eintrat. Im Schlepptau brachte sie ihren Fahrer mit. Bereits von der Tür aus sprach sie mit lauter, pikierter Stimme zu meinem Mann. Die anderen Hochzeitsgäste begrüßte sie mit einem vornehmen Kopfnicken. Dann stürzte sie auf meinen Mann zu und gratulierte ihm mit euphorischer, schriller Stimme zu seiner Vermählung. Mich begrüßte sie etwas abgekühlt und wesentlich weniger herzlich, indem sie ihre Blicke an mir von oben nach unten schweifen ließ. Ihr Urteil schien einigermaßen ausgefallen zu sein. Dann rief sie ihren Fahrer, der voll bepackt auf uns zukam. Sie übergab mir einen riesigen Blumenstrauß aus rosa und weißen Rosen, der wunderbar gebunden war. Dafür ordnete sie an, dass er in einem Kühlschrank des Hotels aufbewahrt wurde, damit er frisch bliebe. Sie hatte ein derart dominantes Auftreten, dass die Kellner sofort handelten.

Ihre weiteren Geschenke waren die neuesten Kreationen ihres Unternehmens. Sie übergab meinem Mann einen großen gestiefelten Kater, an dem noch weitere Plüschtiere befestigt waren. Darunter waren auch das Bambi-Reh und ein allerliebster kleiner Teddybär. Sie gehörten alle zu ihren neuesten Messeexponaten. Alles war sehr nett in Zellophan verpackt. Da ich ein Kind erwartete, fand ich diese Dinge sehr praktisch. Wir bedankten uns artig und hocherfreut und endlich machte sie Anstalten, sich zu setzen. Sie nahm gleich neben meinem Mann Platz. Das war zwar mein Platz, doch das störte sie nicht. Sie war schließlich die Grande Dame unserer Runde, und das hatten alle zu beachten. Ab jetzt gab sie den Ton an.

Nun fing sie erst einmal an, den Hochzeitsgästen zu erzählen, wie beschwerlich die Reise bei diesem Wetter mit dem Wagen nach Dresden war. Sie hatte einen kleinen Katalytofen im Auto, sodass es auch bei Stillstand des Autos schön warm war. Nach ihrem aufregenden Reisebericht beschäftigte sie die Kellner im Laufschritt. Sie hatte diverse Extrawünsche und alles musste rasch gehen. Selbstverständlich war ihr Wunsch Befehl. Dann schickte sie sich an, für die Hochzeitgäste Extrarunden an Sekt zu bestellen, die auf ihre Kosten gingen. Sie war der Mittelpunkt und alle amüsierten sich über dieses aufgezogene Huhn. Ich bestaunte ihre Art und gab mir Mühe, höflich und verständnisvoll zu bleiben. Als ich unbemerkt die Kleidung der alten Dame von der Seite musterte, stellte ich zu meiner Belustigung fest, dass sie mit einem Arm in den Schlitz des Ärmels gekrochen war, der sich oberhalb befand. Der Rest des Ärmels hing nun wie ein Lappen unter ihren Achseln, was sehr lustig aussah. Das körpernahe Kleid aus schwarzem Chiffon hatte einen tiefen Ausschnitt. Man konnte die welke Haut des Dekolletés und den Brustansatz sehen. Sie war mittelgroß und das Kleid kaschierte ihren etwas fülligen Körper zu ihrem Vorteil. Es war nicht zu übersehen, dass es nicht billig war und aus der Hand eines guten Schneiders stammte. Schwerer, kostbarer Schmuck lag um den kurzen, kräftigen Hals. Dicke goldene Ringe prangten an ihren Fingern. Man sah ihr den Wohlstand an und sie genoss es, bewundert zu werden. Mich berührte das sehr wenig, da ich keinen Sinn für schweren Schmuck hatte. Alle Blicke waren auf sie gerichtet und niemand wollte sich auch nur ein Wort von ihr entgehen lassen.

Eigentlich führte sie die ganze Zeit nur einen Dialog mit meinem Mann. Auf diese alte Schachtel musste ich jedoch nicht eifersüchtig sein. Dann erzählte sie, dass ihr Freund zurzeit in Südafrika zu einer Safari weilte und sie ihn jetzt vom Hotel aus anrufen möchte. Mein Bruder Klaus zweifelte ihre Worte an. Sie forderte ihn auf, sie zur Rezeption zu begleiten. Das tat er doch selbstverständlich gern. Auch mein Schweigervater bot sich als Begleitung an, um seine zweifelnde Neugierde zu befriedigen.

In der Zwischenzeit kamen alle wieder zu sich und jeder gab leise einen lustigen Kommentar von sich. Der Fahrer war bereits auf sein Zimmer gegangen, weil er müde war. Nach geraumer Zeit kamen alle drei wieder herein und mein Bruder grinste. Die Telefonverbindung hatte nach einer längeren Voranmeldung geklappt und die beiden Männer waren Zeuge des Gespräches. Effekt haschend berichtete die alte Dame, dass ihr Freund heute zur Safari war, aber nichts geschossen habe. Es sei zurzeit sehr warm in Afrika und sie erzählte ihm ihrerseits von ihrer Reise zu unserer Hochzeit nach Dresden. Natürlich sollte sie unbekannterweise nette Grüße an das Brautpaar ausrichten, was sie hiermit tat.

Nun war sie wieder der Mittelpunkt des Abends und plauderte von ihrem Unternehmen, das ein alter Familienbetrieb war. Sie verkaufte Spielzeug in alle Welt und war sehr stolz darauf. In ihrem Betrieb herrsche eine familiäre Atmosphäre und das wollte sie stets pflegen. Noch ahnte sie nicht, dass sie eines Tages enteignet würde und nur noch die Möglichkeit haben würde, wenn überhaupt, Geschäftsführerin anstatt Unternehmerin zu sein. Das kam zwei Jahre später und völlig unvorbereitet.

Die Zeit verging rasend und bald war mein Mann durch das viele Zuprosten so angetrunken, dass wir uns vorfristig verabschiedeten. Wir riefen ein Taxi und alle halfen, die Geschenke und die vielen Blumen, vor allem den großen Rosenstrauß der alten Dame, einzuladen. Mein Mann kannte den Restaurantleiter des Hotels und es wurde vereinbart, die Rechnung am anderen Tag zu begleichen. Die anderen Hochzeitsgäste blieben noch da und feierten weiter. Die alte Dame spendierte einige Drinks auf ihre Rechnung und ließ sich dann in das Hotel fahren, wo mein Mann arbeitete.

Als wir beide zu Hause ankamen, half mir der Taxifahrer nicht nur beim Transportieren der Blumen und Geschenke, sondern er hievte meinen frisch gebackenen Ehemann nach oben. Der war nämlich eingeschlafen und wenn der im Rausch schlief, war er wie im Koma. Für mich war es ein aussichtloses Unterfangen, ihn zu bewegen. Mit sehr viel Kraftanstrengung bekam ich meinen Mann ins Bett und er kam erst am anderen Morgen zu sich. Gegen 10.00 Uhr kamen die Schwiegereltern und mein Bruder mit seiner Frau, um sich zu verabschieden. Ihnen hatte alles sehr gut gefallen. Die alte Dame hatte den Vogel abgeschossen und blieb bei allen in besonderer Erinnerung haften.

Meine Mutter und mein Stiefvater blieben über Weihnachten und durften kostenlos im Hotel meines Mannes nächtigen. Das war eine freundliche Geste des Hoteldirektors. Beide waren darüber glücklich.

Meine Mutter hatte das Essen für uns alle vorbereitet und auch der Kuchen wurde nicht vergessen. Sie hatten sich sehr abgeschleppt. Es waren noch schöne gemeinsame Weihnachtsfeiertage in Dresden.

Mein Mann verließ uns für einige Zeit, um sich um die alte Dame zu kümmern. Lächelnd berichteten seine Kolleginnen, wie es mit ihr gelaufen war. Noch am Abend nach unserer Hochzeit hatte sie eine Wannenparty für sich ganz allein gefeiert.

Natürlich hielt sie das Personal in Trab. Da das Trinkgeld entsprechend ausfiel und es Weihnachten war, hatte niemand ein Problem damit. Zunächst ließ sie sich eine Wanne voller Schaum bereiten. Danach ließ sie sich Champagner und kleine Kanapees reichen. Man musste es ihr mithilfe eines großen Tabletts auf den Wannenrand stellen. Dabei saß sie nackt in ihrem Schaum. Alle schmunzelten darüber, aber Geld regiert nun mal die Welt. Das war auch im Sozialismus nicht anders. „Wer gut schmiert, der gut fährt", oder?

Unsere Hochzeitsreise ging einen Monat später nach Thüringen. In einem netten kleinen Hotel wohnten wir zwei Wochen und genossen die herrliche Winterlandschaft. Die Bewegung an der frischen Luft tat uns gut und mein Babybauch wuchs von Tag zu Tag. Bald bekam ich den Knopf meiner Hose nicht mehr zu und ich war doch erst Anfang des vierten Monats. Nun war meine Schwangerschaft nicht mehr zu übersehen. Auf der Rückreise nach Dresden statteten wir meinen Eltern einen Besuch ab. Auch mein Bruder und seine Frau kamen, um uns zu begrüßen. Bei meinem Anblick wurden ihre Augen immer größer, denn sie hatten bei der Hochzeit absolut nichts von der Schwangerschaft bemerkt. Meine Mutter tat unschuldig und meine Schwägerin war fast beleidigt, dass man sie nicht eingeweiht hatte. Zugegeben, ich war auch sehr erstaunt über meine Bauchwölbung. Mein kleiner Neffe fragte mich, ob er das Baby streicheln dürfe. Ich fand das so niedlich. Natürlich durfte er das.

Ein Zwilling kommt selten allein

Die Hochzeitsreise war viel zu schnell vorbei und der Alltag hatte uns wieder. Vor dem ersten Arbeitstag war mir bange. Niemand hatte mir zu meiner Hochzeit eine Karte geschrieben, keiner war gekommen, um zu gratulieren. Ich war eben die Neue. Und nun kam ich mit einem dicken Bauch aus dem Urlaub. Es war an der Zeit, die Schwangerschaft bekannt zu geben.

Als ich an meinen Arbeitsplatz kam, stand da ein schöner Blumenstrauß. Unser Chef hatte dafür gesorgt und ich freute mich aufrichtig darüber. Auch eine Karte vom Betrieb war da. Ich hatte vorsichtshalber frischen Kuchen gebacken und Kaffee mitgebracht. In der Mittagspause saßen wir dann in einer gemütlichen Runde beieinander und ich versuchte, von meiner Hochzeit zu erzählen. Als ich das gelangweilte und ablehnende Gesicht des alten Kollegen sah, brach ich mit ein paar kurzen Worten ab. Ich kam mir lächerlich vor und bereute, davon berichtet zu haben. Stattdessen nutzte ich die Gelegenheit und gab meine Schwangerschaft offiziell bekannt. Sie war ja nun nicht mehr zu übersehen. An den Reaktionen merkte ich, dass die Kollegen das nicht so gut fanden, aber es ließ sich nun mal nicht ändern. Dann machte ich mich auf den Weg zur Kaderabteilung. Es gab kein Gesetz, das vorschrieb, dass man bei einer Neueinstellung eine vorliegende Schwangerschaft bekannt geben musste. Niemand machte mir einen Vorwurf. Es gab für alles eine Regelung und werdende Mütter standen immer unter einem besonderen Schutz. Dennoch war die Situation unangenehm für mich.

Leider konnte ich mich über die Schwangerschaft nicht freuen, denn mich beschlich ständig ein schlechtes Gewissen. Es war alles so schnell gegangen. Hoffentlich lief alles in den richtigen Bahnen. Im fünften Schwangerschaftsmonat wurde mir dann aufgrund des bereits sehr dicken Bauches und der enormen Gewichtszunahme eröffnet, dass es eventuell Zwillinge sein könnten. Das fehlte mir gerade noch! Glücklich war ich darüber nicht und ich konnte mit niemand darüber reden. Ich zwang mich zur Gelassenheit und ließ mir nichts anmerken. Die Schwangerschaft war nicht nur eine körperliche, sondern auch eine große seelische Belastung. Mein Bauch wurde so dick, dass jeder in der Straßenbahn vor mir gleich aufstand, weil man annahm, es könnte gleich losgehen.

Sechs Wochen vor dem Geburtstermin hörte ich auf zu arbeiten und ging in den Mutterschutz. Man bekam sechs Wochen vorher und acht Wochen hinterher bezahlten Schwangerschaftsurlaub. Waren es Mehrlinge oder eine komplizierte Entbindung, bekam man zwei Wochen mehr. Bald schon konnte ich meine Füße nicht mehr sehen. Meine Beine und Hände waren so geschwollen, als wären sie aufgeblasen. Ich hatte Probleme, meine Schuhe anzuziehen. Jeder Schritt war eine Last, aber ich ließ mich nicht unterkriegen.

In Dresden fand gerade der Welt-Getreide-Kongress statt. Die Hotels waren voller Kongressteilnehmer aus aller Welt. Mein Mann war kaum noch zu Hause. Ich hatte einen Termin bei der Schwangerenberatung. Vor mir lagen noch zwei Wochen bis zum ausgerechneten Entbindungstermin. Diesmal war eine andere Ärztin da. Als sie mich sah, erschrak sie heftig. Sie sah meine dicken Beine und Hände und maß meinen Blutdruck. Sie konnte nicht fassen, dass ich noch frei herumlief, denn mein Blutdruck war so hoch, dass er bereits lebensbedrohlich für mich war. Sofort rief sie im Bezirkskrankenhaus Dresden-Friedrichstadt an und ließ mir ein Bett reservieren. Auf die Straße wollte sie mich nicht mehr lassen, doch ich bettelte sie, mich kurz noch einmal nach Hause fahren zu lassen, um meine Sachen zu holen. Ich wusste, dass mein Mann keine Zeit hatte. Die Ärztin gab mir eine Stunde Zeit. Für sie war es unverständlich, warum die anderen Ärzte bei der Schwangerenberatung meinen Zustand nicht bemerkt hatten. Er war ja nicht von heute auf morgen entstanden.

Als ich zu Hause ankam, war zufällig mein Mann da. Er wollte nach mir schauen und war über das Untersuchungsergebnis sehr beunruhigt. Sofort besorgte er mir ein Taxi, was nicht einfach war, denn die standen alle für die Kongressteilnehmer zur Verfügung. Leider musste mein Mann wieder zurück in sein Hotel. Das Taxi kam und als der Taxifahrer mich sah, weigerte er sich, mich zu fahren, denn er nahm an, die Wehen hätten bereits eingesetzt. Als ich ihm erklärte, dass alles noch normal sei und ich noch zwei Wochen Zeit hätte, fuhr er mich auf den kürzesten Weg ins Krankenhaus.

Auch hier musste ich bei der Anmeldung energisch erklären, dass ich noch Zeit hätte mit der Entbindung und der Kreißsaal noch nicht mein Ziel sei. Ich bekam ein Bett in einem Zehn-bettzimmer und fühlte mich wie im Internat. Auf jeder Seite des Raumes standen fünf Betten, in der Mitte des Raumes waren zwei Tische und einige Stühle. Für alle zehn Frauen gab es nur ein Waschbecken und für die Fußwäsche eine Schüssel. Es sollte uns also an nichts fehlen! Das mit dem einen Waschbecken schaute ich mir nur einen Tag an. Wo blieb denn hier die viel gepriesene Hygiene? Auf dem Flur war ein Badezimmer, das kaum genutzt wurde. Ich ging zum Stationsarzt und bat, dass wir uns wenigstens jeden zweiten Tag baden oder duschen durften. Er hatte keine Einwände, bestand jedoch darauf, dass immer zwei Frauen zusammen gingen, falls Hilfe notwendig wurde. Die Frauen in meinem Zimmer freuten sich.

Wir wurden nicht wie Kranke behandelt, sondern durften aufstehen, denn schließlich ist eine Schwangerschaft keine Krankheit. Alle Frauen außer mir durften das Krankenhaus am Nachmittag für eine begrenzte Zeit verlassen. In der Nähe befand sich eine Gaststätte, wo der Wirt sich längst daran gewöhnt hatte, dass Frauen mit dicken Bäuchen hier ihren Kuchen aßen. Fröhlich kamen die Frauen zurück und erzählten von den staunenden Gästen in der Kneipe. So viele schwangere Frauen auf einem Haufen hatten die meisten noch nicht gesehen.

In unserem Zimmer warteten alle Frauen auf ihre Entbindung und waren alle aus gesundheitlichen Gründen hier. Man nannte das Zimmer die „Wartburg". Wir waren gut drauf, lachten viel und jede erzählte ein wenig aus ihrem Leben. Mittwochs und sonntags kamen die Männer oder anderer Besuch und darauf freute sich jede. Wir waren alle in der gleichen Situation und in einem annähernd gleichen Alter.

Ich fühlte mich hier wohl und die Nähe der Schwestern und Ärzte erzeugte das Gefühl von Sicherheit. Dass im richtigen Moment auch die richtige Hilfe da sein würde, daran zweifelte ich nicht. Das war auch gut so. Da es in dieser Zeit weder Abtreibung noch moderne Verhütungsmittel gab, waren die Frauen, die Kinder bekamen, wesentlich jünger als heute. Ich feierte im Krankenhaus meinen 24. Geburtstag und war im Zimmer die

Älteste, die ihr erstes Kind bekam. Die meisten Ehen wurden wegen einer Schwangerschaft geschlossen und auch schneller als heute geschieden. Die heute weitverbreitete Krankheit der Essstörung gab es kaum. Die jungen Frauen hatten sehr zeitig Verantwortung für ein Kind zu übernehmen und Pflichten zu erfüllen. Es fehlte einfach die Zeit, um über sich und seine Mängel nachzudenken. Der Jugend- und Schönheitswahn war noch nicht erfunden. Alle hatten die gleichen Chancen, Karriere zu machen, ohne dass ein Kind ein Hinderungsgrund war. Nie musste sich eine Frau zwischen Beruf und Mutter entscheiden. Dafür wurde dann auch das Frauenförderungsgesetz erlassen, das besonders Frauen mit Kindern eine problemlose Qualifikation gewährleistete. Sie bekamen grundsätzlich das gleiche Geld wie Männer im gleichen Beruf.

Während die anderen Frauen im Park spazieren gehen durften, musste ich leider im Bett bleiben. Mein Blutdruck war noch zu hoch. Meine Bauchdecke hatte sich so stark ausgedehnt, dass sie dünn geworden war und wie Seidenpapier glänzte. Sie hatte den äußersten Dehnungspunkt erreicht. Die Haut juckte und ich konnte das Jucken nicht mehr durch Kratzen besänftigen. Ich bekam eine Entwässerungsmaßnahme verordnet und salzlose Kost. Alles war geschmacklos und ich dachte an die Zeit, als man die Salzgewinnung noch nicht entdeckt hatte. Meine Beine, Arme und Hände waren voller Wasser. Bald bemerkte ich, dass der Druck in den Füßen nachließ. Auch die Hände wurden dünner. Das Wasser lief ab.

In unserem Zimmer war ständig Bewegung. Beinahe jeden Tag wechselte eine Frau in den Kreißsaal, weil die Geburt begann. Manchmal schliefen wir alle so fest, dass wir erst am anderen Morgen durch das leere Bett erfuhren, dass wieder ein Kind auf die Welt kommen wollte. Zurück in dieses Zimmer kam niemand. Die Schwestern berichteten dann, ob es ein Junge oder ein Mädchen oder gar Zwillinge waren. Stets jedoch war es eine Überraschung, denn Ultraschall gab es noch nicht. Man sah die eine oder andere Frau mit dem neugeborenen Kind im Kissen auf dem Arm die Klinik verlassen. Dann kam wieder eine neue Frau hinzu und ergänzte unsere fröhliche Wartegemeinschaft.

Jeden Morgen zur Visite war ich die Attraktion des Zimmers. Besonders die Studenten, die zur „weißen Wolke" gehörten, wollten meinen extremen Bauchumfang messen. So etwas hatten einige noch nie gesehen. Mit Abstand war ich die dickste Frau. Es was aber nur der Bauch, Fett hatte ich ansonsten nicht angesetzt. Von hinten betrachtet war ich schlank geblieben. Kurz vor dem errechneten Geburtstermin äußerte eine erfahrene Hebamme die Vermutung, dass es aufgrund meines enormen Bauchumfanges und Gewichtes durchaus Vierlinge sein könnten. Sie hätte mehrere Beinchen und Ärmchen getastet, das seien mehr als nur zwei Kinder. Ich hatte 20 Kilo zugenommen, da könnte jedes Kind 2500 Gramm wiegen.

Bei dieser Botschaft brach in mir alles zusammen. Ich setzte mich vor Schreck so unter Druck, dass am anderen Morgen die Geburt losging. Es war an einem Sonnabendmorgen. Kein verantwortlicher Arzt war im Haus. Ich wusste nicht, was auf mich zukommen würde, und meine Beine schlotterten vor Aufregung. Auch meine Nerven hatte ich nicht mehr ganz im Griff. Eine Schwester brachte mich in den Kreißsaal und ein junger Arzt leistete mir zeitweilig Gesellschaft. Vorsichtig legte er mir den Bauch hinterher, wenn ich mich drehen wollte. Ich brauchte für jede Änderung der Lage eine Hilfe, denn das schützende Fruchtwasser war nicht mehr vorhanden.

Nach zehn Stunden Quälerei entschloss man sich, Klarheit zu schaffen und meinen Bauch zu röntgen. Ein Füßchen war geboren und es ging nicht weiter. So fuhr man mich mit dem Bett in den Keller, wo sich der Röntgenraum befand. Ich merkte schmerzhaft jedes Steinchen, über das das Bett ratterte. Bei den ständigen Wehen war das Röntgen ein Geduldsspiel geworden. Das Röntgenbild ergab, dass Zwillinge in meinem Bauch waren, jedoch in einer Stand- und Steißlage. Beide Köpfchen waren oben, eine normale Geburt war ausgeschlossen. Ich war froh, dass es *nur* Zwillinge waren, und ergab mich meinem weiteren Schicksal.

Auf dem Weg zum Kreißsaal ließ ich die Tür zur „Wartburg" öffnen und rief den Frauen zu, dass es Zwillinge sind. Ab sofort bekam ich nichts mehr zu trinken. Mir wurden nur noch die Lippen mit einem Lappen befeuchtet. Es stand fest, dass ein Kaiserschnitt gemacht werden musste, der Magen musste also leer sein. Mir war alles egal, Hauptsache mir wurde endlich geholfen. Ich war total erschöpft. Wenn doch nur Ärzte da wären! Mit Spritzen wurden die Wehen gedämpft und ich quälte mich über die Nacht. An Schlaf war nicht zu denken, ich dämmerte nur so vor mich hin. Über Nacht waren die beiden kleinen Menschlein in meinem Bauch ruhiger geworden. Sie schliefen anscheinend auch.

Endlich dämmerte der Morgen. Ich konnte kaum erwarten, dass es hell wurde und die neue Schicht begann. Man hatte Ärzte aus dem Wochenendurlaub zurückgerufen. Eilig wurde ich untersucht, um sich ein Bild vom Stand der Dinge zu machen. Das Fruchtwasser hatte sich bereits verfärbt. Es war allerhöchste Zeit, zu handeln, um mein Leben und das der Kinder nicht zu gefährden. Es kam nur noch ein Kaiserschnitt infrage. Mit zitternder Hand unterschrieb ich das vorgelegte Schreiben der Klinik mit dem Formular zum Einverständnis für die OP. Eine junge Lehrschwester fragte mich, ob sie bei der Geburt dabei sein dürfe. Ich verstand die Frage nicht. Es war mir doch völlig egal, wer dabei war. Hauptsache, es gab bald ein Ende. Die Beruhigungsspritze, die man mir gab, fing an zu wirken. Vorsichtig wurde ich auf den OP-Stuhl gehoben und angeschnallt. Zwei Ärzte bürsteten sich an einem Waschbecken im OP gründlich die Hände und Arme und unterhielten sich dabei über das letzte Fußballspiel von „Dynamo Dresden". Kurz bevor ich die Narkosemaske auf mein Gesicht bekam, schaute ich noch einmal auf eine große Uhr, die im OP-Saal hing. Es war kurz nach 10.00 Uhr, also 26 Stunden nach Beginn der Wehen. Mit dem Zählen kam ich nicht weit, dann war es dunkel.

Von Weitem hörte ich eine Stimme, die meinen Namen rief. Eine Hand tätschelte meine Wangen, langsam kam ich zu mir. Wie lange ich geschlafen hatte, wusste ich nicht. Ein Arzt sagte mit lauter Stimme, dass ich zwei Söhne bekommen hätte. Er fragte auch gleich, ob ich Namen für die beiden hätte. Als wenn ich jetzt keine anderen Sorgen hätte! Jedes Kind wog 3200 Gramm und war 50 Zentimeter lang. Sie hatten Größe und Gewicht wie sonst meistens ein einziges neugeborenes Kind.

Die junge Lehrschwester erzählte mir immer noch ganz aufgeregt, dass die beiden sofort nach Verlassen des Bauches geschrien hätten. Zwei Schwestern brachten sie gleich aus dem OP-Saal. Mir war jedoch alles egal, denn ich stand noch unter dem Einfluss der Narkose.

Ich hatte sehr gehofft, dass es Mädchen wären oder dass wenigstens ein Mädchen dabei wäre. Die beiden Jungen waren in einer Eihülle gewesen, es waren also eineiige Zwillinge. So stand es im Operationsbericht, ich habe extra danach gefragt. Na gut, wenn schon Zwillinge, dann wenigstens eineiige. Jedes der beiden Babys hatte ein Bändchen um den kleinen Arm, damit sie nicht verwechselt wurden. Erst einen Tag später waren mir zwei Jungennamen eingefallen, die jedoch nicht richtig zusammenpassten.

Ich will leben!

Nach der Operation wurde ich in ein kleines Zimmer mit zwei Betten verlegt. Das zweite Bett war leer. Da ich viel Blut bei der OP verloren hatte, bekam ich eine weitere Bluttransfusion. Doch plötzlich begann der Wettlauf gegen den Tod. Bei der neuen Blutreserve hatte man zwar das Blut gekreuzt, aber die Reaktion nicht richtig abgewartet. Es vertrug sich nicht mit meinem Blut. Kaum war die Konserve angeschlossen und das neue Blut floss in meinen Körper, da begann das Drama. Ein heftiger Schüttelfrost erschütterte meinen gesamten Körper. Im Arm ein Venentropf und auf dem Bauch einen Sandsack, der dafür sorgen sollte, dass sich alles rasch wieder zurückbildete, schmiss es mich regelrecht hin und her und ich fror entsetzlich. Ärzte und Schwestern kamen angerannt, die Blutkonserve wurde sofort entfernt. Ich bekam eine Wärmedecke, Arme und Beine wurden massiert. Ich klapperte gegen meinen Willen mit den Zähnen und fühlte mich elend. Die Kälte kam mir unerträglich vor. Ganz langsam wurde ich wieder warm und schlief völlig erschöpft ein.

Ich wusste nicht, wie lange ich geschlafen hatte, und konnte auch nicht einordnen, in welcher Tageszeit ich jetzt lebte. Mein Körper kam mir fremd vor. Der riesige Bauch war nicht mehr da und er bewegte sich auch nicht mehr. Es strampelten keine kleinen Arme und Beine mehr, wodurch der Bauch hin und her verschoben wurde. Stattdessen lag dort eben dieser Sandsack. Ich war bis unter das Kinn zugedeckt und fühlte mich mollig warm. In der linken Armbeuge steckte die Nadel mit dem Venentropf. Dankbar registrierte ich, dass ich nun endlich die gefürchtete Entbindung hinter mir hatte. Ich fühlte tief in mir eine gewisse Leere. Die Spannung und die Angst vor der Ungewissheit waren verflogen. Endlich war diese zähe Warterei auf Hilfe vorbei. Eigentlich hatte ich mit Wundschmerzen gerechnet, aber ich spürte nichts, einfach nichts. Wie konnte es nur sein, dass man bei so einer großen inneren und äußeren Wunde keine Schmerzen hatte? Später wurde es mir klar: Ich bekam drei Mal täglich Penicillin und zwei Mal ein Mittel zur Kontraktion der Gebärmutter gespritzt. Da konnte kein Schmerz aufkommen – umso besser! Nur beim Husten durch die Narkose zwickte es und ich hielt alles krampfhaft fest.

Um mich herum war es still und vom Gang her drangen gedämpfte Laute in mein Zimmer. Es waren die eiligen Schritte der Schwestern und des einen oder anderen Arztes. Die Tür meines Zimmers stand auf. Mich beherrschte nur ein Gefühl: Durst, wahnsinniger Durst. Von diesem Gefühl wurde ich abgelenkt, denn gegen 17.00 Uhr kamen zwei Säuglingsschwestern mit den beiden Babys auf dem Arm und stellten sich an mein Fußende. Ich sah meine beiden Kinder das erste Mal und erstaunt sah ich die kleinen Wesen an. Sie kamen mir so fremd vor, ich erkannte absolut keine Ähnlichkeit, weder zu mir noch zu meinem Mann. „Hoffentlich hat alles seine Ordnung", kam mir in den Sinn. Nach ein paar Minuten des Staunens auch über die große Ähnlichkeit der beiden verließen die Schwestern mit ihnen mein Zimmer. Die Situation war für mich sehr fremd und ich konnte mich einfach nicht mit der Mutterrolle identifizieren. In meinem Kopf ging es drunter und drüber.

Die Schwestern auf der Station schauten sehr oft nach mir. Ich bemerkte, dass mit mir etwas nicht stimmte. Hitze zog in mir auf und bald stellte sich hohes Fieber ein. Das Fieberthermometer zeigte beim Messen bereits 41 Grad Celsius an und ich glühte. Ärzte kamen gerannt und ich bekam eine Spritze. Danach fiel ich in einen Dämmerschlaf. Erst am späten Abend bekam ich das erste Mal etwas zu trinken. Es war ein kleiner Schluck Tee aus einer Schnabeltasse, der bereits beim Trinken in meinem Mund verdunstete. Mein Mund war völlig ausgetrocknet und ich gierte vor Durst. Seit beinahe 30 Stunden hatte ich nichts mehr getrunken. Zudem hatte man mir eine Spritze vor der OP gegeben, um den Speichelfluss zu hemmen. Aber es war gefährlich, große Mengen zu trinken. Bei der OP wurden die Därme zur Seite gelegt und kamen unsortiert wieder zurück. Durch die aufgenommene Nahrung legten sie sich von selbst wieder in ihre alte Lage, jedoch nicht ohne Schmerzen zu verursachen, die ich als heftiger empfand als die Wehenschmerzen.

Endlich kam mein Mann, nachdem er sich die Zwillinge im Säuglingszimmer angesehen hatte. Er brachte mir einen riesigen Strauß dunkelroter Rosen mit. Aus hygienischen Gründen stellte man ihn nicht auf meinen Nachttisch. Das war gut so, denn ich hätte vor Durst das Blumenwasser getrunken. Als er mich sah, musste er mit den Tränen kämpfen. Er konnte nicht ahnen, dass es mir nicht gut ergangen war. Ich war froh, als ich wieder allein war, denn es war anstrengend, die tapfere Frau zu spielen. Durch den Tropf am Arm und den Sandsack auf dem Bauch konnte ich nicht aufstehen und ich litt still. Nach weiteren zwei Stunden bekam ich wieder Tee gereicht und trank ihn gierig in einem Zug. Es war nur ein Pfützchen im Vergleich zu meinem wahnsinnigen Durst. Noch nie in meinem Leben hatte mir Blasen- und Nierentee so gut geschmeckt. Ich dämmerte die ganze Nacht so dahin und bei jedem Aufwachen spüre ich nur eines: quälender Durst. Es dauerte noch lange, bis mein schlimmer Durst gestillt war. Jetzt wusste ich, was es heißt, Durst zu haben.

Die Ärzte standen vor einem Rätsel und versuchten alles, um das Fieber in den Griff zu bekommen. Man verabreichte mir die teuerste Medizin. Bei der Visite am anderen Morgen erklärte mir der Chef der Frauenklinik beinahe vorwurfsvoll, dass er bereits seine letzten Reserven aus England eingesetzt habe, um das Fieber zu bekämpfen. Leider hatte ich keinen Nerv, das zu würdigen, und sah es eher als seine Pflicht an, mir mit allen Mitteln zu helfen. Er war ein großer, hagerer Mensch mit schnarrender Stimme. Von ihm ging keine menschliche Wärme, sondern nur sachlicher medizinischer Verstand aus. Ich hatte diese Situation nicht selbst verursacht. Für mich war es ein Kunstfehler der Ärzte. Kindbettfieber war doch schon seit so vielen Jahren ausgerottet und wurde nur durch Unachtsamkeit verursacht. Und das passierte ausgerechnet mir – „Doktor Semmelweis" ließ grüßen!

Über Nacht sank das Fieber und am nächsten Morgen sollte ich mich beim Bettenmachen neben mein Bett stellen, wegen der Durchblutung der Beine. Ich brach jedoch zusammen und zwei Schwestern hoben mich zurück ins Bett. Bereits am Nachmittag ging es mit dem Fieber wieder los. So ging es beinahe zwei Wochen lang. Da ich am Tropf hing, konnte ich nur auf dem Rücken liegen. Bald war der Ellenbogen wund gelegen und schmerzte. Jeden Tag kam eine Schwester und versuchte, Muttermilch für die beiden Kleinen abzupumpen. Viel kam jedoch nicht. Diese Schwester kam von der Station, wo ich vorher gewesen war. Dort hatte sie mir einen sehr strengen und unnahbaren Eindruck gemacht. Jetzt aber war sie sehr lieb zu mir und zeigte sich sehr verständnisvoll. Sie brachte Grüße von den Frauen aus der „Wartburg", die noch auf die Geburt warteten. Es tat mir gut. Wenn keine andere Schwester der Station in Sicht war, wusch sie mich gründlich. Ich war ihr so unendlich dankbar, denn dafür hatte die Schwestern hier keine Zeit.

Die morgendlichen Visiten waren für mich sehr unangenehm. Stets waren viele Studenten dabei, denen alles erklärt
wurde. Sie schauten, tasteten und fassten ohne Rücksicht auf
meine Person und Würde. Ich schaute zur Decke und ließ alles
über mich ergehen. Das Stichwort, bevor ich zum Objekt ihrer
praktischen Weiterbildung wurde, hieß: „Zustand nach ‚Sectio
Gemini'". Auf Deutsch: „Der Zustand nach einem Kaiserschnitt
mit Zwillingen". Das war wie ein Zauberwort, denn mein Zustand war alles andere als normal.

Die Kaiserschnittnarbe, die quer an meinem Unterbauch verlief, war 20 Zentimeter lang und sah aus wie mit einem Busch-
messer geschlagen. Die Wunde wuchs nicht zu, sondern eiter-
te. Der Verbandswechsel war unangenehm, denn die Haut war
wund, wo das Pflaster klebte. Meine überdehnte Bauchhaut war
welk geworden und sah aus wie ein Luftballon, aus dem die Luft
entwichen war. Ich war schwach und fühlte mich elend. Von meinem Bett aus sah ich eine Straße und ich beneidete die Leute,
die dort liefen und gesund waren. Obwohl ich Atheist bin, flüs-
terte ich oft: „Bitte, bitte lieber Gott, lass mich nicht sterben!"

Es war Juni und morgens zwitscherten die Vögel. Ein laues
Lüftchen wehte durch das geöffnete Fenster und es roch förmlich nach Sommer. Manchmal drang ein fröhliches Lachen an
mein Ohr und ich war der Verzweiflung nahe. Inbrünstig hoffte
ich, dieses Drama zu überleben. Mein Zustand war unverändert
schlecht. In den Morgenstunden, wenn das Fieber gesunken war,
wurde mir meine durchaus gefährliche Situation besonders klar.
Trauer und Angst beschlichen mich und mir taten die beiden
kleinen Jungen und mein Mann leid, weil sie mich brauchten.

Mein Mann besuchte mich sehr unregelmäßig, denn in einem
Hotel gibt es für einen Chef oft keine geregelte Arbeitszeit. So
war ich auch zu den Besuchszeiten allein. Wenn er das Zimmer
betrat und mich so hilflos daliegen sah, musste er oft die Tränen unterdrücken. Ich bemerkte es, wenn er das Blumenwasser
wechselte und wieder ins Zimmer kam. Mein Anblick machte
ihm nicht viel Mut. Oft hatte man nicht einmal Zeit gefunden,
das verkrustete Blut zu entfernen, wenn die Nadel für den Ve-

nentropf erneut versetzt wurde. Zum Schluss war sie auf dem Handrücken, denn die Venen setzten sich zu.

Weder meine Eltern noch die Schwiegereltern wussten, wie es um mich stand. Ich fühlte mich so allein, wollte aber auch nicht, dass meine Mutter sich zu große Sorgen machte. Außer mein Mann besuchte mich niemand in diesen vier Wochen im Krankenhaus. Als sich mein Zustand nicht änderte, dachten die Ärzte daran, den Bauch noch einmal zu öffnen, um nachzuschauen, ob etwas innen nicht in Ordnung war oder ein Tupfer vergessen wurde. Die Idee wurde zum Glück wieder verworfen. Ein anders Mal erklärte man mir, dass man die Nieren punktieren wolle, um zu einem Untersuchungsergebnis zu kommen. Aus meiner Krankengeschichte ging hervor, dass ich als Kind Nierenprobleme hatte. Hier vermutete man also eine Ursache des Fiebers. Ich bekam einen Riesenschreck. Sofort erinnerte ich mich an die Qualen meines Bruders, als er punktiert wurde. Ich gab den Ärzten zu verstehen, dass ich mich dagegen wehren und mitsamt dem Tropf weglaufen würde. Meine Panik war nicht zu übersehen und man ließ davon ab. Nie und nimmer hätte ich das mit mir geschehen lassen.

Der Kampf um mein Leben dauerte 14 Tage. Jeden Tag wurden mir aus der Ferne meine beiden Kinder gezeigt. Ich durfte sie nicht anfassen und schaute nur von einem zum anderen. Sie sahen goldig aus, aber sie waren mir fremd. Ich musste einfach glauben, dass es meine Kinder sind. Niemand half mir, diese Distanz zu überwinden. Da das Säuglingszimmer direkt unter mir war, konnte ich beide manchmal schreien hören. Sie waren die ältesten Neugeborenen und hatten ständig Hunger. Das erzählte mir eine Säuglingsschwester. So wurden die beiden diszipliniert, denn niemand kümmerte sich um sie, wenn sie versorgt waren und dennoch schrien.

Man wollte es einfach nicht wahrhaben, dass es Kindbettfieber war, denn das durfte in der DDR nicht sein. Als es mir etwas besser ging, kam eines Abends eine neue Nachtschwester in mein Zimmer. Sie kam mir sehr bekannt vor und ihr ging es ebenso. Sosehr wir auch überlegten, wir konnten das Rätsel nicht lösen.

Mein Mann hatte mir ein kleines Kofferradio gebracht. Das war damals eine Rarität. Ich konnte nun wenigstens hören, was in der Welt passierte. Die Musik tat mir auch gut. Die Nachtschwester schlug mir einen Deal vor: Sie wollte mir außerhalb der Zeit meine Kinder heimlich bringen und ich sollte ihr für die Nacht das Radio leihen. So bekam ich immer ein Kind auf mein Bett gelegt und konnte es betrachten. Mit großen Augen sah es mich an. Die Schwester stand dabei. Nach ein paar Minuten nahm sie es wieder mit und bekam dafür das Radio. Es war schön.

Dann endlich hatte ich den Kampf gewonnen. Das Fieber war besiegt und ich konnte das erste Mal meine Babys richtig sehen. Man legte sie in ein gesondertes Zimmer auf ein Bett. Die Schwester ging und ich war mit den beiden Kindern allein. Als ich die beiden da so liegen sah, dachte ich im ersten Moment, dass es gar nicht meine Kinder seien und es sich um eine Verwechslung handele. Schließlich waren in dieser Zeit mehrere Zwillinge geboren worden. Aber man versicherte mir, dass es meine Kinder sein mussten, da sie ja auch schon so lange wie ich in der Klinik waren. Als die beiden anfingen zu schreien, bekam ich beinahe Panik. Es war ohrenbetäubend. Der Lärm war mir im Moment zu viel, da ich einfach noch zu schwach war. Ich rief eine Schwester und bat, die Kinder wieder zu holen.

Mir wurde in Aussicht gestellt, in den nächsten Tagen die Klinik verlassen zu dürfen. Es war bereits Ende Juni. Alles grünte und blühte und ich genoss jede Minute, die ich draußen sein durfte. Ich lief durch die Arkaden des Krankenhauses zu der Station, wo geröntgt wurde. Überall blühten bereits die Rosen und ich freute mich über jede Blüte und den Duft. Es würde wunderschön sein, wenn ich mit meinem Mann und den Kindern im Wagen würde spazieren gehen können. Ich konnte meine Entlassung aus dem Krankenhaus kaum noch erwarten. Das Leben hatte mich wieder. Ich würde es achten.

Als der genaue Termin der Entlassung endlich feststand, rief ich aufgeregt meinen Mann an. Er musste für die beiden Kinder Babysachen einkaufen, denn uns war geraten worden, das erst zu tun, wenn feststand, wie viele Kinder es waren. Also ging er los und kaufte für beide Kinder Strampelanzüge, Hemdchen und Jüpchen. Auch zwei allerliebste Ausfahrgarnituren in Weiß mit hellblauen Rändern, alles Handarbeit, brachte er mit. Zwei Kopfkissen durften ebenfalls nicht fehlen, worin die Babys übergeben wurden.

Am Tag meiner Entlassung herrschte strahlender Sonnenschein. In keines der Kleidungsstücke, in denen ich mit zwei großen Babys im Bauch in die Klinik gekommen war, passte ich und sah dementsprechend sehr exotisch aus. Die 20 Kilo, die zusätzlich in meinem Bauch gewesen waren, hatte ich verloren und war so schlank wie zuvor. Mein Gesicht war blass und schmal geworden. Zwar freute ich mich auf mein neues Leben, aber ich hatte Angst vor der Mutterrolle. Ich fühlte mich nicht wirklich als Mutter, und das beunruhigte mich sehr. Ich vertraute voll und ganz meinem Mann.

Endlich fuhr er mit einem Taxi vor. Er begrüßte mich ganz aufgeregt und schon traten zwei Kinderschwestern mit den süßen Bündeln im Arm hinzu. Sie übergaben meinem Mann und mir ein Babybündel und verabschiedeten sich herzlich. Die beiden Bürschchen gehörten schon zum Inventar, denn normalerweise verließen die Mütter mit dem Neugeborenen nach spätestens sechs Tagen die Klinik. Meine beiden Kleinen waren drei Wochen an Bord. Nun ging es ab nach Hause. Ich staunte selbst wie ein Neugeborenes über meine neue Heimatstadt Dresden, die mich beinahe nicht wiedergesehen hätte. Mit einem dicken Kloß im Hals atmete ich tief durch und schaute meinen Mann von der Seite an. Er blickte zärtlich in die kleinen Kindergesichter. Eines sah so aus wie das andere. Ein menschliches Wunder ohnegleichen. „Wie wird bloß alles werden?", schoss es mir durch den Kopf.

Endlich zu Hause

Unsere kleine Wohnung war mir fremd geworden. Es duftete nach dem Aftershave meines Mannes und nichts deutete darauf hin, dass auch ich hier wohnte. Es war aufgeräumt und mein Mann hatte den Schreibschrank, der links neben der Wohnzimmertür stand, vorübergehend auf den Balkon gestellt. An seiner Stelle stand ein weißes Gitterbettchen. Darin sollten für die erste Zeit die beiden Babys schlafen, jeder an einem Ende. Das klappte wunderbar. Wir legten sie hinein und es dauerte nicht lange, da waren sie eingeschlafen. Auf dem Balkon stand auch der neue Kinderwagen. Ihn zu bekommen, war nicht so einfach gewesen. Bei dem einzigen Kinderwagenhersteller der DDR, dem volkseigenen Betrieb ZEKIWA in Zeitz, hatte er bestellt werden müssen. Es war gerade eine neue Generation von Zwillingswagen auf den Markt gekommen. Mein Mann hatte mit dem Verkaufsleiter von ZEKIWA persönlich gesprochen, der uns einen Wagen auf unseren Namen zugesagt hatte. Als jedoch Siegfried in das Kinderwagengeschäft kam, stand da zwar ein neuer Zwillingswagen, aber der war bereits verkauft. Mein Mann bestand darauf, dass er diesen Wagen bestellt hatte und er ihm gehörte. Und wirklich, unter dem Wagen klebte ein Zettel mit unserem Namen – dumm gelaufen für die Verkäuferin. Der Zwillingswagen kostete 280 –, Mark und war nur 30 –, Mark teurer als ein normaler Kinderwagen.

Erschöpft ruhte ich mich zunächst ein wenig aus. Doch danach wollte ich unbedingt mit meinem Mann und den Kindern raus. Als die beiden wach wurden, fingen sie an zu schreien. Sie mussten gewickelt werden und hatten Hunger. Für die erste Mahlzeit war Flaschennahrung da. Das Schreien der Kinder machte mich hilflos und ich verlor vor Aufregung beinahe die Nerven. Mein Mann nahm alles in die Hand und beruhigte mich. Ich bereitete die Fläschchen und er wickelte die schreienden Kinder. Dann nahm jeder ein Kind. Gierig tranken sie hintereinander das Fläschchen leer. Dann schrien sie weiter, bis sie durch das Bäuerchen befreit waren. Nun war für sie die Welt in Ordnung. Zufrieden lagen sie auf unserer Couch und schauten mit unkoordinierten Blicken in die Gegend. Mit ihren kleinen Ärmchen ruderten sie in der Luft. Steckte man einen Finger in das Fäustchen, griffen sie zu. So ein Wunder der Natur! Alle Reflexe funktionierten – einfach so!

Als wir dann den ersten Spaziergang machten, schob mein Mann ganz stolz den Kinderwagen. Die Leute schauten uns und die Kinder an. Zwillinge sind immer eine Attraktion.

Ich konnte es kaum fassen, dass mich das pulsierende Leben wiederhatte. Über jedes Geräusch, das zu einer lebendigen Stadt gehört, freute ich mich. Die Sonne schien, es war warm und die Menschen waren fröhlich. Um mich ein wenig auszuruhen, gingen wir zur Wallterrasse und setzten uns in die Gaststätte. Damals durfte man den Kinderwagen nicht mit hineinnehmen, also setzten wir uns an ein großes Fenster, vor dem der Kinderwagen stand. Im Vorbeigehen schaute fast jeder in den Wagen. Die Kinder schlummerten fest, sie waren gerade drei Wochen alt. Immer wieder schaute ich durch das Fenster zu den Bäumen, den Blumenbeeten und den vorbeikommenden Menschen und freute mich, dass ich leben durfte. Es war für mich so unfassbar und schön. Auch mein Mann war glücklich, dass ich es geschafft hatte. Eine schwere Zeit des Bangens und Hoffens war endlich vorbei. Und nun saßen wir hier.

Als mein Mann die Geburt der Kinder auf der Einwohnermeldestelle angemeldet hatte, war ich noch im Krankenhaus. Es war eine Außenstelle, die sich in einem Hochhaus uns gegenüber befand. Als er zu diesem Hochhaus kam, standen viele Leute davor und sahen aufgeregt nach oben. Siegfried hatte es eilig und betrat, ohne zu zögern, und nichts ahnend das Haus. Auf der Treppe in der ersten Etage kamen Feuerwehrleute entgegen, die eine große schwarze längliche Pfanne trugen. Neugierig schaute er hin und sah, dass darin menschliche Überreste waren. Ein todkranker Mann hatte sich von der 16. Etage gestürzt und war auf dem Vordach des Einganges aufgeschlagen. Ein unangenehmer Geruch verbreitete sich. Von dem Anblick und dem Geruch wurde es meinem Mann schlecht. Bevor er das Amt betrat, musste er sich auf der Toilette übergeben. Das war kein gutes Omen für die Anmeldung von zwei neuen Bewohnern der Stadt. So ist ein Mensch gestorben und zwei wurden geboren. Er erzählte mir die Begebenheit erst einige Zeit später, um mich nicht aufzuregen.

Mein Mann hatte sich um eine größere Wohnung bemüht. Die Abteilung Wohnraumlenkung sah zwar die Dringlichkeit ein, aber sie konnte nun mal keine Wohnung herzaubern. Ganz kurzfristig wurde dann durch Zufall eine Zweiraumwohnung in der vierten Etage eines Altneubau-Hauses frei. Als Altneubauten bezeichnete man zwischen 1950 und etwa 1965 neuerrichtete viergeschossige Wohnhäuser in vielen Städten der DDR. In diesem Haus gab es weder einen Aufzug noch eine Heizung. Das Haus stand an der Ecke von einer stark befahrenen Hauptstraße und einer ebenso befahrenen Nebenstraße. Dicht am Haus donnerte die Straßenbahn vorbei. Oben waren die Geräusche nicht ganz so schlimm. Da wir jedoch dringend mehr Platz für unsere beiden Kinder brauchten, nahmen wir die Wohnung an. Ein Leben in einer Einraumwohnung mit vier Personen war schlichtweg unmöglich.

Die Kinder schliefen die ganze Nacht durch. Nur dann und wann schmatzten und stöhnten sie leise in ihrem kleinen Dasein. In der Klinik hatte sich niemand um sie gekümmert, wenn sie schrien. Das war unser Glück. Grundlos schreiende Kinder hatten wir also nie.

Meine Mutter hatte ihren Jahresurlaub genommen und kam voller Erwartung zu uns. Sie konnte noch immer nicht begreifen, dass ich Zwillinge bekommen hatte, und war gespannt, wie wohl die Kleinen aussahen. In den vier Wochen, die sie bei uns blieb, war sie mir eine große Hilfe. Ich freute mich sehr auf sie, denn sie wusste ja nicht, was ich durchgemacht hatte. Staunend stand sie vor dem Bettchen ihrer beiden Enkel. Noch lange ließen wir ihnen ein Bändchen an den Ärmchen. Meistens verwechselte sie die beiden und behauptete, dass ein Junge nach unserer Familie und der andere nach der meines Mannes komme. Nur mit sehr viel Fantasie konnte man so eine Wahrnehmung haben. Ich fand immer noch keine Ähnlichkeit von irgendeinem Familienmitglied. Am Anfang hatten sie blaue Augen, bald aber konnte man erkennen, dass sie braun wurden. Die kleinen eng anliegenden Ohren waren wie gesäumt. Feine kleine Härchen wuchsen an den äußeren Ohrmuscheln. Als die ersten Kopfhaare ausfielen, wuchsen dunkle nach. Die Kinder waren ausgesprochen niedlich und alle Leute waren von ihnen eingenommen.

Eigentlich war das mit den zwei Babys gar nicht so schlimm, wie es immer angenommen wird. Arbeit machte nur die viele Wäsche, besonders die Windeln. Wegwerfwindeln gab es noch nicht und ich war froh, eine moderne Waschmaschine zu haben. Ansonsten war es nur mehr Aufwand in der gleichen Zeit. Waren die Kinder versorgt, hatten wir unsere Ruhe. Sie schrien nur, wenn sie Hunger hatten oder ein Wehwehchen sie plagte.

Für ein paar Tage mussten wir noch alle gemeinsam in der Einraumwohnung leben. Dann war es so weit, die größere Wohnung konnte bezogen werden. In dem neuen Wohnzimmer kamen unsere Möbel sehr gut zur Geltung. Das Zimmer, das eigentlich als Schlafzimmer gedacht war, wurde als Kinderzimmer genutzt. Es war nicht beheizbar und im Winter so kalt, dass wir die Kinder dick anziehen mussten. Selbst ein Mützchen und Handschuhe zogen wir ihnen an und sie schliefen durch bis zum anderen Morgen.

Die Zeit, in der meine Mutter mir nach der Geburt der Kinder zur Seite stand, war sehr schön. Oft legte sie sich die Kinder auf den Tisch, betrachtete sie staunend und sprach zärtlich mit ihnen. Sie hatte ihre helle Freude an ihnen und genoss die Zeit bei uns. So viel Liebe hatte sie aufgrund ihrer misslichen Lage für ihre eigenen Kinder nicht übrig gehabt; das holte sie jetzt bei ihren Enkelkindern alles nach. Meine Mutter war Bestandteil unserer Familie geworden und ich vermisste sie, als sie weg war. Sie war so herrlich unkompliziert und umsichtig. Auch mein Mann kam sehr gut mit ihrer Anwesenheit zurecht.

Wir stellten die beiden Gitterbettchen direkt nebeneinander. Als sie anfingen, bewusst zu sehen, nahmen sie sich wahr und betasteten sich mit den kleinen Händchen. Selten riefen sie uns mit Schreien zu sich. Erst wenn sie uns sahen, fiel ihnen ein, dass sie Hunger hatten und nass bis an den Hals waren. Dann war aber ihre Not nicht zu überhören. Waren die Kinder versorgt und ich wollte sie noch ein wenig in meinem Bett haben, jammerten sie so lange, bis ich sie beide in ihr Bettchen legte. Nun hatten sie sich wieder und waren ruhig und zufrieden. Wachten die Kinder auf, rollten sie sich später zueinander. Ein Spiegel interessierte sie nicht besonders. Sie sahen ja ständig den Bruder.

Die Wohnung war unweit der Elbwiesen. Oft ging ich mit den Kindern hier spazieren, denn durch den Beruf meines Mannes war ich viel allein. An der Elbe war es herrlich ruhig und die Luft war sauber. Mit leisem Tuckern zogen die Elblastkähne und Dampfer vorbei. Das gegenüber liegende Elbflorenz bildete ein wundervolles Panorama. Auch der Große Garten von Dresden war nicht weit entfernt. Besonders im Sommer war es hier sehr schön.

Alle Wege mit dem Kinderwagen mussten zu Fuß zurückgelegt werden. Die Türen der Straßenbahnen hatten einen Mittelsteg und ein Zwillingswagen passte da nicht hinein. Einmal hatte ich es besonders eilig, weil ich mich mit meinem Mann auf der Prager Straße verabredet hatte. Der Weg dahin war von der Wohnung aus zu Fuß ziemlich weit. Wie immer war ich zu spät aus dem Haus gegangen. Ich sauste mit dem Zwillingswagen von Bordsteinkante zu Bordsteinkante und überholte die Leute beinahe im Laufschritt. Plötzlich verfehlte ich diese verflixte Bordsteinkante, fuhr mit den Vorderrädern des Kinderwagens dagegen und kippte den gesamten Wagen mit der Stange nach vorn. Die Kinder fielen mit einer Rolle rückwärts in die Wagenplane und mit ihnen der gesamte Wageninhalt. Schnell kamen Leute herbei und halfen mir, den Wagen wieder auf alle vier Räder zu stellen. Ich war hochrot im Gesicht und es war mir peinlich, denn ich hatte gerade diese Leute eilig überholt. Die beiden Kleinen schauten mich mit großen Augen an, als sie aus ihrer Zwangslage befreit wurden. Diese sportliche Übung fanden sie vielleicht nicht schlecht, denn sie weinten nicht einmal. Die Leute lachten auch vor Staunen, was da aus der Plane des Kinderwagens zum Vorschein kam.

Tragischer Zufall

Eigentlich war ich mit meinen zwei Kindern und dem Vierpersonenhaushalt völlig ausgelastet, aber nach dem Schwangerschaftsurlaub bekam ich kein Geld mehr. Zu den gesetzlichen sechs Wochen bekam ich zwei Wochen bezahlt dazu, weil es eine Mehrlingsgeburt war. Das Geld meines Mannes reichte für vier Personen kaum zum Leben. In der Gastronomie war das Einkommen von jeher sehr gering. Auch das Kindergeld half nicht viel, denn es betrug nur 20 Mark pro Kind. Einen Platz in einer Kinderkrippe zu bekommen, war nicht so einfach. Das Recht auf einen Kinderkrippen- bzw. Kindergartenplatz war gesetzlich festgeschrieben. Das Problem war jedoch, dass es nicht genügend Krippenplätze gab. Die Geburtenrate war damals relativ hoch. Es gab weder die Pille noch die später per Gesetz festgelegte kostenlose Interruptio. Kinder wurden geboren, ob erwünscht oder unerwünscht.

Ich hatte mich für zwei Krippenplätze angemeldet. Nicht lange nach der Geburt meiner Zwillinge wurde in einer Kinderkrippe unweit unserer Wohnung ein Krippenplatz frei. Die Leiterin der Kinderkrippe beschloss, beide Kinder zu nehmen. Leider war der eine Platz aufgrund einer Tragödie frei geworden. Die Kinderkrippe war eine Wochenkrippe und nur einige Plätze waren für die Tageskrippe vorgesehen. Die Eltern stellten den Kinderwagen in einen extra dafür vorgesehenen Raum, der montags abgeschlossen wurde, wenn alle Kinder da waren. Erst am Freitagnachmittag, wenn die Kinder nach Hause geholt wurden, schloss man den Raum wieder auf. Meistens wurde das Kind erst nach oben gebracht, ausgezogen und einer Kinderschwester persönlich übergeben. Danach wurde der Kinderwagen in den Raum gestellt. Es ereignete sich aber, dass eine Mutter sehr spät angerannt kam. Sie stellte den Wagen in dem Raum ab. Eine Kinderschwester, die gerade in der Nähe war, erklärte sich bereit, das Kind aus dem Wagen mit nach oben zu nehmen. Sie hatte erst einmal einige andere Dinge zu erledigen und vergaß danach völlig, an das Kind zu denken, das im Wagen schlief. Der Raum wurde zugeschlossen. Leider vermisste auch niemand das Kind, denn es kam oft vor, dass ein Kind krank wurde und zu Hause blieb. Es fiel auch niemand auf, dass es keine Information über das Wegbleiben des Kindes gab. Es war eine tragische Verkettung unglücklicher Umstände. Als am darauffolgenden Freitag der Kinderwagenraum wieder aufgeschlossen wurde, fand man das Kind in dem Kinderwagen tot. Die näheren Umstände hat man nicht erfahren.

Ich wagte nicht, über diesen entsetzlichen Vorfall nachzudenken. Jedes Mal, wenn ich den Kinderwagen abstellte, dachte ich an diesen folgenschweren Vorfall und mir lief es eiskalt den Rücken herunter.

Als ich meine Kinder das erste Mal in die Kinderkrippe brachte, waren sie erst zehn Wochen alt. Das war damals nicht ungewöhnlich. Wenn man einen Krippenplatz angeboten bekam, war es ratsam, ihn zu nehmen. Wer weiß, wann es wieder klappen würde. Der Weg von unserer Wohnung zur Kinderkrippe dauerte etwa 20 Minuten zu Fuß. Mit der Straßenbahn konnte ich ja wegen des breiten Wagens nicht fahren. Ende August fing ich wieder an zu arbeiten. Eigentlich war es schön, denn ich war wieder unter Menschen. Die Kinder waren zwar da, aber keiner, mit dem ich mich unterhalten konnte. Mein Mann ging früh aus dem Haus und kam meist spät nach Hause. Er kannte keine Grenzen und wollte immer zur Stelle sein. In meinem Betrieb war man froh, dass ich wieder da war. Arbeit gab es genug.

Aufgrund ihres zarten Alters waren die Kinder jedoch relativ häufig krank. In der Gemeinschaft der Kinderkrippe übertrug sich jede Erkältung auf alle anderen Kinder, denn die Kleinen nahmen alles in den Mund.

Besonders häufig aber war die Durchfallerkrankung meiner Kinder. Erst nach vielen Jahren, als die beiden Jungen im fünften Schuljahr waren, bemerkten wir, woran das lag: Sie hatten eine Milchzucker-Unverträglichkeit. Da die Nahrung im Babyalter auf Milch basierte, war die Ursache nicht erkennbar. Jedes Mal war es mir regelrecht peinlich, wenn ich deshalb wieder zum Kinderarzt musste und nicht arbeiten gehen konnte. Der kleine Po war oft durch die Bakterien wund und es tat ihnen weh. Zum Glück strebte man damals danach, dass die Kinder sehr zeitig sauber wurden. Sobald die Kleinen richtig sitzen konnten, wurden sie auf das Töpfchen gesetzt und es dauerte nicht allzu lange, da gehörte es zum Tagesablauf. Mit dem Wegfall der Windeln war die Ursache zwar nicht beseitigt, aber die Auswirkung stark gedämpft. Damals lebte noch keine gigantische Windelindustrie von der Verdummung der Mütter. Die Devise hieß: „So schnell wie möglich aus der Windel", und nicht: „So lange wie möglich in der Windel". Es gab keine riesigen Abfallberge von biologisch schwer abbaubaren Kinderwindeln. Hinzu kommt, dass diese Art der Bequemlichkeit nicht gerade preiswert ist. Besonders fragwürdig erscheint es mir, wenn die Kinder bis hin zum vierten Lebensjahr das Paket am Hintern tragen und nicht wissen, was sie auf der Toilette sollen.

Die Nötigung

Obgleich ich mich auf meine Arbeit freute, fiel es mir schwer, meine beiden Babys in fremde Hände zu geben. Die Kinderkrippe, die in einer sehr schönen ehemaligen Stadtvilla untergebracht war, machte einen sehr sauberen Eindruck. Die Schwestern hatten alle einen Examensabschluss als Kinderkrankenschwester. Da meine beiden Jungen keine Schreikinder waren, gehörten sie bald zu den „Lieblingen". In alle Kleidungsstücke musste ich die Namen einnähen. Ab jetzt war mein Tag straff organisiert. Meine Arbeitszeit ging von 7.00 Uhr bis 16.00 Uhr. Die Kinderkrippe war ab 6.00 Uhr geöffnet. Nach meiner Arbeitszeit versuchte ich so schnell wie möglich meine Kinder abzuholen, damit ich noch etwas Zeit mit ihnen verbringen konnte.

Zu Beginn des neuen Jahres wurde ich zur Gruppenleiterin befördert. Das war von Anfang an so vorgesehen. Das neue Gehalt betrug ab sofort 650 –, Mark im Monat. Jeder Arbeiter dieses Betriebes, der im Schichtrhythmus arbeitete, bekam mehr

Geld als ich. Meine Ausbildung erschien mir bald wie eine Farce. Meine Aufgabe im „VEB Plauener Spitze, Werk Dresden" bestand darin, die Qualität und die Einhaltung der Normen zu kontrollieren.

In meiner Abteilung war auch ein Lehrling zur praktischen Ausbildung. Das Mädchen begleitete mich gern auf meinen Kontrollgängen und wir verstanden uns gut. Ich war froh, diese nicht allein machen zu müssen, und sie war froh, eine junge Chefin zu haben. Die Qualitätsmerkmale waren hoch. Bei Abweichungen wurde die Ware in eine andere Wahl eingestuft. Vergilbte Ware wurde aussortiert und als Ausschuss deklariert. So wurden ganze Ballen zur Seite gelegt, wenn sie beim Appretieren verbrannt waren oder die Spitze schlecht „gezäckelt" war. Der Laie sah das nicht, aber der Fachmann. Auch wenn der alte Kollege in meiner Gruppe sehr mürrisch zu mir war, griff ich gern auf seine Erfahrungen zurück. Er änderte zwar nicht seine Tonlage, fühlte sich aber angesprochen, wenn es um die Qualitätsmerkmale ging. Er war Fachmann durch und durch. Seine fachmännischen Erörterungen brachte er mir in einem vorwurfsvollen Ton bei, nach dem Motto: „Wie kann man das eine oder andere bloß nicht wissen?"

Als ich bei einem Kontrollgang einen großen Ballen aussortierter Spitze sah, fragte ich einen Mitarbeiter dieser Abteilung, was mit der Ware passiere und ob man sich ein Stück abschneiden könne. Er sah kein Problem darin und so schnitten wir beide uns etwa einen Meter ab. Es war Elastikspitze, aus der man eine hübsche Bluse schneidern konnte. Wir nahmen die Spitze mit ins Büro und legten sie in unseren Schreibtisch. Wir freuten uns schon, machten kein Geheimnis daraus und sahen darin auch keinen Verstoß. Es war Ausschussware, die angeblich entsorgt werden sollte.

Da hatte ich jedoch nicht mit der Boshaftigkeit des alten Kollegen gerechnet. Er hatte uns beobachtet und bei der Produktionsleitung Meldung wegen Diebstahls gemacht. Sicher hatte er lange auf so eine Gelegenheit gewartet. Nun war sie da. Es dauerte nicht lange, da ging die Tür auf und der Produktionsleiter persönlich stand vor mir. Er fragte mich, ob er in meinen Schreibtisch schauen könne. Natürlich konnte er das. Er nahm die Spitze heraus und fragte mich, was ich damit machen wolle. Ich kam nicht mehr zum Antworten, denn er unterstellte mir bereits, dass ich das Stück gestohlen hätte. Man habe mich beobachtet. Außerdem hätte ich auch noch den Lehrling zum Diebstahl angestiftet.

Es half nichts, die Tatsachen sprachen für sich. Man prüfte erst gar nicht, ob es tatsächlich Ausschussqualität war. Es war Diebstahl und der wurde streng geahndet. In diesem Betrieb wurde viel gestohlen, dann aber gleich ballenweise. Mein kleines Stück war regelrecht lächerlich. Der Produktionsleiter drohte mir mit einem Verweis und einer Anzeige wegen Diebstahls bei der Polizei. Entscheidend waren nicht die Menge und das Produkt, es war die Sache an sich. Ich war schließlich Gruppenleiterin. Auch der Lehrling sollte einen Verweis bekommen, und das tat mir besonders leid. Beschwörend erklärte ich, dass das Mädchen nichts damit zu tun hatte und nur dabei gewesen war. Ich habe nicht mehr erfahren, ob diese Androhung in die Tat umgesetzt wurde. Ich jedenfalls bekam einen aktenkundigen Verweis und auch eine Anzeige bei der Polizei. Das alles war mir besonders unangenehm und kam mir gerade jetzt sehr ungelegen, da ich kurz vor diesem Vorfall meine Kündigung eingereicht hatte. Und das kam so:

Mein Mann hatte seine neue Tätigkeit bei „Robotron", dem einzigen EDV-Monopol der DDR, aufgenommen. Nun bekam er zwar mehr Geld, machte sich aber etwas vor, wenn er behauptete, dass die neue Arbeit für ihn eine Herausforderung war. Es war ein völlig anderes Niveau als im Interhotel. Hier ging es vor allem um die Pausenversorgung der Angestellten der Kombinatsleitung und des Großforschungszentrums von „Robotron". Das neue Speisehaus war sein Wirkungsbereich. Der ehemalige Mitstudent, der ihm diesen Job verschaffte, hatte überall „gute Freunde". Er schob mit Raritäten, zu denen er Zugang hatte. Das moderne Speisehaus mit einem separaten kleinen Restaurant wurde auch gern zu Feierlichkeiten von Persönlichkeiten

Dresdens genutzt. Er kannte den Ökonomischen Direktor der Kombinatsleitung sehr gut und mein Mann versuchte über diesen Draht, mir eine besser bezahlte Arbeit zu verschaffen. Das klappte auch und ich kündigte in der „Plauener Spitze".

Mir war jetzt klar, warum man mich mit so viel Härte bestrafen wollte. Es war die Reaktion auf meine Kündigung, die wie ein Bumerang folgte, und der alte Kollege war der Drahtzieher. Für ihn war es eine Gelegenheit, seinen Frust gegen mich auszuspielen. Es hatte geklappt und er hatte seine Genugtuung. Er war auf jeden Fall der bessere und erfahrenere Fachmann und ich war ihm vor die Nase gesetzt worden. Das hatte ihn gewurmt.

Mit einem Aufhebungsvertrag beendete ich Ende März meine Tätigkeit in diesem Betrieb. Trotz alledem bekam ich von meinem Chef eine gute Beurteilung und hatte auch einiges dazugelernt. Er sah mich mit anderen Augen und kannte den Hass des alten Kollegen. In dieser Abteilung hätte ich nie eine echte Chance gehabt.

Da ich noch ein paar Tage anteiligen Urlaub hatte, war ich mit den Zwillingen zu Hause. Es war gerade Mittagszeit und die Kinder schliefen, als es klingelte. Ein Polizist in Uniform stand vor unserer Tür. Er fragte nach meinem Namen und bat, einzutreten zu dürfen. Ich ahnte gleich, worum es ging, und führte ihn in unser Wohnzimmer. Er redete nicht lange um den heißen Brei, sondern kam gleich auf den Punkt.

Es war also Wahrheit geworden, man hatte wegen dieser Lappalie bei der Polizei Anzeige gegen mich erstattet. Der Polizist wusste sogar, dass ich den Betrieb verlassen hatte. Er malte mir in den schwärzesten Farben aus, wie unangenehm es sei, einen Vermerk wegen Diebstahls in den Akten zu haben. Gerade jetzt, wo ich eine neue Tätigkeit in einem bedeutungsvollen Betrieb begann. Außerdem müsste ich eine Geldstrafe bezahlen. Dann schaute er mich eigenartig an und meinte, dass es da aber noch eine andere Möglichkeit gäbe, den Dingen aus dem Weg zu gehen. „Denken Sie doch einmal nach, was ich meine", sagte er beinahe flüsternd und mit einem fiesen Lächeln im Gesicht. „Es kostet Sie nichts und wir würden alles andere vergessen. Wenn Sie wollen, versuche ich den Aktenvermerk zu verhindern. Sie wollen doch nicht mit Schwierigkeiten anfangen, oder? Überlegen Sie es sich, ich meine es doch gut mit Ihnen. Sie verstehen doch, was ich meine?" Und ob ich verstand, was er meinte. Mein Herz raste vor Angst. Ekel vor diesem Mann stieg in mir hoch. Ich war allein in der Wohnung, die Leute im Haus gingen alle arbeiten. Jetzt setzte er sich neben mich auf das Sofa. Jeden Moment rechnete ich damit, dass er mich berühren würde. Gegen die Staatsgewalt war man machtlos. Niemand würde mir den Vorfall glauben. Meine Gedanken rasten wild durch den Kopf. Was soll ich jetzt bloß tun? Ich fühlte mich total hilflos und verzweifelt.

Plötzlich fielen mir meine beiden kleinen Kinder ein. Ich erklärte, dass ich nach ihnen sehen müsse, stand auf und verließ das Zimmer. Ich riss meine kleinen Jungen aus dem Schlaf und nahm sie rechts und links auf den Arm mit ins Wohnzimmer, wo der verdutzte Polizist saß. Die beiden fingen sofort an zu schreien. Damit hatte er nicht gerechnet. Wütend stand er auf und sagte schroff: „Na gut, Sie wollen es nicht anders. Ich hätte Ihnen geholfen. Aber Sie wollen ja nicht. Sie werden ja sehen, was Sie davon haben". Mit schnellen Schritten verließ er die Wohnung und knallte die Tür hinter sich zu. Den Zettel mit der Zahlungsaufforderung bei der Polizei ließ er auf dem Tisch liegen.

Als er gegangen war, konnte ich mich lange nicht beruhigen. Mein Herz klopfte noch immer wie wild und meine Knie waren weich wie Butter. Meine schreienden Babys holten mich in die Realität zurück. Ich versorgte sie und es dauerte eine Weile, bis sie sich wieder beruhigt hatten.

Dann wartete ich sehnsüchtig auf meinen Mann. Doch wie so oft kam er spät nach Hause. Er war immer der Meinung, dass ohne ihn nichts lief. Ich überschlug mich beinahe beim Erzählen meines Erlebnisses am Nachmittag. Von dem Vorfall im Betrieb hatte ich meinem Mann nichts erzählt, weil es mir peinlich war. Was ich ihm nun berichtete, verschlug ihm vor Wut die Sprache. Noch immer war ich sehr aufgeregt und er versuchte, mich zu beruhigen. Dann ging er zu einem öffentlichen Telefon und rief jemanden an. Als er zurückkam, sagte er zu mir, dass jetzt jemand komme, dem ich alles, aber auch alles erzählen könne. Nun, ich wusste, wovon er sprach.

In allen Hotels waren Verbindungsleute, die für die Staatsicherheit indirekt Informationen lieferten. Als Chef war man dazu verpflichtet, die „Sicherheit des Hotels" zu gewährleisten. Mich interessierte das wenig, ich wusste nur so viel, dass mein Mann, wie alle Leiter, Meldepflicht bei „Unregelmäßigkeiten mit sicherheitsgefährdetem Charakter" hatte. Ein Mann in Zivil kam zu uns. Er machte nicht nur einen wichtigen Eindruck, sondern ein noch wichtigeres Gesicht. Ich erzählte ihm, was ich erlebt hatte, auch den Vorfall im Betrieb. Er machte sich kurze Notizen. Den Polizisten sollte ich genau beschreiben. Das konnte ich, denn er hatte mir ja lange genug gegenübergesessen.

Ein paar Tage später erzählte mir mein Mann, dass es sehr wichtig war, dass ich ihm alles erzählt hatte. Der Polizist hatte bereits andere Frauen in Ausnutzung ihrer Notlage genötigt und sogar Frauen vergewaltigt. Vor Scham hatten sie keine Anzeige erstattet. Man war ihm bereits auf der Spur und wartete nur darauf, dass er erneut aktiv wurde. Nun wusste man, wer es war. Ich hatte ihn gut beschrieben. Der Polizist wurde sofort vom Dienst suspendiert. Es wurde Strafanzeige gegen ihn erstattet und er wurde vor ein Gericht gestellt. Ich bezahlte die Geldstrafe an die Kasse der Polizei ein und hatte keine weiteren Probleme. Nach einem Jahr wurde der Verweis aus der Akte entfernt. Gleich bei meiner Einstellung bei „Robotron" erzählte ich, was passiert war. Ich hatte dadurch keine Nachteile.

„Robotron" hatte durch seine gute Entlohnung viele gute Arbeiter und Angestellte aus den Betrieben abgeworben und kannte solche Praktiken. Es gab bereits den Spruch: „Hast du einen doofen Sohn, dann schicke ihn zu ‚Robotron'."

Für mich begann ein interessantes Berufsleben und ich habe viel gelernt. Es wurde die Akademie für mein Leben.

7. Schöne Jahre im Elbflorenz

Umzug in den Plattenbau

Sofort mit Beginn seiner neuen Tätigkeit bei „Robotron" hatte mein Mann sich um eine größere Wohnung bemüht. Er wurde von seinem Chef unterstützt, denn der nahm auch gern seine Dienste in Anspruch. Handel und Wandel mit Raritäten blühten immer und eine Hand wäscht ja bekanntlich die andere.

Am Rande von Dresden, in Richtung Pillnitz, entstand eine Neubausiedlung. Sie war vorwiegend für die Arbeiter und Angestellten von „Robotron" vorgesehen. Die Wohnungen waren fernbeheizt und beinahe alle hatten einen Balkon. Sie waren sehr begehrt und man bekam sie, wenn man Mitglied der Wohnungsbaugenossenschaft wurde und dafür Aufbaustunden leistete oder einen bestimmten Geldbetrag einzahlte. Dann stand man auf der Warteliste, bis die nächste Wohnung bezugsfertig war. Hatte man Glück, bekam man sie auch über die Wohnraumlenkung des Betriebes, die bestimmte Anteile zur Vergabe hatte. Dafür waren aber meist gute Beziehungen nötig. Die Anzahl der Familienmitglieder bestimmte die Größe der Wohnung. Ohne ein Kind bekam man keine Dreiraumwohnung. In den Neubausiedlungen wurden zeitgleich Kinderkrippen, Kindergärten und Schulen gebaut. Ideal also für junge Familien mit Kindern. Alles wurde nach dem neuesten Stand der Entwicklung gebaut. Die Einrichtungen waren hell und freundlich gestaltet und stellten absolut keine Kinderaufbewahrungsanstalten dar. Erzogen und unterrichtet wurde nach einheitlichen Richtlinien, denn in der DDR gab es ein einheitliches Bildungs- und Erziehungssystem. Man sah die Kinder als die Zukunft des Staates an.

Bereits im Spätsommer des gleichen Jahres bekam mein Mann die Wohnung zugewiesen. Nun sollte eine neue und moderne Dreiraumwohnung unser neues Zuhause sein. Die Zimmer waren nicht sehr groß, aber man konnte sie gut einrichten, wenn man es geschickt anstellte. In der fensterlosen Küche gab es standardmäßig eine kleine Einbauküche. Eine gläserne „Durchreiche" zum angrenzenden Wohnzimmer war die Lichtquelle. Der Dunstabzug war so konstruiert, dass man auf jeden Fall mitbekam, was der Mieter unter uns kochte. Wenn er gar noch nieste, riefen später unsere Zwillinge „Gesundheit!" und er „Danke". Es klappte also mit der zwischenmenschlichen Interaktion nach oben und unten. Krautrouladen rochen höchstens drei Tage, aber nicht länger!

Das Kinderzimmer war nur zehn Quadratmeter groß. Ein Doppelstockbett und viel Fantasie für die optimale Gestaltung waren notwendig, um zwei Kinder hier unterzubringen. Kinder- und Schlafzimmer waren nur durch eine dünne Gipskartonwand getrennt. Eigentlich sollte hier ein Einbauschrank sein, der aber aus Kostengründen wegrationalisiert wurde. Selbst das Flüstern der Kinder konnten wir gut hören, obwohl wir einen großen Schlafzimmerschrank davor platziert hatten. Ein kleines Badezimmer mit Wanne, Toilette und Stellplatz für die Waschmaschine machten die Wohnung komplett. Hier konnten die Kinder mit einem Erwachsenen nur gleichzeitig sein, wenn sie in der Wanne waren oder auf der Toilette saßen. Der Flur war winzig, sechs Türen mündeten hier ein. Traten alle Wohnungsinsassen in den Flur, ging nichts mehr. Dennoch waren wir in dieser Wohnung elf Jahre glücklich und zufrieden. Ein richtiges Schlafzimmer ist ein wertvoller, wichtiger Raum für die Regeneration unserer Kraft. Diese neue Erkenntnis genossen wir in vollen Zügen. Alles in allem hatte die Wohnung nur 75 Quadratmeter Wohnfläche und kostete monatlich 90 –, Mark inklusive aller Nebenkosten.

In den ersten Wochen, in denen wir in unserem neuen Zuhause wohnten, hatte ich den Krippenplatz für meine Zwillinge beibehalten. Um in die Kinderkrippe zu gelangen, musste ich mit dem Bus fahren. Hier konnte man einen Zwillingswagen befördern. Der Weg war noch nicht befestigt, die Straßen waren gleichzeitig die Fahrstrecke für Baufahrzeuge. Ich hatte es immer eilig. Um den Bus nicht zu verpassen, rannte ich oft die letzten Meter. Auch der Kinderwagen war für mich bei dieser Sportart kein Hinderungsgrund. Aber eines Tages wurde mir meine Hektik zum Verhängnis. Der Fußweg bestand nur aus provisorisch aneinandergelegten Betonplatten. Es war an einem Novembermorgen und noch dunkel. Von Wegbeleuchtung keine Spur, konnte ich bei meinem Tiefflug mit dem Kinderwagen den Eisenstab, der mir aus einer Betonplatte entgegenragte, nicht erkennen. Mit der Kraft, die man beim schnellen Gehen der Füße entwickelt, rammte ich mir den Stab durch ein Zierloch meines linken Schuhs zwischen den ersten und zweiten Zeh in den Fuß. Da der Eisenstab keine Spitze hatte, schabte er innerhalb meines Fußes entlang der Fußsohle.

Zunächst konnte ich gar nicht realisieren, was da passiert war. Ich blieb mit dem Fuß an dem Stab hängen und zog in rasch zurück. Erst da bemerkte ich, dass ich eine tiefe Stichwunde hatte. Alles war in Sekundenschnelle passiert. Ich hielt mich an der Stange des Kinderwagens fest und humpelte so schnell ich konnte weiter. Der Bus musste um jeden Preis erreicht werden, denn um 6.50 Uhr begann meine Arbeitszeit in der Stadt. Zu meinem Arbeitsort musste ich von der Kinderkrippe noch mit der Straßenbahn fahren. Vorher aber musste ich die beiden Kleinen ausziehen und bei der Kinderschwester abgeben. Jede Minute war also kostbar.

Als ich humpelnd endlich die Bushaltestelle erreichte, war der Bus auch schon da. Jemand half mir beim Einsteigen und unter der Last des Kinderwagens merkte ich den stechenden Schmerz in meinem Fuß. Blut quoll aus dem Schuh. „Nur jetzt nicht schlapp machen!", dachte ich. Das Aussteigen aus dem Bus war bereits eine Qual. Meine beiden Kinder waren ganz still, denn sie hatten ja viel zu sehen. Die Haltestelle war nicht weit entfernt von der Kinderkrippe. So schnell ich konnte, hopste ich auf einem Bein. Ein Mann, der sein Kind in die Krippe brachte, hatte mich von seinem Auto aus gesehen und bemerkte, dass ich in einer Notlage war. Er lieferte rasch sein Kind ab und kam mir entgegen, um mir zu helfen. Mit seiner Hilfe schaffte ich es bis zur Kindereinrichtung. Zwei Schwestern halfen mir und nahmen mir die Kinder ab.

Der Mann lud mich in sein Auto ein und brachte mich in die Arztstation von „Robotron". Das Röntgenbild vom Fuß zeigte, dass ich ein riesengroßes Glück hatte. Keine Sehne war verletzt, nur die tiefe Wunde musste heilen. An der Fußsohle innen war eine dunkelblaue Schleifspur, die der Eisenstab verursacht hatte. Nun half nur noch Daumendrücken, dass keine Blutvergiftung entstand. Und das half tatsächlich. Mein herbeigerufener Mann brachte mich nach Hause.

Ich konnte nicht auftreten, der Fuß schmerzte unvermindert. Mein erster Gedanke war, dass meine Mutter mir jetzt helfen müsste, denn ich konnte unmöglich die beiden Kinder allein betreuen. Wann immer ich die Hilfe meiner Mutter benötigte, kam sie. Da sie im Schichtbetrieb arbeitete, musste sie erst einmal mit ihrem Chef abklären, inwieweit eine Vertretung für ihre Schicht organisiert werden konnte. Viele Worte machte sie dabei nicht, sie handelte. Ihr Chef hatte sich inzwischen daran gewöhnt, dass sie hin und wieder aufgrund kleiner, nicht kalkulierbarer Katastrophen nach Dresden fahren musste. Sie schwärmte von ihren kleinen süßen Zwillingsenkelkindern und die Kollegen wussten Bescheid.

Von der Arbeitsschutzinspektion des Betriebes wurde mein Unfall als Wegeunfall anerkannt und ich hatte keine Geldeinbuße. Meine Mutter war für zwei Wochen bei uns und verwöhnte nicht nur mich, sondern auch die Kleinen. Sie fügte sich problemlos in unsere Familie ein. Das Einzige, was ich zu bemängeln hatte, war, dass sie die Kinder verwöhnte und meine strenge Erziehung etwas unterwanderte. Trotz des zarten Alters merkte die beiden kleinen Bengel das bald. Aber sie gab meinen Kindern auch sehr viel Liebe und Zärtlichkeit.

Die Lage unserer neuen Wohnung war genial. Nur wenige Haltestellen mit der Straßenbahn entfernt waren wir bereits an den Elbwiesen, gegenüber der historischen und landschaftlichen Perle Dresdens, von Pillnitz. Es wurde zu unserem Lieblingsausflugsziel, denn an der Elbe ist es zu jeder Jahreszeit schön. In unmittelbarer Nähe war auch eine Haltestelle der S-Bahn. Sehr preiswert und schnell konnten wir von hier in das Elbsandsteingebirge fahren. Nur einen Bruchteil der vielen Wandermöglichkeiten haben wir erkundet.

Dresden und seine Umgebung waren zu meiner Heimat geworden, die ich so unendlich lieb gewann. Es wurden die schönsten Jahre meines Lebens, die ich hier verbrachte. Hier war ich glücklich und zufrieden und hier hätte ich alt werden können, aber es kam ganz anders, als ich je dachte.

ROBOTRON – von wegen Ökonom

Am 1. April befand sich mein neuer Arbeitsplatz in der Kombinatsleitung von „Robotron". Eine Woche zuvor bekam ich von der Gruppe Personalwesen ein verbindliches schriftliches Angebot, wo neben den Einstellungsformalitäten folgender Satz stand:

„Nachricht zwecks Zimmer- bzw. Wohnungszuweisung sowie Bereitstellung von Kinderkrippen- bzw. Kindergartenplätzen, so wie für Sie zutreffend und mit Ihnen vereinbart, erhalten Sie, falls noch nicht geschehen, gesondert durch den Leiter Ihres künftigen Arbeitsbereiches."

„Robotron" hatte im Hinblick auf soziale Hintergründe bei der Einstellung von Frauen an alles gedacht und war auch in der Lage, alles zu realisieren. Ein Kindergartenplatz einschließlich Vollverpflegung kostete 35 –, Mark im Monat. Ein Kinderkrippenplatz war unwesentlich teurer, da das Windelwaschen noch hinzukam. Aussicht auf eine Kinderunterbringung hatte jede Frau. Für eine 14-tägige Teilnahme eines Kindes in einem Kinderferienlager einschließlich Hin- und Rückreise, Vollverpflegung und diverser Veranstaltungen musste man 12 –, Mark bezahlen.

Um neue Mitarbeiter für die wie aus dem Boden gestampften neuen Betriebe zu gewinnen, benutzte „Robotron" Neubauwohnungen als Lockmittel. Das größte Zugmittel aber war das gute Einkommen. „Robotron" wurde untersagt, offiziell Mitarbeiter aus anderen Betrieben abzuwerben. Die Werbung erfolgte durch heimliche Mundpropaganda. Interessierte, gut ausgebildete Leute aus anderen Betrieben bewarben sich massenhaft. Man nahm trotzdem nicht jeden, die Akten wurden gut gesichtet. Insgesamt bildete „Robotron" 26.000 Fachleute aus. Zeitweilig gab es im Kombinat 70.000 Beschäftigte.

Das riesengroße, neu gebaute Verwaltungsobjekt der Kombinatsleitung von „Robotron" befand sich am Pirnaischen Platz in Dresden. Gleich nebenan wurde das Großforschungszentrum errichtet. Alles war gigantisch und ließ sich verheißungsvoll an. Der Name „Robotron" war in aller Munde, das Kampfziel hieß „Produktion von elektronischen Datenverarbeitungsgeräten". Dieser Schritt war unumgänglich, denn im Westen war man bereits um Nasenlängen voraus, ganz zu schweigen von den Amerikanern.

Meine neue Tätigkeit nannte sich „Organisator" im Bereich Ökonomie. Was immer auch diese Tätigkeitsbezeichnung bedeutete, ich hatte Respekt vor ihr und von nichts eine Ahnung. Deshalb regelte auch ein Einschränkungsvertrag für die Zeit einer internen Qualifizierung die Höhe meines Gehaltes. Das wiederum war von vornherein 170 Mark höher als das vorhergehende Gehalt als Gruppenleiterin. Für mich war es ein Schritt in die richtige Richtung. Die Kollegen in der neuen Abteilung taten alle sehr intelligent und waren fast alle Genossen. Ich dagegen war ein ganz kleines Licht und so fühlte ich mich auch. Die neuen Begriffe irritierten mich und dass eine Maschine komplizierte Rechnungen durchführen konnte und bald den Menschen ersetzen sollte, begriff ich nicht so schnell. Leider wurde es aber bittere Wahrheit. Sosehr ich mich auch mühte, ich hatte mit Ökonomie nichts am Hut.

In Dresden-Gruna befand sich auch der Produktionsbetrieb, wo die Großrechner montiert und in einem Prüffeld geprüft wurden. Vorgefertigt wurden die mechanischen Teile im damaligen Richtfunkwerk Radeberg. Alles andere kam aus Zulieferbetrieben. Von Anfang an waren unsere Rechner mit den sowjetischen Großrechnern kompatibel, das heißt, sie konnten problemlos beigestellt werden. Man nannte sie ESER-Technik, das hieß „Einheitliches System Elektronischer Rechner". Die einzelnen Rechnerteile hatten die Größe von Kleiderschränken. Eine Rechenstation war so groß, dass spezielle Räume dafür benötigt wurden. Wegen der hohen Staubempfindlichkeit der EDV-Anlagen mussten die Mitarbeiter Schuhe und Kleidung wechseln. Ein Rechnerraum mutete wie ein OP-Raum an – steril. Um den weltweiten Einsatz zu gewährleisten, wurden Rüttel-, Tropen- und Kältetests mit den Anlagen durchgeführt. Die elektronische Datenverarbeitung wurde aus „den Kinderschuhen" mit „Siebenmeilenstiefeln" in unsere moderne Gegenwart gebracht, die ohne sie undenkbar geworden ist.

Am Anfang war alles sehr spannend. Die Entzauberung kam erst mit dem Blick nach Westen, was aber eher eine Ernüchterung war, denn „Robotron" musste einen gehörigen Schritt zulegen, um überhaupt Schritt halten zu können. Im Westen waren alle Datenverarbeitungserzeugnisse, inklusive Zubehör, wesentlich kleiner als bei uns und schneller. Das war schließlich auch unser Ziel, der Weg dahin war steinig. Es wurde natürlich auch „abgekupfert". Schließlich wurde das Rad auch nur einmal erfunden. Auf der CeBIT-Messe in Hannover blieb das natürlich nicht unentdeckt, was selbstverständlich Folgen hatte. Jedenfalls hieß das Motto: „Überholen, ohne einzuholen". Lange grübelten wir, wie das wohl gemeint war.

Unter Hochdruck wurde in Dresden die neue Rechnergeneration aus der Entwicklung in die Produktion übergeleitet. Neben den Entwicklern, die selbst vor Ort waren, wurden auch Mitarbeiter der Kombinatsleitung zur Unterstützung in die Produktion abgestellt. Das nannte man „Einsatz in der sozialistischen Produktion", wo beinahe jeder einmal dran kam, ob er wollte oder nicht. Alles musste koordiniert und der Staatsplan sollte eingehalten werden. Wenn nicht, gab es eine Planpräzisierung. So nannte man die Terminverschiebung des Staatsplanes.

Eines Tages war ich an der Reihe, in die Produktion zu gehen. Der Betrieb lag nur zwei Straßenbahnstationen von meinem Wohnort entfernt. Allein der kurze Arbeitsweg war für mich ein großer Vorteil. Am Anfang fand ich die Arbeit nicht sehr aufregend. Ich wurde in der zentralen Disposition eingesetzt. Im Wareneingang ging es noch drunter und drüber und niemand hatte so richtig den Durchblick. Es mangelte manchmal an Kleinigkeiten, die den Montagefortschritt behinderten. Bald stellte ich fest, dass es mir hier gefiel. Alles war begreifbar, weil man es nachvollziehen konnte. Besonders aber der Vorteil des Arbeitsweges reizte mich.

So signalisierte ich, dass ich an einer Tätigkeit in diesem Betrieb interessiert war. Die Voraussetzungen für eine interessante Tätigkeit hatte ich, ich war Ingenieur, die Fachrichtung interessierte niemanden. Hauptsache der Titel war da. Schnell hatte ich mich auch in die Problematik eingearbeitet und man freute sich über meinen Entschluss. Ich wurde in die Arbeitsgruppe der Entwickler des neuen Rechners des Zentrums für Forschung und Technik Karl-Marx-Stadt aufgenommen und arbeitete ab sofort zusammen mit ihnen. Es machte sehr viel Spaß, denn die Männer waren alle hoch motiviert und kompetent. Jeder Einzelne war ein Spezialist und ich die einzige junge Frau. An ihrer Seite habe ich mir schnell sehr gut Kenntnisse im technologischen Aufbau der Rechner angeeignet. Der Ehrgeiz hatte mich gepackt. Mein spezieller Bereich waren die mechanischen Einzelteile. Der damalige Stammbetrieb in Radeberg war nicht nur für die Produktion sämtlicher mechanischer Einzelteile und Baugruppen zuständig, sondern auch für die Ausstattung unserer damaligen Volksarmee mit Richtfunktechnik. Stand jedoch ein Richtfunkfahrzeug der Armee zur Routineprüfung vor dem Tor, blieb alles andere liegen. Egal, ob da Millionen Mark davon abhingen oder nicht. Die Sicherstellung des Friedens in der Zeit des Kalten Krieges war wichtig. Schließlich ruhte ja auch der Klassenfeind nicht.

In unserem Betrieb in Dresden gab es dann noch den Musterbau, wo jeder Arbeiter auf seinem Gebiet ein Spezialist war. Hier wurden die Lücken im Spagat zwischen Entwicklung und Einführung in die Produktion fachkundig und findig geschlossen.

Mit einer Feier anlässlich der produktionsreifen Übergabe wurde die Tätigkeit der Arbeitsgruppe beendet. Es gab Sonderprämien, ein gutes Büfett war aufgebaut und anschließend war

Tanz. Mein Mann platzte wieder beinahe vor Eifersucht und holte mich viel zu zeitig vom Betrieb ab. Schade, ich wäre gern länger geblieben. Er hatte in all den Jahren nie einen Grund zur Eifersucht. Dennoch sah er es nicht gern, wenn ich zu betrieblichen Veranstaltungen ging. Dann war er immer der Meinung, dass ich mir das mit zwei kleinen Kindern nicht leisten könne. Das sah ich jedoch etwas anders, denn die Kinder hatten auch einen Vater. Wer gut arbeitet, darf auch mal gut feiern. Das tat mein Mann schließlich auch und ließ nie etwas aus. Ich war ihm immer treu, dennoch war es schön, zu bemerken, dass man geachtet und ein klein wenig verehrt wurde. Welche Frau freut sich nicht, wenn sie erkennt, welchen „Marktwert" sie noch hat? Es ist einfach so.

Von einer mysteriösen Begebenheit möchte ich an dieser Stelle noch berichten: Der Leiter der „Arbeitsgruppe" war ein großer, drahtiger Mann mit hoher Fachkompetenz. Er agierte mit der Exaktheit eines Generals und rief Sonderrapporte ein, wann immer es „brannte". Niemand traute sich zu fehlen oder keine Aussage zu haben. Er koordinierte den gesamten Ablauf und alle hatten Respekt vor ihm. Er und noch vier weitere hoch spezialisierte Ingenieure waren für einige Zeit in Japan zu einem Erfahrungsaustausch. Es war einige Zeit vergangen, die Gruppe war aus Japan schon lange zurück, da erfuhr ich, dass eben dieser Mann urplötzlich verstorben sei. Die Todesursache wurde nicht bekannt gegeben. Er war Mitte vierzig. Später munkelte man, dass alle Mitglieder der Japan-Reisegruppe verstorben waren. Das hatte mich tief erschüttert. Nie erfuhr man Näheres, alles blieb unter dem Deckmantel der Verschwiegenheit. Es waren auf dem Gebiet der EDV hoch spezialisierte Wissensträger.

Reumütige Rückkehr

Das Wirkungsfeld meines Mannes waren von jeher die gehobenen Hotels. Hier verkehrten vorwiegend Leute mit Geld (so etwas gab es in der ehemaligen DDR auch), Einfluss und Macht, die bestimmte Niveauansprüche forderten und dafür auch den Preis zahlten. Alles in den Häusern war gediegen oder modern. Mein Mann liebte es, im eleganten Anzug dieser Art von Gästen entgegenzutreten und ihnen ihre Wünsche zu erfüllen. Er war ein phänomenales Organisationstalent und machte Unmögliches möglich. Diese Häuser waren das Parkett, auf dem er sicher auftreten konnte. Dagegen war das gastronomische Niveau bei „Robotron" für ihn nur ein Flop. Bald hatte er Heimweh nach „seinen Hotels". Jedes Mal, wenn er ehemalige Kollegen traf, musste er sich anhören, dass man ihn vermisste. Gern würde er zurückkehren.

Eines Tages erfuhr er, dass im Dresdner Hotel „Astoria", wo wir auch unsere Hochzeit gefeiert hatten, ein Empfangschef gesucht wurde. Er bewarb sich bei der Vereinigung der Interhotels und hatte Glück – man stellte ihn wieder ein. Glück deshalb, weil man es ihm sehr übel genommen hatte, dass er die Prager Straße verließ, um zu „Robotron" zu gehen. Durch diese kurze Abtrünnigkeit hatte er die Betriebszugehörigkeit verloren, was sich auch in der damaligen Jahresendprämie bemerkbar machte. Das Gehalt jedoch war annähernd wie bei „Robotron", weil man ihn gern haben wollte. Er war als guter Hotelfachmann bekannt und hatte noch immer einen guten Ruf. Zudem studierte er im Fernstudium an der Fachschule für Hotel- und Gaststättenwesen. Auch dieser Fakt war ausschlaggebend für eine erneute Einstellung.

Nun war er wieder in seinem Element und sein Berufsleben hatte seinen Sinn zurückbekommen. Allerdings war das „Astoria" in Dresden im Vergleich zu seinem Bruder in Leipzig ein kleines Hotel. Es glich eher einem Familienunternehmen. Alles war überschaubar und wenig spannend. Nach einiger Zeit wurde an Siegfried die Bitte herangetragen, die Stelle als Stellvertretender Hoteldirektor im Motel Dresden zu übernehmen. Das Motel, auch ein Hotel der Interhotelkette, war die Vorzugsherberge für besondere Gäste, wie zum Beispiel berühmter Fußballmannschaften, da man es aufgrund der Zimmeranordnung durch Sicherheitskräfte gut überwachen konnte. Es befand sich auf einer

Anhöhe am Rande der Stadt. Jedes Appartement war eine Art Luxusbungalow inmitten einer gepflegten Anlage. Die gepflegten Speisen der Küche waren in Dresden bekannt und beliebt.

Hin und wieder nahm mein Mann am Wochenende unsere beiden Jungen mit. Dann halfen sie den Zimmerfrauen und bekamen einen Einblick in die Arbeit in so einem Hotel. Mein Mann hatte sie sehr zeitig zu höflichen und zuvorkommenden Menschen erzogen und alle hatten ihre helle Freude an den fleißigen und redseligen Jungen. Sie bekamen zwar kein Geld, aber es machte ihnen Spaß und sie waren beschäftigt. Ab jetzt reifte bereits der Wunsch der Jungen, einmal in so einem Hotel zu arbeiten.

Im Motel gab es auch einen großen Intershop. Das Hauptlager befand sich in Gera. Die Warenlieferung erfolgte meist in den Abendstunden. Dann mussten alle ran, um die Waren so schnell wie möglich zu entladen. Die feinsten Sachen wurden in das Lager getragen. Es gab viele Leute, die kein Westgeld hatten, und so kam es auch mal vor, dass ausgerechnet ein Karton mit gutem Weinbrand zu Boden ging. Meist waren einige Flaschen übrig, die genussvoll gleich vor Ort „gekostet" wurden. Alle Menschen sind verführbar.

Mein Mann und sein Chef kamen zwar nicht allzu gut miteinander aus, weil die viel gepriesene Chemie nicht stimmte, dennoch war er jetzt wieder zufrieden. Er engagierte sich grenzenlos und oft blieb unser Familienleben auf der Strecke. Die meiste Arbeit blieb an mir hängen, denn wenn er nach Hause kam, waren alle Messen gesungen und die Kinder schliefen bereits.

Im letzten Moment

In der Vereinigung „Interhotel" setzte man nicht nur auf gute Erfahrungen beim Austausch von Arbeitskollegen gegen Kollegen gleichwertiger Hotels im sozialistischen Ausland, sondern man bot sich auch gegenseitig Ferienplätze für die Arbeiter und

Angestellten in den Hotels an. Pro Tag mit Übernachtung und Frühstück zahlte man für eine Person 10 Mark. Zusätzlich gab es noch Talons, auf die man dann in einem der Hotels der Hotelkette „Interhotel" essen konnte. Der Wert reichte auf jeden Fall für ein gutes Menü aus. Mein Mann bekam einen Ferienplatz für zwei Wochen in der Hohen Tatra. Allerdings war dieser Platz nur für zwei Personen vorgesehen. Auf der einen Seite brauchte ich dringend etwas Erholung, denn die zwei kleinen Kinder und mein Vollzeitjob schlauchten ganz schön. Auf der anderen Seite konnte ich mir eine Trennung von so kleinen Kindern nicht vorstellen. Zwar war ich nie wie eine Glucke, aber mein Mutterinstinkt war gut ausgeprägt. Mein Mann und meine Mutter überredeten mich und Anfang Januar fuhren wir dann mit dem Zug direkt von Dresden nach Poprad, einer kleinen Stadt am Fuße der Hohen Tatra. Meine Mutter freute sich im Gegenzug auf ihre Oma-Rolle, sie liebte die kleinen Zwillinge sehr.

Der Urlaub kostete für uns beide zusammen 280 Mark inklusive Vollverpflegung. Bereits die Fahrt im Schlafwagen zweiter Klasse war sehr abenteuerlich. Das Hotel war in Starý Smokovec. Da wir auf Talons essen konnten, lernten wir nach und nach alle feinen Hotels der Region kennen. Am Tag machten wir ausgedehnte Wanderungen auf den Touristenwegen der Tatra, abends aßen wir vornehm in einem schicken Hotel. Allerdings konnte ich nur drei Tage abschalten. Die Kinder waren ein Bestandteil meines Lebens geworden und ich sehnte mich jeden Tag nach ihnen. Das fing beim Aufstehen an und endete leider nicht mit dem Schlafengehen. Ich wachte nachts auf und dachte an sie. Vor allem wagte ich nicht, mit meinem Mann darüber zu reden, da ich ihm die Urlaubsfreude nicht verderben wollte. So ein Urlaub war einmalig und wurde nicht jedem geboten.

Wir erkundeten die schönsten Orte dieser Region und aßen auch im Panoramahotel von Štrbské Pleso. Das Hotel sieht aus wie eine Sprungschanze und war damals noch neu und attraktiv. Eines Tages nahmen wir uns vor, die Lomnitzspitze in Tatranská Lomnica näher zu besichtigen. Es war bereits früher Nachmittag und eigentlich für so ein Unternehmen etwas zu spät. Mit der Tatrabahn fuhren wir durch die herrliche Winterlandschaft bis zu diesem Ort. Dort angekommen, wanderten wir bis zur ersten Plattform relativ steil nach oben. Es war beschwerlich, denn tagsüber war es warm und sonnig, sodass der Schnee leicht schmolz. Er war harsch geworden und man musste sehr aufpassen, um nicht auszurutschen. Überall standen Warntafeln mit dem Hinweis, den Weg nicht zu verlassen.

Als wir auf der Plattform ankamen, fuhren wir mit einer Schwebebahn bis zur letzten Station vor der Spitze. Der Panoramablick bei einer bereits tief stehenden Sonne war einmalig. Die Sonne verabschiedete sich glutrot mit ihren letzten Strahlen, bevor sie hinter dem nächsten Gipfel verschwand. Es war ein herrliches Naturschauspiel von hier oben.

Nun war es aber höchste Zeit, an die Abfahrt zu denken. Aus irgendeinem Grund reizte es uns, einen ausgewiesenen Wanderweg zur nächsten Station zu benutzen, anstatt zu fahren. Plötzlich verloren wir die Spur des Weges. Die Zeit lief gegen uns, wir hatten uns bereits ein ganzes Stück von der Station entfernt. Mein Mann lief ein paar Schritte, um den Wegverlauf wiederzuerkennen. Alles war weiß von Schnee und verharscht. Plötzlich zog es ihm die Beine weg. Er rutschte aus und fiel auf den Hintern. Auf dem glatten Stoff seines Anoraks rutschte er nun steil und in rascher Fahrt nach unten. Sosehr er sich bemühte, er fand mit den Schuhen keinen Halt. Vor Verzweiflung rannte ich hinterher und rutschte dann auch auf meinen Schuhsohlen. Als ich auf seiner Höhe war, griff ich ihn am Ärmel und wollte ihn festhalten. Das gelang mir nicht, sondern ich drehte ihn unbeabsichtigt herum, sodass er nun verkehrt herum, mit dem Rücken nach vorn, weiterrutschte. Krampfhaft und geistesgegenwärtig versuchte er mit seinen Händen und Füßen Halt zu bekommen. Während er sich immer mehr dem Abgrund näherte, gelang es ihm, sich wieder zu drehen. Mit ganzer Kraft stemmte er seine Absätze gegen den Boden und plötzlich fand er Halt. Ich saß fast neben ihm. Mein Rutschen war kontrollierbar, weil ich in der Hocke geblieben war. Er jedoch war auf dem Rücken gelandet und beinahe hilflos.

Der glatte Stoff seines Anoraks begünstigte alles noch. Als er zum Stehen kam, trennten ihn höchstens noch anderthalb Meter vor einem tiefen steilen Felsabgrund, den er rettungslos hinuntergestürzt wäre. Sekundenlang blieben wir sitzen. Mein Mann überlegte sich, wie er sich gefahrlos aus seiner Lage befreien könnte. Ich wollte ihm die Hand reichen, aber er nahm sie nicht an. Er hatte Angst, dass er mich hinunterziehen und ich dann abstürzen würde.

Vorsichtig drehte er sich auf die Knie und fand auf der Stoffhose besseren Halt. Mit den Schuhspitzen hackte er sich Zentimeter für Zentimeter auf allen vieren nach oben, bis es ihm gelang, sich aufzurichten. Auf allen vieren kroch ich hinterher. Ich habe es einfach nicht fertiggebracht, ihn seinem Schicksal zu überlassen und tatenlos zuzusehen. Da ich ihn nicht halten konnte, hatte ich ihn in eine lebensbedrohliche Situation gebracht. Mein Mann war kreidebleich im Gesicht. Die Handschuhe waren durchgescheuert und auch die Handballen und Fingerspitzen waren wund von dem vereisten Schnee. Die Absätze seiner Schuhe waren wie abgeraspelt und der Stoff seines Anoraks dünn gerieben. Als ich endlich neben ihm stand, musste ich mich vor Schreck übergeben. Ich zitterte nachträglich am ganzen Körper und meine Knie waren weich. Ihm schien es ähnlich zu gehen. Er sagte nur kurz: „Das war knapp."

Es dämmerte bereits und wir beide versuchten, so schnell unser geschockter Körper und Geist es vermochten, die Station zur Abfahrt zu erreichen. Zum Glück hatte man bemerkt, dass noch Touristen unterwegs waren. Die Bahn stand da und wartete auf uns. Wir waren die letzten Gäste. Als wir unten ankamen, brauchten wir nichts zu sagen. Man reichte uns gleich einen Kräuterschnaps, der uns ein wenig auf die Beine brachte. Wir redeten kaum miteinander. Der Schreck saß uns tief in den Gliedern und wir wollten nur noch in unser Hotel zurück.

Erst als wir in der Gaststätte unseres Hotels zu Abend aßen, konnten wir miteinander reden. Mein Mann sagte mir, dass er zwar froh war, nicht dort oben weit und breit allein gewesen zu sein, aber er hatte wahnsinnige Angst, dass ich abstürzen würde. Um ein Haar wäre es mit ihm vorbei gewesen wäre. Alles hatte sich in nur wenigen Sekunden ereignet.

Nur wenn man so eine Situation hautnah erlebt hat, weiß man, wie gefährlich es ist, bei solchen Schneeverhältnissen die Warnungen in den Wind zu schlagen. Wir hätten den Weg nie benutzen dürfen. In dieser Nacht schliefen wir beide kaum. Alles ereignete sich wieder vor unseren Augen, wenn wir sie schlossen. Die Erinnerung an den Anblick des Abgrundes blieb in meinem Gedächtnis wie ein Albtraum hängen.

Für den nächsten Tag hatten wir vorher schon eine Wanderroute ausgewählt, die nicht so gefährlich war, und wir wollten dieses Ziel noch erreichen. Durch den Vorfall am Vortag wollten wir uns den Urlaub nicht verderben lassen. Rechtzeitig brachen wir auf und wanderten den bequemen Weg auf der Touristenmagistrale nach oben. Bei herrlichem Sonnenschein schmolz der Schnee. Da unsere Füße bereits nass waren, kehrten wir vorfristig um. Nun ging es bergab. Plötzlich schrie mein Mann auf. Mit einem Mal hatte er heftige stechende Schmerzen unter seiner rechten Kniescheibe. Jeder Schritt wurde zur Qual. Wir suchten zwei Stöcke, weil es für mich zu beschwerlich war, ihn zu stützen. Mühsam quälte er sich mithilfe der Stöcke Schritt für Schritt nach unten. Als wir an einer Straße ankamen, hielten wir ein Auto an, das uns auch mitnahm. Durch die dramatische Rutschpartie am Vortag hatte das Kniegelenk Schaden genommen. Nun meldete es sich. Ich drängte darauf, nach Hause zu fahren. Vor Sehnsucht nach meinen kleinen Jungen hatte ich keine Ruhe mehr und mit dem kranken Knie meines Mannes war auch nicht zu spaßen.

Unsere kleinen Jungen waren außer sich vor Freude, als wir unangekündigt in der Tür standen. Natürlich hatten wir für alle kleine Geschenke mitgebracht. Meine Mutter war sehr gut mit den Kindern klargekommen. Sie genoss es, als Oma von so gleich aussehenden süßen Kindern innig geliebt zu werden.

Abenteuer Beruf

Zehn Jahre war ich im Produktionsbetrieb von „Robotron" als Erzeugnisingenieur tätig. Zuerst wurde ich der Abteilung Produktionslenkung zugeordnet. Hier taten sich die Parteigenossen sehr schwer und ich musste mir jedes Wort überlegen, das einen politischen Hintergrund haben könnte. Jeden Montag wurde ein Meeting abgehalten und die vorhergehende Woche ausgewertet. Waren die Genossen Leiter der Meinung, dass man gut gearbeitet hatte, bekam man als Auszeichnung eine rote Papiernelke, die Blume der Arbeiterklasse.

Ich fand die ganze Zeremonie lächerlich. Als ich die Nelke bekam, war es mir peinlich und ich kam mir vor wie im Kindergarten. Es war die Zeit, als die „Freiwillige Zusatzrente" in der DDR eingeführt wurde. Aber wer dachte damals im Alter von nicht einmal 30 Jahren schon an die Rente? Wir unterlagen alle einem freiwilligen Zwang. Wer nicht eintrat, hatte keine Chance, eine Gehaltserhöhung zu bekommen. Dafür gab es keine gesetzliche Grundlage, es wurde einfach zu einem ungeschriebenen Gesetz gemacht. Nur sehr widerwillig trat ich ein, denn ich brauchte jeden Pfennig meines Gehaltes für meine Familie. Beitreten konnte man, wenn man mehr als 600 –, Mark brutto verdiente.

Nachdem ich in die „Freiwillige Zusatzrente" eingetreten war, wartete ich eine kurze Zeit ab, bevor ich in die Offensive ging. In einem Schreiben an meinen zuständigen Abteilungsleiter wies ich darauf hin, dass ich ohne Einschränkungsvertrag auf eine Planstelle gesetzt wurde, bei der das Gehalt eine Stufe höher war als das, was ich tatsächlich bekam. Es funktionierte. Man überprüfte den Sachverhalt, stellte einen Antrag rückwirkend auf den Ersten des Monats bei der Abteilung Ökonomie und ich bekam das entsprechende Gehalt der Planstelle.

Im Rahmen meiner Tätigkeit pendelte ich oft mit dem betriebseigenen Bus zwischen Dresden und Radeberg. Meine Aufgabe bestand darin, fehlende Teile für die Montage direkt aus der Vorfertigung in Radeberg zu organisieren. Es waren oft Kleinigkeiten, die jedoch einen Montagestillstand herbeiführen konnten. Schwierig wurde es, wenn im tiefsten Frieden wieder einmal Richtfunktechnik für die Armee wichtiger war als die Produktion, die Millionen Mark einbrachte. Gemeinsam mit einem Radeberger Mitarbeiter, der sich um den planmäßigen Fortschritt in den einzelnen Abteilungen kümmerte, versuchte ich, das dringend benötigte Fehlteil zu beschaffen. Wenn es klein war, habe ich es selbst durch die Galvanik, über die Disposition und den Warenausgang gebracht. Wenn es dann noch supereilig war, wurde es gleich mit einem Fahrzeug nach Dresden in die Montage gebracht. Eigentlich war diese Verfahrensweise lächerlich, aber manchmal unumgänglich. Es gab sogar Zeiten, da bekam ich von unserem Produktionsdirektor Geld, das ich den Arbeitern oder den Frauen in der Disposition gab, damit sie bestimmte Teile bevorzugt freigaben und die Lieferpapiere bereitstellten. Geld nahm jeder gern an und tat dafür auch mal etwas außerhalb der vorgeschriebenen Reihenfolge.

Im Laufe der Zeit war ich kein unbekanntes Gesicht mehr und konnte gut mit den Leuten umgehen. Meine Tätigkeit zog sich quer durch alle Vorfertigungsbereiche. Ich scheute mich auch nicht, einen Kaffee aus eigener Tasche zu spendieren. Der Zweck heiligte die Mittel. Besonders zum Jahresende war Hektik angesagt. Meistens bekam ich ein Fahrzeug vom Fuhrpark gestellt, schließlich musste der Plan eingehalten werden, jedenfalls nach Möglichkeit. Dann fuhr ich mit einer netten älteren Fahrerin auch bei Glatteis durch die Dresdner Heide nach Radeberg. Nicht immer war es einfach, das Ziel zu erreichen. Es kam auch vor, dass trotz aller Bemühungen aus objektiven Gründen nichts mehr ging und auch Geld nicht half.

Aufgrund meines selbstbewussten und kontaktfreudigen Auftretens bat man mich, die gewerkschaftliche Funktion eines Vertrauensmannes bzw. einer Vertrauensfrau zu übernehmen. Ich sagte zu, denn ich habe mich von jeher gern für andere Leute eingesetzt und verfügte über ein gesundes Unrechtsbewusstsein. In der Zwischenzeit hatte man mich zur Fachingenieurin ernannt und ich bekam ein höheres Gehalt.

Alle Produktionsbetriebe von „Robotron" bekamen die Auflage, nebenbei Konsumgüter herzustellen. Oft hatte das mit der eigentlichen Produktion überhaupt nichts zu tun. Wir fertigten in Dresden zum Beispiel ein Radio mit Plattenspieler. Man nannte es „Stereo Set". Für die damalige Zeit war das ein sehr gutes Unterhaltungserzeugnis. Komplettiert mit zwei Kugelboxen als Lautsprecher, war es ein Renner und wurde gut verkauft. Im Geschäft musste man dafür zusammen 1300 –, Mark bezahlen.

So ein Radio bekam ich für meine gute Arbeit als Auszeichnung geschenkt. Mein Mann konnte es gar nicht glauben. Ich freute mich sehr, zumal mein Bruder sich das gleiche Erzeugnis kurz zuvor für den Preis gekauft hatte. Er war ganz stolz auf seine neue Anschaffung. Ich natürlich auch.

Die Gewerkschaft

Die Vorsitzende unserer Abteilungsgewerkschaftsleitung hatte einen höheren Posten bekommen. Für sie wurde dringend eine Nachfolgerin gesucht, die sich nicht scheute, die Abteilung freimütig und offen zu vertreten. Immerhin gab es 150 Arbeiter und Angestellte in diesem Bereich. Sie kam auf die Idee, dass ich mich dafür eignen könnte. Man bescheinigte mir gemäß einer schriftlichen Einschätzung, dass ich „gute Umgangsformen, selbstbewusstes und korrektes Auftreten" hätte und „überlegt und ohne Anleitung" arbeiten würde. Außerdem sei ich ein „Vorbild für die Mitarbeiter". All das wäre die optimale Voraussetzung für eine Person, die so viele Kollegen gewerkschaftlich vertreten sollte. Man sagte mir auch, dass ich mir eine gute Position erarbeitet hätte und man leitungsmäßig Achtung vor mir habe.

Natürlich fühlte ich mich bei so einer Einschätzung geschmeichelt. Dennoch wehrte ich mich vehement, denn ich sah die Sache sehr politisch. Zusätzliche Zeiten nach der Arbeit kamen für mich nicht infrage, denn auf mich warteten im Kindergarten meine zwei Kinder. Nachdem man mich von allen Seiten bearbeitet hatte, willigte ich schließlich ein. Mir wurde versprochen, dass ich keinerlei Nachteile haben würde. Auch meine geliebte Tätigkeit konnte ich uneingeschränkt behalten. Mein Mann war ganz stolz auf mich und versprach, mir im Bedarfsfall zu helfen. Das sah dann in der Praxis so aus, dass er im Bedarfsfall völlig vergaß, die Kinder vom Kindergarten abzuholen. Sie warteten gemeinsam mit der Erzieherin und ich musste die Angelegenheit wieder geradebiegen.

So wurde ich Vorsitzende der Abteilungsgewerkschaftsleitung und hatte ein maßgebliches Mitspracherecht. Zu dieser Abteilung gehörte unter anderem der Fuhrpark, vor dem ich besonderen „Dampf" hatte. Hier gab es viele Fahrer, die aus dem Strafvollzug kamen. Eine raue Tonart war an der Tagesordnung und die Disziplin war schwierig. Der Chef selbst war ein Raubein und arrogant.

Mein erster Zugang zu ihnen war über die Verteilung der Ferienplätze. Hier versuchte ich, die beantragten Plätze so objektiv wie möglich in Abstimmung mit den Vertrauensleuten zu verteilen. Der Chef bekam keinen Platz mehr bevorzugt. Das funktionierte. Die Leute freuten sich und der Chef hielt sich zurück.

Jetzt wehte ein völlig neuer Wind. Ich war immer der Meinung, dass es besonders Familien mit mehreren Kindern schwer haben, einen Ferienplatz zu bekommen. So mancher Arbeiter, der in der niedrigsten Lohnstufe steckte, freute sich über einen preiswerten Urlaub. Hier wurde nichts mehr verschoben, sondern korrekt verteilt. Wie ein glückliches Kind überbrachte ich die Botschaft selbst. Die Leute waren mir dankbar und freuten sich.

Natürlich landeten auch menschliche Probleme, wie Konflikte zwischen Leiter und Mitarbeiter, auf meinem Tisch. Das war besonders brisant. Manchmal musste ich mir Hilfe bei anderen suchen, die ähnliche Situationen gemeistert haben.

Ein besonderer Höhepunkt war die Organisation einer Feier des gesamten Bereiches mit ihren Angehörigen, die jedes Jahr stattfand. Da war es mein Mann, der mir bei der Organisation helfend zur Seite stand. Schließlich war er vom Fach. Die Gewerkschaft stellte pro Person einen bestimmten Geldbetrag zur Verfügung, den ich so effektiv wie möglich einsetzen wollte.

Zunächst nahmen wir Kontakt zu der Gaststätte „Weißer Hirsch" in Dresden auf, die bereit war, die Feier zu organisieren. Den Rest überließ ich Siegfried, der jetzt in seinem Element war. Er übernahm sowohl die Vorabsprachen als auch die Feinabsprache für Speisen, Getränke und Musik. Auch an ein persönliches Geschenk für jeden Mitarbeiter wurde gedacht. Über den Geschenk-Service des Hotels, in dem er arbeitete, bestellte er 300 Kognakgläser und 150 kleine Flaschen Weinbrand. An jede Flasche wurden nun zwei Schwenker gebunden und alles hübsch verpackt. Dann wurden die Einladungen gedruckt und verteilt. Zu der Feinabsprache mit dem Küchenchef des Restaurants nahm mein Mann andere Gewerkschaftler mit, die sehr zufrieden über die fachliche Kompetenz meines Mannes waren. Überall herrschte helle Aufregung und alle freuten sich auf das Fest.

Die große Feier fand im November statt. Die Kollegen fragten mir vor lauter Vorfreude bald ein Loch in den Bauch. Was zieh ich an, wie kommen wir dahin und wieder nach Hause? Was gibt es zu essen und zu trinken? Alles war bestens organisiert. Man musste über das „Blaue Wunder", die berühmte Dresdner Elbbrücke, fahren. Gleich danach ging es mit der Standseilbahn den Berg hinauf. Oben angekommen, lief man entlang wunderschöner Villen bis zur Hauptstraße. Dort war das Restaurant, das nur für uns geöffnet war. Am Eingang bekam jede Frau eine Rose und die Männer das Geschenk mit dem Weinbrand und den Kognakgläsern. Das schlug ein wie ein Bombe. So etwas hatten die lieben Kollegen nicht erwartet und die Freude war aufrichtig und schön.

Als alle Mitarbeiter mit ihren Partnern anwesend waren, raffte ich meinen langen Rock und stieg über eine kleine Treppe auf die Bühne. Dabei musste ich aufpassen, dass ich nicht vor Aufregung stolperte. Vor so vielen Leuten zu sprechen, war nicht unbedingt mein Ding, aber es war nun mal meine Pflicht. Extra für dieses Fest hatte ich mir einen damals modernen langen Rock und eine nette weiße Bluse mit Rüschen genäht. Ich fand mich schön und das gab mir Kraft. Dann versuchte ich noch meinen Bauch ein wenig einzuziehen. Es war am Anfang meiner nicht gewollten Schwangerschaft, die ich ja noch abbrechen wollte.

Wie ein Profi nahm ich das Mikrofon und sprach einige Worte des Dankes über die geleistete Arbeit des Planjahres und eröffnete die Feier. Es war schon eigenartig, als ich meine eigene Stimme so laut hörte und alle Augen auf mich gerichtet waren. Ich glaubte, meine Worte kamen gut an, und niemand merkte meine Aufregung. Alle klatschten und ich raffte erneut meinen Rock und versuchte unter den Blicken der vielen Leute auch bei meinem Rückzug nicht hängen zu bleiben.

Die Kellner kamen und brachten die einzelnen Gänge des Menüs. Für jedes Paar war eine Flasche Wein gedacht, die nächsten Getränke mussten selbst bezahlt werden. Bier war damals sehr billig. Ein halbes Liter kostete circa 1 Mark. Wein war für die damaligen Verhältnisse dagegen teuer. Bald kam der Restaurantleiter zu mir und beschwerte sich, dass die Leute den Weinbrand tranken, den sie als Geschenkt erhalten hatten. Das sei in einer Gaststätte nicht erlaubt und er forderte das sogenannte „Korkengeld". Ich nahm erneut das Mikrofon und bat die Leute um Einsicht. Es waren vor allem die Männer des Fuhrparks, die die Flaschen leerten. Zum Glück kam man meiner Bitte nach.

Alle tanzten ausgelassen. Natürlich tanzten vor allem die anwesenden Chefs mit mir und lobten den gelungenen Abend und die Organisation. Ich verschwieg nicht, dass mein Mann der Held war. Auch der brummige Chef des Fuhrparks tanzte mit mir und gab mir zu verstehen, wie gut ihm alles gefiel. Bei der Verabschiedung ließen es sich viele nicht nehmen, ein paar nette Dankesworte für den schönen Abend an mich zu richten. Ich freute mich sehr darüber.

Die Heimfahrt war für manche eine Reise mit Hindernissen geworden. Die Standseilbahn fuhr nur noch jede Stunde und so beschlossen einige, den Weg neben der Bahn nach unten ins Tal zu nehmen. Im nüchternen Zustand und bei Helligkeit ist das kein Problem, aber bei dem Alkoholkonsum rutschten einige sogar auf dem Hosenboden ins Tal. Dabei gingen teilweise die Gläser zu Bruch. Die Betroffenen waren betrübt, zumal sich alle sehr darüber gefreut hatten. Also standen sie am anderen Tag bei mir und baten um neue Gläser. Ein paar Gläser waren übrig geblieben und ich konnte helfen. Noch lange zehrte ich von den guten Worten, welche die Kollegen hinterher an mich richteten. Viel hatte ich natürlich meinem Mann zu verdanken.

Unser Trabi

Um in der DDR zu einem Auto zu kommen, musste man sich am besten gleich am Tag des 18. Geburtstages dafür anmelden. Nach etwa zehn bis elf Jahren war man dann mit seiner Anmeldung dran. Bezahlt wurde grundsätzlich in bar, schließlich hatte man die vielen Jahre Zeit zum Sparen. Ein Autokauf, egal welche Marke, war nicht nur eine Frage des Geldes, sondern auch die der Ausdauer, also eine echte Herausforderung. Ein gebrauchtes Auto war teurer als ein neues. Das hing damit zusammen, dass man ein gebrauchtes Auto sofort bekommen konnte, während man auf ein neues lange Zeit warten musste. Es gab unterschiedliche Ausführungen bei den Autos. Standard war einfarbig und ohne Extras. Luxus war mit verchromten Stoßstangen, die Karosse war auf Wunsch zweifarbig und auch auf Wunsch mit Ledersitzen ausgestattet. Das musste man mitteilen, wenn man die Vorinformation des Abholtermins bekam. Die Wartezeit für die Extras verlängerte sich noch einmal und der Preis wurde natürlich auch höher. Hatte man Glück, konnte man die Bestellung von denjenigen übernehmen, die aufgegeben hatten.

So war es auch bei uns. Mein Mann hatte keinen sehnsüchtigeren Wunsch, als einen „Wagen" zu besitzen. Als er die Möglichkeit bekam, eher zu einem Auto zu kommen, setzte er alles daran, um das Geld dafür zu erarbeiten. In seinem Hotel gab es eine Souvenirabteilung, die ihm unterstand. Hier wurde den Hotelgästen neben Kristallglas aus der Lausitz und Porzellan aus Meißen auch erzgebirgische Schnitzkunst zum Kauf angeboten. Es waren Raritäten, die man nicht ohne Weiteres in den normalen Geschäften bekam, und später nur noch für „harte Währung". In dieser Zeit waren gerade handbemalte Brettchen aus Holz der große Renner. Man hängte sie als Schmuckelement an die Wand oder nahm sie in Benutzung.

Siegfried kannte den Souvenirvertreter gut und er hatte eine Idee. Da er ein unglaubliches Talent zum Malen hatte, ließ er sich von einem Tischler nach seinen eigenen Vorstellungen runde Holzbrettchen aus Sperrholz herstellen. Den Umgang mit Farben hatte er gelernt und bemalte einige Brettchen mit Blumenmotiven oder Ornamenten. Eine kleine Auswahl gab er dem Souvenirvertreter mit. Der wiederum hatte Beziehungen zur Fähre Warnemünde–Trelleborg. Er gab die Musterbrettchen einem Kollegen, der sie in seinem Souvenirshop auf der Fähre zum Kauf anbot.

Kurioserweise wurden sie sehr gut verkauft. Es waren runde Holzbrettchen mit Griff, so wie ein Frühstücksbrett. Die gemalten Motive entlehnte mein Mann einem sehr schönen Buch, in dem Meißner Motive farbig abgebildet waren. Siegfried hätte auch in einem Fälscherkabinett gute Arbeit geleistet, so perfekt malte er die Motive nach. Jedes Brett war ein Meisterstück für sich und die Leute auf der Fähre kauften sie, weil man den Ursprung sehr gut erkennen konnte. Mit anderen Worten, das Geschäft lief super, die Nachfrage war groß. Der Vertreter bekam auch seinen Anteil und so war der Kreislauf geschlossen.

Aufgrund der sehr großen Nachfrage und dem festen Willen meines Mannes, das Geld für den Trabi zusammenzubekommen, arbeitete er wie ein Besessener. Kaum war er vom Dienst nach Hause gekommen, kannte er nur noch einen Gedanken: Brettchen malen. Er baute sich extra ein Gestell, wo er die Brettchen trocknen konnte, wenn sie bemalt waren. In unserer Wohnung roch es nun permanent nach Bootslack oder Lackfarbe. Die Fenster standen ständig zum Lüften offen und wir achteten streng darauf, dass das Kinderzimmer nie offen stand. Mit fieberhaftem Ehrgeiz erreichte er das Ziel und die Geldsumme, die er für seinen heiß ersehnten Trabant benötigte.

Als er fertig war, konnte er sich nicht mehr bewegen. Aufgrund der ständig sitzenden Tätigkeit mit wenig körperlicher Bewegung und ohne Ausgleich hatte er sich den Ischiasnerv eingeklemmt. Ich musste einen Arzt rufen. Da mein Mann oft ein Komiker war, nahm ich seine Situation nicht ernst. Der Arzt klärt mich auf, wie schmerzhaft so etwas ist. Siegfried bekam eine Spritze und bald war er wieder „der Alte". Stolz wie ein Ritter konnte er nun gelassen dem Tag entgegensehen, wo er seinen „Trabi" abholen durfte. Er hatte das Geld mit eigenem Fleiß erarbeitet. Natürlich musste ich ihm dafür den Rücken freihalten und er war für nichts anderes mehr zu gebrauchen. Aber er hatte es geschafft!

Vor lauter Freude, dass die Quälerei nun ein Ende hatte, kaufte er mir blindlings einen goldenen Ring, ohne meine Ringgröße und meinen Geschmack zu kennen. Es war in meinem ganzen jungen Leben mein erster goldener Ring neben meinem Ehering und ich freute mich sehr. Leider war er viel zu klein und musste geweitet werden. Nach ein paar Tagen holte er ihn ab und ich war überglücklich. Am liebsten hätte ich meinen Finger nun nur noch gespreizt durch die Gegend gehalten, um ihn allen Leuten zu zeigen. Der Hit aber war, dass jetzt just der Geldbetrag des Ringes für den „Trabi"-Kauf fehlte. Unser Konto war leer und meine Mutter half uns mal wieder. Es gab noch Außenstände von dem Brettchengeschäft und bald hatte sie ihr Geld zurück.

Als der historische Tag des Autokaufes endlich da war, hatte ich ausgerechnet einen Weiterbildungslehrgang außerhalb von Dresden. Gern wäre ich dabei gewesen, aber der Lehrgang war für mich wichtiger. Siegfried hatte sich extra Urlaub genommen und den Kindern versprochen, sie mit dem neuen Auto vom Kindergarten abzuholen. Das Auslieferungslager befand sich in Heidenau bei Dresden, wo man das Auto entgegennehmen konnte. Wir hatten uns für einen himmelblauen Trabant Kombi in der Standardausführung entschieden. Das Auto kostete etwa 11.000 –, Mark. Gemessen an unseren Einkünften war das für uns wirklich sehr viel Geld.

Für die damaligen Verhältnisse war das Auto schön geräumig. Die hintere Sitzbank konnte man umlegen, sodass eine große Fläche entstand. Das war für längere Reisen mit den Kindern ideal, denn sie konnten hier während der Fahrt auf Luftmatratzen schlafen, was damals noch erlaubt war. Auch Sicherheitsgurte gab es erst später.

Leider hatte ich keinen Führerschein. Mein Mann wusste es immer zu verhindern und ich habe mich nicht durchgesetzt. Seine Begründung war immer, dass eine Frau mit Kindern Verantwortung habe, und er traute mir eine umsichtige Fahrweise nie zu. Hinzu kam, dass mir das Geld dafür auch permanent fehlte. Andere Dinge waren wichtiger. Frauen waren damals als Fahrerinnen in der großen Minderheit. Das gute Stück durften nur die Männer bewegen, denn den meisten Frauen wurde die Courage zum Fahren einfach nicht zugetraut.

Unser Trabant war fortan das Prestigeobjekt meines Mannes und sein Wegbegleiter. Kam er erst tief in der Nacht aus seinem Hotel nach Hause, bekam ich vor Angst kein Auge zu und wartete, bis die Scheinwerfer auf der Straße sich als unser Auto entpuppten. Er konnte das nie verstehen, aber die Angst war immer da, weil er auch hin und wieder im Hotel noch ein Glas Alkohol trank. Der nächste Tag war dann für mich eine Quälerei, denn ich musste täglich um 5.00 Uhr aufstehen und war dann hundemüde.

Verdammt, ich sehe nichts!

Es war Sommer und wir fuhren mit unseren beiden damals sechsjährigen Jungen in unserem Trabi übers Wochenende zu meinen Eltern ins Geiseltal. Sehr häufig kam das nicht vor, weil die Entfernung von Dresden doch erheblich war. In einer kleinen Zweiraumwohnung eine vierköpfige Familie unterzubringen, war jedes Mal eine Herausforderung, dennoch immer ein besonderer Höhepunkt, denn mit uns kam Leben „in die Bude". Meine Mutter meisterte das stets mit Bravour. Sie war nicht nur eine praktisch denkende Frau, sie hatte auch Mutterwitz und Bauernschläue und fand für jede auch noch so unmögliche Situation eine Lösung. Die Schlaf-Logistik war so, dass in den Ehebetten mein Mann und ich mit je einem Kind schliefen. Auf der einzelnen Liege im gleichen Raum schlief meine Mutter, mein Stiefvater schlief im Wohnzimmer auf der Couch. Ich bekam zwar kaum ein Auge zu, während einer meiner kleinen Söhne quer auf mir lag, aber es ging. Da mein Mann beim Schlafen in die Ecke gestellt werden konnte, schlief er ohne Probleme. Nur hin und wieder musste ich ihn anstupsen, weil er laut schnarchte, wenn er Alkohol getrunken hatte.

Meine Eltern waren mal wieder in der Tschechoslowakei gewesen, der ehemaligen Heimat des Stiefvaters, und hatten einen kleinen Bildbetrachter mitgebracht, mit dem man die Bilder in einer 3-D-Version sehen konnte. Staunend betrachteten wir Bilder mit Bäumen, die sehr plastisch aussahen. Als mein Mann dran war, behauptete er, dass er da nichts Räumliches sehen könne und wir uns das alles nur einbilden würden. Er kasperte gern herum und hatte ein besonderes Talent, andere zum Lachen zu bringen. Besonders wenn er mit meiner Mutter zusammen war, wurde oft und gern gelacht. Diesmal aber war seine Miene erst. Er wiederholte betont, dass er nichts Räumliches sehen könne, und schaute mit jedem Auge einzeln in den Betrachter. Gespannt sahen wir ihn an. Plötzlich stellte er fest, dass er auf einem Auge nichts sehen konnte, es war dunkel. Er war geschockt und wiederholte mit rauer Stimme noch ein paarmal mehr zu sich selbst: „Verdammt, ich kann auf dem linken Auge nichts sehen!" Die Stimmung war ab sofort gedrückt. Am anderen Morgen fuhren wir sofort nach Dresden zurück. Wir versuchten, so gelassen wie möglich zu wirken.

Siegfried wollte Klarheit haben. Auch beim Autofahren merkte er, dass er nicht genug sehen konnte. Leider hatte ich ja keinen Führerschein. Er fuhr uns in unsere Wohnung und ging sofort zum nächsten Augenarzt. Der konnte keine eindeutige Diagnose stellen und überwies ihn zum Spezialisten in die Medizinische Akademie in Dresden. Er gab ihm den Rat, sich auf eine Operation einzustellen, denn die Sache war ernst. Mit schwerem Herzen kam mein Mann nach Hause und ich packte ihm ein paar Sachen für das Krankenhaus ein. Dann rief ich nach einem Taxi. Uns war unheimlich zumute, denn wir ahnten nichts Gutes. Dennoch hofften wir, dass es nur eine vorübergehende Erscheinung wäre.

Als wir uns voneinander verabschiedeten, war es früher Nachmittag. Mein Mann versprach anzurufen, wenn er im Krankenhaus bleiben musste. Die Familie unter uns hatte ein Telefon. Es vergingen bange Stunden. Als die Jungen beim Spielen laut wurden, herrschte ich sie vor lauter Nervosität an. Endlich klingelte es bei mir und ich wurde zum Telefon gerufen. Mein Herz klopfte wie wild vor Aufregung. Am anderen Ende war mein Mann. Er teilte mir mit, dass man winzige Löcher in der Pupille entdeckt habe, die so schnell wie möglich geschlossen werden müssten. Die Ursache sei möglicherweise nervliche Überanstrengung. Es musste verhindert werden, dass die Löcher größer wurden und er auf dem Auge erblindete. Das wollte man mit der neuen Lasertechnik machen, die damals noch in den Kinderschuhen steckte. Im Gegensatz zu heute konnten die Ärzte damit nicht richtig umgehen, sie hatten es nicht gelernt. Bei solchen Eingriffen musste ein Spezialist aus Jena hinzukommen. Doch dann steckte der Teufel im Detail. Technische Ausfälle waren nicht selten. Nun wusste ich zwar, was mein Mann hatte, ein erfolgreiches Ende war jedoch nicht abzusehen. Gleich am nächsten Tag sollte die Laser-OP sein.

Als ich ihn am nächsten Tag besuchte, kam er mir entgegen. Er war zwar für die OP vorbereitet worden, hatte Spritzen direkt in den Augenwinkel zur örtlichen Bedeutung bekommen, aber im entscheidenden Moment versagte die Technik. Alles war umsonst, ein Techniker musste her. Das ging jedoch nicht sofort. Erst eine Woche später wollte man die Übung noch einmal wiederholen. Zur eigenen Sicherheit und falls der Techniker doch eher kommen konnte, musste mein Mann in der Klinik bleiben.

Man räumte ihm ein, dass er bis dahin jeden Tag abends besucht werden durfte und auch das Bett verlassen konnte. So fuhr ich, sobald die Kinder schliefen, jeden zweiten Tag abends mit dem Fahrrad in die Augenklinik. Eine Nachbarin schaute dann nach den schlafenden Kindern. Wenn ich zurückfuhr, dunkelte es bereits und mir war auf den damals menschenleeren Straßen unheimlich zumute. Mein Mann nutzte die Wartezeit, um mit seinem Humor die anderen Patienten von ihren Sorgen abzulenken. Er kramte sämtliche Witze aus seinem hintersten Gedankenstübchen hervor. Sicher waren es seine alten Kellner-Witze, aber die anderen waren froh, wieder mal lachen zu können.

Als ich zu Besuch kam, erzählte er mir noch geschockt, dass heute etwas Schlimmes passiert sei. Ein junger Mann hatte durch einen Motorradunfall sein Augenlicht verloren. Er hatte sich auf den Balkon führen lassen, um dort zu rauchen. Da er nicht warten wollte, bis er wieder abgeholt würde, ging er ohne jegliche Ortskenntnis los. Gleich neben dem Ausgang war ein Haken, wo man hin und wieder eine kleine Leine zum Trocknen von Geschirrtüchern zog. Der Haken war genau in Augenhöhe des jungen Mannes. Beim Verlassen des Balkons verfehlte er die Eingangstür, rammte sich den Haken in die linke Augenhöhle und verletzte sich schwer. Es muss schlimm gewesen sein.

Auch zu den Ärzten auf der Station knüpfte mein Mann nette Beziehungen und bot seine Dienste im Bedarfsfall in puncto Gastronomie und Hotel an. Beziehungen schadeten auch damals nur denen, die keine hatten. Besonders der Arzt, der ihn direkt behandelte, machte später regen Gebrauch von seinem Angebot. Er wohnte in der gleichen Neubausiedlung wie wir und nahm den einen oder anderen Dienst meines Mannes gern in Anspruch. Dabei schaute er auch immer nach den Augen meines Mannes.

Dann endlich konnte die OP durchgeführt werden. Mit Laserstrahlen „schweißte" man die winzigen Löcher in der Pupille zu. Ich verdrängte den Gedanken, wie so etwas wohl gemacht wurde, denn mir allein schon bei dem Gedanken daran schlecht. Mein Mann ertrug es tapfer. Als ich ihn danach besuchte, erklärte mir der behandelnde Augenarzt, dass die OP erfolgreich gewesen sei und die Netzhaut sich nicht ablösen würde. Als die Augenklappe entfernt wurde, stellte mein Mann überglücklich fest, dass er auf dem Auge wieder sehen konnte. Und als ich ihm gegenüberstand, sagte er verschmitzt: „Verdammt, ich seh dich!"

Tod und neues Leben

Eine Etage unter uns wohnte die Familie Keitel. Beide Eheleute arbeiteten im Kamerawerk „VEB Pentacon" in Dresden. Herr Keitel war ein großer stattlicher Mann mit vollen weißen Haaren. Er sah gut aus und wusste das auch. Seine Sprache war klassisch Sächsisch und durch seine sonore Stimme hatte er eine gemütliche Ausstrahlung, ein typischer Dresdner. Er kochte leidenschaftlich gern und die Düfte stiegen über den Abzugskanal ungehindert in unsere darüberliegende Küche. Wenn er mit Pfeffer würzte, nieste er mehrmals hintereinander und meine Jungen riefen dann: „Gesundheit, Onkel Keitel!" Selbstverständlich bedankte er sich für die lieben Wünsche ungeachtet der Etage.

Frau Keitel hatte eine Tante im Westen, die ihr aus den Kleidercontainern getragene Kinderkleidung schickte. Sie wusch die Sachen und verkaufte die besten Teile für relativ viel Geld weiter. Die waren ja schließlich aus dem Westen und Abnehmer hatte sie immer. Es gab viele Leute, die keine Westbeziehungen hatten und sich über so ein Schnäppchen von drüben freuten. Kindersachen waren in der DDR meist einfallslos. Ich habe für meine beiden Jungen viel selbst genäht und gestrickt. Frau Keitel war Genossin, sogar Partei-Gruppenorganisatorin. Eines Tages aber wurde sie bei der Partei wegen dieser unerlaubten Verkäufe angeschwärzt und sie bekam Ärger, ich glaube sogar einen Parteiverweis. Offiziell unterließ sie jetzt den Privathandel.

Keitels hatten drei Kinder. Bei dem schweren Bombenangriff auf Dresden am 28. Februar 1945 floh Frau Keitel mit ihrer Mutter, dem fünfjährigen Sohn und der sechs Monate alten Tochter durch den brennenden „Großen Garten" in Dresden.

Mit Mühe erreichten sie ihre Verwandten in einem abseits gelegenen Ort, wo keine Bomben fielen. Das Baby war krank, es hatte Brechdurchfall. Der fünfjährige Sohn, der sie beaufsichtigen sollte, versuchte das schreiende Baby zu beruhigen und fuhr den Stubenwagen mit dem Kind aus Versehen mit zu viel Schwung gegen die Wand. Das Kind fiel heraus und erlitt eine schwere Gehirnerschütterung. Zu spät bemerkte es die Mutter, denn der Junge hatte aus Angst nichts erzählt. Das Kind starb.

Diesen Schmerz um den Verlust der kleinen Tochter konnten die Eltern nie verwinden. Im Gegensatz zu dem Sohn war das kleine Mädchen ein Wunschkind gewesen. Indirekt und unbewusst gaben sie dem fünfjährigen Jungen die Schuld an dem Tod des Kindes. Der Junge wuchs bei der Mutter von Frau Keitel auf, die eine herzensgute Oma für ihn war. Zu seinen Eltern bestand nur noch eine lockere Bindung. Der Wunsch nach einem neuen Kind war groß und Frau Keitel ließ keine Möglichkeit aus, sich diesen Wunsch zu erfüllen. Dafür ließ sie sich sogar operieren und endlich war es dann so weit. Sie wurde schwanger und die Freude war groß.

Der große Sohn studierte zu diesem Zeitpunkt bereits Medizin und wurde später ein erfolgreicher Arzt. Ein Junge wurde geboren, der vom ersten Tag an der Sonnenschein der Familie war und von allen verwöhnt wurde. Viel zu spät bemerkten sie, dass er an Fettsucht litt. Doch dann gingen die Probleme los. Der „kleine Prinz" wurde zu Abmagerungskuren geschickt, jedoch ohne Erfolg. Die Fettleibigkeit wurde bereits im zarten Kindesalter angelegt und er konnte seinen Appetit schwer zügeln, so gerne er das auch wollte. Nun aber waren es die Eltern, die ständig wegen des Übergewichtes an ihm herumnörgelten.

Volker war ein liebenswerter Junge, klug und gut erzogen. Ich mochte ihn sehr und er war mir wie ein kleiner Bruder. Besonders meine Zwillinge hatten es ihm angetan. Sooft er konnte, nahm er sie mir ab und spielte mit ihnen. Die beiden liebten ihn über alles. Er hatte in der Schule gute Leistungen und wollte eigentlich seinem großen Bruder nacheifern, den er sehr liebte und verehrte. Da er keinen Studienplatz bekam, lernte er zunächst im Arzneimittelwerk Dresden einen Beruf.

Das Ehepaar Keitel war seit vielen Jahren mit einem Architektenehepaar befreundet, die ebenfalls einen Sohn im gleichen Alter hatten. Beide Jungen wuchsen quasi miteinander auf. Volker, der Sohn der Keitels, war dunkelhaarig und vollschlank; Roger, der andere Junge, war groß, blond und schlank. Als Roger mit 19 Jahren zur Armee einberufen wurde, kauften ihm seine Eltern ein gebrauchtes Auto, einen „Wartburg". Ihr einziger Sohn sollte bei seinem Ausgang schnell nach Hause kommen können. Die Fahrprüfung hatte er kurz zuvor bestanden. Das jedoch wurde ihm zum Verhängnis. Aufgeregt und ohne Fahrpraxis fuhr er mit überhöhter Geschwindigkeit gleich beim ersten Ausgang gegen einen Baum und verstarb noch an der Unfallstelle. In Auswertung dieses fatalen Leichtsinns bekam Volker von seinen Eltern kein Auto, sondern ein Motorrad, eine große, schwere Maschine. Volker war überglücklich.

Es war Mitte August. Im „Großen Garten" von Dresden war Kinoabend. Volker war mit seinem Motorrad mit Freunden dort. Auf dem Heimweg passierte dann das Unfassbare. Er schwang sich auf das Motorrad und fuhr mit Tempo 40 gegen einen Baum. Nie konnte geklärt werden, was die Ursache dieses Unfalls war. Die Polizei stand vor einem Rätsel. Da er gerade an einem heftigen Heuschnupfen litt, vermutete man sogar, dass er mehrmals hintereinander niesen musste und infolgedessen die Kontrolle über das Fahrzeug verloren hatte. Schwer verletzt wurde er ins Krankenhaus gebracht. Keitels waren zu diesem Zeitpunkt auf ihrem Dauerzeltplatz in Radeburg. Als sie nachts von der Polizei informiert wurden, was passiert war, konnten sie es nicht fassen. Volker war stets ein vorsichtiger und umsichtiger junger Mann gewesen. Er war gerade mal 18 Jahre alt. Als sie noch in der gleichen Nacht ins Krankenhaus kamen, lag Volker im Koma. Es stellte sich heraus, dass er trotz Sturzhelms eine schwere Schädelverletzung erlitten hatte und schwerstbehindert sein würde, falls er wieder erwachen würde. Trotzdem bemühten sich die Eltern krampfhaft um einen Pflegeplatz. Sie bangten jeden Tag um ihren Sohn. Nach ein paar Tagen starb Volker.

Da unsere Wohnungen sehr hellhörig waren, musste ich mit anhören, wie Frau Keitel aufschrie, als sie die Nachricht vom Tod ihres geliebten Sohnes erhielt. Wir verhielten uns bedeckt, weil wir glaubten, sie wollten in Ruhe gelassen werden. Aber genau das Gegenteil war der Fall. Gern hätten sie mit uns gesprochen und ihren Schmerz mit uns geteilt. Wir hatten uns völlig falsch verhalten. Oft sah ich Herrn Keitel aus dem Schlafzimmerfenster schauen und ein starker Geruch von Medizin drang zu uns herauf. Er hatte Probleme mit dem Herzen bekommen. Dann war die Beerdigung. Volker war in seiner Klasse sehr beliebt gewesen. Alle Lehrlinge waren anwesend.

Volker hatte zu mir ein besonderes Vertrauensverhältnis gehabt. So erzählte er mir, dass er eine Freundin hatte. Die Eltern waren ahnungslos und zur Beerdigung ganz erstaunt, als sie es erfuhren. Besonders Frau Keitel war manchmal aufgrund seiner Körperfülle sehr taktlos zu ihrem Sohn gewesen. Ich mochte ihn so, wie er war – meinen „kleinen Bruder". Die Trauerfeier war sehr dramatisch. Der Sarg stand da und alle Jugendlichen gingen vor, um sich von Volker zu verabschieden. Nach einer sehr bewegten Ansprache des Klassenlehrers versank der Sarg lautlos und die jungen Menschen weinten laut vor Trauer los. Ich weinte mir bald die Augen aus dem Kopf. Für die Beerdigung hatte ich mir ein paar Stunden vom Dienst freigenommen und wollte danach wieder zur Arbeit gehen. Aber ich konnte nicht aufhören zu weinen und wurde nach Hause geschickt.

Dieser traurige Anlass hatte meinen biologischen Kalender total durcheinandergebracht. Vier Wochen später stellte ich fest, dass ich schwanger war, der Arzt bestätigte mir meine Vermutung. So waren der Tod eines jungen Menschen und die tiefe Trauer um ihn die indirekte Ursache für das Keimen eines neuen Lebens. Der Tod und das neue Leben liegen oft dicht beieinander, das musste ich miterleben!

So, wie die beiden Jungen von Gestalt waren, so sahen auch ihre Grabsteine aus. Volkers Grabstein war aus schwarzem Marmor, groß und breit, und der von Roger aus weißem Marmor, groß und schlank.

Das Kind darf leben!

Es fiel mir schwer zu glauben, dass ich schwanger sein sollte. Das hatte mir gerade noch gefehlt! Ich war total entsetzt. Das Kind passte überhaupt nicht in meine Welt. Ich hatte meine Familienplanung abgeschlossen und meinen Zenit bereits erreicht. Beruflich war ich auf dem Höhepunkt. Die Wohnung reichte gerade so für zwei Kinder und in unserem neuen Trabant war auch kein Platz für ein drittes Kind. Außerdem war ich froh, dass die Jungen aus dem Gröbsten raus waren. Sie gingen in die erste Klasse und die Probleme, besonders mit dem doppelten Dasein, reichten mir völlig aus. Auch mein Beruf forderte seinen Tribut. Ein weiteres Kind kam auch aus dem Grund nicht infrage, weil ich bei der Geburt der Zwillinge so schlechte Erfahrungen machen musste. Die beiden Jungen brauchten mich. Wild entschlossen ging ich zum Frauenarzt, um eine Überweisung in ein Krankenhaus für eine Interruptio zu bekommen. Kurz zuvor war das Gesetz in Kraft getreten, dass die Frau selbst entscheiden kann, ob sie ein Kind möchte oder nicht. Das Gesetz war auf meiner Seite und ich wollte es einfordern. Bereits bei der ersten Untersuchung teilte mir der Arzt mit, dass eine Interruption aufgrund der ungünstigen inneren Vernarbung sehr schwierig sein würde, und riet mir dringend ab. Ich ließ mich jedoch nicht beirren und bestand darauf. Bedenklich schüttelte er den Kopf und folgte meiner Bitte.

Ich bekam den Tipp, mich im Krankenhaus Sebnitz, der bekannten Kunstblumenstadt bei Dresden, anzumelden. Hier wurde man noch wie eine Patientin behandelt. In anderen Krankenhäusern wurden die Frauen, die „abtreiben" ließen, nicht gut behandelt.

Es kam selten vor, dass eine Frau von sich erzählte, dass sie zu einer Interruptio im Krankenhaus war. Doch diejenigen, die darüber sprachen, klagten oft über die ruppigen Umgangsformen in den Krankenhäusern. Man fragte erst gar nicht nach den Beweggründen der Frauen. Nur wer selbst in so eine Lage gerät, kann sich über die Befindlichkeit der Frauen ein Urteil erlauben. Der Eingriff glich einer Fließbandarbeit, denn die Nachfrage war groß. Es ist trotzdem eine Operation und jede Narkose birgt Risiken. Für die meisten Frauen ist es ein schwerer Schritt. Manche Männer machten sich dazu nicht allzu viele Gedanken. Als ich dann selbst im Krankenhaus mit den anderen Frauen über die Gründe ihrer Abtreibung sprach, waren es besonders die Männer, die kein weiteres Kind mehr wollten. Eine Frau weinte ganz bitterlich, weil ihr Mann sie aus diesem Grund verlassen hätte. Sie hatten bereits ein Kind, bauten gerade ein Haus und das neue Kind passte nicht in das Konzept des Mannes.

Zu Hause ließ ich bei dem Gespräch mit meinem Mann erst gar keine gegenteilige Diskussion zu. Ich hatte die Hauptlast zu tragen, musste Beruf, Haushalt und Kinder unter einen Hut bringen, während sich mein Mann auf seine Arbeit fokussierte. Doch er sah es genauso wie ich. Wir hatten den optimalen Stand erreicht und damit Ende der Diskussion. Per Telefon ließ ich mir einen OP-Termin im Krankenhaus Sebnitz in der Sächsischen Schweiz geben und somit stand auch ein Bett zur Verfügung. Der Zeitraum, wo noch eine Schwangerschaftsunterbrechung stattfinden kann, ist ja begrenzt, also musste es schon in der nächsten Zeit passieren. Ich hatte eine Woche Urlaub genommen und meinen Kindern erzählt, dass ich zu einem Lehrgang führe.

Es war ein trister Novembermorgen. Mein Mann hatte sich einen Tag freigenommen und fuhr mich in das Krankenhaus. Die Fahrt dorthin konnte ich nicht genießen, denn meine Nerven standen unter Hochspannung. Beim Abschied nahm mein Mann mich in die Arme und wünschte mir alles Gute. Dann fuhr er nach Dresden zurück. Ich wusste nicht, was auf mich zukommen würde, und musste die Tränen zurückhalten. Die Kinder waren in der Schule und ab 16.00 Uhr musste er für sie zu Hause sein. Es würde schon alles gut gehen!

Nach der Anmeldung betrat ich das Zimmer, das mir zugewiesen wurde. Es war ein Vierbettzimmer. Drei Frauen lagen bereits schweigend in ihren Betten. Die Atmosphäre war gespannt. Es dauerte nicht lange, da wurde ich in das Untersuchungszimmer gerufen. Gleich bei der ersten Untersuchung stutzte der Arzt und rief einen zweiten Kollegen hinzu. Beide gaben zu bedenken, dass aufgrund der großen inneren Vernarbung nach dem Kaiserschnitt Komplikationen auftreten könnten. Ich blieb trotzdem bei meinem Wunsch nach einer Schwangerschaftsunterbrechung. Sie baten mich, nochmals über meinen Schritt nachzudenken, und ganz tief in meinem Inneren war ich doch ins Schwanken geraten. Als ich in das Zimmer zurückging, war in meinem Kopf ein Vakuum.

Wir vier Frauen waren alle am gleichen Tag gekommen. Der Eingriff sollte gleich am nächsten Tag durchgeführt werden. Jede der Frauen war mit sich und ihrem Schicksal beschäftigt. Schweigend legte ich mich in mein Bett. Wir alle hatten Angst, jeder auf seine Weise. Erst als es Abend wurde, kam ein Gespräch in Gang. Ich hatte den Anfang gemacht und meine Nachbarin gefragt, warum sie das Kind nicht haben wolle. Sichtlich erleichtert, dass sie mit jemandem reden konnte, erzählte sie mir mit leiser Stimme ihren Grund. Sie war die Frau, deren Mann ihr gedroht hatte, sie zu verlassen, wenn sie das Kind nicht wegmachen ließe. Sie hatten bereits ein Kind, ein zweites war von ihm nicht erwünscht. Tränen liefen ihr übers Gesicht und ich fühlte, wie gern sie das Kind behalten hätte. Sie tat mir sehr leid. Eines wusste ich ganz genau: So etwas hätte mein Mann mir nie gesagt. Dann erzählte ich von meiner komplizierten Entbindung bei den Zwillingen und dass ich nun erneut Angst vor einer Wiederholung hätte. Auch meine anderen Gründe sagte ich ihr. Die beiden anderen Frauen lauschten unserem Gespräch und dann sprachen auch sie über sich. Die eine der beiden Frauen war in einer führenden Position und hatte einen interessanten Job im westlichen Ausland in Aussicht. Das Kind wäre ihr dabei im Weg gewesen, denn gerade damals gab es solche beruflichen Chancen selten. Da ich auch sehr ehrgeizig war, konnte ich ihre Situation gut verstehen. Bei der anderen Frau war es auch der Mann, der kein weiteres Kind wollte, da sie bereits zwei hatten.

Lange noch redeten wir miteinander und ich glaube, alle waren froh darüber. Wir konnten uns gegenseitig gut verstehen, denn immerhin waren wir in der gleichen Situation, nur die Motive waren unterschiedlich. Dennoch befürchteten wir alle vier, dass wir es wohl in unserem Leben nie vergessen würden, dass da noch ein Kind gewesen wäre. Und vielleicht würden wir eines Tages traurig überlegen, wie es wohl ausgesehen hätte und was aus ihm geworden wäre. Der Gedanke daran machte uns alle betroffen. Es war unser Fleisch und Blut, was wir da nicht wollten. Wir schwiegen nun und ich fand es sehr bedrückend, ein ungewolltes Leben in mir zu haben.

Die Nachtschwester riss uns aus unseren traurigen Gedanken. Wir wurden bereits für die OP am anderen Morgen vorbereitet. Der verabreichte Beruhigungstrank machte uns schläfrig. Da hörte ich ein leises Weinen unter der Bettdecke. Es war die Frau, deren Mann sie so unter Druck gesetzt hatte. Sie wollte so gern dieses Kind behalten und hatte sich im Gegensatz zu mir bereits als Mutter gefühlt. Ich stieg aus meinem Bett und lief leise zu ihr hin. Der Preis, den sie zahlen musste, damit ihr Mann sie nicht verließ, war hoch. Aufgrund seines guten Einkommens konnten sie sich ein Haus bauen, ihnen ging es gut. Das Kind passte einfach nicht in sein Programm. Ich strich ihr über den Kopf, um sie zu beruhigen. Sie schluchzte noch mehr. Leise gestand sie mir, dass sie Angst habe, ihren Mann dafür eines Tages zu hassen. Nachdem sie sich ein wenig beruhigt hatte, legte ich mich wieder in mein Bett und versuchte zu schlafen. Es gelang mir schwer. Ich fand einfach nicht die richtigen Worte, sie zu trösten. Man hatte uns aufgeklärt, dass eine Schwangerschaftsunterbrechung das Risiko einer späteren Unfruchtbarkeit in sich trage. Ich hatte ja bereits zwei Kinder, aber jene Frau hätte bestimmt zu einem späteren Zeitpunkt gern ein zweites Kind gehabt.

Obwohl man uns erzählt hatte, wie das Absaugen unter Vollnarkose funktionierte, war der Gedanke daran beängstigend. Dann kam der Morgen. Für uns gab es kein Frühstück, weil es gleich nach der Visite losgehen sollte. Eine Kleinigkeit für danach stellte man uns auf den Nachttisch. Wir lagen stumm in unseren Betten und warteten, bis wir dran waren.

Die Tür wurde aufgerissen und ein Schwarzer Arzt bat mich, zu ihm ins Sprechzimmer zu kommen. Sein extrem sächsischer Dialekt stand im krassen Gegensatz zu seinem Aussehen und ich musste lächeln. Er untersuchte mich sehr gründlich. Dann kamen noch zwei weitere Ärzte hinzu. Auch sie untersuchten mich und rieten von der Unterbrechung energisch ab. Als der Schwarze Arzt mit mir allein war, fragte er nach meinem familiären Hintergrund. Die Angst vor der Entbindung konnte er verstehen, er gab mir aber zu bedenken, dass in der Zwischenzeit acht Jahre vergangen waren und gerade auf diesem Gebiet der Medizin enorme Fortschritte gemacht wurden. Er stellte mir in Aussicht, dass man für einen positiven Ausgang des Eingriffes nicht garantieren könne und eventuell Komplikationen auftreten könnten. Er riet mir, das Kind auszutragen und es zur Adoption freizugeben. Das Risiko bei einer Entbindung sei für mich kleiner als bei dieser Interruption. Außerdem hätte ich zwei Kinder, die eine gesunde Mutter brauchten. „Rufen Sie Ihren Mann an und sprechen Sie mit ihm", bat er mich. Dann brachte er ein Telefon. Man hatte die Dienstnummer meines Mannes bereits gewählt. Mein Mann war am Telefon. Als ich seine Stimme hörte, musste ich weinen und bekam kein Wort heraus. Mit Mühe erklärte ich ihm die Lage und fragte ihn, was er dazu sage und was ich seiner Meinung nach nun tun solle. Seine Antwort war spontan: „Den kleinen Experten kriegen wir auch noch groß. Pack deine Sachen, ich hole dich so schnell ich kann ab. Mach dir keine Sorgen, wir kriegen das schon hin." Ich war dankbar für seine Worte und hatte es eigentlich auch nicht anders von ihm erwartet.

„Es ist für Sie die beste Lösung", sagte der Arzt zufrieden mit sich und meiner Einsicht. Ich ging in mein Zimmer zurück. In meinem Kopf ging alles drunter und drüber. Die Operationen waren in vollem Gange. Eine Frau war bereits wieder im Zimmer. Sie war zwar aus der Narkose erwacht, aber noch nicht ganz gegenwärtig. Die Schwester rief laut ihren Namen, um sie richtig wach zu bekommen. In der Zwischenzeit wurde die zweite Frau operiert. Die dritte Frau harrte in bangem Warten.

Ich packte meine Sachen zusammen, zog mich an und setzte mich auf mein Bett. Mit dem Auto von Dresden nach Sebnitz dauerte es einige Zeit und so hatte ich noch Gelegenheit, die Frauen nach der Operation zu erleben. Nach ein paar Minuten ging die Tür auf und die zweite Frau wurde mit dem Bett hereingefahren. Mit lautem Rufen und Wangentätscheln wurde sie in die Gegenwart geholt. Es war die Frau, die das Kind gern behalten hätte. Ich setzte mich an ihr Bett und wartete, bis sie richtig aufgewacht war. Sie fing sofort an zu weinen und ich war hilflos.

Die Frauen hatten ihre Operation hinter sich und schliefen unter dem Einfluss der Narkose noch eine ganze Weile. In der Zwischenzeit war es Mittag geworden. Endlich kam eine Krankenschwester und meldete, dass Siegfried da sei. Im Gegensatz zu mir war er der Held. Er kam mit großen Schritten auf mich zu, nahm mich in die Arme, drückte mich und sagte nur: „Das werden wir schon schaffen." Mir war in diesem Moment absolut nicht klar, ob ich nun froh sein sollte oder nicht. Fest stand nur, dass ich froh war, meinen Mann zu sehen. Allerdings war durch ihn eine ganz wichtige Entscheidung getroffen worden: Das Kind in meinem Bauch darf leben!

Mein Mann nahm meine gepackte Reisetasche und ging voraus. Die Frauen waren nun ansprechbar. Ich erklärte ihnen, dass ich mein Kind behalten und nach Hause fahren würde. Herzlich verabschiedeten wir uns voneinander und wünschten uns gegenseitig Glück. So waren also die Würfel gefallen: Ich sollte und wollte kein Kind und die andere Frau wollte, aber sollte kein Kind bekommen. Irgendwie war das eine verkehrte Situation.

Man hatte mir meine Entlassungspapiere fertig gemacht und verabschiedete sich mit den besten Wünschen, vor allem auch für das ungeborene Kind. Die beiden hinzugekommenen Ärzte waren sehr zufrieden, dass bei mir die Vernunft eingesetzt hatte. „Rufen Sie doch einfach mal an, wenn das Kind da ist", baten sie mich zum Abschied. Klar habe ich das versprochen, getan aber habe ich es nicht. Das war doch nur so eine Höflichkeitsfloskel. Vom „Kind austragen und dann weggeben" war keine Rede mehr. Auch ich verschwendete meine Gedanken in diese Richtung nicht eine Sekunde. So etwas wäre für mich nie infrage gekommen.

Die große Neuigkeit

Von einem Tag zum anderen war ich nun schwanger. Als ich das Krankenhaus betrat, war mir klar, dass ich es nicht schwanger verlassen würde, und jetzt? Das Kind sollte im Juni des folgenden Jahres zur Welt kommen und ich würde dann 32 Jahre alt sein. Acht Jahre zuvor hatte ich beinahe den gleichen Geburtstermin bei den Zwillingen. Diesmal zählte ich bereits zu den Altgebärenden, die meisten werdenden Mütter waren jünger als ich.

Mein Mann wollte mir eine Freude machen und lud mich zum Essen in ein nettes Restaurant in Bad Schandau, direkt an der Elbe ein. Doch mir war absolut nicht nach Essen zumute, schließlich war ich ja jetzt schwanger. Während wir auf das bestellte Essen warteten, überlegten wir, wie es jetzt weitergehen sollte, denn wir standen vor einer völlig neuen, von mir nie gewollten Situation.

Der Tag war ausgesprochen trüb. Es regnete, war kalt und alles war grau in grau – typisch November. Auf der Fahrt nach Dresden gingen mir viele Dinge durch den Kopf. Fragen über Fragen, die meine Zukunft und die der Familie betrafen. Kaum waren wir zu Hause, kamen auch unsere beiden Jungen aus dem Schulhort. Sie freuten sich, dass ich wieder da war. Beim Abendbrot erklärte ich ihnen, dass ich eine große Neuigkeit hätte. Gespannt sahen mich vier braune Kinderaugen an. Dann senkte ich ein wenig die Stimme und fragte, was sie davon halten würden, wenn sie noch ein kleines Geschwisterchen bekämen. „Oh prima!", schrien beide vor Begeisterung, sprangen von ihren Stühlen auf und kamen zu mir. Sie schmiegten sich an mich und drückten mich zärtlich. Ich erklärte ihnen, dass das Baby noch winzig klein sei und in meinem Bauch heranwachse. Wenn es dann groß genug sei und selber leben könne, würde es geboren. Dann würde es sich freuen, wenn es gleich zwei Brüder hatte.

Meine beiden süßen Jungen konnten die neue Situation kaum erfassen und redeten völlig durcheinander auf mich ein. Jeder wollte mir vor Freude irgendetwas erzählen, was er mit dem neuen Geschwisterchen machen möchte, wenn es da wäre. Dabei streichelten sie meinen Bauch, der noch keinerlei Wölbung aufwies. Mit so einer großen Freude hatte ich nicht gerechnet. Auch mein Mann musste über die aufgeregten Kinder lächeln. Am anderen Tag erzählten sie allen, ob die es nun wissen wollten oder nicht, dass wir ein Baby bekommen würden.

Der Arzt in der Klinik hatte mich für eine Woche krankgeschrieben. So konnte ich mich in Ruhe mit meiner neuen familiären Situation auseinandersetzen und mir eine Strategie für den Betrieb überlegen. Stolz hatte ich immer behauptet, dass für mich eine Schwangerschaft nie infrage käme, da ich zwei Kinder hatte. Und nun passierte mir das, ausgerechnet mir!

Gleich bei der Begrüßung meiner Kollegen lud ich alle zum Frühstück bei Kaffee und Kuchen ein. Alle freuten sich über diese Einladung und kamen pünktlich in die Pausenecke. Ich arbeitete gemeinsam mit 15 Mitarbeitern in einem Großraumbüro. Je vier Mitarbeiter mussten mit einem Telefon auf einem drehbaren Arm auskommen. Computer gab es noch nicht. Dafür gab es ein Schreibzimmer, wo fleißige Steno-Sachbearbeiterinnen diverse Schreiben geübt in mechanische Schreibmaschinen tippten. Das Faxgerät war noch völlig unbekannt, genau wie der heute geläufige Kopierer. Vervielfältigt wurde bei kleinen Mengen mit einem Thermokopierer mit speziellem Thermokopierpapier. Es war sehr teuer und mit der Zeit verblasste die Schrift. Am Anfang durfte nur mit der Genehmigung des Leiters kopiert werden. Bei größeren Mengen wurden auf Ormigpapier geschrieben und vervielfältig. Die Kopien rochen stark nach Ammoniak. Erst einige Jahre später wurden der Bürocomputer und danach der kleinere Personal Computer eingeführt. Ein Computer kostete bis kurz vor der Wiedervereinigung in der DDR etwa 20.000 Mark, eine Diskette 25 Mark. Disketten wurden sehr sparsam und nur an ausgewählte Mitarbeiter ausgegeben. Nicht die Festplatte des Computers, sondern die Karteikarte war das erweiterte Gedächtnis des Mitarbeiters. Dann gab es noch die Arbeit mit Lochkarten. Das waren schmale Karten auf einem Endlosstapel, die durch eine Art Schreibmaschine gezogen wurden. Betätigte man die Tasten zum Schreiben in üblicher Weise, wurden anstelle der Buchstaben Löcher in die Karte gestanzt. Jeder Buchstabe und jede Zahl hatte eine bestimmte Anzahl und Ausrichtung kleiner Löcher. Über einen Lochkartenleser wurde dann die Karte „übersetzt" und konnte unbegrenzt in Normalschrift geschrieben werden. Wir, als EDV-Betrieb, waren dennoch sehr modern mit unseren Arbeitsmitteln.

In so einem großen Büro hatte man sich bald an die Geräusche gewöhnt und schaltete automatisch beim Sprechen und Telefonieren eine Stufe leiser. Ich war in der Lage, die Geräusche um mich herum zu ignorieren. Im Gegensatz zu den meisten Mitarbeitern in diesem Büro waren die operativen Erzeugnisingenieure, zu denen ich auch gehörte, selten am Arbeitsplatz. Unsere Aufgabe war es schließlich, dringende Fehlteile aus den Zulieferbetrieben zu beschaffen, damit es keinen Stillstand bei der Montage gab.

Bald saßen alle Mitarbeiter aus meiner Abteilung in der Pausenecke. Gespannt warteten sie auf eine Erklärung. Ich gab mich völlig entspannt und teilte nun mit, dass ich schwanger sei und das Baby im Juni des folgenden Jahres bekommen würde. Im ersten Moment glaubte mir das niemand. So etwas erfuhr man nur über den „Buschfunk" und durch Mutmaßungen. Mit ernster Miene wiederholte ich meine Ansage noch einmal und bat, mich auch ernst zu nehmen. Für kurze Zeit trat Stille ein. Dann redeten alle durcheinander und gratulierten mir mehr oder weniger ehrlich. Mir war klar, dass es ab jetzt bald der ganze Bereich wissen würde, denn ich war ja die Vorsitzende der Gewerkschaft des Bereiches und allen wohlbekannt. Ein wenig Schadenfreude glaubte ich auch in einigen Gesichtern lesen zu können. Ich hatte schließlich eine kleine Sonderstellung und Neider gab es immer. Nun war es heraus und ich fühlte mich gut dabei.

Daraufhin meldete ich mich bei meinem Chef an. Er war über die Botschaft sehr erstaunt, denn, wie bereits erwähnt, war ich stets erhaben über eine Schwangerschaft. Ich glaube, ich hatte mir durch diese Offensive eine gewisse Achtung verschafft. Nun konnte mein Babybauch in Ruhe wachsen, ohne dass andere sich den Kopf darüber zerbrachen. Ich schneiderte mir schöne Umstandskleidung und ging flott angezogen in den Betrieb. Man sparte nicht mit Komplimenten und ich war stolz.

Seitens der stattlichen Leitung hatte man sich auch überlegt, wie es mit meiner Tätigkeit weitergehen sollte. Ab Anfang des fünften Monats durfte ich nicht mehr im Außendienst tätig sein. Sie redeten mir ein, dass das tägliche Hin- und Herfahren mit dem Bus nicht gut für eine Schwangere sei. Auch der oft notwendige Gang durch die Galvanik des Vorfertigungsbetriebes sei nicht gesund für mich. Kurzum, sie hatten einen Ersatzmann für mich gefunden, der schon lange auf so eine Gelegenheit gewartet hatte. Er kam aus dem Stammbetrieb in Radeberg und kannte sich dort gut aus. Der moderne Betrieb in Dresden reizte ihn sehr und er erhoffte sich auch mehr Gehalt. Zudem machte er gerade ein Fernstudium zum Ingenieur, das passte gut. Mir blieb also nichts anderes übrig, als mich den Anweisungen des Chefs zu beugen.

Dann stellten sich gesundheitliche Probleme im Zusammenhang mit der Schwangerschaft ein und ich wurde krankgeschrieben. Man wollte den begangenen Fehlern bei der vorherigen Schwangerschaft frühzeitig begegnen, um Komplikationen auszuschalten. Ab Mitte April war ich zu Hause. Das war auch für meine beiden kleinen Schulkinder sehr gut. Die Schule befand sich auf der gegenüberliegenden Straßenseite. Auf dem Weg nach Hause konnten sie keine Dummheiten machen, da ich sie vom Balkon aus sah. Schlechte Karten für meine beiden kleinen Strolche. Die Zeit zu Hause bis zur Entbindung genoss ich mit den Jungen sehr.

Der Fahrer ist tot

Ich war hochschwanger und wartete auf meinen Mann. Der kam und kam nicht und ich wurde immer nervöser. Besonders in dieser Zeit hasste ich es, wenn er ohne Voranmeldung nicht nach Hause kam. Immerhin waren da noch die beiden Jungen und eine Hilfe in diesem Zustand war auch nicht verkehrt. Endlich klingelte es und mein Mann torkelte in die Wohnung. Er war betrunken und ich stocksauer. Die Kinder lagen bereits im Bett. Ich verstand nur: „Der Fahrer ist tot." Ich erschrak und meinte, gleich umfallen zu müssen. Mein Mann hatte es leider manchmal drauf, zu trinken und dann mit dem Auto zu fahren. Dafür hatte ich absolut kein Verständnis. Immerhin war da schon viel passiert und es hätten auch unsere Kinder sein können, von einem Betrunkenen überfahren zu werden. Nun dachte ich, dass er in diesem Zustand Auto gefahren war und einen Menschen tot gefahren hatte. Ich schrie ihn an, ob er noch normal sei. Da merkte er trotz seines Zustandes den Irrtum und wiederholte: „Der Vater ist tot." „Welcher Vater?", dachte ich. Mühsam setzte er sich auf den Badewannenrand und erzählte mir, so gut er es vermochte, was passiert war:

Die Eltern meines Mannes waren mit ihrem Trabant im Erzgebirge bei seiner Tante. Eigentlich durfte mein Schwiegervater schon lange nicht mehr mit dem Auto fahren, weil er schwer lungenkrank war. Er hatte bereits seit Jahren ein Lungenemphysem und litt oft an Erstickungsanfällen. Seine Lunge trocknete nach und nach aus und das Atmen wurde immer schwerer. Gerade in der letzten Zeit musste die Mutter oft nachts den Notarzt holen, damit er eine Spritze bekam, um nicht zu ersticken. Er war aber ein sehr dominanter Mann und seine Frau traute sich nicht, ihn vom Autofahren abzuhalten. Sie war immer auf der Hut, dass er ja nicht beim Fahren einschlief, denn er stand ständig unter der Einwirkung starker Tabletten.

Beide waren gerade auf der Heimfahrt, als sie von einem schweren Gewitter mit sehr starken Regenfällen überrascht wurden. Der Scheibenwischer schaffte es kaum, das Wasser von

der Scheibe zu schieben. Plötzlich kam wie aus dem Nichts ein
Auto von links aus einer Seitenstraße gefahren. Der Fahrer hatte
das Auto der Schwiegereltern wahrscheinlich durch den starken
Regen nicht gesehen. Vater erkannte zwar die Gefahr, konnte
aber nicht mehr rechtzeitig bremsen. Es kam zu einem Aufprall
auf der Fahrerseite. Da Sicherheitsgurte noch nicht Pflicht und
nicht im Auto vorhanden waren, prallte er mit dem Oberkörper
gegen das Lenkrad. Dabei wurde der Brustkorb stark gequetscht
und einige Rippen gebrochen. Mühsam stand er noch auf, tastete sich um sein Auto und schaute nach seiner Frau, die aus dem
Auto geschleudert wurde. Dann sackte er zusammen. Die Mutter war bewusstlos. Sie hatte mehrere Rippen und einen Arm
gebrochen. Der Fahrer des Nachfolgeverkehrs hatte alles beobachtet und bereits veranlasst, dass ein Krankenwagen gerufen
wurde. Man brachte die Eltern in ein nahe gelegenes Krankenhaus. Für den Vater kam jedoch jede Hilfe zu spät. Mein Mann
wurde im Hotel benachrichtigt und hatte sich vor lauter Schreck
und Trauer betrunken. Ich war froh, dass mein Mann niemanden totgefahren hatte. So schlimm der Unfall für beide auch
war, aber für meinen Schwiegervater war es ein schneller Tod,
denn seine Lungenkrankheit war bereits soweit fortgeschritten,
dass er eines Tages daran qualvoll erstickt wäre.

Als die Beerdigung war, stand ich kurz vor der Entbindung.
Da ich bereits sehr dick war und das Stehen mir schwerfiel, fuhr
ich nicht mit. Ich mochte meinen Schwiegervater sehr und habe
sein Andenken in meinem Herzen aufbewahrt. Auch meine
Schwiegermutter konnte nicht an der Beerdigung ihres Mannes teilnehmen. Es ging ihr noch sehr schlecht.

Unser Drittes

Je mehr mein Babybauch wuchs, umso größer wurde meine
Angst vor der Entbindung. Eines wusste ich genau: *In das Krankenhaus, wo ich beinahe mein Leben gelassen hätte, werde ich nicht*

wieder gehen! Ich hatte von dem Krankenhaus St.-Josef-Stift in Dresden sehr viel Gutes gehört. Der Chef der Klinik war ein hervorragender Frauenarzt, sein guter Ruf war in ganz Dresden bekannt und er hatte bereits damals viele Privatpatientinnen. Lange vorher musste man Termine planen. Ich war im sechsten Monat schwanger und beschloss, mich hier zur Entbindung anzumelden. Als man mir sagte, dass zu meinem Entbindungstermin kein Bett mehr frei sei, glaubte ich meinen Ohren nicht zu trauen. Wie eine Ertrinkende bettelte ich, mich doch noch im Terminkalender aufzunehmen. Als die Schwester hörte, was mir bei der Geburt der Zwillinge passiert war, bekam ich einen Termin bei einer Frauenärztin. Vom Gewicht und Umfang her vermutete sie sofort, dass es wieder Zwillinge sein könnten. Aufmerksam hörte sie sich meinen Bericht von der Geburt der Zwillinge an und untersuchte mich sorgfältig. Dann versicherte sie mir, dass sie nur ein Kind fühlen konnte, das sehr groß war. Über diese Feststellung freute ich mich sehr. Sie wollte sich meine Krankenakte kommen lassen und dann weiter entscheiden.

Beim nächsten Termin sagte sie mir, dass ich in diesem Krankenhaus entbinden dürfe. Die Ärztin war davon überzeugt, dass es keine spontane Entbindung sein würde, also wieder ein Kaiserschnitt. Sofort bei den ersten Anzeichen der Geburt sollte in die Klinik kommen, damit alles ohne Komplikationen liefe. Der Chef persönlich wollte den Kaiserschnitt bei mir durchführen. Ich vermutete, dass er sich die Arbeit der Ärztekollegen vor acht Jahren ansehen wollte. Diese Botschaft beruhigte mich sehr und ich sah dem Entbindungstermin relativ gelassen entgegen.

Ultraschalluntersuchungen gab es damals nur in der Berliner Charité. Das Geschlecht des Kindes erfuhr man nicht und so wartete wieder eine Überraschung auf uns. Ich glaubte fest, dass es wieder ein Junge sein würde, und fand es im Hinblick auf den neuen Spielgefährten meiner Jungen nicht schlecht. Die Zwillinge konnten die Ankunft des Babys kaum erwarten. Täglich streichelten sie den dicken Bauch und quiekten vor Freude, wenn sie ein Händchen oder Füßchen spürten. Durch diese Freude der beiden wuchs auch in mir die Freude auf das Kind.

Der Entbindungstermin rückte immer näher, als eine Schre-
ckensmeldung die Dresdner erschütterte: Ein bekannter Frauenarzt aus dem St.-Josef-Stift war in seiner Villa verbrannt und
auch eines seiner bereits erwachsenen Kinder. Er hatte einen sehr
guten Ruf als Gynäkologe und war der Arzt, der mir durch seine
Anwesenheit die Angst vor der Entbindung genommen hätte.
Bald erfuhr man nähere Einzelheiten, für deren Wahrheitsgehalt ich nicht bürgen kann. Die Eheleute standen vor den Scher-
ben ihrer Ehe. Beide hatten neue Partner. Die drei Kinder hatten sich entschieden, beim Vater zu bleiben. Das Haus gehörte
ihm, es war ein Familienerbe. Bei der Scheidung erfuhr die Frau,
dass sie nicht viel bekommen sollte. Ihr neuer Freund ließ sie
daraufhin fallen und in ihrer rasenden Wut sann sie auf Rache.

Die wunderschöne große Villa der Eheleute befand sich in
der Nähe des „Blauen Wunders", einer der bekanntesten Brü-
cken Dresdens. Unter einem Vorwand schickte die Frau des Arztes die ältere Dame, die in der Dachwohnung des Hauses wohnte, an diesem Tag aus dem Haus. Als der Arzt in der verglasten
Veranda seinen Mittagsschlaf hielt, goss sie Benzin von oben
auf das Dach der Veranda. Dann rannte sie durch das Haus und
vergoss überall Benzin. Zwei Söhne waren zu diesem Zeitpunkt
ebenfalls im Haus. Die Frau entzündete das Benzin und in dem
Moment kam der älteste Sohn von oben herunter auf sie zu-
gerannt. Er versuchte, sie an ihrem Vorhaben zu hindern. Sie
übergoss ihn ebenfalls mit Benzin. Geistesgegenwärtig sprang
er durch das geschlossene Fenster ins Freie. Zum Glück gab es
noch keine stabilen Thermofenster. Verletzt kam er mit dem
Leben davon. Der schlafende Arzt, die Frau und der jüngste
Sohn verbrannten im Haus, das bis auf die Grundmauern nie-
derbrannte. Die alte Dame verlor ihr ganzes Hab und Gut mitsamt ihren Erinnerungen. Ein paar Tage danach las man die To-
desanzeige in der Tageszeitung. Ganz Dresden war von dieser
traurigen Meldung erschüttert.

Es war der 1. Juni, der Kindertag. Unruhe trieb mich gegen 5.00 Uhr aus dem Bett. Noch konnte ich es nicht richtig
definieren, aber ich ahnte, dass der Zeitpunkt der beginnen-

den Geburt gekommen war. Ich stand auf, wusch meine Haare und organisierte alles, was die Kinder in den nächsten fünf Tagen ohne mich benötigten. Der Tag begann bereits sehr warm. Plötzlich stand mein Mann neben mir und geriet regelrecht in Panik. Ich versicherte ihm, dass die Wehen in einem sehr großen Abstand kamen. Er ließ sich nicht bremsen, sondern weckte die beiden Jungen. Die waren auch ganz aufgeregt, aber vor allem deshalb, weil Kindertag war und in der Schule viel organisiert wurde. Kaum dass die Kinder mit ihrem Frühstück fertig waren, schickte er sie auch schon los. Er hatte völlig vergessen, dass die Schule noch geschlossen war, aber die beiden rannten trotzdem los, es war ja schönes Wetter. Vor der Schule mussten sie zwar warten, aber alles ging gut.

Nun drängelte mich mein Mann zum Aufbruch. Er nahm den kleinen Koffer mit den wichtigsten Sachen für das Krankenhaus. In rasanter Fahrt ging es in Richtung Krankenhaus. Mit seiner Nervosität machte er auch mich völlig nervös und ich schickte ihn sofort weg. Bei der Untersuchung stellte die Ärztin fest, dass aufgrund des Fortschrittes ein Kaiserschnitt nicht mehr nötig war. Ich wanderte durch die Gegend. Als ich es nicht mehr aushielt, ging ich in den Kreißsaal. Es war bereits Mittag und von draußen drangen fröhliche Kinderstimmen von dem nahen Kindergarten in den Kreißsaal. Die Hitze war fast unerträglich. Draußen herrschten über 30 Grad Celsius und die Sonne schien erbarmungslos durch große Fensterscheiben. An eine Klimaanlage war damals nicht zu denken.

Der Nachfolger des verstorbenen Chefarztes stand an meiner Seite, eine Hebamme war nicht dabei. Er forderte mich auf, kräftig mitzupressen, was ich auch tat. Dabei verlor ich immer wieder das Bewusstsein. Ich war an einen Kardiotokograf, ein Herzton-Wehenschreiber, angeschlossen, der die Häufigkeit der Wehen und die Herztöne des ungeborenen Kindes aufzeichnet. Wenn ich zu mir kam, konnte ich an der Kurve erkennen, wenn ich das Bewusstsein verloren hatte und erschrak. Mit unwirscher Stimme ermahnte mich der Arzt zur Mitarbeit. Ich konnte es einfach nicht mehr steuern und das Kind im Bauch machte auch nicht mehr so mit, wie es die Natur eigentlich eingerichtet hat. Als es nicht weiterging, setzte er eine Vakuumglocke an den Kopf des Kindes und zog es somit auf die Welt. Ich stöhnte vor Schmerz. Eine Schwester nahm das Kind entgegen und säuberte es grob. Ganz lapidar sagte mir der Arzt, dass es ein Mädchen sei. Ich glaubte, mich verhört zu haben, und fragte noch einmal nach. Der Arzt versicherte mir, dass er einen Blick dafür hätte. Na gut, das konnte man ihm glauben.

Die Kleine schrie und fand ihre Lage nicht sehr günstig, als man sie am Beinchen hielt und mit dem Kopf nach unten ihre Länge maß. Sie war 52 Zentimeter groß und sie wog 4000 Gramm, also ein recht kräftiges Baby. Man legte sie kurz auf meinen Bauch und ich sah, dass sie links am Köpfchen eine große Beule von der Vakuumglocke hatte. Es sah schlimmer aus, als es war, und der Arzt versicherte mir, dass sich das bald zurückbilden würde. Das hoffte ich sehr. Danach wurde mein Kind versorgt und in den Nachbarraum gebracht, wo die Neugeborenen lagen. Ohne Betäubung nähte der Arzt, was er vorher geschnitten hatte. Jeder Stich schmerzte, aber ich schwieg. Er war der Meinung, dass die Wehenschmerzen stärker seien. Heute frage ich, warum ich das ertragen habe. Den Namen unsensiblen Arztes habe ich bis heute nicht vergessen, obwohl er ungewöhnlich ist.

In der Zwischenzeit war Schichtwechsel, es war bereits 14.00 Uhr. Mit einem kurzen Gruß und ein paar guten Wünschen für mich und das Kind verabschiedete sich der Arzt. Ich wurde aufgefordert, aufzustehen und in das mir zugewiesene Zimmer zu gehen. Auf diese Weise käme der Kreislauf wieder in Schwung. An der Tür brach ich jedoch zusammen. Eine Schwester holte einen Rollstuhl und fuhr mich in das Zimmer und half mir in mein Bett. Völlig erschöpft schlief ich ein. Als ich erwachte, war mein erster Gedanke: „Ein Mädchen!" Immer und immer wieder wiederholte ich lautlos: „Ich habe ein Mädchen!" In mir jubelte alles. Ich konnte es einfach nicht fassen und freute mich wie noch nie in meinem Leben. Das Schicksal hatte mich für den Entschluss, das Kind zu behalten, belohnt. Dann schaute ich mich im Zimmer um. Es war ein Dreibettzimmer. Auch die beiden anderen Frauen waren glücklich. Genauso glücklich wie ich war die Frau am Fenster. Auch sie hatte nach einem Jungen ein Mädchen geboren und freute sich sehr. Die dritte Frau hatte ihr erstes Kind geboren und war glücklich über die Geburt ihres kleinen Sohnes.

Die Entbindungsstation war gerade frisch renoviert worden. Alles war neu und ich fühlte mich in diesem Zimmer wohl. Es dauerte nicht lange und mein Mann schaute zur Tür herein. Er hatte bereits erfahren, dass wir eine kleine Tochter haben, und freute sich genauso sehr wie ich. Schließlich hatte er ja bereits drei Söhne. In der Nacht zuvor hatte er Chefdienst in seinem Hotel gehabt. Kurz entschlossen hatte er die Jungen mitgenommen. Die Diensthabenden schlafen zu diesem Zweck in einem Hotelzimmer und sind bei Zwischenfällen sofort erreichbar. Das fanden die beiden natürlich super. Mein Mann ließ eine Liege aufstellen, die beiden schliefen jeder an einem Ende. Das war natürlich etwas Besonderes. Vorher durften sie mit Vati noch ein wenig fernsehen. Und das alles, weil Mutti im Krankenhaus war.

Eine Schwester schaute ins Zimmer und fragte meinen Mann, ob er die Zwillinge mithabe. Natürlich hatte er das. Sie wollte die beiden gern einmal sehen. Damals durften Kinder in diesem Alter nicht in eine Entbindungsstation. Mein Mann zeigte aus dem Fenster. Unten war ein frischer Kohlehaufen und meine beiden spielten dort und warteten, bis Mutti aus dem Fenster sah. Sie sprangen, jubelten und riefen nach mir, als sie mich sahen. Wir hatten unserer kleinen Tochter den Namen „Jana" gegeben. Die beiden schrien nach oben und fragten nach dem Schwesterchen. Die Frauen in meinem Zimmer und auch das Personal mussten lachen, als sie die beiden Dreckspatzen auf dem Kohlehaufen sahen. Sie hatten kurze, knackige Lederhosen und einen weißen Pulli an, der nun allerdings deutliche Spuren des „schwarzen Spielzeuges" zeigte.

Bald verabschiedete sich mein Mann, um mit den Jungen nach Hause zu fahren. Vorher aber wollte er noch einmal im

Säuglingszimmer bei seiner kleinen Tochter vorbeischauen. Am Abend brachten Säuglingsschwestern in Ordenstrachten unsere Kinder. Überglücklich nahm ich meine kleine Tochter in die Arme. Zärtlich begrüßte ich nun unser Drittes. Es war unverkennbar meine kleine Tochter. Ganz deutlich erkannte ich in dem kleinen Gesichtchen meine Züge und auch die meiner Mutter. So also sah das kleine Wesen aus, das ich nicht haben wollte. Die Beule an dem Köpfchen war ein großer Bluterguss geworden und noch stark sichtbar. „Es wird schon werden", dachte ich.

Als die Kinder wieder geholt wurden, empfand ich einen warmen, süßen Hauch von Glück über die Anwesenheit dieses kleinen Mädchens. Daran merkte ich auch, dass ich reifer geworden war, und mir war völlig bewusst, dass ich das Kind vom ersten Moment an lieben konnte. Es war mir nicht fremd, wie damals die Zwillinge. Wahrscheinlich hing es damit zusammen, dass ich mich selbst in ihm sah, aber auch, weil ich bei der Geburt dabei gewesen war.

Bereits nach vier Tagen musste ich die Klinik verlassen, weil die Babys durch das hochsommerliche Wetter eher kamen und die Betten dringend gebraucht wurden. Gern hätte ich noch zwei Tage hier verbracht, denn zu Hause erwartete mich ein volles Programm.

Mein Mann kam mich vormittags abholen, als die Jungen in der Schule waren. Auf der Fahrt nach Hause hatte er mehr den Kopf nach hinten, um die Kleine zu sehen, als nach vorn, um auf den Straßenverkehr zu achten. Zum Glück gab es damals noch nicht so viele Autos auf den Straßen. Zu Hause wartete eine wunderschöne Holzwiege auf unser neues Familienmitglied. Mein Mann hatte sie nach eigenen Entwürfen von einem Tischler bauen lassen. Er lackierte sie weiß und bemalte sie mit Meißner Blumenmotiven. Damit es sich besser rechnen ließ, wurden gleich drei Wiegen gebaut, wovon er zwei verkaufte. Die Käufer waren jedes Mal begeistert. So etwas konnte man in keinem Geschäft kaufen und jede Wiege trug das Prädikat der Einmaligkeit. Die Wiege stand im Wohnzimmer und sah dort sehr hübsch aus, wie ein Schmuckstück. Bevor die kleine

Jana hineingelegt wurde, lag ein großer Teddybär darin, dem die Jungen Babysachen angezogen.

Nun waren wir in der kleinen Wohnung also zu fünft. Ganz vorsichtig legte ich die Kleine in die Wiege und wir bestaunten unser neues Kind. Es dauerte nicht lange und unsere Jungen kamen aus der Schule nach Hause gerannt. Sie durften heute bereits mittags kommen, denn sie waren doch so aufgeregt, wie das kleine Schwesterchen wohl aussehen würde. Die meisten Kinder haben noch nicht ein Neugeborenes gesehen und so konnten sie auch kaum fassen, wie klein so ein Kind ist. Sie knieten sich jeder von einer Seite neben die Wiege und bestaunten ihre kleine Schwester. Alles bewunderten sie an ihr und konnten nicht aufhören zu bestaunen, wie klein und niedlich alles an ihr war. Aber sie mussten noch die schulischen Pflichten erfüllen und schweren Herzens gingen sie ins Kinderzimmer.

In den nächsten Tagen brachten meine Kollegen wunderschöne Blumensträuße und alle freuten sich mit uns. Ab jetzt hatte ich alle Hände voll zu tun, doch bald hatten wir den richtigen Rhythmus raus und alles lief nach Plan. Langeweile hatte ich nie. Eine Woche nach der Geburt der kleinen Jana hatten die Zwillinge Geburtstag. Das erste Mal machten wir keine ausgiebige Geburtstagsfeier mit Freunden, doch sie waren nicht traurig. Schließlich hatten sie eine lebendige Puppe bekommen, jedenfalls betrachteten sie die kleine Schwester so.

Das Hotel meines Mannes war sehr kulant. Er bekam einen Ferienplatz für sich und die Zwillinge im Hotel „Neptun" einem Interhotel in Warnemünde an der Ostsee. Anfänglich waren die Jungen sehr begeistert, aber dann sehnten sie sich nach ihrer Mutti und dem Baby. Sie erzählten mir hinterher, wie sehr ich ihnen gefehlt hätte, und es tat mir leid, dass es für die beiden nicht so schön war, wie ich es mir vorgestellt hatte.

Meine kleine Tochter war schon im zartesten Alter genauso pflegeleicht wie die Zwillinge. Gemeinsam mit ihr verbrachte ich ein paar Tage bei meiner Mutter, die mich verwöhnte. Eigenartigerweise wollte sie nie wahrhaben, dass meine kleine Jana ihr sehr ähnelte. Ich hatte eine schöne Zeit, aber ich dachte jeden Tag an den anderen Teil meiner Familie. Als alle wieder zu Hause waren, musste ich den Jungen versprechen, sie nie wieder allein mit Vati in den Urlaub fahren zu lassen.

In der Zwischenzeit hatten Partei und Regierung neue sozialpolitische Maßnahmen festgelegt. Ich konnte für ein Jahr mit 90 Prozent meines Nettogehaltes zu Hause bleiben, um mich um mein Baby zu kümmern. Das kam auch den beiden Jungen zugute und es war eine wunderschöne Zeit für mich. Für die Geburt des Kindes bekam man 1000 Mark. Bei der Geburt der Zwillinge waren es für das erste Kind 500 Mark, für jedes weitere Kind 100 Mark mehr.

Vom ersten Tag an waren die Jungen total vernarrt in ihre kleine Schwester. Ständig waren sie bei ihr und halfen mir, wo sie nur konnten in diesem Alter. Besonders gern aber half mir Jens beim Aufhängen der Babysachen. Jedes Strümpfchen, Hemdchen und Höschen küsste er, bevor er sie mir zum Aufhängen gab. Ich schimpfte manchmal zu Unrecht mit ihm, weil er es übertrieb, aber er war nun mal so. In all den Kinderjahren war er der Lieblingsbruder von Jana. Das änderte sich, als es in der Zeit der Pubertät Spannungen zwischen Jens und uns gab. Da war Peter ihr Lieblingsbruder.

Die Kleine schrie nie ohne Grund, abgesehen davon, dass ständig mindestens ein Junge bei ihr war und mit ihr spielte. Ich musste die Jungen nie bitten, es zu tun, ganz im Gegenteil. Manchmal musste ich es verbieten, damit sie ihre Pflichten erledigten. Bei uns war immer Stimmung, aber selten gab es Zankereien, wie bei anderen Geschwisterkindern. Ein Mauzen von Jana und sie waren bei ihr. Da ich es nicht anders kannte, war das für mich normal. Erst viele Jahre später habe ich bemerkt, wie gut wir es mit unseren drei Kindern hatten. Die Jungen wurden streng und konsequent erzogen. Hier war es besonders mein Mann, der unerbittlich auf Disziplin und gute Manieren achtete. Schließlich war sein Arbeitsort dort, wo man gutes Benehmen zeigen musste und daran gemessen wurde. Das übertrug er bereits im zartesten Alter auf die Jungen. Geschadet hat es nie, ganz im Gegenteil. Aber auch ich war konsequent und heute bedaure ich es manchmal, wie streng ich oft war.

Wie soll es weitergehen?

Ein Jahr nach der Geburt meiner Tochter nahm ich meine Tätigkeit bei „Robotron" wieder auf. Nun musste ich meinen Beruf, drei Kinder und meinen Haushalt unter einen Hut bringen. Mein Mann dagegen versteckte sich hinter seinem Job im Hotel, wo man kein geregeltes Wochenende kannte. Für ihn gab es keinen Achtstundentag wie in den anderen Betrieben. Hinzu kamen die Chefdienste, wo er nachts im Hotel schlief.

Soweit es möglich war, nutzten wir jede freie Minute, um gemeinsam mit den Kindern etwas zu erleben. Sehr frühzeitig machten wir mit ihnen ausgedehnte Spaziergänge an die Elbe und die Zwillinge liefen willig mit. Sie hatten sich immer viel zu erzählen und jeder war der Freund des anderen. Oft merkten sie gar nicht, wie weit sie schon gelaufen waren, so vertieft waren sie miteinander. Wir hatten auch zeitig angefangen, ihnen gewisse Normen der Gesellschaft beizubringen. Dazu gehörten besonders die Höflichkeit und der Umgang miteinander und mit anderen Leuten. So kam es oft vor, dass sich fremde Menschen, die uns beobachtet hatten, lobend über das Verhalten der Kinder äußerten. Noch interessanter wurde es, als dann unser drittes Kind dabei war. Man staunte, wie zärtlich und liebevoll beide Jungen mit der kleinen Schwester umgingen. Da ich sehr oft mit den Kindern allein unterwegs war, hatte ich in meinen Söhnen wirklich kleine Helfer. Es war einfach schön, aber ich habe es leider nicht bewusst aufgenommen.

Anfänglich mussten die Schulkinder sonnabends noch bis zu drei Stunden in die Schule gehen. Der Sonntag war in unserer Familie fast ausschließlich für Unternehmungen mit den Kindern reserviert. Unsere kleine Wohnung war ja auch nicht zum problemlosen Spielen für drei Kinder geeignet.

Bedingt durch die Erziehung seiner Mutter war mein Mann zu Hause sehr bequem. Dafür hatte er großes Talent, die Kinder zur Umsicht und zur Arbeit zu erziehen. Er war streng und unerbittlich, aber leider selbst kein Vorbild. Das merkten die Jungen bald, aber Protestieren half ihnen nichts. Sie bekamen schnell ein paar hinter die Ohren, wenn sie sich freche Antworten erlaubten. Waren die Jungen auf dem Spielplatz, pfiff er nur einmal den Familienpfiff durch die Zunge und schon erhoben sich zwei Kinderköpfe in Richtung Fenster. Der Pfiff bedeutete „nach oben kommen", jedoch nicht gleich, sondern sofort. Lautes Diskutieren gab es nicht. Probleme wurden in der Wohnung und nicht am Fenster geklärt.

Als ich mich wieder in meinem Betrieb zurückmeldete, war mir klar, dass es nie wieder so sein würde, wie es war. Meinen Arbeitsplatz füllte jetzt der Kollege aus Radeberg aus. Hinzu kam, dass eine neue Rechnergeneration bereits in der Überleitung war. Alle Stellen waren besetzt und ich war quasi indirekt arbeitslos. Ein Arbeitsplatz war mir auf jeden Fall sicher, jedoch nicht mein Arbeitsplatz.

Mit gemischten Gefühlen begann mein erster Arbeitstag nach der Babypause. Meine Kolleginnen und Kollegen begrüßten mich herzlich, aber leider hatte ich nicht einmal einen eigenen Schreibtisch. Es hatte sich einiges geändert, die Zeit war nicht stehen geblieben und jeder Mensch ist ersetzbar. Wenn man das selbst erlebt, wird es umso deutlicher. Selbstverständlich hatten sich auch meine Vorgesetzten Gedanken zu meinem weiteren Einsatz gemacht. Sie unterbreiteten mir Vorschläge, wie es mit mir dienstlich weitergehen sollte. Drei Möglichkeiten zeigten sie mir auf und auch die dienstliche Unterstellung. Alle drei Möglichkeiten lehnte ich jedoch ab, denn es war nichts dabei, was ich je machen wollte. Auch die Zuordnung zu einer Gruppenleiterin, vor der ich nie Achtung hatte, lehnte ich begründet ab. Sie hatte eine engstirnige Hausfrauenmentalität und ihre gewöhnliche Aussprache störte mich sehr. Alle Mitarbeiterinnen in ihrer Gruppe verkehrten auch privat mit ihr. Diese Nähe mochte ich nie. So konnte und wollte ich nicht arbeiten und ich hatte auch nicht vor, mich kleinzumachen.

Erstaunlicherweise akzeptierte man meine Meinung und hielt alles in einer Aktennotiz fest. Ich hatte geahnt, dass es so kommen würde, und war deprimiert. In den nächsten Tagen kam ich mir sehr überflüssig vor. Dann wurde ich erneut zu einem Gespräch gerufen. Diesmal bot man mir die Tätigkeit als Bereichsökonom in der neu errichteten Vorfertigung des Betriebes an. Ich wusste, dass meine Aussichten auf einen interessanten Job nicht rosig waren, und versuchte, diplomatisch zu bleiben. Ich bat um Bedenkzeit. Der Bereich Vorfertigung war gerade der Schwerpunktbereich des Betriebes. Man wollte die Vorfertigung von Radeberg nach Dresden verlagern, um schneller reagieren zu können, Transportkosten einzusparen und störungsfrei zu werden. Sowohl die Räumlichkeiten als auch die Maschinen waren neu und modern. Die Produktionsarbeiter hatten alle einen Facharbeiterabschluss und waren auf ihrem Gebiet Fachleute. Die Sekretärin in diesem Bereich war einst in meinem Bereich tätig und so hatte ich wenigstens eine Bezugsperson. Sie machte mir die neue Tätigkeit sehr schmackhaft. Der dortige Chef zeigte mir bereitwillig die neuen Abteilungen. Danach konnte ich mir vorstellen, hier zu arbeiten. Zudem war ich dem Chef direkt unterstellt, was ich als angenehm empfand. Ich sagte also zu und alle waren froh, eine für alle Seiten günstige Lösung gefunden zu haben. Nun war ich gespannt, was da so alles auf mich zukommen würde, und verspürte Erleichterung.

Die Auszeichnungsreise

Den wohl ungewöhnlichsten Urlaub meines Lebens erlebte ich gemeinsam mit vier Kollegen meines Betriebes in Ungarn. Als ich nach meiner Babypause wieder meine Tätigkeit aufnahm, hatte natürlich ein anderer Kollege die Funktion des Vorsitzenden der Abteilungsgewerkschaftsleitung übernommen. Irgendwie musste es ja weitergehen. Die Leitung der Betriebsgewerkschaft hatte sich überlegt, mich für meine Arbeit auf eine besondere Weise zu würdigen. Zuerst dachten sie daran, mich als „Aktivistin der sozialistischen Arbeit" vorzuschlagen. Damit waren 250 Mark verbunden. Diese Art der Auszeichnung fand ich immer als politische Farce. Ich brauchte weder eine Medaille noch eine Urkunde. Das Geld hätte ich auch nicht für mich verbraucht, sondern es wäre in die Familienkasse geflossen. In unserem Betrieb wurden aber auch Auszeichnungen in Form einer Reise für eine Woche nach Ungarn vergeben. Eigentlich sollte es eine Überraschung sein, aber fairerweise durfte ich mich selbst entscheiden. Nichts war mir lieber als so eine Reise, denn sie war nicht nur ein besonderes Erlebnis so ganz ohne Familie, sondern auch wesentlich wertintensiver als die „Aktivistin".

Von meinen früheren Urlaubsreisen her kannte ich dieses schöne Land. Auch in den nächsten Jahren konnte ich mir keinen derartigen Urlaub leisten. Schließlich kosten drei Kinder viel Geld. Ich entschied mich also für die Reise. Ein entsprechender Antrag wurde an die Betriebsleitung gestellt, der aufgrund der guten Einschätzung natürlich befürwortet wurde.

Zunächst rief man meinen Mann an und fragte ihn, ob er bereit wäre, die drei Kinder für acht Tage zu versorgen. Eine Frau kann das immer, ein Mann seltener. Mein Mann freute sich sehr für mich und sagte zu. Dass er für diese Zeit extra Urlaub nahm, erfuhr ich erst hinterher. Schließlich waren die Kinder tagsüber in ihren Einrichtungen. Feierlich verlas mein neuer Chef während der Leitungssitzung den schriftlich niedergeschriebenen Text zur Auszeichnung und tat so, als hätte er die ganze Sache selbst veranlasst. Innerlich musste ich lächeln. Er schmückte sich allzu gern mit fremden Federn. Zur gleichen Zeit wurde auch ein Meister unseres Bereiches mit dieser Reise ausgezeichnet. Ausgerechnet einer, der mir immer skeptisch gegenüberstand. Er war ein Schlitzohr und wohl mehr aus Gründen gegenseitiger Vorteile von unserem Chef vorgeschlagen worden. „Na, mal sehen", dachte ich.

Zu meiner Reisegruppe gehörten fünf Personen – außer mir noch eine Frau und drei Männer. Sie kamen aus anderen Abteilungen des Betriebes. Bis auf den Kollegen aus meinem Bereich kannte ich die anderen nur vom Sehen her, denn unser Betrieb war relativ groß. Der Urlaubsort war Szentendre, unweit von Budapest. Es war eine Flugreise von Dresden nach Budapest und zurück. Jeder bekam noch 200 Mark Taschengeld, für die

Verpflegung gab es Talons, mit denen wir in extra dafür ausgewiesenen Gaststätten und Hotels, aber auch in einem benachbarten Thermalbad „bezahlen" konnten. Für das Frühstück und Abendbrot musste man selbst sorgen. Um das Visum kümmerte sich der Betrieb selbst. Auch die Zollerklärung, worauf man in Ungarn zusätzlich 100 Mark in Forint umtauschen konnte, wurde uns vom Betrieb ausgehändigt. Wir brauchten uns um nichts zu kümmern, nur noch zu starten. Diese Reisen fanden immer außerhalb der Saison statt, unsere Reise war vom 22. bis 30. Mai 1980 geplant.

Ich freute mich sehr über diese Auszeichnung und meine Gedanken drehten sich nun um die Frage: „Was ziehe ich an?" Schließlich wollte ich mich wohlfühlen und gut aussehen. Und immerhin waren drei Männer dabei, die sich nicht mit mir schämen sollten. Eitel war ich eben auch. Wie der Teufel nähte ich mir meine Urlaubskleidung und war dankbar, dieses Talent von meinem Vater geerbt zu haben. Nach der Geburt meiner Tochter war ich wieder sehr schlank geworden und konnte jede Mode tragen. Meinen Kindern gegenüber habe ich versucht, meine Freude über die Ungarnreise nicht zu sehr nach außen zu tragen. Besonders die Jungen waren nicht so sehr begeistert, mit Vati allein zu sein. Er übertrug ihnen oft Arbeiten, die er selbst nicht gern tat.

Dann endlich war es so weit. Der gepackte Koffer ging kaum zu. Es war der erste Flug in meinem Leben und ich war sehr aufgeregt. Ich brachte noch die Kleine in die Kinderkrippe, die Jungen gingen in die Schule. Allen hatte ich versprochen, etwas Schönes mitzubringen. Die Aufregung ließ Abschiedsschmerz nicht aufkommen.

Mein Mann fuhr mich und die mitreisende Kollegin zum Flughafen Dresden. Die anderen waren bereits da. Wir beäugten uns gegenseitig und alle waren gespannt, wie das mit uns so würde. Bei der Zollabfertigung wurden wir sehr intensiv kontrolliert, bevor wir uns fast alle im Transitraum wiederfanden. Leider nur fast, einer fehlte. Es war mein Kollege aus der Vorfertigung. Er kam und kam nicht, obwohl er mit uns durch die

Abfertigung gegangen war. Ganz blass um die Nase erschien er endlich und erklärte uns, dass es bald schiefgelaufen wäre. Er musste sein gesamtes Gepäck öffnen und dabei entdeckten die Zollbeamten, dass er mehr als eine Zollerklärung dabeihatte. Mit Zollerklärung war es möglich, in Ungarn noch einmal 100 Mark in ungarische Forint zu tauschen. Komischer Weise waren die Zollerklärungen aus der DDR fast identisch mit denen aus dem Westen. Seine Frau arbeitete bei der Bank, wo man diese beim Geldumtausch bekam. Er hatte auch das entsprechende deutsche Geld zum Tauschen dabei. Alle, bis auf eine, wurden ihm weggenommen. Das Geld konnte er zwar behalten, es wurde aber in den Papieren eingetragen, sodass er es wieder zurückbringen musste. Er war im allerletzten Moment eingetroffen, dann ging es an Bord.

Mein Herz schlug laut vor Spannung, Aufregung und Glück. Der Flug war sehr angenehm und ich fühlte mich super. Langsam legte sich die Aufregung und bald schon schwebten wir über Budapest. Im Gegensatz zum Dresdner Flughafen, der noch nebenbei als Militärflughafen genutzt wurde, war der Budapester Flughafen sehr schön. Mit der Vorortbahn fuhren wir zu unserem Urlaubsort an die Donau und waren endlich da. Nach dem Einchecken bezogen wir beiden Frauen ein Doppelbettzimmer. Wir trafen noch die vorhergehende Gruppe aus unserem Betrieb, die wieder nach Hause flog. Jeder von ihnen hatte in dieser Zeit für sich allein etwas unternommen. Auch das Wetter hatte nicht mitgespielt.

Wir fünf gehörten zu einer gemischten größeren Reisegruppe. Gemeinsame Veranstaltungen wie eine Dampferfahrt auf der Donau, eine Busfahrt nach Budapest mit Besichtigung der Fischerbastei und auch ein Grillabend gehörten zum Programm. Mit unserer Ankunft begann ein wunderbares Wetter, sodass wir sogar baden gehen konnten. Nachdem wir uns einquartiert hatten, machten wir einen Rundgang in die nähere Umgebung. Das Motel war eine Kombination zwischen Hotel und Zeltplatz, wo auch hübsche Bungalows auf Stelzen zum Schutz vor dem Donau-Hochwasser vermietet wurden. Die Anlage war sehr interessant gestaltet. Die meisten Reisenden kamen mit dem Auto. Auch tolle Wohnwagen aus Westdeutschland standen da. Für sie war Ungarn ein Billigurlaub. Danach studierten wir das Reiseprogramm und aßen in einer kleinen Gaststätte zu Abend. Hier konnten wir gleich mit unseren Talons bezahlen.

Den ersten Abend verbrachten die Männer und wir beiden Frauen für uns. Wir wohnten alle im gleichen Haus. Auf dem Geländer des Motels befand sich auch eine kleine rollende Verkaufsstelle, wo wir am anderen Morgen alles zum Frühstück kauften, was man so benötigte. Die Preise waren gewaltig. Meine Kollegin hatte sich von zu Hause einen Tassentauchsieder, Kaffee und Tee mitgebracht. Wir kochten uns unseren Kaffee selbst und gingen zum Frühstücken in den Gemeinschaftsraum. Dort saßen bereits die Männer und schimpften über die Preise ihres Frühstücks. Ich schlug daraufhin vor, dass wir doch gemeinsam frühstücken sollten. Dazu konnte man alles Notwendige in einem Geschäft kaufen, das unsere Talons als Zahlungsmittel annahm. Die Idee fand bei allen ein positives Echo. Auch den Vorschlag, den Kaffee mit dem kleinen Tassentauchsieder zu kochen, nahmen sie gern an. Das dauerte zwar etwas länger, war aber lustig und wesentlich billiger. Wir beiden Frauen verpflichteten uns, einzukaufen, die Männer wollten beim Tragen helfen. Der Rechnungsbetrag sollte dann durch fünf geteilt werden und jeder gab seinen Anteil.

Da wir uns gerade so schön einig waren, kam die Frage auf, was wir denn am ersten Tag unternehmen wollten. Einhellig wurde beschlossen, nach Budapest zu fahren. Jeder hatte so seine Vorstellungen, was er gern sehen und kaufen wollte. Mein Kollege aus der Vorfertigung hatte von seiner Frau einen großen Wunschzettel bekommen, den er abarbeiten wollte. Dafür waren eigentlich die unerlaubten Zollerklärungen gedacht, die uns beinahe den Urlaub vermasselt hätten. Er kannte sich sehr gut in Budapest aus und wir verließen uns auf seinen Orientierungssinn. Schmunzelnd erzählte er uns dann, dass er noch vier Zollerklärungen mit dem notwendigen Geld in den Saum des Bademantels genäht hatte. Er war halt ein Schlitzohr.

Als wir in der Bahn nach Budapest saßen, fand ich es richtig schön, dass wir zusammengeblieben waren. In Budapest trennten wir uns, verabredeten uns jedoch an einem markanten Punkt, um gemeinsam essen zu gehen. Alle waren pünktlich am vereinbarten Treff. Dem Kellner des noblen Restaurants, das auf unserer Liste stand, gaben wir gleich zu verstehen, dass wir mit Talons bezahlen möchten. Er verzog das Gesicht und meinte, dass das hier nicht üblich sei. Wir bewiesen ihm mit der Liste des Reiseveranstalters das Gegenteil. Die Preise waren utopisch und jeder von uns bestellte etwas „Preiswertes". Nach längerer Wartezeit kam endlich das Essen, das nicht einmal richtig warm war. Dann ließ sich der Kellner längere Zeit überhaupt nicht mehr blicken. Jeder bezahlte mit seinen Talons und gab ordentlich Trinkgeld, wie wir es als gelernte DDR-Bürger gewöhnt waren. Ich monierte beim Bezahlen, dass mein Essen kalt gewesen sei. Der Kellner gab mir eine schnippische Antwort. Gäste wie wir waren nicht so sehr erwünscht. Uns blieb aber nichts anderes übrig, denn die Gaststätten, in denen wir bezahlen konnten, waren schließlich vorgegeben. Ich gab ihm sehr wenig Trinkgeld, denn er hatte es meiner Ansicht nach einfach nicht verdient. Hinzu kam ja auch noch, dass er nichts zurückgeben konnte oder wollte. So hatte man auf jeden Fall Einbußen. Das alles irritierte mich sehr, denn ich musste mein Geld immer zweimal umdrehen. Von meinem Mann wusste ich, dass das Trinkgeld das zweite Gehalt der Kellners war und es ihnen nicht schlecht ging.

Meinem Ärger machte ich Luft, indem ich den anderen vorschlug, zukünftig gemeinsam zu bezahlen und nur einmal Trinkgeld zu geben. Bernd, der Kollege aus dem Musterbau, legte alle seine Talons auf den Tisch und sagte: „Wisst ihr was, wenn ihr nichts dagegen habt, sollten wir unsere Talons zusammenlegen und Sabine ist unsere Buchhalterin. Sie übernimmt die Talons von uns allen und sie zahlt auch jedes Mal für uns alle." Ganz verdutzt schauten die anderen drein. Doch sie überlegten nicht lange und taten es ihm gleich. Auch ich legte meine Talons dazu. Alle hatten das Gefühl, dass wir gut miteinander auskommen und vieles gemeinsam gestalten würden. Ich war richtig glücklich bei dem Gedanken.

Von nun an waren wir unzertrennlich. Ich bezahlte aus unserer gemeinsamen Talon-Kasse alles, was wir aßen und tranken. Einen Stift und einen Zettel hatte ich immer dabei, um besonders bei den Getränken die Übersicht zu behalten. Schließlich war alles in dieser Art Restaurants teuer und ich wollte nur bezahlen, was wir wirklich bestellt hatten. Jede Rechnung kontrollierte ich gewissenhaft. Es passierte nicht nur einmal, dass der Kellner „sich geirrt" hatte. Am Anfang war es den anderen peinlich, dann aber merkten sie, was wir uns dadurch vieles leisten konnten. Uns ging es richtig gut.

Bald waren wir eine verschworene Gemeinschaft und es machte allen richtigen Spaß. Jeder Sonderwunsch wurde berücksichtigt. Da durfte auch eine echte ungarische Salami nicht fehlen, die wir mit Heißhunger in großen Riegeln einfach mal aufaßen. Die Schnitten für das Abendbrot bereiteten wir beiden Frauen für alle sehr appetitlich zu und die Männer waren zufrieden und begeistert. In Ungarn gab es ja damals auf den großen Märkten bereits eine sehr gute Auswahl an frischem Obst und Gemüse und der Paprika war für uns ein Gedicht. Auch für den Wein, das Bier und das Knabberzeug am Abend langten die Talons lässig. Während des Frühstücks besprachen wir, was wir am Tag gern unternehmen wollten. Waren die Veranstaltungen der Reisegruppe angesagt, stand natürlich der Tagesablauf fest. Dann war das Essen mit im Programm. Gingen die Interessen auseinander, war auch das kein Problem.

Einmal fuhr mein Kollege allein nach Budapest, weil der Wunschzettel seiner Frau noch nicht abgearbeitet war. Wir anderen verbrachten den Tag im Thermalbad des Nachbarortes. Selbst den Eintritt in das Bad sowie alle Speisen und Getränke konnten wir mit Talons begleichen. Zwischen uns herrschte absolute Ehrlichkeit. Wir waren wie eine Familie geworden. Erschöpft und unzufrieden mit seinem Kauferfolg kam mein Kollege aus Budapest zurück. Allein hatte ihm das Einkaufen keinen Spaß gemacht, er hatte uns vermisst. Wir mussten alle lachen.

Die Leute im Motel und in der Reisegruppe rätselten oft, wer mit wem zusammengehörte. Als sie erfuhren, dass wir alle nur Kollegen waren, staunten sie über die nette Art, mit der wir miteinander umgingen.

Eines Abends hatte mein Kollege etwas über seinen Durst getrunken und mich im Beisein der anderen eine wenig „angemacht". Es war am Abend nach seinem Alleintrip durch Budapest. Es war mir sehr peinlich, doch sofort wiesen ihn die beiden anderen Männer zurecht. Sie bedrängten ihn so lange, bis er freiwillig in sein Bett ging. Am anderen Morgen hörte Christine durch die hellhörige Wand des Waschraumes, dass die beiden Männer mit ihm sehr geschimpft haben, weil er damit unser Urlaubsklima gestört hätte.

Eine Schiffsreise auf der Donau mit der Reisegruppe war auch als Tagesausflug geplant. Das Schiff war nicht sehr luxuriös und die Holzbänke waren hart, ohne jegliche Polsterung. Da ich mir am Vortag im Thermalbad einen Sonnenbrand an den Oberschenkeln geholt hatte, wusste ich nicht, wie ich auf den harten Bänken sitzen sollte. Die Männer erkundigten sich bei der Reiseleiterin, wie man alternativ anders fahren konnte als mit dem Schiff. Sie riet zum Bus. Die Straße verlief beinahe parallel zum Fluss. Sofort beschlossen die Männer, die Fahrt auf dem Schiff zu unterbrechen und den Rest bis zu diesem bekannten Museum mit dem nächsten Bus zu fahren. Ich fand es einfach toll und staunte, wie alle zusammen dabei waren, ohne Diskussion. Lachend verließen wir an der nächsten Haltestelle das Schiff.

Bald kam auch der richtige Bus. Die Busfahrt bis zum Museum war gemütlich und wir hatten viel Spaß. Am Abend war für die gesamte Reisegruppe im Garten des benachbarten Hotels ein großes Grillfest geplant. Wir waren rechtzeitig dort. Dann stellte sich aber heraus, dass es für die ostdeutschen Teilnehmer Ungarischen Kesselgulasch gab; für die westdeutschen Reisegäste der gleichen Reisegruppe war Spanferkel am Spieß vorgesehen. Wir waren empört und protestierten lautstark, aber es half nichts. Der Kesselgulasch schmeckte zwar gut, aber das

Spanferkel wäre uns viel lieber gewesen. Aus den Gesprächen, die wir manchmal ganz zwanglos mit den Urlaubern aus der BRD führten, erfuhren wir, dass es da auch einige Leute gab, die arbeitslos waren. Ich verstand nun gar nichts mehr. Wie konnte man arbeitslos sein und den Urlaub, sogar mit dem Flugzeug, in einem Hotel in Ungarn verbringen? Für mich war Arbeitslosigkeit etwas ganz Schlimmes, die uns Bürgern der DDR in den schwärzesten Farben gemalt wurde. Ich dachte da an Armut und Ausweglosigkeit. Aber was war das? Arbeitslosigkeit kannten wir in der DDR absolut nicht. Überall konnten die Westdeutschen mit Westgeld bezahlen. Die schönsten Dinge kauften sie sich für wenig Geld. Und wir? Nun gut, wir alle hatten diese Reise geschenkt bekommen und der Gedanke daran gefiel mir wieder. Eigentlich war ich auch zufrieden mit meinem Leben. Aber ein bisschen Westgeld wäre schön gewesen, oder?

Da sich trotz aller Proteste gegen diese unterschiedliche Behandlung innerhalb einer Reisegruppe nichts an unserer Situation änderte, kauften wir uns noch ein paar Flaschen von dem guten ungarischen Wein und beschlossen, auf der Terrasse unseres Motels ein wenig zu feiern. Bald gesellten sich noch andere DDR-Urlauber der Reisegruppe zu uns und jeder holte aus seinem Zimmer, was er zur Gemütlichkeit beitragen konnte. Mit zunehmendem Alkoholpegel wurde es immer lustiger und jeder hatte etwas zu erzählen. Es war ein super schöner Abend.

Am nächsten Tag war eine Stadtrundfahrt durch Budapest und die Besichtigung der Fischerbastei geplant. Auch der Lunapark stand auf dem Programm. Als Folge des lustigen Vorabends war der Umgang mit den anderen Urlaubern aus der DDR wesentlich lockerer. Im Lunapark beobachtete dann mein Kollege, wie ein junger Ungar die Spielchips wieder aus den Automaten holte. Er versuchte es natürlich auch. Es klappte und wir spielten beinahe ohne Bezahlung an den Automaten. Gewonnen haben wir nichts, aber viel Spaß dabei. Ich fand es für mein Gewissen gut so.

Viel zu schnell neigte sich unser ungewöhnlicher Urlaub dem Ende zu. Wir wollten den letzten Tag zum Einkaufen der Geschenke in Budapest nutzen. Dieser Tag wurde wieder einmalig. Eigentlich wollten wir getrennt einkaufen. Am Anfang klappte es auch. Dann aber brauchten die Männer unseren Rat und irgendwo trafen wir uns wieder. Lachend gingen wir gemeinsam weiter. Ich musste den einen oder anderen Pulli anprobieren, der für ihre Frauen bestimmt war.

Jeder von uns war voll bepackt. Erschöpft, aber glücklich fuhren wir wieder zum Motel zurück. Dann zeigten wir uns gegenseitig unsere Errungenschaften und waren wie glückliche Kinder. Ich hatte für meinen Mann ein weißes kurzärmeliges Hemd in Knitteroptik gekauft. Es hatte viele Extras und sah toll aus. Die Männer hatten mir auch dazu geraten. Die Zwillinge bekamen zwei tolle T-Shirts. Das war gerade in der ostdeutschen Kinderwelt der große Renner. Auch für meinen kleinen Schatz Jana kaufte ich ein T-Shirt, wo „Tom & Jerry" in Plastik draufgeklebt waren. Meine Kinder trugen ihre Sachen immer so lange, bis sie überhaupt nicht mehr passten.

Christine, die andere Frau unserer Gruppe, war wesentlich kräftiger als ich. Sie war eher das „Mädchen vom Lande", aber eine Seele von Mensch. Ich mochte sie sehr und sie gestand mir, dass sie mich am Anfang überhaupt nicht leiden konnte. Sie arbeitete in der Produktionsplanung, mit der ich oft zu tun hatte. In ihrer Abteilung hatte ich den Ruf, überheblich und arrogant zu sein. Das war aber nur mein Schutzschild. Niemand ahnte auch nur im Geringsten, mit welchen Komplexen ich zu kämpfen hatte, die aus meiner Kindheit her rührten. In Wirklichkeit konnte ich Kumpel durch und durch sein. Und ich war gern für die anderen da. Die Jahre im Internat hatten mich für mein Leben geprägt, aber selten war ich mit jemand „per Du". Auf der einen Seite hatte ich Angst, meine Würde zu verlieren, denn es sagt sich schneller „Du Rindvieh" als „Sie Rindvieh"; auf der anderen Seite beneidete ich die anderen, die sich mit dem „Du" ihre Freundschaften aufbauten. Ich hatte keinen Freundeskreis, mir fehlte einfach die Zeit dazu. Bei meiner Berufstätigkeit und den drei Kindern blieb kaum Zeit übrig, Freundschaften zu pflegen. Außerdem machte mein Mann mit seiner unbegründeten Eifersucht meist alles kaputt.

In Ungarn war man in Sachen Mode der DDR um Nasenlängen voraus. Das Land war für uns wie der Westen des Ostens. Dort gab es Dinge, die es erst Jahre später und für sehr viel Geld bei uns gab.

Alle freuten sich auf zu Hause. Mein Kollege hatte noch einen besonderen Wunsch: Er wollte seiner Frau unbedingt einen herrlichen Blumenstrauß und frische Erdbeeren aus Ungarn mitbringen. Davon ließ er sich absolut nicht abbringen. Das war ein Problem, aber lösbar. Seine Frau litt an Asthma und er war kein Kostverächter. Im Betrieb wusste man auch, dass da irgendwann mal etwas mit einer Kollegin war. Diese Frau war gesund, jung, unabhängig und attraktiv. Seine Frau bekam Wind davon. Sie raste vor Eifersucht. Er liebte seine Frau und wollte sie nicht verlieren. Beide hatten eine Tochter. Ein zweites Kind war nicht möglich. Als die Frau erfuhr, dass ich und noch eine weitere Frau mit in der Fünfergruppe waren, hatte es bereits im Vorfeld schlimme Eifersuchtsszenen gegeben. Die Blumen und die Erdbeeren waren für ihn sehr wichtig. Er wollte damit seiner Frau eine Freude machen. Täglich hatte er sie aus Ungarn angerufen. Dann bat er mich noch, unbedingt einen großen Abstand zu ihm beim Aussteigen aus dem Flugzeug zu halten, damit seine Frau keinen falschen Eindruck bekäme. Wir waren braun gebrannt und mein weißes, selbst geschneidertes Reisekostüm stand mir blendend.

Am letzten Abend feierten wir Abschied von Ungarn. Wir hatten unsere letzten Talons verwendet und davon noch kleine Raritäten für uns alle gekauft. Da wir die ganze Zeit so sparsam gewesen waren, bekam jeder noch eine schöne Flasche ungarischen Wein. Unser Rückflug war erst am Nachmittag des anderen Tages. Alles war für die Rückreise gut organisiert.

Am Flughafen in Budapest angekommen, machte der Kollege aus dem Musterbau den Vorschlag, dass jeder seine letzten Forint auf den Tisch legen sollte. Von diesem restlichen Geld wollten sie noch für meine Kinder Süßigkeiten kaufen. Es sollte ein kleines Dankeschön sein für meinen ökonomischen Umgang mit unseren Talons. Dadurch hatten wir diese schönen gemeinsamen Tage in Ungarn verbringen können. Außerdem waren alle der Meinung, dass ich maßgeblich für unser gutes Miteinander verantwortlich war. Ich hatte immer gespürt, dass ich so eine Art Zentralfigur in unserer Gruppe war. Aber jetzt, da sie es mir sagten, freute ich mich besonders und war in diesem Moment sehr, sehr glücklich. Wir waren uns auch alle bewusst, dass das, was wir gemeinsam erlebt hatten, in dieser Form einmalig war und sein würde. Es war allerhand Geld, was da zusammenkam, und ich kaufte noch sehr schöne Kleinigkeiten für meine kleine Rasselbande daheim.

Als wir das Flugzeug betraten, wurden wir beiden Frauen nach hinten beordert und die drei Männer nach vorn. Es ging um die Auslastung des Flugzeuges. Die Maschine wurde nicht voll und man wollte die Last gleichmäßig verteilen. Schade, wir hätten gern in den letzten zwei Stunden bei „unseren Männern" gesessen. Aber jeder von ihnen kam und schaute, ob es uns auch gut ging. Es war schön, so eine Gemeinschaft zu sein.

Gegen 20.00 Uhr flog die Maschine über Dresden. Unter uns sahen wir das Rollfeld und wunderten uns, dass wir nicht landeten. Eine Militärmaschine war in der Startposition. Nach mehreren Runden setzte unser Pilot endlich zur Landung an. Unsere Angehörigen standen auf der Aussichtsplattform und warteten ungeduldig auf uns. Da ich ganz hinten saß, verließ ich als Letzte die Gangway. Ich sah meine Söhne und meinen Mann auf der Plattform stehen. Die Kinder warfen die Arme hoch, sprangen und schrien vor Freude. Ich musste meine Freudentränen unterdrücken. Wir verabschiedeten uns ganz herzlich voneinander. Auch mein Kollege. Unsere Angehörigen sahen es verwundert.

Meine Kinder kamen mir entgegengerannt und fielen mir in die Arme. Da ich als Letzte aus dem Flugzeug kam, hatten sie gedacht, ich sei nicht mit in dem Flugzeug. „Hast du uns etwas mitgebracht?", war ihre erste Frage. Auch mein Mann war froh, als er mich in die Arme nahm. In rascher Fahrt ging es nach Hause. Gleich nach dem Betreten der Wohnung war mein erster Weg ins Schlafzimmer. Da stand das Gitterbettchen, in dem mein kleiner süßer Engel Jana schlief. Zärtlich streichelte ich über das Köpfchen. Da drehte sie sich im Schlaf um und seufzte „Mami". Ich bekam eine Gänsehaut. Wie sehr hatte das Kind auf mich gewartet! Aber bestimmt hatten die Zwillinge ihr erzählt, dass heute die Mami wieder kommt.

Das Auspacken meines Koffers und das Verteilen der Geschenke waren wie die Bescherung zu Weihnachten. Die Jungen freuten sich riesig über die tollen T-Shirts, die außer ihnen niemand hatte. Als ich erzählte, woher die schönen Naschereien kamen, waren sie ganz stolz auf mich. Auch mein Mann war mit seinem Geschenk sehr zufrieden.

Am anderen Morgen konnte ich es kaum erwarten, dass die Kleine aufwachte. Endlich hörte ich sie jubeln, als sie mich in meinem Bett sah. Sie erdrückte mich beinahe vor Freude. Immer wieder fühlte sie mit ihren Händchen mein Gesicht. Die vielen kleinen Überraschungen konnte sie kaum fassen. Wir hatten keine Westverwandten und alles, was ich mitbrachte, war wie aus dem Westen. Das T-Shirt mit „Tom & Jerry" zog sie direkt für die Kinderkrippe an.

Gleich am nächsten Tag ging ich wieder zur Arbeit. Ich hatte an diesem Tag Geburtstag. Es dauerte gar nicht lange und alle vier Reisegefährten standen mit einem riesigen Blumenstrauß in der Tür. Ich bekam sogar von meinem Chef die Erlaubnis, mit ihnen gemeinsam für eine halbe Stunde den Geburtstagskaffee zu trinken. Alle hatten zu Hause geschwärmt, wie schön es war.

Keine Gruppe vor uns und keine nach uns brachte es je fertig, so zusammenzuhalten. Nach unseren Erzählungen haben es einige versucht, aber die Gier nach dem Geld hatte es verhindert. Man konnte nämlich auch die nicht verbrauchten Talons bei einigen Kellnern gegen Forint umtauschen. Allerdings war es ein Verlustgeschäft. Wir fünf haben Geschichte geschrieben und darauf waren wir alle stolz. Gern denke ich noch heute an diesen ungewöhnlichen Urlaub zurück.

Das Problem und die Messestadt

Eigentlich machte meinem Mann die Arbeit im Motel Dresden Spaß, dennoch war er nicht richtig zufrieden. Stets war er der Macher und der ewig Zweite. Sein Chef war der Hoteldirektor und er sein Stellvertreter. Während Siegfried bereits sein Studium hinter sich hatte, bemühte sich sein Direktor gerade im Fernstudium darum. Damals achtete man sehr darauf, dass in bestimmten Positionen die erforderlichen Qualifikationen vorhanden waren. Mein Mann hatte das Ende der Fahnenstange im Hinblick auf seine Kariere erreicht. Ein Darüber-hinaus gab es nicht. Dafür hätte er noch ein Hochschulstudium aufnehmen müssen. Aufgrund seines heiteren Gemütes und seiner zwar konsequenten und strengen, aber dennoch kollegialen Umgangsweise mit seinen Mitarbeitern war Siegfried sehr beliebt. Besonders die älteren Frauen waren von ihm angetan. Für alle Probleme hatte er ein offenes Ohr und fand auch Lösungen. Er hatte immer einen Scherz auf Lager, auch wenn er manchmal der Einzige war, der darüber lachten konnte. Seinen Beruf hatte er „von der Pike auf" gelernt und keiner machte ihm so schnell etwas vor. Er hatte ein elegantes Erscheinungsbild und gute Manieren jedem gegenüber, egal welche Stellung dieser hatte. Das brachte ihm große Achtung unter seinen Kollegen ein. Auch im Leitungskreis der Interhotels hatte er sich einen guten Namen erarbeitet. Er konnte einfach mit allen Menschen gut und achtungsvoll umgehen, außer mit seinem Chef. Bei den beiden Männern stimmte einfach die Chemie nicht, sie konnten sich „nicht riechen".

So herrschte stets ein nicht allzu ernst zu nehmender kalter Krieg. Immer wieder gab es kontroverse Diskussionen. Der Chef ließ ihn ständig auflaufen und feierte jeden Fehler, den er irgendwie entdecken konnte. Mein Mann hingegen entdeckte Unregelmäßigkeiten, die Zusammenhänge mit dem Chef aufwiesen. Der Zweitschlüssel für den Intershop befand sich in einem aufgerissenen offenen Kuvert in einem kleinen Schrank. Der Schlüssel für den Schrank wurde bei jeder Vertretung übergeben. Im Intershop verschwanden auf unerklärliche Weise diverse hochwertige alkoholische Getränke. In der kleinen Bar des Chefs befanden sich Getränke, die man nur im Intershop kaufen konnte. Aufgrund der großen Gegensätze hielt es mein Mann für nicht ratsam, etwas dagegen zu tun. Es hätte wie Rache ausgesehen und beweisen konnte er ja doch nichts. Bis auf wenige Ausnahmen mochten auch die meisten Kollegen den Chef nicht. Man sprach zwar nicht offen darüber, aber die versteckten Andeutungen waren eindeutig.

Zu Hause sprachen wir oft über diese unglückliche Konstellation, aber es gab keine Lösung des Problems, außer einer von beiden ging. Doch eines Tages war eine Lösung in Sicht. Mein Mann erzählte mir, dass ihm von der „Vereinigung Interhotel" eine interessante Tätigkeit angeboten wurde, jedoch in Leipzig. Es handelte sich dabei um das damalige Hotel „Zum Löwen", das zum Hotel „Astoria" gehörte. Es hatte eine eigene Leitungshierarchie mit einem Hoteldirektor, der jedoch dem Direktor vom „Astoria" unterstellt war. Die Stelle des Direktors vom „Löwen" war neu zu besetzen. Vorübergehend wurde die damalige Empfangschefin mit der Leitung des Hotels beauftragt, bis man eine Lösung gefunden hätte.

Siegfried hatte seine Laufbahn einst in Leipzig in einem der Interhotels begonnen. In dieser Stadt hatte er seine Kindheit und Jugend verbracht, seine erste große Liebe kennengelernt und geheiratet. Sein erster Sohn wurde geboren. Hier wohnte auch seine Mutter. Er hatte immer eine große Zuneigung zu dieser Stadt, die durch ihre Messen weltberühmt war und die ein besonders Flair hatte und noch heute hat. Sie atmete für ihn Lebendigkeit. Die immer wiederkehrende positive Spannung durch die Leipziger im Frühjahr und Herbst übte einen besonderen Reiz auf ihn aus. Er kannte dieses Gefühl aus vergangenen Zeiten sehr gut. Hier traf sich die ganze Welt, hier machte man Geschäfte, hier passierten die tollsten Sachen. Die Innenstadt von Leipzig bekam in dieser Zeit stets ein frisches Aussehen. Im Zentrum der Stadt, besonders in der Heinstraße, der Nikolaistraße und der Petersstraße, wurden in einer bestimmten Höhe Plakate von einer Straßenseite zur anderen wie Lamellen aufgehängt. Das bewirkte, dass der Blick in diese Straßen nicht mehr die total maroden und verfallenen Häuser freigab, und alles machte einen festlichen und geschmückten Eindruck. Die Auslagen der Geschäfte, die sich noch in diesen Häusern befanden, waren für die Messe extra dekoriert. So täuschte man den Besuchern, die in dichten Menschenmassen durch die Stadt von einem Messehaus zum anderen drängten, eine heile, attraktive Stadt vor. Immerhin gab es in der Innenstadt viele traditionelle alte Messehäuser, die von jeher nur dem einen Zweck dienten, nämlich der Messe. In der übrigen Zeit standen sie leer und träumten von der nächsten Messe.

Während der Messen verdienten sich die Kellner eine goldene Nase. Alle Hotels waren bis oben hin voll mit Händlern aus der ganzen Welt belegt. In die Gaststätten kam man am Abend nicht mehr hinein, es sei denn, man gab ein gutes Schmiergeld in Westmark oder Dollar. Vorrang hatte das Geld, und zwar das richtige. Während der Messe gab es eine andere, bessere Speisekarte und auch andere Preise, nämlich Messepreise. Für die Messegäste aus dem westlichen Ausland waren auch die Messepreise ein einziges Schnäppchen. Es waren für sie quasi golden Zeiten im Osten Deutschlands. Jeder, der in Leipzig ein Bett zu vermieten hatte, tat es. Besonders gefragt waren die Messegäste aus dem Westen. Wurden sie nicht vom Messe-Amt vermittelt, erfolgte die Bezahlung in harter Währung und damit konnte man in der DDR allerhand anfangen. Eine Bekannte von mir vermietete ihre Einraumwohnung für D-Mark und schlief sogar für diese eine Woche in ihrem Keller hinter einem Schrank auf einer Klappliege.

Die Aufgeschlossenheit und Gastfreundlichkeit der Leipziger waren sprichwörtlich. Auch Mädchen für diverse Dienste wurden „zur Verfügung" gestellt. Es sollte den Messegästen an nichts fehlen. Für die Betreuung der Messestände wurden hübsche junge Mädchen aus den Betrieben von Leipzig angefordert. Dieser Job war natürlich sehr begehrt, da sie am Abend oft von den Ausstellern zum Essen eingeladen wurden oder man feierte gleich in den Messekojen. Auf jeden Fall war es immer aufregend und interessant und in der ganzen Stadt summte und brummte es von Messegästen und Besuchern. Der Höhepunkt einer jeden Messe war der Rundgang der Regierungsspitze der DDR, wo das begehrte Messegold für besonders innovative und gute Produkte verliehen wurde. Der Vorsitzende des Staatsrates, der später auch Erster Sekretär der Sozialistischen Einheitspartei Deutschlands, kurz SED, war, stieg im Gästehaus der Regierung in Leipzig ab. Das war eine herrliche Stadtvilla in unmittelbarer Nähe des Klara-Zetkin-Parks, die von Angehörigen der Staatssicherheit scharf bewacht wurde. Die übrigen Regierungsmitglieder waren im Interhotel „Astoria" untergebracht.

Der Job als Direktor des Interhotels „Zum Löwen" war für meinen Mann sehr verlockend. Hier sah er die Chance seines Lebens, sich endlich verwirklichen zu können. Er wusste genau, wozu er fachlich in der Lage war. Er meldete sich zu einem Gespräch bei dem Direktor des „Astoria" an. Der wusste bereits Bescheid und es kam zu einem Treffen in Leipzig. Man tastete sich im Gespräch ab und er zeigte meinem Mann die Räumlichkeiten beider Hotels. Das „Astoria" war in Leipzig immer das erste Hotel am Platz. Auch als das neue Interhotel „Merkur" von den Japaner gebaut wurde, verlor es nur unbedeutend an Glanz und Würde, weil an ihm die Tradition vieler Jahrzehnte haftete. Es war nicht steril wie die neuen Hotels, wo jedes Zimmer dem anderen glich, sondern hatte viele Gesichter und die unterschiedlichsten Räumlichkeiten. Für jeden individuellen Geschmack war etwas dabei und auch die gastronomischen Einrichtungen hatten ein besonderes Flair.

Die beiden Männer führten ein gutes Gespräch und mein Mann kam ganz begeistert nach Hause. Siegfried schwärmte regelrecht von dem Direktor des „Astoria" und sein sehnlichster Wunsch war, diese Stellung anzunehmen. Ich ahnte nun, was auf unsere Familie zukommen würde, und hatte das Gefühl, man zog mir den Boden unter den Füßen weg. Hier in Dresden hatte ich alles erreicht, was ich mir gewünscht hatte. Zwar war die Wohnung ein wenig zu klein für drei Kinder, aber es würde sich schon irgendwann mal eine Lösung finden. Ich hatte gerade angefangen, mir in meinem Betrieb wieder eine gute Position zu erarbeiten. Wir hatten Freunde gefunden und ich liebte mein Dresden. Auch mein Argument, dass wir in Leipzig keine Wohnung hatten, zog nicht.

Sandwich-Urlaub in Ungarn

Es war der letzte Sommer in Dresden vor dem Umzug nach Leipzig. Ich bewarb mich das erste Mal für einen Ferienplatz unseres Betriebes am Balaton in Ungarn. Mittlerweile hatte es sich bis zur Gewerkschaftsleitung herumgesprochen, dass ich Dresden verlassen würde. Ich hatte auch keinen Hehl daraus gemacht, dass ich es sehr ungern tat. Sicher hatte man bei der Verteilung der Ungarnplätze ein wenig gemogelt, jedenfalls bekam ich einen dieser begehrten Plätze für vier Personen in den Sommerferien.

Die Zwillinge waren gerade zwölf Jahre alt geworden. Ab diesem Alter durften die Kinder der Betriebsangehörigen in ein Kinderferienlager im Ausland fahren. Ich wusste ja nicht, ob sich so eine Gelegenheit je wieder bieten würde, und bewarb mich ebenfalls für zwei Plätze für das Kinderferienlager in Ungarn. Das war nicht ganz einfach, aber Zwillinge sind ja nun mal immer im Doppelpack. Auch hier hatte ich Glück, allerdings konnten die Jungen nicht in einem Durchgang fahren. Ein Platz war vor, der andere nach unserem gemeinsamen Urlaub. Das passte jedoch gut, wir mussten nur den einen Sohn aus dem Kinderferienlager in der Nähe von Budapest abholen. Da sich das Kinderferienlager im gleichen Ort befand, wo ich zuvor zu meiner Auszeichnungsreise weilte, hatte ich meinen Söhnen viel davon erzählt. So machten sie sich bereits ein eigenes Bild. Jens war der Erste, der für zwei Wochen fahren sollte. Die Hin- und Rückreise erfolgte per Flug. Die Jungen waren total aufgeregt, denn auch sie flogen das erste Mal. Der Leiter des Kinderferienlagers war ein Kollege von mir und ich vereinbarte mit ihm, dass wir Jens einen Tag früher direkt im Kinderferienlager abholen würden, weil wir dann auch in Ungarn wären. Als Erzieher fuhren teilweise Kollegen aus dem Betrieb mit, aber auch Pädagogik-Studenten oder einfach junge Leute, die sich dafür bewarben. Bestimmte pädagogische Voraussetzungen mussten nicht erfüllt werden. Ungarn rief jedoch auch Leute auf den Plan, die glaubten, einen preiswerten Urlaub machen zu können – leider.

Zehn Tage nach der Abreise von Jens fuhren wir mit unserem Trabant über die Tschechoslowakei nach Ungarn zu unserem Urlaubsziel am Balaton. Für unsere kleine fahrende „Pappschachtel" war das eine große Herausforderung. Zuverlässig wie immer kamen wir zwar gemach, aber sicher ans Ziel. Damals schauten die tapferen Fahrer des Trabants nicht so ahnungslos unter die Kühlerhaube, wenn es einmal nicht mehr weiterging. War der Keilriemen gerissen, musste eine Strumpfhose geopfert werden, die die Weiterfahrt bis zur nächsten Werkstatt garantierte. Ein Opfer war es allemal, denn die billigste Strumpfhose kostete 9 Mark. Aber es war schließlich eine Notwendigkeit.

Der andere Sohn fuhr mit uns und die kleine Jana blieb bei der lieben Oma. Bereits bei einem Winterurlaub zuvor war sie von der Zweisamkeit mit ihrer Oma begeistert und so konnte ich ruhigen Gewissens diese Reise ohne sie antreten. Und meine Mutter freute sich auf die Zeit mit ihr. Lange Zeit hatte sie Probleme gehabt, das kleine Mädchen genauso zu lieben wie die Zwillinge.

Einen Tag vor der Abreise war Peter in Dresden alleine ins Schwimmbad gefahren, weil es sehr warm war. Er war eine kleine „Wasserratte" und fand wieder mal kein Ende. Trotz meiner Ermahnungen war er zu lange im Wasser gewesen und hatte sich unterkühlt. In der Nacht begann er stark zu husten und als wir losfahren wollten, hörte ich bereits das rasselnde Geräusch beim Atmen. Zwar nahm ich Medikamente mit, aber es half nichts mehr. Wir waren noch nicht einmal über die Grenze in die Tschechoslowakei, als er diese Hustenanfälle bekam, die ich nur allzu gut kannte. Ich bereitete ihm auf den Hintersitzen eine Schlafmöglichkeit und er schlief beinahe die ganze Fahrt hindurch. Es ging ihm nicht besonders gut und mir war völlig klar, was da auf uns zukam. Abgesehen von einigen Pausen fuhren wir die ganze Nacht durch und kamen gegen Mittag an unserem Urlaubsort an. Es war das Ferienheim eines ungarischen Betriebes, im Austausch verbrachten Ungarn in den Heimen unseres Betriebes ihren Urlaub. Wir hatten Vollpension und gingen zum Frühstück und Mittagessen in eine kleine Familiengaststätte, wo es typisch ungarisches Essen gab. Nicht alles schmeckte uns, aber es war interessant. Süße Nudeln mit Mohn kennt nicht jeder, aber sie können schmecken.

Leider kam es, wie es kommen musste. Anstatt im Balaton baden zu gehen, drehte sich alles um unseren kranken Peter. Die Bronchitis war nun mit ganzer Kraft ausgebrochen. Er bekam Fieber und wir mussten einen Arzt aufsuchen. Nach vielen Fragen und Gestikulieren mit Händen und Füßen fanden wir endlich den Kinderarzt. Ungarisch ist nicht so einfach zu verstehen. Der Arzt diagnostizierte natürlich Bronchitis. Die Medikamente, die er verschrieb, mussten wir bezahlen. Sie waren sehr wirkungsvoll und bald ging es Peter besser. Mit Baden aber musste er sich zurückhalten. Es war wie eine Strafe für ihn, aber auch für uns.

Am Morgen des dritten Tages fuhr mein Mann mit dem Zug nach Budapest, um Jens vom Ferienlager abzuholen. Es war für ihn nicht einfach, den Ort am Donauknie ausfindig zu machen. Nach vielen Fragen hatte er das Kinderferienlager in Leányfalu gefunden. Jens stand schon mit gepacktem Koffer da und wartete sehnsüchtig, dass er abgeholt wurde. Er machte einen total verstörten Eindruck und fiel seinem Vater schluchzend um den Hals. So kannte Siegfried seinen Sohn überhaupt nicht. Der Junge drängte zum Aufbruch und wollte nichts wie weg. Als mein Mann den Erzieher fragte, ob alles in Ordnung gewesen sei, war dieser sehr „scheinfreundlich". Der Lagerleiter übergab meinem Mann die Dokumente von Jens und wechselte noch ein paar höfliche Worte mit ihm. Jens bettelte zu gehen und mein Mann verabschiedete sich rasch. Er war sehr verwundert über diese Eile.

Es war bereits Nachmittag. Züge zum Balaton fuhren nicht sehr häufig. Die Fahrt von Budapest mit dem D-Zug dauerte drei Stunden. Wir hatten angenommen, dass beide spätestens um 20.00 Uhr bei uns sein könnten. Ich hatte mir die aus Budapest ankommenden Züge notiert und lief gegen 20.00 Uhr zum nahe gelegenen kleinen Bahnhof. Aber leider waren die beiden nicht in dem Zug. An Schlaf war nicht zu denken. Ich ging zu jedem Zug, der ankam, und suchte voller Unruhe und Ungeduld meine beiden „Männer". Es waren nicht sehr viele Züge, die nachts ankamen. Ein wenig gruselig war es auch, allein nachts durch den fremden Ort zu laufen, doch die Sorge trieb mich hin. Aus den Fernzügen stiegen jedes Mal nur wenige Leute aus, mein Mann mit unserem Kind war nicht dabei. Ich war die Einzige auf dem Bahnsteig und der Zugschaffner schaute mich jedes Mal fragend an. Traurig und fröstelnd ging ich in das Ferienheim zurück und schlich leise ins Zimmer.

Peter schlief und bekam von alledem nichts mit. Zwischendurch versuchte ich auch ein wenig zu schlafen, aber es gelang mir nicht. Kalte Angst stieg langsam in mir auf. Dummerweise hatte mein Mann die Reiseunterlagen samt Pässen bei sich. Ich konnte nicht Auto fahren und wir waren im Ausland. Geld hatte ich auch nicht allzu viel und mein Sohn war noch nicht richtig gesund. Was war bloß passiert?

Es war bereits gegen 5.00 Uhr, als ich endlich unter den aussteigenden Fahrgästen meinen Mann und meinen Sohn erblickte. Sie sahen müde aus. Siegfried lächelte verlegen. Mein Junge kam auf mich zugestürzt und fiel mir schluchzend in die Arme. Er zitterte in der kalten Morgenluft und sah sehr schmal aus. Eigentlich hatte ich einen glücklichen, sonnengebräunten Jungen erwartet, der voller neuer Erlebnisse war. Innerlich war ich über den Gesamtzustand erschrocken, aber ich ordnete es den ungünstigen Reiseumständen zu.

In kurzen Sätzen erzählte mir mein Mann, dass sie den letzten Zug zum Balaton verpasst hatten. Sie waren noch ein wenig durch Budapest gebummelt und hatten die Entfernungen unterschätzt. Er konnte sich schon denken, dass ich mir große Sorgen machte, und es tat ihm sehr leid. Dann erzählte er mir, dass Jens irgendetwas von Gemeinheiten und Schikanen des Erziehers erzählt hatte. Er war noch immer sehr empört von den Berichten. Ich konnte das gar nicht glauben und nahm mir vor, mit Jens in aller Ruhe noch einmal darüber zu reden. Sein Aussehen sprach jedenfalls Bände. Er schmiegte sich eng an meinen Arm und sagte immer wieder, dass er froh sei, nun endlich bei uns zu sein. Leise sagte er mir, dass es ihm überhaupt nicht gefallen habe. Es war das erste Mal, dass einer meiner Söhne so etwas behauptete. Sie fuhren leidenschaftlich gern in Ferienlager und kamen immer begeistert zurück. Zwar waren sie immer zu zweit, aber auch allein hätte es doch schön sein können, dachte ich bei mir.

Leise schlichen wir in unsere Unterkunft, um unseren schlafenden Peter nicht zu wecken. Rasch zogen wir uns aus, um noch für ein paar Stunden zu schlafen. Ich war sehr müde, aber glücklich, dass alles so gut geendet hatte und niemand zu Schaden gekommen war. Lange fand ich jedoch keinen Schlaf.

Unser Zimmer befand sich im Parterre. Die Wände waren sehr hellhörig und die Treppe nach oben knarrte vor Altersschwäche bei jedem Schritt. Um 8.00 Uhr gingen die ersten Familien lärmend und schwatzend zum Frühstück außer Haus. Meine beiden Ferngereisten schliefen noch tief und fest. Peter dagegen drängte leise, dass er frühstücken möchte. Ich konnte nun auch nicht mehr schlafen. Also zogen wir beide uns an und liefen in die nahe gelegene kleine Familiengaststätte. Für unsere beiden Schläfer nahmen wir das Frühstück mit. Bald schauten auch sie munter aus ihren Betten und der Tag konnte beginnen.

Zuerst einmal aber ließen wir Jens von seinen Erlebnissen erzählen. Irgendetwas schien total schiefgegangen zu sein. Die Berichte über seine Erlebnisse hörten sich wie Kinderkrimis an. Ich konnte es kaum glauben und war auch nicht bereit, alles zu glauben. Das ganze Theater ging bereits im Bus zum Flughafen los. Ganz begeistert erzählte Jens den anderen Kindern, was er von mir gehört hatte. Dem Erzieher passte das gar nicht. Für ihn war Jens sofort ein „schwarzes Schaf". Im Flugzeug ging es dann weiter. Ich ahnte ja nicht, dass mein Sohn das Fliegen nicht vertrug. Woher denn auch? Er war doch noch nie in seinem Leben geflogen. Jens bekam Angstzustände, schrie und musste sich übergeben. Beim Verlassen des Flugzeuges in Budapest konnte er sich nicht auf den Beinen halten und wurde von einem Flugbegleiter getragen. Erst als er wieder auf festem Boden war, ging es ihm besser. Zornig wegen der Umstände, die der zwölfjährige Junge gemacht hatte, ließ der Erzieher ihn nicht mehr aus den Augen. Mein Sohn war ihm unbequem geworden und er bestrafte ihn bei jeder Kleinigkeit, wo er nur konnte.

So zum Beispiel bekam er Badeverbot, weil er vor dem Essen das bereitgestellte Getränk trank, obwohl der Erzieher es verboten hatte. Es war sehr warm und die Kinder hatten Durst. So hielt Jens sich am Beckenrand auf, während die anderen badeten und tobten. Als zwei größere Mädchen vorbeigingen, warfen sie ihn ins Wasser. Die anderen Jungen der Gruppe hatten es auch beobachtet. Leider glaubte Jörg den Jungen kein Wort und Jens bekam ein weiteres Mal Badeverbot. Diesmal aber musste er allein im Bungalow auf einem internationalen Zeltplatz bis zur Rückkehr der Gruppe im Bett bleiben. Als er bei der Ankunft der Gruppe aus dem Bett aufstand, behauptete Jörg, Jens hätte bis zum Abendessen im Bett bleiben müssen. Daraufhin bekam er Discoverbot, die am Abend stattfand. Wieder musste er allein im Bungalow bleiben.

Das Bett neben Jens war frei. Er benutzte es für seine Sachen. Es sah auch seiner Meinung nach liederlich aus. Jedoch anstatt ihn zum Aufräumen aufzufordern, schmiss Jörg die Sachen auf den Fußboden, wo Jens sie nun aufräumten musste. Obendrein musste Jens sich als Strafe vor den Bungalow stellen. Es war abends und alle Kinder lagen im Bett. Dann hatte Jörg unseren Jens völlig vergessen, denn er war betrunken. Erst die Erzieherin einer Mädchengruppe schickte meinen Jungen ins Bett. Ich kannte sie aus unserem Betrieb. Als ich sie daraufhin ansprach, bestätigte sie mir später diesen Vorfall.

An einem anderen Tag hatte Jens, wie kleine Jungen halt manchmal so sind, größere Mädchen mit Worten provoziert. Daraufhin wurde er von drei 14-jährigen Mädchen mit Tritten und Boxen in den Bauch und in die Genitalien so traktiert, dass er hinterher lange starke Schmerzen hatte und ständig auf die Toilette musste. Jörg stand dabei und heizte die Mädchen noch an. Er hatte richtig Spaß dabei. Die anderen Jungen meinten, Jörg wollte den Mädchen imponieren. Dieses Ereignis haben einige Kinder ihren Eltern erzählt, von denen ich es wieder erfuhr. Ich konnte es kaum glauben, weil es sich wie eine erfundene Geschichte anhörte. Jens weinte, als er davon sprach. Mir lief es als Mutter eiskalt den Rücken herunter.

Jens erzählte auch, dass die Kinder seiner Gruppe außerhalb des Lagers kaum etwas zu trinken bekamen. Die Kinder hatten nicht viel Geld und so trank mein Junge Wasser am Waschbecken auf der Toilette. Alle Helfer hatten einen bestimmte Geldbetrag pro Tag für ihre Gruppe zur Verfügung, der für Getränke, Eis und Obst und eventuell noch für Süßigkeiten für die Kinder gedacht war. Das Geld benutzte Jörg meist für sich selbst. Er ließ die Kinder vor der Gaststätte durstig warten, um selbst Bier zu trinken. Wer sich beschwerte, wurde bestraft. Am Beispiel von Jens wussten die armen Jungen, wie weit Jörg gehen würde. Sie schwiegen und duldeten seine Unverschämtheiten. Er brachte es sogar fertig und kaufte Bier und andere alkoholische Getränke von dem Geld, das für die Kinder bestimmt war, um mit einem anderen Helfer am Abend zu „saufen". Er ließ die Kinder bei großer Hitze die Getränke ins Lager schleppen und behauptete, es seinen Getränke für sie. Das grenzte schon an seelische Grausamkeit, dachte ich.

Am letzten Tag machten sie eine Dampferfahrt auf der Donau. Alle Kinder bekamen von ihren Betreuern Eis und Obst, außer den Kindern aus der Gruppe von Jens. Die Jungen wandten sich vor lauter Durst heimlich an den Lagerleiter. Der sorgte endlich dafür, dass die Jungen auch etwas bekamen. Mich wunderte es sehr, dass er nicht aufmerksam wurde und den Dingen nachging. Aber ich hatte den Eindruck, dass keiner dem anderen etwas nachsagen wollte. Hauptsache sie hatten ihre Ruhe.

Nach diesen Berichten war ich fassungslos und mir war klar, warum mein Junge sich nicht erholt hatte. Es tat mir in der Seele weh, wie er und die anderen Jungen von diesem Schmarotzer schutzlos schikaniert wurden. Ich nahm mir vor, den Dingen nach dem Urlaub auf den Grund zu gehen. Das wollte ich mir nicht gefallen lassen. So sollte der Bursche nicht davonkommen.

Zunächst einmal war unser Junge wieder in seiner Familie und wir versuchten, den Urlaub so angenehm wie möglich für die Kinder zu gestalten. Mit Baden war nicht allzu viel, denn das Wetter war oft nicht danach und wir mussten mit Peter und seiner Bronchitis vorsichtig sein. So fuhren wir auch einmal nach Hévíz und besuchten das berühmte Thermalbad. In einem Badehaus zogen wir uns um und wollten in dem berühmten Heilwasser schwimmen. Wir wunderten uns, dass die meisten einen Gummiring mit ins Wasser nahmen. Hätten wir es nur auch getan! Das warme, nach Fäulnis riechende Wasser verursacht eine besondere Trägheit. Als eine Frau auf einem vorbeifahrenden Ruderboot erklärte, dass der See an der tiefsten Stelle 30 Meter tief sei, zog ich meinen noch schwachen Peter ganz fest an mich. Mühsam schwammen wir von Holzpfahl zu Holzpfahl und ich war froh, als wir wieder draußen waren. In der Poolanlage eines schicken Hotels mischten wir uns unbemerkt unter die Gäste, die vorwiegend aus dem westlichen Ausland kamen. Hier konnten sich die Jungen erholen und in dem herrlichen Wasser baden.

Unter den ungarischen Feriengästen, die alle aus Budapest kamen, war auch ein älteres Ehepaar. Der alte Mann fuhr fast jeden Morgen zeitig mit dem Boot auf den Balaton hinaus, um zu angeln. Noch vor Sonnenaufgang stand er auf und polterte die Treppen hinunter. Jedes Mal fuhr ich aus dem Schlaf hoch. Seine Frau besorgte ihm aus den umliegenden Weinbergen in großen Korbkrügen den besten und preiswertesten Wein, den er zum Angeln mitnahm. Mit tiefer, voller Stimme laut singend, kam er dann gegen 8.00 Uhr zurück. Hatte er etwas gefangen, sang er besonders laut. An seinem Gesang konnte man also sein Angler-Glück erkennen. Dann wurde der Fisch auf offenem Feuer gegrillt und alle durften einmal kosten. Hatte er nichts gefangen, glich das Singen eher einem Fluchen.

In einer großen Küche, die in einem kleinen Nebengebäude des Ferienheimes untergebracht war, hatten wir die Gelegenheit, selbst zu kochen. Bedingt durch seinen Beruf war mein Mann ein sehr guter Hobbykoch. Zwar sah die Küche dann aus wie ein Schlachtfeld, aber sein Essen schmeckte lecker. Einmal hatte er für uns alle gekocht und es war etwas zu viel geworden. Da lud er die anderen Ungarn ein, eine Kleinigkeit zu essen. Das gefiel einem ungarischen Gast sehr, der ebenfalls ein Hobbykoch war. Er lud unsere Familie am anderen Tag zu einem typisch ungarischen Kesselgulasch und Wein aus dem Weinberg ein. Er kochte wie ein Gott und schaute dann zufrieden zu, als wir aßen. Seine Familie durfte nicht mit am Tisch sitzen. Erst als wir gesättigt waren und es uns wirklich gut geschmeckt hatte, rief er seine Frau, seine Mutter und die Kinder hinzu. Das Essen hätte für alle gereicht, aber er wollte es so. Wir waren wichtig und erst dann kam seine Familie. Die beiden Männer tauschten sich fachmännisch ihre Rezepte aus und der Ungar erklärte uns, was bei einem echten ungarischen Kesselgulasch wichtig ist und nicht fehlen darf. Wir haben es uns gut gemerkt und unser Kesselgulasch ist eine Spezialität der Familie bis heute.

Mit allen Ungarn des Heimes haben wir noch wunderschöne und fröhliche Stunden erlebt. Schnell hatten besonders die Kinder neue Freunde gefunden. Mancher Liter Wein wurde gemeinsam getrunken und dabei ungarische und deutsche Lieder gesungen. Viel zu schnell war die schöne Zeit vorbei und es ging wieder in Richtung Deutschland. Diesmal waren wir zu viert und beide Jungen waren gesund und erholt. Als wir nach beinahe zwei Tagen Autofahrt zu Hause ankamen, jubelte unsere kleine Jana sehr. Natürlich hatten wir für sie und die Oma schöne Geschenke.

Einige Tage später flog dann unser Peter in das gleiche Kinderferienlager nach Ungarn. Bedingt durch die Berichte seines Bruders war seine Erwartungshaltung eher gedämpft. Ich machte mir so meine Gedanken, als wir ihn am Bus verabschiedeten.

Jens gab ihm noch gute Ratschläge. Die waren aber nicht nötig. Als Peter nach zwei Wochen wieder in Dresden ankam, konnte er sich kaum von seinem Helfer trennen. Es wurde geherzt und gedrückt und man sah, was für ein wundervolles Verhältnis die Kinder zu ihm hatten. Peter brachte sogar Geschenke mit, die jedes Kind von dem Erzieher zum Abschied bekam, da er mit dem Geld gut gewirtschaftet hatte. Natürlich hatte er für seine kleine Jana auch eine Überraschung. Jens war ganz traurig, als er sah, wie es seinem Bruder ergangen war. Peter berichtete das genaue Gegenteil von dem, was Jens erlebt hatte.

Als ich wieder zur Arbeit ging, wurde ich von anderen Kolleginnen angesprochen. Die Kinder hatten zu Hause ganz aufgeregt berichtet, was sie im Zusammenhang mit meinem Sohn und seinem Helfer selbst gesehen hatten. Ich war traurig, als ich hörte, was mein Sohn da mitmachen musste. Nun konnte ich es wirklich glauben und ich beschloss, eine schriftliche Eingabe an die Konfliktkommission des Betriebes zu machen. Gemäß der Eingabeordnung musste diese innerhalb von 14 Tagen beantwortet werden. Auch die Ökonomische Direktorin des Betriebes erklärte sich bereit, mir im Bedarfsfall zu helfen. Sie war total empört, was sie von ihrer Tochter gehört hatte.

Es kam zu einer Verhandlung, wo nicht nur dieser Jörg, sondern auch der Lagerleiter und die betreffende Erzieherin geladen waren. Der Lagerleiter bestätigte einige Punkte. Leider konnte er keine Stellung dazu abgeben, warum er nicht aufmerksam wurde, als die durstigen Kinder ihn auf dem Schiff um etwas zum Trinken baten. Er bestätigte sogar, dass er Jörg öfter betrunken angetroffen hatte. Auch die Erzieherin, die meinen Jungen mitten in der Nacht ins Zelt geschickt hatte, weil Jörg betrunken war, konnte mir nicht erklären, warum sie das nicht gemeldet hatte. Jörg selbst wurde noch einmal ausfällig und behauptete, mein Sohn sei für ihn ein Rädelsführer gewesen. Ich hätte ihn dafür am liebsten geohrfeigt. Er konnte mir nicht einmal erklären, was er darunter verstand. In mir stieg schon Hass auf, als ich ihn hereinkommen sah. Er machte auf mich einen primitiven Eindruck. Ich musste an mich halten, als ich laut und scharf kritisierte, wie wenig Sorgfalt man auf die Auswahl der Helfer für ein Kinderferienlager im Ausland legte. Der Lagerleiter hatte es sich zu leicht gemacht. Man kann doch nicht einfach Geld an die Helfer aushändigen, ohne dass diese nachweisen müssen, was sie damit gemacht haben. Es war nicht wenig Geld, das für die Kinder und nicht für die Helfer bestimmt war. Die bekamen hinterher ihren Lohn.

Das Ergebnis meiner Eingabe war, dass dieser Jörg einen schriftlichen Verweis bekam, aus dem er sich sehr wenig machte, da er wirkungslos war. Was ihn jedoch berührte, war die Tatsache, dass er nachträglich kein Geld für den Einsatz in Ungarn bekam, wie die anderen Helfer. Ihm wurde das Verbot ausgesprochen, je wieder Kinder in seine Obhut zu bekommen, jedenfalls in unserem Betrieb. Über die Frage, „was wäre gewesen, wenn ...", durfte ich vor dem Hintergrund, dass mein Junge allein in dem Bungalow gewesen war und in der Nacht so lange Zeit davorgestanden hatte, nicht nachdenken. Wie man danach mit der Auswahl der Helfer verfahren ist, weiß ich nicht mehr. Ich war im Sommer danach bereits nicht mehr in Dresden.

Jedenfalls hatte es unser Sandwich-Urlaub in Ungarn in sich.

Abschied von Dresden

Mein Mann hatte die Stelle als Direktor vom Hotel „Zum Löwen" angenommen und fuhr anfangs jeden Montag nach Leipzig und kam am Wochenende nach Dresden zurück. Er setzte Himmel und Hölle in Bewegung, um eine Wohnung für uns zu finden. Ich dagegen ignorierte den Gedanken, dass ich Dresden verlassen musste. Siegried wandte sich in Leipzig an eine Wohnungstauschzentrale, das war jedoch ein Flop. Während wir eine moderne Neubauwohnung in Dresden hatten, bot man uns stets nur abgewohnte Altbauwohnungen mit niedrigstem Standard an. Ich machte grundsätzlich keine Kompromisse, denn ich hatte mich an den Komfort einer Neubauwohnung gewöhnt. Irgendwie wartete ich auf ein Wunder. Mein Mann malte mir unsere Zukunft rosarot und ich versuchte, ihm zu glauben. Da für ihn kein Weg am Umzug nach Leipzig vorbeiführte, beschloss ich, in meinem Arbeitsbereich Farbe zu bekennen. Ich teilte mit, dass unsere Familie aus perspektivischen Gründen meines Mannes nach Leipzig ziehen würde. Es gab viele, die mein Weggehen bedauerten. Das tat mir gut und machte mich stolz. Auf der anderen Seite aber machte sich Trauer in meinem Herzen breit. Mir wurde schmerzhaft klar, dass die schönen Jahre in Dresden zu Ende gingen.

Eines Tages kam Siegfried mit der Botschaft nach Hause, dass der Direktor vom „Astoria" seine Beziehungen ins Spiel gebracht hatte. Wir sollten eine Vierraumwohnung im Neubaugebiet Leipzig-Grünau bekommen. Sie wurde gerade fertiggestellt, es war also Erstbezug. Da es sich um eine Wohnung der Arbeiterwohnungsbaugenossenschaft handelte, mussten wir bestimmte finanzielle Anteile zahlen oder die sogenannten Aufbaustunden leisten. Das war uns beim besten Willen nicht möglich, das Geld hatten wir einfach nicht. Der Chef vom „Astoria" bot uns an, das Geld aus betrieblichen Mitteln zu leihen. Die Rückzahlung erfolgte in monatlichen Raten, es wurde meinem Mann gleich vom Gehalt abgezogen. Es dauerte nicht lange, da wurden wir aufgefordert, zum Abschluss des Mietvertrages und zur Feinreinigung nach Leipzig zu kommen. Wo aber sollten wir die drei Kinder lassen? Auch da hatte der Chef eine Lösung. Wir durften sie mitbringen und er gab uns kostenlos für eine Nacht ein tolles Appartement im Hotel „Astoria". Das Frühstück brachte man uns aufs Zimmer und es war nicht nur für unsere Kinder ein tolles Erlebnis, in so einem schönen Hotel zu schlafen. Eigentlich wunderte ich mich sehr, wie stark der Chef daran interessiert war, meinen Mann nach Leipzig zu holen.

Das Neubaugebiet Grünau im Westen von Leipzig war in Wohnkomplexe eingeteilt, sie wurden kurz WK genannt und nach ihrer Fertigstellung beziffert. Die ersten Wohnkomplexe waren einigermaßen fertig. Hier gab es bereits Wege und Straßen. Auch die Nachfolgeeinrichtungen, wie Kaufhallen, Kinderkombinationen, Schulen und Polikliniken, waren vorhanden. Die Grünanlagen nahmen Formen an und sogar ein Altersheim war bereits bezogen. Unsere neue Wohnung befand sich im WK 7, also im derzeit letzten Komplex. Der gesamte WK hatte einen hässlichen grauen Außenanstrich und wirkte dadurch besonders trist auf mich. Es gab noch keine Straßen, nur Pfützen und Schlamm. Die Wege waren improvisiert, man balancierte von Betonplatte zu Betonplatte, um trockenen Fußes sein Ziel zu erreichen.

Genau in der Mitte des Neubaugebietes befand sich ein großer Kasernenkomplex, wo sowjetische Streitkräfte stationierten waren. Unser Wohnblock stand genau parallel zu einem großen Übungsplatz. Als ich aus dem Fenster unserer Wohnung in der dritten Etage sah, wollte ich meinen Augen nicht trauen. Genau gegenüber befand sich der Schießplatz der Russen. Dazwischen waren noch große Sandberge, die für die Baumaßnahmen bestimmt waren. Ich tröstete mich damit, dass sie es sich nicht wagen würden, hier zu schießen, wo ringsherum Wohngebäude standen. Wir würden ja sehen!

Die Wohnung selbst war schön. Sie hatte einen langen Flur, von dem alle Zimmer abgingen. Am Ende des Flures war rechts eine quadratische Küche mit einem großen Fenster und links das Wohnzimmer mit dem Balkon. An der Stirnseite des Flures, gegenüber dem Wohnungseingang, befand sich das fensterlose Bad mit der Toilette, die sogenannte Feuchtraumzelle. Wir überlegten gemeinsam, wer welches Zimmer bekommen sollte. Die Jungen erhielten das größte Zimmer, da sie von allen Familienmitgliedern die meiste Zeit in der Wohnung waren. Sie mussten sich ein Zimmer teilen und jeder hatte sein Bett, seinen Schreibtisch und seinen Kleiderschrank für sich. Sogar den einzigen Teppichboden, den wir hatten, sollten sie bekommen. Mir war es wichtig, dass sie sich wohlfühlten und kein Zank wegen Platzmangels vorprogrammiert war. Unsere Tochter bekam das kleine Zimmer hinter dem Vorraum. Wir nahmen gegenüber das zweite Kinderzimmer als Schlafzimmer. Schließlich schliefen wir ja nur hier. Unsere Möbel passten gerade so hinein. Die Küche war wunderbar groß. Man konnte sie als Wohnküche einrichten, was für eine große Familie wie wir ideal war.

Die Wohnung war wirklich schön, die Lage dagegen ein Jammer. Nun machten sich die zwei Seelen in meiner Brust so richtig breit. Auf der einen Seite verbesserte sich unsere Wohnsituation, auf der anderen Seite verschlechterte sich unsere Wohnlage um nicht zu definierende Prozente. In Dresden hatten wir die wunderschöne Lage, in Leipzig gab es nur Schlamm, Dreck und eine unmittelbare Nachbarschaft mit den Russen. Durch die Zerstörung Dresdens war eine völlig neue Innenstadt entstanden, keine historische, aber eine saubere neue. Geschäfte gab es in Dresden nicht so viele wie in Leipzig, aber ich hatte ja doch nie genug Geld dafür. In Leipzig dagegen gab es wunderschöne alte Jugendstilhäuser, die jedoch schmutzig und marode und teilweise vom Verfall bedroht waren. Auch verhältnismäßig viele Ruinen aus dem Zweiten Weltkrieg prägten das Vorstadtbild.

Eine Arbeit musste ich in Leipzig auch noch finden. „Robotron" hatte in Leipzig den Betriebsteil Schulungszentrum, wo potenzielle Anwender geschult wurden, und den Anlagenbau, der für den Export der „Robotron"-Großrechner und dem dazugehörigen Bau von speziellen Rechnerräumen verantwortlich war. Hier waren einige Hundert Leute beschäftigt. Auch jetzt kam die Beziehung des Direktors vom „Astoria" ins Spiel. Ein Anruf genügte, denn er kannte den Direktor der Personalabteilung. Er bat ihn, für mich eine geeignete Stelle zu finden. Daraufhin bekam ich einen Termin und fuhr nach Leipzig.

Der Chef der Kaderabteilung führte mich durch das gesamte Haus. Dann landete ich bei dem Abteilungsleiter für Forschung und Entwicklung, der mir gleich sagte, was ich seiner Meinung nach nicht könne. Man suchte gerade einen Mitarbeiter für die Kontrolle der Forschungsthemen des Planes Wissenschaft und Technik. Das konnte er sich bei meiner Person vorstellen. Ich hatte null Ahnung und große Bedenken, ob ich diese Aufgabe begreifen und meistern könnte. Mir bleib aber nichts anderes übrig, denn ich wollte gern wegen der Bezahlung und der Betriebszugehörigkeit bei „Robotron" bleiben. Also sagte ich zu.

Dann gab es noch zwei weitere Probleme zu lösen, nämlich unsere kleine Jana benötigte einen Kindergartenplatz und wir mussten eine Schule für die Zwillinge finden. Ganz in der Nähe unseres Wohnblocks wurden gleich drei Schulen gebaut, wo die Schüler von der ersten bis zur zehnten Klasse unterrichtet wurden. Ich meldete die Jungen dort an. Man sammelte in der Bauphase die neuen Schüler nach Klassenstufe, bis sie zu einer bestimmten Klassenstärke in Parallelklassen aufgeteilt werden konnten. Die Lehrerin, die für die Klassenstufe meiner Zwillinge zuständig war, wollte von einer Trennung der Jungen, so wie es in Dresden gewesen war, absolut nichts wissen. Sie versicherte, dass wir uns darauf verlassen könnten, dass sie mit beiden gut klarkäme. Außerdem waren es ihre ersten Zwillinge als Schüler und das wollte sie selbst erleben. Na gut!

In unserem Wohnkomplex gab es im Moment nur eine Kinderkombination. Die war überfüllt, aber die nächste war bautechnisch beinahe fertig. Bis zu unserem Umzug verging auch noch ein wenig Zeit. Alles war nun bestens organisiert. Jetzt mussten wir uns noch um alle Formalitäten kümmern, die bei einem Umzug in eine andere Stadt notwendig waren. Bald war alles erledigt und dem Umzug stand nichts mehr im Wege. Nun hieß es Abschied nehmen.

Am letzten Tag hatte ich für meine Kollegen Kuchen gebacken und eine große Packung Kaffee mitgebracht. Wir setzten uns im erweiterten Leitungskreis zusammen und ich wurde mit Blumen und Geschenken verabschiedet. Auch meine liebe Ungarn-Urlaubsgruppe war gekommen, um sich von mir zu verabschieden. Wir schwelgten noch einmal in unseren gemeinsamen Erinnerungen mit „Wisst ihr noch ..." und waren stolz darauf, dass es nach uns niemand mehr geschafft hatte, so einen einmütigen gemeinsamen Sonderurlaub zu erleben. Natürlich wollten wir uns nicht aus den Augen verlieren, aber „aus den Augen, aus dem Sinn". Ich wurde mit meinen vielen Blumen und Geschenken von einem Kollegen mit dem Auto nach Hause gebracht. Mir war sehr weh ums Herz und ich wusste, dass es mir nie wieder so ergehen würde wie hier.

Der Umzug sollte in der letzten Februarwoche erfolgen und am 1. März wollte ich meine neue Tätigkeit im „Anlagenbau Robotron Leipzig" beginnen. Nun war großes Packen angesagt. Lange zuvor hatten die Jungen jede Bananenkiste, die sie nur irgendwo bekommen konnten, herbeigeschleppt. Es hatte sich nämlich mittlerweile auch im Osten herumgesprochen, dass das die besten Kisten waren, die sich ideal für den Umzug eigneten. Zwar gab es in der DDR diese begehrte Südfrucht nicht permanent, aber die Kisten lagen dennoch nach jeder Lieferung auf den Höfen der Kaufhallen herum.

Schweren Herzens nahm ich Stück für Stück Abschied von meinem geliebten Dresden. Hier erlebte ich die zwölf glücklichsten Jahre meines Lebens, hier wurden meine drei Kinder geboren. Sie sind und bleiben in ihrem Herzen Dresdner, auch wenn sie kilometerweit entfernt wohnen. Und sie können wahrlich darauf stolz sein; Dresden ist wunderschön wie nie zuvor!

8. Zurück für die Zukunft

Schwieriger Anfang

In Leipzig-Grünau wurden täglich neue Wohneinheiten bezugsfertig und täglich zogen neue Leute ein. Es war ein einziges Durcheinander, aber doch irgendwie auch organisiert. Alles wirkte auf mich wie ein Auffanglager für Emigranten. Wir alle kamen irgendwoher und wollten hier wohnen und leben. Ich kam mir manchmal vor wie eine Heimatvertriebene. Freiwillig wäre ich nie auf die Idee gekommen, hierherzuziehen. Nichts, aber auch gar nichts zog mich in dieses Neubaugebiet, das die Leipziger selbst als „Schlammhausen" oder „Schnarcher-Silo" bezeichneten. Einst sollten 100.000 Einwohner hier wohnen, dann waren es etwa 85.000 Einwohner. Zeitweise war es Leipzigs größter Stadtteil.

In unserem Wohnkomplex gab es noch keine Kaufhallen, so hießen bei uns die Supermärkte. Es gab nur improvisierte Verkaufsstände. Überall stand man Schlange oder man schleppte die Lebensmittel woanders her. Wer nicht mit dem eigenen Auto zur Arbeit fuhr, und das waren damals besonders die Frauen, musste große Mühen auf sich nehmen. Es fuhr noch keine Straßenbahn bis in meinen Wohnkomplex. Ein Bus pendelte bis zur nächsten Straßenbahnhaltestelle. Man balancierte bei Regen durch den Schlamm zu den entfernt gelegenen Haltestellen. Viele trugen auf dem Weg zur Arbeit Gummistiefel und wechselten sie dann gegen normale Schuhe ein. Das sorgte natürlich auch für reichlich Spott bei den Leuten, die nicht in Grünau wohnten. An der ersten Haltestelle wartete man auf die Straßenbahn, die oft bereits bei der Ankunft voll war. Sie entleerte sich erst in der Nähe des Stadtzentrums von Haltestelle zu Haltestelle. Zuvor aber stiegen überall in Grünau noch Leute hinzu und die Fahrt wurde immer unerträglicher. Mit schlammigen Schuhen oder Stiefeln stand dann Mensch an Mensch.

Besonders prickelnd war es an heißen Sommertagen, wenn jeder Körper anders roch. Dann kam es schon mal vor, dass es mir schlecht wurde und ich aussteigen musste. Aber auch die nächste Straßenbahn war voll und die menschlichen Gerüche ähnlich. Wer einen Sitzplatz hatte, war gut dran.

In fast allen Betrieben begann die Arbeitszeit zwischen 6.30 Uhr und 7.00 Uhr und endete zwischen 15.30 Uhr und 16.00 Uhr. Innerhalb einer kurzen Zeitspanne waren dann auch morgens und abends beinahe alle Grünauer im arbeitsfähigen Alter auf den Beinen, um zur Arbeit zu gelangen oder nach Hause zu fahren. Die Straße von Grünau in Richtung Stadt war durch die Autos der Grünauer gnadenlos dicht. Innerhalb von etwa zwei Stunden war dann der Spuk vorbei und eine große Siedlung war danach morgens wie ausgestorben und abends wie vollgepumpt.

Die Fahrt mit der Straßenbahn besonders durch den Stadtteil Lindenau empfand ich wie „Kiel holen" bei den Seeräubern. Eingepfercht in der Straßenbahn wurde ich durch diesen damals hässlichen Stadtteil gezogen und musste alle negativen Eindrücke über mich ergehen lassen, ob ich wollte oder nicht. Hier standen noch entlang der Straße seit dem letzten Krieg viele zerstörte oder total marode alte Häuser. Es war deprimierend. Alles war schmutzig und grau. Nach etwa 30 Minuten anstrengender Fahrzeit kam ich endlich im Zentrum an. Meistens rannte ich die letzten paar Meter bis zum Gebäude von „Robotron". Dann aber nichts wie rein und schnell mit dem Paternoster in die dritte Etage. Ich war oft die Letzte. Die anderen hatten morgens nicht solche Pflichten wie ich und schauten mich dann vorwurfsvoll an. Ich stand schließlich mit meiner kleinen Tochter bereits um 6.00 Uhr am Kindergarten, zog sie eilig aus und übergab sie nach einem kurzem Küsschen und „Tschüss, bis heute Nachmittag" der Erzieherin. Dann sauste ich zur nächsten Haltestelle.

Um 6.50 Uhr begann bereits meine Arbeitszeit. Meine Nacht endete täglich um 5.00 Uhr und das Frühstück für die Jungen bereitete ich auch noch vor. Nur wenn alle 14 Ampeln von Grünau bis in die Stadt auf Grün standen, konnte ich es bequem schaffen. Am meisten regten sich die Kollegen auf, die keine Kinder hatten. Am Nachmittag endete meine Arbeitszeit 15.50 Uhr. Dann beseelte mich nur ein Wunsch: so schnell wie möglich nach Hause zu kommen, denn dort warteten meine drei Kinder auf mich.

Dennoch – trotz der hohen Belastungen und Pflichten bedeutete mir mein gesicherter Arbeitsplatz sehr viel und meine Kinder waren gut aufgehoben. Frauen werden nicht als Mutter geboren, sie werden zur Mutter gemacht. Auch als Pädagoge wird man nicht geboren. Wie man Kinder richtig erzieht, ist eine besondere Philosophie. Gern habe ich diesen Part den Fachleuten überlassen, aber auch ich habe meinen Anteil als Mutter an einer konsequenten Erziehung mit eingebracht. In unseren Kindergärten arbeitenden nur examinierte Kindergärtnerinnen, deren Ausbildung teilweise einer Unterstufenlehrerin gleichzusetzen war. Sie studierten zwei Jahre theoretische Grundlagen an einer pädagogischen Schule und hatte danach zwei Jahre ein Referendariat an einer zugewiesenen Einrichtung zu absolvieren. In den Kinderkrippen war die Ausbildung analog, es waren oft sogar Säuglingsschwestern, denn die Babys kamen meist sehr zeitig in diese Einrichtungen, in den ersten Jahren sogar mit neun Wochen. Es gab so gut wie keine Teilzeitbeschäftigungen für die Frauen. Ein Mann konnte selten alleine seine Familie ernähren.

Am Anfang hatte ich Schwierigkeiten, mich an die Mentalität meiner neuen Kollegen zu gewöhnen. Es war kein Produktionsbetrieb und jeder dachte hier, der Größte zu sein. Die Kollegialität wie in Dresden habe ich oft vermisst. Jetzt wurde mir oft bewusst, was ich aufgegeben hatte, und trauerte der Vergangenheit lange nach. Aufgrund meiner neuen Tätigkeit konnte ich mir die eine oder andere Dienstreise in die Kombinatsleitung nach Dresden organisieren. Besonders in der ersten Zeit machte ich davon regen Gebrauch. Wenn ich mit dem Zug entlang der Elbe fuhr und die Silhouette von Dresden sah, kamen mir vor lauter Heimweh die Tränen. Wie konnte ich nur von hier wegziehen! Es dauerte noch etwa zwei Jahre, bis ich mich an meine neue Heimat gewöhnt hatte. Auch der Anblick der Silhouette von Dresden schmerzte eines Tages nicht mehr so sehr.

Manchmal standen meine drei Kinder an der Haltestelle, um mich abzuholen. Die Jungen hatten die Kleine aus dem Kindergarten geholt und riefen laut nach mir, wenn sie mich erspäht hatten. Ich freute mich immer, wenn ich meine kleine Rasselbande so stehen sah. Die Jungen behaupteten oft, dass sie mich immer gleich sahen, denn ich sei die schönste Frau im Bus. Das war so niedlich gemeint, sie sahen mich mit ihren Augen, denn sie waren stolz darauf, dass ich mir mit meinem Outfit so viel Mühe gab. Dann wollte jeder an meine Hand, aber ich hatte ja nur zwei davon. Eine davon war immer für die Kleine reserviert, die andere wurde abgewechselt. Meine Taschen nahmen sie mir ab, damit ich die Hände frei hatte. Und dann schnatterten alle auf mich los, um mir ihre wichtigsten Tagesproblem zu erzählen. Jeder befahl dem anderen, zu schweigen. Ich bestimmte, wer reden durfte. Manchmal nervten sie mich, aber es waren unwiederbringlich schöne Momente. Heute sehne ich mich oft danach.

Mein Mann kam nie geregelt nach Hause. Wenn er kam, waren alle Messen bereits gesungen. Oft lagen dann die Kinder schon im Bett. Die Gastronomie fordert immer ihren Tribut von der Familie. Entweder man hat Verständnis dafür oder die Sache geht schief. Bei einer näheren Besichtigung unserer neuen Umgebung entdeckten wir gleich am Anfang den Kulkwitzer See. Es war ein ehemaliger Braunkohletagebau. Ab 1864 wurde hier Kohle gefördert, zunächst untertägig, ab 1937 im Tagebau. Die beiden Tagebaurestlöcher wurden ab 1963 geflutet und 1973 als Naherholungsgebiet eröffnet. Die maximale Tiefe beträgt 36 Meter. Die Wasserqualität ist sehr gut. In 20 Minuten Fußmarsch konnte man ihn von unserem Wohnkomplex aus erreichen. Hier hatte man schon sehr viel für die Naherholung getan und ich empfand diesen herrlichen See als Oase für meine Seele. Auch die Kinder waren begeistert. Da ich schon immer eine Sonnenanbeterin war, war der See der einzige Trost in dieser gewöhnungsbedürftigen Wohnlandschaft.

Ein sehr schöner Campingplatz, schöne Strände und mehrere kleine Gaststätten ließen erahnen, wie schön es hier im Sommer sein würde. Damals gab es sogar noch ein Zeltkino, in das unsere Kinder sehr gerne gegangen sind. Ein Schiff auf dem Land, das einst ein Lastkahn war, wurde zu einer modernen Schiffsgaststätte mit Freisitz umgebaut und 1973 eröffnet. Eine Bootanlegestelle zum Ausleihen von Ruder- und Tretbooten war damals auch noch da. Eine Wanderung von 8 Kilometer rund um den See war immer ein Erlebnis und ließ uns den Schlamm und die Umstände im Wohngebiet vergessen. Da das Grundwasser Jahr für Jahr unaufhörlich stieg, verschwand leider im Laufe der Zeit ein Großteil der Strände bis zur Hälfte im Wasser und auch die Bootsanlegestelle ging „Land unter" – schade. Dann wurde sogar Wasser abgepumpt, um die angrenzende Bundesstraße nicht zu gefährden. Taucher berichteten, dass sich noch Schienen und anderes Zubehör aus der Zeit der Kohleförderung auf dem Boden des Sees befinden sollen. Eine kleine Kapelle, ein Flugzeugwrack und ein Baugerüst wurden ehemals von der Bundeswehr zu Übungszwecken versenkt.

Wir konnten damals den Sommer kaum erwarten. Und als er dann da war, holten mich oft die drei Kinder bei gutem Wetter gleich mit der gepackten Badetasche vom Bus ab. Die Jungen waren immer sehr umsichtig und hatten an alles gedacht. Dann ging es auf kurzem Weg zum See. Bis wir dort waren, erzählten mir die Kinder die Ereignisse des Tages. Die weniger guten Dinge wurden verschwiegen, die kamen danach ans Tageslicht. Meistens kaufte ich den Kindern eine Kleinigkeit zu essen und gemeinsam genossen wir noch mindestens drei schöne Stunden mit Baden und Ausruhen. Es herrschte Badebetrieb wie an der Ostsee. Für mich war diese Zeit der Erholung und Entspannung auch sehr schön, denn zu Hause wartete noch jede Menge Arbeit auf mich, bevor der Tag zu Ende ging. Leider funktionierte das alles nur, wenn mein Mann Spätschicht hatte. Er konnte sich für so eine spontane Sache nicht so sehr begeistern.

Politischer Freikauf

Als wir in unsere neue Wohnung eingezogen waren, gab es noch einiges zu organisieren und das eine oder andere Mal musste einer von uns zu Hause sein, wenn etwas geliefert wurde. Da ich mich nicht auf meinen Mann verlassen konnte, verließ ich mich lieber auf mich selbst. So war es auch an einem sonnigen Tag im März. Ich musste mich für ein paar Stunden von meinem Dienst freimachen. Danach wollte ich sofort wieder zu meiner Arbeitsstelle fahren. Überall waren große Pfützen und Schlamm. Der Weg zur Bushaltestelle war ziemlich weit.

Als ich aus der Haustür trat, fuhr ein Mercedes gerade Slalom um die Wasserlachen vor unserem Haus. Der Mann am Steuer sah meinen hilflosen Blick und erkannte meinen Versuch, trockenen Fußes vorwärts zu kommen. Er hielt an und fragte, ob er mich ein Stück mitnehmen könnte. Ich war skeptisch, denn ich fuhr nicht mit fremden Leuten mit und schon gar nicht mit einem aus dem Westen. Das Wohngebiet war um diese Zeit menschenleer. Ich verließ mich dennoch auf meinen Instinkt, fasste Vertrauen und bat den Mann, mich wenigstens bis zur Bushaltestelle zu fahren. Er öffnete die Tür und ich stieg ein. Vor lauter Ehrfurcht hätte ich am liebsten meine Schuhe ausgezogen. Es stellte sich heraus, dass er den gleichen Weg hatte wie ich, und er bot mir an, mich bis zum Hauptbahnhof mitzunehmen. Das kam mir sehr gelegen, noch dazu hatte ich noch nie in meinem Leben in einem Mercedes gesessen. Warum also nicht?

Wir unterhielten uns sehr nett und so erfuhr ich, dass er ein Staatsanwalt aus Westdeutschland war. Er hatte die Mission, einen jungen Mann aus dem Jugendgefängnis in Leipzig zu holen und ihn mit nach „drüben" zu nehmen. Das hatte für den jungen Mann die Konsequenz, dass er nie wieder in die DDR zurückkehren durfte. Er war im Gefängnis, weil er im betrunkenen Zustand in einer Kneipe den Kneipenbesitzer laut gefragt hatte, ob er „Honecker-Schnitzel" habe. Als der Kneipenbesitzer verständnislos verneinte, sagte der junge Mann, dass dies ja auch gar nicht möglich sein könne, weil das Schwein noch nicht tot sei. Niemand traute sich darüber laut zu lachen, die meisten schmunzelten nur in sich hinein. Erich Honecker war unser Staats- und Regierungschef und Erster Sekretär der SED. Bei politischen Witzen verstand man in der DDR keinen Spaß. So etwas erzählte man sich nur unter vorgehaltener Hand und unter Leuten, die man kannte.

Es dauerte nicht lange und der junge Mann wurde noch in der Kneipe verhaftet. Ein Stasi-Informant hatte alles gehört. Der rief sofort seine Leute an und im Nu waren die da. Der Junge wusste nicht, wie ihm geschah. Um dem Jungen eine längere Haftstrafe zu ersparen, wurde er von Westdeutschland freigekauft. Das war ein Politikum und die DDR brauchte immer „Westgeld". Diesen jungen Mann nun holte der Staatsanwalt in Leipzig ab, so jedenfalls hatte er mir diese Geschichte erzählt, über den Wahrheitsgrad konnte ich mir kein Urteil bilden. Von einer Abschiebung politischer Gefangener hatte man schon öfter gehört, auch von solchen Freikäufen. Wenn man so etwas aber aus berufenem Munde hört, ist man trotzdem erstaunt und berührt.

Auf der Fahrt bot er mir ein Bonbon aus einer schönen Bonbondose an. Da ich kaum Gelegenheit hatte, mal so etwas zu bekommen, nahm ich dankend an. Zu spät sah ich, dass es Bonbons aus unserer Produktion waren, und ärgerte mich hinterher noch lange darüber, dass ich keinen Stolz hatte. Es war mir regelrecht peinlich, darauf reingefallen zu sein.

Der Sturzflug

Zweimal im Jahr fand in Leipzig eine Messe statt – die Frühjahrsmesse im März, wo vorwiegend Konsumgüter ausgestellt wurden, und die Herbstmesse im September – sie war die sogenannte Technische Messe. Die Leipziger Messe zählt zu den ältesten Messen der Welt und ist einer der bedeutendsten Handelsplätze Europas. Der Ost-West-Handel war das politische Schaufenster der DDR.

Die Frühjahrmesse stand vor der Tür. Für meinen Mann war es nicht die erste Messe, die er im Hotelbetrieb miterlebte. Auch diesmal wollte er seinem Chef beweisen, dass er der richtige Mann war. All sein Können, Verhandlungsgeschick und Organisationstalent setzte er ein. Sein Ziel war es, so viel wie möglich Umsatz im eigenen Haus zu machen. Das Hotel war bis unters Dach mit Messegästen ausgebucht. Sie kamen vor allem aus Westdeutschland. Das gesamte Messeteam des Autoherstellers „Volkswagen" wohnte hier. Um ständig bei eventuell auftretenden Problemen präsent zu sein, hatte mein Mann sich Luftmatratze und Schlafsack von zu Hause mitgenommen. Er schlief gleich in seinem Büro, zu dem neben einer separaten Toilette auch eine Dusche gehörte. Das machte die Sache einfacher. Was die Verpflegung betraf, stellt das ja bei Hotelangestellten generell kein großes Problem dar. Davon abgesehen, war mein Mann eher ein schlechter Esser und konnte sich jeder Situation gut anpassen. So stand also einem quasi 24-Stunden-Dienst nichts mehr im Wege.

Gleich am ersten Tag der Messe stellte Siegfried sich im Foyer des Hotels dem Chef des VW-Teams vor. Er bot jeglichen Service an, den das Haus seinen Gästen bieten konnte. Besonders während der Messen achtete man darauf, dass alles reibungslos über die Bühne ging. Er bat darum, Probleme und Sorgen jeder Art in Bezug auf die Unterbringung und die Gastronomie auf kurzem Weg direkt an ihn heranzutragen. Eine sofortige Klärung sei dann garantiert. Dankbar nahm der Chef des VW-Teams dieses Angebot an und bot meinem Mann an, sich mit in die Gaststätte setzen, um nähere Einzelheiten zu besprechen. „Ja, warum denn eigentlich nicht?", dachte mein Mann. Vor lauter Diensteifer warf er alle Verbote und Vorsätze in den Wind und setzte sich arglos mit dem VW-Mann in das Hotelrestaurant. Und gerade das war allen Mitarbeitern des Hauses, einschließlich des Chefs, verboten. In einem angeregten Gespräch nahm Siegfried die Gelegenheit wahr, die Vorzüge des Hauses zu preisen und alle Serviceleistungen nochmals zu erklären. Es gab da nichts, was es nicht gab. Und gab es irgendetwas nicht, wurde es halt eingeführt. Man musste nur wollen. Freundlich und herzlich verabschiedete sich der VW-Manager und fuhr zum Messegelände.

Es dauerte nicht sehr lange, da wurde mein Mann zum großen Chef des „Astoria" gerufen. Die Sekretärin, die ebenso wie er Mitglied der Parteileitung war und zu der er stets ein sehr nettes Verhältnis hatte, machte einen verlegenen Eindruck, als sie ihn in das Chefzimmer bat. Ahnungslos und voller Erwartung betrat mein Mann das Zimmer des Direktors. Dort wartete bereits eine Delegation, die aus dem Parteisekretär, dem Chef der Gewerkschaft und dem Direktor vom „Astoria" bestand. Sie hatten sehr ernste Mienen und mein Mann ahnte nichts Gutes. Er war sich keinerlei Schuld bewusst und konnte diese unangenehme, spannungsgeladene Atmosphäre absolut nicht deuten. Das sollte sich jedoch bald ändern. Von einer Minute zur anderen folgte der erbarmungslose dienstliche Sturzflug meines Mannes. Der Direktor wandte sich an meinen Mann. Zunächst lobte er ihn für seine vorbildlichen Leistungen und guten Ideen während der Messe. Dann aber fragte er ihn mit einem scharfen Ton, ob es wahr sei, dass er in aller Öffentlichkeit im Restaurant des „Löwen" ein angeregtes Gespräch im Dialog mit dem VW-Chef geführt habe. Man hatte ihm sogar zugetragen, dass beide ein Bier dabei tranken. Natürlich bestätigte Siegfried das und versuchte, den Inhalt des Gespräches darzulegen. Der Direktor unterbrach ihn unwirsch und bezichtigte ihn der Lüge. Er beschuldigte ihn, dass er seine wichtigsten Dienstanweisungen in gröbster Weise missachtet und sein Vertrauen in allerhöchstem Maße verletzt habe. Weiterhin unterstellte er ihm, im Restaurant des „Löwen" auf eine unerlaubte Weise Kontakte zum VW-Team-Chef geknüpft zu haben, um sich eigene Vorteile zu verschaffen. In einer Dienstanweisung war ausdrücklich verboten worden, sich in das Restaurant mit Messegästen zu setzen und mit ihnen etwas zu trinken. Private Unterhaltungen jeglicher Art waren nicht erlaubt. Dafür habe er unterschrieben. Er sei von seinen Mitarbeitern beobachtet worden. Diese hätten entsprechende verdächtige Gesprächsfetzen aufgeschnappt und sofort Meldung erstattet. Dann unterstellte er meinem Mann sogar, unlautere Geschäfte angebahnt und somit dem Ansehen des Hotels schwer geschadet zu haben. Aus diesem Grund würde man ihn mit sofortiger Wirkung vom Dienst suspendieren. Jeglicher weiterer Kontakt mit den Gästen wurde ihm untersagt. Die Betriebsärztin, die ebenfalls Mitglied der Parteileitung des Hauses war, wurde angewiesen, meinem Mann einen Krankenschein für die gesamte Messewoche und die Woche danach auszustellen. Dann folgte eine Aufzählung weiterer „Strafen".

Für sein politisches Fehlverhalten bekam er nicht nur einen aktenkundigen Verweis, sondern auch einen Parteiverweis. Er war schließlich Mitglied der Parteileitung des Hotels. Die Stelle als Leiter des Reservistenkollektivs, die er aufgrund seiner mehrjährigen Dienstjahre bei der Marine bis dahin innehatte, wurde ihm entzogen. Er hatte damals den Dienstgrad „Oberleutnant der Reserve". Als Direktor des Hotels „Zum Löwen" sei er aufgrund dieses Vorfalles auch nicht mehr tragbar und sei so lange beurlaubt, bis man eine neue Stelle für ihn gefunden habe.

Siegfried wusste nicht, wie ihm geschah. Mit einem Schlag wurde er wie ein Klassenfeind des Sozialismus behandelt. Im ersten Moment realisierte er gar nicht, was los war und wessen man ihn beschuldigte. Er hatte nicht im Geringsten das Gefühl, etwas Unerlaubtes getan zu haben. Der Direktor erklärte ihm nochmals, was man ihm vorwarf, und ließ sich absolut auf keine weitere Diskussion ein. Wie ein begossener Pudel und als wäre er in einem falschen Film verließ mein Mann den Raum, holte über eine Hintertreppe seine Sachen aus dem Hotel und fuhr auf der Stelle nach Hause. Er konnte nicht mehr normal denken. Sosehr er sich auch bemühte, er konnte einfach nicht nachvollziehen, was hier geschehen war und was der eigentliche Hintergrund war. Die Wahrheit stellte sich Stück für Stück erst später heraus.

Mein Mann wollte einen Traum wahr werden lassen: Das Hotel sollte ein absolutes Dienstleitungsunternehmen sein, wo der Gast, egal ob aus dem Westen oder woanders her, all das geboten bekam, was er für sein gutes Geld auch verlangen konnte. Und der Gast sollte gerne in das Hotel zurückkommen. Im Kapitalismus wäre Siegfried genau der richtige Mann gewesen, jedoch nicht hier und nicht in dieser Zeit. Hier war man den alten Trott gewöhnt. Nur keine Eigeninitiative zeigen, bloß keine Verantwortung übernehmen. Nur tun, was verlangt wurde. Vor allem aber pünktlich Feierabend machen. Es gab nicht wenige Mitarbeiter in so einem Hotel, die Informanten für die Stasi waren. Da das Hotel besonders während der Leipziger Messe nicht nur Regierungsmitglieder, sondern auch Persönlichkeiten aus Politik und Wirtschaft beherbergte, fand ich das normal. Dennoch war es notwendig zu überlegen, wie man den Gästen aus den nicht sozialistischen Ländern, also aus dem Westen, begegnete. Das Hotel hatte überall Augen, jedoch noch keine elektronischen. Es sei hier nochmals erwähnt, dass jeglicher privater Kontakt verboten war.

Durch sein korrektes und kompetentes Auftreten hatte mein Mann sich in kürzester Zeit vor allem bei den gut zahlenden Stammgästen einen Namen gemacht. Er hatte das Talent, jedem Gast das Gefühl zu vermitteln, dass seine Wünsche respektiert wurde und er ein ganz wichtiger Gast im Hause war. Sein natürlicher Humor half oft, eine entspannte Atmosphäre zu schaffen. Ich habe ihn deshalb bewundert. Es gab schließlich nicht nur angenehme Gäste. Aufgrund seiner vielen Erfahrungen in anderen Häusern hatte er kraft seiner Funktion als Direktor einige gravierende Veränderungen im Hotel veranlasst. Als Neuling im Haus war er nicht betriebsblind wie die anderen Mitarbeiter. Er hatte viele Mängel entdeckt, die er unbedingt beseitigen wollte. An erster Stelle kam bei ihm die Zufriedenheit des Gastes und nicht die Bequemlichkeit der Mitarbeiter. Er war eben ein beruflicher Idealist und er glaubte, die anderen würden mitziehen. Besonders zu den Köchen hatte er ein herzliches Verhältnis. Sie – und nicht die eleganten und oft arroganten Kellner – produzieren schließlich jene köstlichen Speisen, welche die Gäste begeistern und für welche die Kellner das Trinkgeld bekommen. Das Hotel „Astoria" mit seinem „Löwen" war bekannt für seine gute Küche. Es gab einige Kollegen, die ihn nach der relativ kurzen Zeit seiner Tätigkeit als Direktor des „Löwen" mochten und schätzten. Er war ein guter Chef und arbeitete mit Lob und Tadel. Aber es gab auch einige, die ihn am liebsten loswerden wollten, weil er sie in ihrer Bequemlichkeit störte. Bereits bei der vorangegangenen Messe hatte er sich einen guten Namen bei den Messegästen erarbeitet und es kam vor, dass man nach ihm und nicht nach dem großen Chef fragte.

Seine Stellvertreterin fand seinen guten Ruf in so kurzer Zeit nicht sehr vorteilhaft für sie selbst. Sie konnte nicht verkraften, dass er ihr vor die Nase gesetzt wurde, und „sägte an seinem Stuhl". Sie intrigierte heimlich gegen ihn. In ihrem Kopf herrschten Neid und Missgunst. Bislang hatte sie als Empfangschefin die Geschäfte des Hauses aus Mangel an einem qualifizierten Chef geführt. Es war mehr schlecht als recht, aber niemand hatte sich beschwert. Alle steckten unter einer Decke und manche machten, was sie wollten, nicht, was sie sollten. Im Gegensatz zu meinem Mann war sie für die anderen sehr bequem. Zu mir war sie gespielt freundlich und betonte jedes Mal, was für ein gutes Team sie doch mit Siegfried sei. Mit falscher Zunge würdigte sie seine eingeführten Neuerungen. In Wirklichkeit wartete sie auf ihre Chance. Der grobe Verstoß gegen die Anweisung des Chefs kam ihr gelegen. Der Rest erledigte sich von selbst.

Oft äußerte mein Mann zu Hause seine Vermutung, dass sie ein falsches Spiel spielte. Ich versuchte, es ihm auszureden. Er sollte jedoch recht behalten. Um das Dilemma zu beenden, das bis zum Einsatz meines Mannes im „Löwen" herrschte, hatte der Direktor vom Hotel „Astoria" ja schließlich alles in Bewegung gesetzt, um ihn nach Leipzig zu holen. Der „Löwe" war eine Goldgrube, denn das Hotel war klein, überschaubar und konnte gut überwacht werden. Außerdem war es dem großen Hotel „Astoria" angeschlossen, im Bedarfsfall konnte das Personal ausgetauscht oder ergänzt werden. Hier konnte man ganz individuelle Dinge realisieren, die in großen Häusern undenkbar waren.

Um in seinem übergroßen Eifer zu beweisen, was er alles draufhat, beging mein Mann den Fehler, den Direktor vom Astoria in seiner Selbstherrlichkeit zu unterschätzen. Der war ein

Mensch, der keine Götter neben sich duldete. Alle Fäden liefen bei ihm zusammen und in allen Bereichen hatte er Zuträger, die ihn über alles, was im Hotel passierte, informierten. Er kannte die Schwächen und Stärken seiner Mitarbeiter und nutzte sie aus. Es war ein offenes Geheimnis, dass er eine Vorliebe für junge hübsche Frauen hatte, die beruflich weiterkommen oder gar Karriere machen wollten.

Eine junge Frau, die einen querschnittgelähmten Mann und kleine Zwillinge hatte, fühlte sich nach dem Sturz meines Mannes mit ihm verbunden. Sie besuchte uns und erzählte uns von ihrer persönlichen Erfahrung mit dem Chef. Da ihr Mann an den Rollstuhl gebunden und sie die Ernährerin der Familie war, wollte sie sich verändern, um mehr Geld zu verdienen. Der Chef erklärte ihr unmissverständlich seine Bedingungen. Von anderen Frauen wusste sie, dass er damit nicht nur scherzte. Sie war darüber empört und machtlos zugleich. Dennoch blieb sie sich selbst treu und blieb in ihrer bisherigen Position. Er dagegen war nur noch ironisch zu ihr und kostete ihre Hilflosigkeit aus. Nichts konnte sie dagegen tun, denn alle anderen schwiegen. Außerdem wohnte sie in einer behindertengerechten Wohnung, die zum „Astoria" gehörte. Es war ein Teufelskreis. In allen Bereichen des öffentlichen Lebens der Stadt hatte der Chef Freunde, die seine Dienste benötigten. Eine Hand wusch die andere. Besonders die Messe machte es möglich. In der Messewoche einen Platz in einem der Restaurants zu bekommen, war ohne Beziehung schier unmöglich. Während der Messe gab es Delikatessen, die es sonst nirgendwo gab. Nur handverlesene Freunde des Chefs hatte eine Chance.

In Leipzig gab es in der damaligen Zeit nicht genügend Beherbergungsmöglichkeiten. Auch an mich wurde einmal von meinem Betrieb die Bitte herangetragen, meine direkten Beziehungen zum „Astoria" spielen zu lassen. Für den Chef der damaligen Moskauer Gosbank, die größte Zentralbank und de facto die alleinige Bank der Sowjetunion, der geschäftlich bei „Robotron" weilte, benötigte man eine würdige Unterkunft. Als Gegenleistung sollte ich eine elektronische Schreibmaschine anbieten. Das Geschäft funktionierte. „Robotron" bekam ein Appartement für den Bankdirektor und die Chefsekretärin vom „Astoria" eine neue elektronische Schreibmaschine.

Im „Astoria" gaben sich die Prominenten die Türklinken in die Hand und Schmiergelder waren normal. Westgeld nahm jeder gern, auch wenn es verboten war. Die verbotenen Früchte sind schließlich die süßesten. Nicht nur mein Mann hatte beobachtet, wie der Chef heimlich im Innenhof des Hotels Pakete, die ihm Messegäste übergaben, schnell in sein privates Auto lud.

Das „Astoria" war das erste Hotel am Platz und der Chef hatte eine besondere Schlüsselfunktion, denn das Haus hatte eine politische Sonderstellung. War Messebesuch von Partei und Regierung in Leipzig angesagt, stiegen außer dem Staatsratsvorsitzenden, der im Gästehaus der Stadt Leipzig wohnte, alle anderen Regierungsmitglieder hier ab. Dann wimmelte es nur so von Staatssicherheitsleuten. Auch andere politische Prominente aus aller Welt wohnten gern hier.

Mein Mann, der für mich immer stark und erfahren war, auf den ich so stolz war und den ich so verehrte, war so tief gestürzt. Es tat mir in der Seele weh, denn ich war völlig davon überzeugt, dass er Opfer einer großen Intrige geworden war. Man hatte ihn gedemütigt und kleingemacht, weil er sonst zu hoch geflogen wäre. Das hatte er nicht verdient, denn ich wusste, dass er seinen Job mit Herz und Seele liebte und ihn gut machte. Ich habe immer an ihn geglaubt. Ob er wollte oder nicht, er musste sich seinem beruflichen Schicksal ergeben.

Drei Schritte zurück

Ahnungslos kam ich an jenem verhängnisvollen Tag nach Hause. Die beiden Jungen standen bereits an der Tür und öffneten mir, denn sie hatten mich vom Küchenfenster aus gesehen. Beide überschlugen sie sich vor Aufregung beim Erzählen, was passiert war. Dann kam ich der Sache näher. Der Vati sei nach Hause gekommen und hätte sich im Schlafzimmer eingeschlossen. Beide Jungen wollen lautes Fluchen und dann Weinen gehört haben. Er hatte die Kinder angebrüllt und ihnen gesagt, dass sie ihn bloß in Ruhe lassen sollten. Dann verließ er das Haus. Die beiden waren ratlos und warteten nun sehnsüchtig auf mein Kommen. Die Kleine spielte unberührt in ihrem Kinderzimmer.

Von unserem Balkon aus sah ich Siegfried auf einem Erdhügel in der Nähe des Übungsplatzes der Russen sitzen. Er hatte den Kopf zwischen beiden Händen gesenkt. Ich rannte zu ihm, um zu erfahren, was passiert war. Er weigerte sich jedoch, mit mir zu reden, und schickte mich schroff fort. Ich kam mir hilflos vor und ging wieder nach oben. Mein Herz schlug wie wild vor Angst und ich machte mir große Sorgen um ihn. Schließlich hing ja auch das Schicksal der ganzen Familien von dem Aufstieg und Untergang meines Mannes ab. Was war bloß passiert? Erst als es dunkel wurde, kam er zurück in die Wohnung. Mit den Kindern sprach ich nur im Flüsterton. Wir waren alle gedrückt und die Jungen ahnten, dass da etwas nicht in Ordnung war. Diesmal gingen sie freiwillig und leise in ihr Bett. Sie tuschelten noch miteinander, bevor sie einschliefen. Ich hatte ihnen erklärt, dass der Vati krank geworden sei und seine Ruhe brauchte. Meine Hoffnung war, dass sie das glauben würden. Sie waren sehr mitteilsam und hätten bestimmt alles in der Schule ausgeplaudert. Bloß nichts nach außen tragen, was nur unsere Familie etwas anging! So hatten wir das immer gehalten.

Auch jetzt wollte mein Mann nicht mit mir über sein Problem reden. Ich ließ nicht locker. Dann endlich rückte er mit der Wahrheit heraus. Ohne Umwege erklärte er mir, was passiert war. Er konnte nicht verhindern, dass er dabei vor Verzweiflung weinte. Zunächst begriff ich überhaupt nichts. Für mich stellte sich alles so harmlos und unverständlich dar. Was war denn schon dabei, wenn man als Hoteldirektor mit wichtigen Gästen sprach? Worin lag denn da eine Gefahr für das Hotel oder die Parteilinie? Ich gab mir Mühe, alles zu verstehen. Ausgerechnet meinem linientreuen Mann wurde so ein „Vergehen" angedichtet. Wie schmutzig waren nur die Fantasien der Zuträger! Oder wollten sie nur von sich selbst ablenken? Was war wirklich geschehen? Fragen über Fragen.

Ich sah seine Verzweiflung und konnte ihm nicht helfen. Alle seine Illusionen waren wie eine Seifenblase zerplatzt. Und dafür hatte ich Dresden, mein geliebtes Dresden aufgegeben! Hatte alles verloren, was mir neben meiner Familie wichtig war. Ein Zurück gab es nicht mehr, die Türen waren bereits zu. Ich machte meinem Mann absolut keine Vorwürfe und glaubte seinen Worten. Aber ich hatte das Gefühl, unter mir rutscht der Boden weg. Alles war so sinnlos geworden, denn wir waren nur wegen dieser Stelle, die man ihm jetzt nahm, nach Leipzig gezogen.

Die Zeit, die mein Mann nun zu Hause verbrachte, war für uns alle eine Belastung. Ich konnte zwar die Situation verstehen, aber die Kinder hatte doch keine Schuld. Er war unwirsch und hart zu ihnen und ich stellte mich oft dazwischen. Vor Wut, Verzweiflung und Scham trank er in dieser Zeit sehr viel Alkohol, um sich die Realität zu vernebeln. Er war sehr traurig und seine Würde war tief verletzt. Wir wussten beide nicht, wie es weitergehen sollte. Voller Sorgen verließ ich morgens das Haus und kam abends angstvoll nach Hause. Immer musste ich daran denken, was er wohl den ganzen Tag tun würde. Die Kinder gingen ihm vorsichtshalber aus dem Weg. Sie wussten nicht, was passiert war, und staunten, warum er zu Hause war. Ich bat sie, keinen Anlass zu Ärger zu geben. Sie stellten mir Fragen, die ich nicht ehrlich beantworten konnte, und ich beschwichtigte sie. Trotz der angespannten Situation zu Hause konnte ich Siegfried verstehen. Mich hatte das Schicksal auch nicht mit negativen Überraschungen verschont. Langsam machte ich mir ein Bild von der Tragweite, die diese Tragödie für ihn hatte.

Für Siegfried begann nun eine berufliche Odyssee ohnegleichen. Das Schlimmste aber war die Demütigung, die er hinnehmen musste. Nach den qualvollen und ungewissen Tagen zu Hause musste er sich wieder im „Astoria" zurückmelden. Es hatte sich herumgesprochen, dass er nicht mehr der Direktor vom „Löwen" war. Warum und weshalb, wusste niemand so richtig, und so mutmaßte man in alle Richtungen. Die Gerüchteküche brodelte. Für meinen Mann war es wie Spießrutenlaufen. Er sah fragende, mitfühlende Blicke einiger Kollegen, sah aber auch die Häme in den Augen einiger weniger. Am liebsten wäre er davongelaufen. Aber es half nichts, da musste er jetzt durch. Der Chef gab sich betont freundlich, fragte, wie es ihm gehe, und bot ihm eine Stelle als Restaurantleiter im „Astoria" an. Das war jedoch mit einer erheblichen Geldeinbuße und mit Schichtdienst verbunden. Die drei Restaurantleiter waren dem Gastronomischen Direktor unterstellt, der auf meinen Mann von Anfang an einen netten Eindruck gemacht hatte. Aber auch der war ein Vasall des Direktors. Er war bei diesem Gespräch dabei. Siegfried konnte seine Betroffenheit kaum verbergen. Dennoch gab er sich betont ruhig und informierte sich über den unmittelbaren Einsatz.

In der Zeit als Direktor vom „Löwen" hatte mein Mann unter anderem auch Chefs aus Großbetrieben kennengelernt. Einer von ihnen hatte versucht, ihn abzuwerben, indem er ihm eine sehr gut bezahlte Stelle als Leiter der Arbeiterversorgung des Kombinates anbot. Es war allgemein bekannt, dass man im Hotelwesen nicht allzu viel verdiente. Nun besann sich mein Mann darauf und suchte diesen Mann auf. Der war hocherfreut über den Entschluss, denn die Stelle war immer noch nicht ordnungsgemäß besetzt. Es wäre zwar ein Niveauverlust, aber das Geld war wichtig. Wir hatten schließlich drei Kinder und irgendwie musste es ja weitergehen.

Es wurde vereinbart, dass die Kaderabteilung dieses Betriebes die Personalakte meines Mannes abfordern würde, wie es damals so üblich war. Während mein Mann darauf wartete, zu einem Vorstellungsgespräch eingeladen zu werden, ging er mit bangem Herzen dem Dienst als Restaurantleiter nach. Ständig hatte er das Gefühl, bohrende Blicke im Rücken und Schadenfreude zu spüren. Es fiel ihm sehr schwer, eine so untergeordnete Rolle zu spielen, denn das wirkliche Sagen hatten nicht die Restaurantleiter, sondern die Oberkellner. Die Restaurantleiter standen an der Peripherie und waren nur Marionetten. Sie wiesen die Gäste ein und behielten den organisatorischen Überblick. Das Geld kassierten die Oberkellner. Sie kassierten auch das Trinkgeld und verteilten es nach eigenem Ermessen. Alle Kellner mussten das gesamte Trinkgeld, das sie von den Gästen für ihre Freundlichkeit und Dienste bekamen, abgeben. Es wurden auch Stichproben gemacht, ob jemand schummelte und sich Geld zurückbehielt. Dann bekamen die Kellner ein Kuvert und niemand wusste vom anderen, wie viel er bekam. Oft gab es lange Gesichter, wenn die Gäste mit der Leistung des Kellners sehr zufrieden gewesen waren und gutes Trinkgeld gegeben hatten, das die Kellner aber dem Oberkellner abgeben mussten. Im Laufe der Jahre hatte es sich so eingespielt und niemand wagte, etwas dagegen zu sagen. Später wurden auch meine beiden Söhne Kellner im „Astoria", denn als Kellner in diesem Haus zu arbeiten, war erstrebenswert.

Als es meinem Mann mit der Bewerbung in dem anderen Betrieb zu lange dauerte, meldete er sich selbst bei dem Direktor. Der wiederum war erstaunt darüber, denn für ihn hatte sich die Sache erledigt. Bei der Anforderung der Akte wurde ihm mitgeteilt, dass es keinen Handlungsbedarf gebe und mein Mann das Hotel nicht verlassen wolle. Es stellte sich heraus, dass der Chef vom „Astoria" seinem Kaderleiter grundsätzlich untersagt hatte, die Unterlagen meines Mannes an andere Betriebe herauszugeben, egal welcher Art. Wo auch immer mein Mann sich bewarb, es wurde unterbunden. Ganz erstaunt sagte dann der große Chef, dass er so einen guten Mann unbedingt im eigenen Haus brauche. Macht und Einfluss hatte er genug, um das zu praktizieren. Es war verteufelt und gezwungenermaßen musste sich Siegfried mit dieser Zwangslage arrangieren und das Beste aus der neuen Situation machen. Innerlich war er zerrissen, aber äußerlich gab er sich gelassen. Bald war auch sein Humor wieder da, oft war es eher Galgenhumor. Sein geübter gastronomischer Blick sah manche Unzulänglichkeiten, aber er hütete seine Zunge. Schließlich hatte er nicht mehr allzu viel zu bestimmen. Es ärgerte ihn oft und er sprach manchmal zu Hause mit mir darüber. Aber die Kaste der Oberkellner war unantastbar.

Durch den beruflichen Sturzflug meines Mannes hatte er nicht nur einen seelischen, sondern auch einen charakterlichen Schaden genommen, ganz abgesehen von der Veränderung seiner Persönlichkeit. Unsere Ehe blieb davon nicht unberührt. Heute glaube ich, dass es der Beginn des Zerfalls unserer guten Beziehung war. Seit diesem dramatischen Vorfall suchte er oft den Trost im Alkohol. Hin und wieder trank ich mit, um ihn zu verstehen. Mir bekam das jedoch nicht gut, denn Alkohol löste Migräne bei mir aus. Er hatte kein Problem damit, was ich bedauerte, denn er überschritt oft seine Grenzen. Als Siegfried feststellte, dass er vom „Astoria" nicht loskam, weil es bewusst verhindert wurde, bemerkte ich später an ihm sogar Untertänigkeitsgebaren im Umgang mit seinem Chef. Es störte mich sehr, denn er hatte seinen Stolz verloren. Er war zwar kein gebrochener Mann, aber er war nicht mehr der selbstbewusste, selbstsichere Hotelier von einst.

Von dem beruflichen Desaster meines Mannes hatte ich vorerst niemandem etwas erzählt. Es war für uns schwer genug zu begreifen, dass die Karriereleiter meines Mannes umgestoßen wurde und er das Ende erreicht hatte. Er war so stolz auf diesen Job als Direktor gewesen. Es klang ja auch recht gut zu sagen, man sei Direktor. Und dann war alles so schnell und unwiederbringlich vorbei. Nicht zu fassen! Siegfried gab sich große Mühe, so schnell wie möglich in das Restaurantkollektiv hineinzuwachsen. Er war wachsam geworden und versuchte Freund und Feind zu erkennen. Nach wie vor war er ein Vollblutgastronom und kam bei den Gästen wieder sehr gut an. Dennoch achtete er darauf, sich nicht auf irgendwelche privaten Gespräche einzulassen, besonders in der Messezeit. Nur zu gut wusste er, dass man ihn beobachtete.

Aufgrund seines fachkompetenten und perfekten Auftretens wurde ihm in der Messezeit die Aufgabe übertragen, die Partei- und Regierungsspitze, die im „Astoria" abstieg, zu begrüßen und ins Hotel zu geleiten. Er war die Kontaktperson zwischen den Sicherheitsbeamten, die für die Absicherung der hohen Gäste zuständig waren, und dem Hotel. Natürlich stieß auch im richtigen Moment der Direktor des „Astoria" dazu. Ich betrachtete meinen Mann in solchen Momenten immer als eine Art Galionsfigur des Hotels. Schließlich nahm man ja nicht jeden. Inwieweit Siegfried in die Aufgaben eines Informanten der Stasi involviert war, weiß ich nicht. Er deutete jedoch an, dass in so einem Haus kein Weg daran vorbeiführte. Wir sprachen nie darüber, es war einfach kein Thema für mich. Sicher hatte er die Pflicht, die Augen offen zu halten, um Unregelmäßigkeiten zu erkennen.

Mit der Zeit heilten die „geschlagenen Wunden" und Siegfried arrangierte sich mit der neuen Situation, so gut er konnte. Ihm war völlig klar, dass er ohne große Probleme hier nicht wegkam. Und da war ja auch noch seine Familie mit den drei Kindern, also wir.

Die teuren Interhotels waren nur zu den Messezeiten richtig ausgebucht, auch während des Mittags- und Abendgeschäftes. Hier herrschte dann die Preisstufe „S + 100 %". Was immer das auch bedeutete, es war die höchste Preisstufe in einem Hotel. Ansonsten lief das Geschäft ruhig, oft zu ruhig. In dieser Zeit hatten die Oberkellner und Restaurantleiter viel Zeit, miteinander zu reden. Über das eine oder andere unterhielt sich mein Mann dann auch zu Hause mit mir. So erfuhr ich, dass gerade die Oberkellner in einer völlig anderen Welt lebten. Fast alle hatten damals schon Häuser und ihre Frauen waren nur teilweise berufstätig. Sie konnten sich allerhand Luxus leisten, und das kam nicht von ungefähr. Die Messe war die Haupteinnahmequelle. Mit einem illegalen Kurs bis 1:10 wurde Westgeld schwarz getauscht. Für die Westdeutschen waren die Verhältnisse in der DDR wie ein Paradies. Selbst die überteuerten Preise in den damaligen sogenannten Exquisit-Läden waren für sie Peanuts. Das Geschäft im Hotel boomte und das Trinkgeld floss reichlich. Auch in der übrigen Zeit lief ja das Trinkgeld über die Oberkellner.

Bald merkte ich, dass Siegfried auch gern zu ihnen gehören würde. Er trank nicht nur wie sie am Büfett das teure Bier, sondern er kaufte sich auch teure Klamotten im „Exquisit". Er wollte einfach mit ihnen mithalten. Seine Binder kosteten für unsere Verhältnisse ein Vermögen, genau wie seine Pullover und Hemden. Alles machte er hinter meinem Rücken und ich fand es dann beim Einräumen der gebügelten Wäsche. Stellte ich ihn zur Rede, erklärte er mir, dass er nicht nähen könne, so wie ich, aber auch gute Klamotten haben möchte. Sehr oft überschritt er sein Budget und verließ sich völlig auf mein Einkommen. Er ließ mich im Unklaren, was für einen Nettoverdienst er eigentlich hatte. Es kam sogar vor, dass er kaum in der Lage war, mir Wirtschaftsgeld zu geben. Das Geld war einfach nicht mehr da. Lange lebte ich in dem Wahn, dass er heimlich Geld für uns sparen würde. Aber diese Hoffnung zerschlug sich sehr schnell, nämlich dann, wenn es um den gemeinsamen Urlaub ging. Sobald die Sprache darauf kam, stellte er mich vor die Tatsache, dass er keine müde Mark hatte, und bewies es mir mit seinen letzten Kontoauszügen. Ich hatte sehr zeitig den sparsamen Umgang mit wenig Geld gelernt und so wurde alles von meinem wenig Ersparten bezahlt. Während ich meine Jahresendprämie, so hieß unser 13. Monatsgehalt, für unseren gemeinsamen Urlaub sparte, bezahlte er damit seine Schulden im Hotel. Nie hatte er Geld, und wenn er welches hatte, gab er es sehr großzügig für sich aus. Lud er mich dann einmal zum Essen ein, konnte die Gaststätte nicht teuer genug sein. Ich hatte keine Freude daran und er war dann sauer und bezeichnete mich als undankbar. Schließlich musste ich jeden Monat zusehen, wie ich mit dem verbleibenden Geld bei einer fünfköpfigen Familie über die Runden kam. Für mich stand eindeutig fest: Die neue Arbeitsumgebung hatte meinen Mann negativ geformt.

Das Problem mit dem hohen Eigenverbrauch meines Mannes war nicht ganz neu. Am Anfang unserer Ehe hatten wir ein gemeinsames Konto. Sehr schnell aber änderte er das und forderte mich auf, mir ein eigenes Gehaltskonto einzurichten, denn er brauchte ständig Geld. Da das Thema Geld bald ein Reizthema für uns wurde, fügte ich mich in mein Schicksal und schwieg. So war es gut, dass ich als Frau relativ gut verdiente, solange die Kinder gesund waren und ich arbeiten gehen konnte. Wie hätten wir finanziell gut dastehen können, wenn mein Mann nicht so viel für sich verbraucht hätte! Ich war oft sehr traurig darüber.

Aufgrund meines Talentes konnte ich einen Großteil der Kleidung für meine Kinder und für mich selbst herstellen. Wir gingen immer sehr gut gekleidet und niemand merkte, wie knapp es bei uns mit dem Geld zuging. Selbst für Siegfried nähte und strickte ich. Er war auch immer sehr stolz darauf. Als Samtpullover ein „Muss" waren, die im Exquisit-Laden 180 –, Mark kosteten, kaufte mein Mann sich gleich zwei Stück, zog sie jedoch selten an. Unsere beiden Jungen waren gerade ins Disco-Alter gekommen und so groß wie er, als sie mich baten, so einen Samtpullover in die Disco anziehen zu dürfen. Ich ließ mich von meinen halbwüchsigen Söhnen „breitschlagen" und „lieh" ihnen die Pullover hinter dem Rücken meines Mannes. Die Jungen waren überglücklich. Da sie zu einer bestimmten Zeit zu Hause sein mussten, stand ich dann wie auf brennenden Kohlen in der Nähe der Tür, bis ich sie im Treppenhaus hörte. Rasch und möglichst lautlos öffnete ich die Tür. Sie mussten die Pullover noch vor der Tür ausziehen. In einem günstigen Moment legte ich sie wieder zurück in den Schrank. Er hatte es nie bemerkt.

Ähnlich war es mit seinen Duftwässerchen. Wenn Siegfried Westgeld hatte, dachte er an erster Stelle an sich und dann noch einmal an sich. Blieb dann etwas übrig, kam ich mit einer Dose Nivea-Creme dran. Selten war da etwas für die Kinder übrig. Auch sein Parfüm und Aftershave waren aus dem Intershop. Dieser noble Duft gefiel natürlich meinen pubertierenden Söhnen besonders gut und sie benutzten es ungeniert, wenn Disco oder ein Date angesagt war. Siegfried wunderte sich zwar, wie schnell doch seine Wässerchen verbraucht wurden, aber gerochen hat er es nie. Er war schließlich mit dem gleichen Duft behaftet. Ich bemerkte wohl diese Schummeleien, aber ich sah weg. Der Egoismus meines Mannes ärgerte mich immer sehr.

Gefährliche Explosion

Jedes Mal, wenn eine Feier anstand und ich Wein trank, wartete am anderen Tag meine Migräne auf mich. Da ich keine Nonne war und auch keine werden wollte, ignorierte ich die einzige Lösung, nämlich Alkoholabstinenz. Stattdessen nahm ich mir am anderen Tag frei. Oft nahm ich dann gleich meinen „Haushaltstag", den damals jede verheiratete Frau oder eine Frau mit Kind einmal im Monat bekam. Das war eine feine Angelegenheit, denn immerhin waren es zwölf freie Tage im Jahr mehr.

Unser Arbeitskollektiv hatte eine Feier geplant, bei der ich nicht fehlen wollte. In den ersten Jahren unserer Ehe, als die Zwillinge noch klein waren, verzichtete ich immer auf Feiern dieser Art, weil mein Mann mir einredete, dass ich zwei kleine Kinder habe und zu Hause sein müsse. Leider hatte er nie dabei bedacht, dass unsere kleinen Kinder ja auch einen Vater hatten. Die Planung für solche Feiern war stets recht zeitig, sodass genug Zeit für die private Planung zur Verfügung stand. Da zu unserer Brigade auch der Direktor für Forschung und Entwicklung gehörte, war es Ansporn, alles niveauvoll zu gestalten. Bei gutem Essen und Trinken wurde geschwatzt und gelacht. Fast immer war auch die Gelegenheit zum Tanzen. Er war ein sehr guter Tänzer und ließ keine Frau unserer Gruppeaus, sie zum Tanzen aufzufordern. Das Geld für die Feier kam aus der Brigadekasse. Auch diesmal hatte mein Mann „rein zufällig" frei und holte mich viel zu zeitig ab. Ich hasste es, konnte es ihm aber nicht sagen, weil er unbegründet eifersüchtig war. Zugegebenermaßen nutzte ich gern solche Gelegenheiten, um mal wieder so richtig von meinen häuslichen und beruflichen Pflichten abzuschalten. Drei Kinder forderten ihren Tribut, wenn man voll berufstätig war. Es war einfach schön, mit dabei zu sein. Ich gehörte oft zum „eisernen Kern" und blieb bis zum Schluss. Ich hatte ja am anderen Tag Zeit zum Auspendeln. Gezwungenermaßen bat ich meinen Mann, sich noch ein wenig zu uns zu gesellen, er war ja den anderen nicht fremd. Diesmal ließ er das Auto vor dem Hotel stehen und wir fuhren gemeinsam mit der Straßenbahn nach Hause. Es war schon spät.

Am nächsten Tag brauchte meine kleine Tochter nicht in den Kindergarten zu gehen, weil ich ja zu Hause war. Auch Siegfried hatte frei. Ich hatte von dem Vortag absolut keine „Nachwehen". Es war ein schöner, sonniger Tag und wir wollten am Vormittag noch etwas unternehmen, bevor dann am Nachmittag die Jungen aus der Schule kamen. Es war gegen 10.00 Uhr, als wir in Abständen ein lautes Knallen, wie das Explodieren von Feuerwerkskörpern hörten. Zunächst kümmerten wir uns nicht darum, weil um uns herum noch Häuser gebaut wurden. Als die Explosionsgeräusche aber nicht aufhörten und die Abstände kürzer wurden, schauten wir von unserem Balkon aus in die Richtung, woher das Geräusch kam. Hinter der Kasernenmauer in der Nähe der Hauptstraße sahen wir etwas mit einer Stichflamme und einer schwarzen Rauchfahne senkrecht in die Luft fliegen. Es wirkte wie ein starkes Feuerwerk ohne Sternchen. Dann flogen auch mal Teile in Richtung des anderen Wohnkomplexes. Alles sah sehr merkwürdig aus. „Was hat das bloß zu bedeuten?", dachten wir. Wer weiß, was „die Freunde" da drüben wieder Geheimnisvolles probierten. Es war aber mitten im Wohngebiet und bei mir kam innere Unruhe auf. Eigenartig.

Wir versuchten, ruhig zu bleiben. Erneut rief mich mein Mann auf den Balkon. Vor unseren Augen rollten hintereinander Panzer, Schwimmpanzerwagen und ganz kleine Panzer, die ich noch nie zuvor gesehen hatte. Es nahm gar kein Ende. Er holte unser Fernglas und wir sahen uns die Sache näher an. Dabei versteckten wir uns hinter der Gardine, damit wir nicht beobachtet wurden. Es sah nicht gerade aus, als würden die Russen freiwillig den Rückzug antreten. Eher sah es wie ein fluchtartiger Rückzug aus dem Kasernenobjekt aus. Teilweise konnten wir auch beobachten, dass Fahrzeuge weiter hinten schräg nach oben fuhren, als kämen sie irgendwie von unten nach oben. Man hatte immer gemunkelt, dass auf dem Gelände sich unterirdische Gänge befinden sollen. Doch das wusste niemand so genau. Die Unruhe in mir wuchs und ich versuchte, nicht in Panik auszubrechen. Siegfried sah die Situation nun auch nicht mehr so gelassen.

Wir überlegten, was wir jetzt tun sollten. Auf jeden Fall sahen die Explosionen für unser Verständnis nicht mehr harmlos aus. Wir beschlossen, das Wohngebiet so schnell wie möglich in Richtung Stadt zu verlassen. Außerdem mussten wir ja auch noch das Auto vom Hotelparkplatz abholen. Um diese Tageszeit befanden sich damals nur sehr wenige Leute in den Wohnkomplexen von Grünau. Ich versuchte, meine Angst nicht auf meine kleine Tochter zu übertragen. Schnell suchten wir die wichtigsten Dokumente unserer Familie zusammen, öffneten alle Fenster und verließen eilig die Wohnung. Für uns war klar, dass wir nicht ohne unsere Söhne hier rausfahren würden. Also liefen wir in Richtung der drei Schulen. Kurz bevor wir dort waren, fiel mir ein, dass ich noch einmal in die Wohnung zurückmusste. Am Tag zuvor hatte ich mir von unserer Abteilung Technik im Betrieb eine Schlagbohrmaschine ausgeliehen. Mein Mann hatte keine und wir wollten noch einige Bilder aufhängen. Unter Siegfrieds Protest lief ich schnell noch einmal in die Wohnung zurück und holte sie. Mir war elend zumute, als ich unsere schöne neue Wohnung betrat. Hoffentlich passierte nichts Schlimmes! Dann raste ich die Treppen hinunter.

Ungeduldig wurde ich schon erwartet. Mir war noch unklar, wie ich der Klassenlehrerin das Abholen der Kinder begründen würde. Klar war mir nur, dass ich es auf jeden Fall tun würde. Die nahe Nachbarschaft mit den sowjetischen Militärs mussten wir kritiklos hinnehmen. Eine laute negative Mutmaßung hätte eventuell unangenehme Folgen haben können. Schließlich waren es unsere Freunde, die uns das Arbeiten, das Leben und das Siegen lehrten. Vielerorts prangten riesige Plakate, unter anderem mit dem Spruch: „Von der Sowjetunion lernen heißt siegen lernen!". In unzähligen Parolen wurden uns die Arbeitsmethoden der Russen zum Vorbild dargereicht.

Als wir den Schulhof betraten, klingelte es gerade und ein Haufen aufgeregter Schüler drängte aus der Schule in den Hof. Es war ein ungewöhnliches Durcheinander. Während ich die

Klassenlehrerin der Jungen suchte, warteten Siegfried und die kleine Jana vor der Schule. Die Lehrerin trommelte gerade mit lauter Stimme ihre Schüler zusammen.

Die drei Schulen lagen unmittelbar neben dem Kasernenkomplex, nur getrennt durch eine Straße. Die Explosionen waren weder zu überhören noch zu übersehen. Keiner der anwesenden Lehrer wusste, was zu tun war, denn ein solches Ereignis war als Katastrophenfall nicht vorgesehen. So wurden alle Schüler in den Hof beordert und dann wieder in die Klassen geschickt, weil das Spektakel zu nahe war. Als mich die Lehrerin sah, wusste sie genau, warum ich hier war. Rasch holten die Jungen ihre Schultaschen aus dem Klasseraum. Sie kannte mich gut genug, um die Situation ernst zu nehmen. Ich nahm mir nicht einmal die Zeit, um mich von der Lehrerin zu verabschieden, so eine Panik hatte mich durch die fortwährenden Explosionen ergriffen. Die beiden Jungen redeten aufgeregt auf mich ein. Die Schulklingel hatte drei Mal geläutet und das bedeutete Alarm, egal welcher. Die Abstände der Explosionen waren kürzer geworden. Niemand wusste genau, wie er mit dieser Situation umzugehen hatte.

Ich verbot den Jungen, mich im Moment mit ihren Fragen zu nerven. Auf dem kürzesten Weg eilten wir quer durch unser Wohngebiet nach Miltitz, einem Ort nahe unserem Wohnkomplex, zum Bahnhof. Die Hauptstraße als einzige Verbindungsstraße in Richtung Stadt war bereits gesperrt. Nur mit dem Zug kam man noch aus Grünau raus, denn Miltitz war etwa drei Kilometer von der Explosionsstelle entfernt.

Als wir in die Nähe des kleinen Bahnhofes kamen, sahen wir auf den angrenzenden Feldern und Wiesen ringsumher die Kriegsmaschinerie der Russen stehen. Es waren die gleichen Fahrzeuge, die wir zuvor von unserem Balkon aus vorbeirollen sahen. Und noch immer rollten weitere heran. Was war nur geschehen, dass unsere „Freunde" unter den Augen der deutschen Bevölkerung zu so einer Demaskierung greifen mussten? Sie gaben ja regelrecht preis, was an Technik mitten im Wohngebiet Grünau stationiert war. Wir kamen aus dem Staunen nicht mehr

heraus, wo all diese Panzer, Schwimmpanzerwagen und Lastkraftwagen „Ural", die voll mit Munition beladen waren, herkamen. So groß war doch das Territorium der Kasernenanlage
nach unserem Verständnis gar nicht. Besonders unsere beiden
Jungen staunten, was sie da zu sehen bekamen.

Der Zug, der uns zum Leipziger Hauptbahnhof bringen sollte, fuhr ein und wir sahen noch einmal staunend aus dem fahrenden Zug all diese Technik dort in Reih und Glied angeordnet
auf den Feldern stehen. Die Panzer- und Wagenfahrer standen
diszipliniert neben den Fahrzeugen, als wäre nichts weiter los.
So waren sie, die Russen. Nur nicht zugeben, dass etwas aus
dem Ruder lief. Schließlich konnten ja alle sehen, dass hier irgendetwas nicht stimmte.

Mein Mann gab den Jungen den Rat, mit niemandem darüber zu reden, was sie hier gesehen hatten. Vorsichtshalber
nickten die beiden, verstanden aber haben sie es nicht. Es war
doch spannend, was sie gesehen hatten. Darüber haben sie mit
Sicherheit mit den anderen Schülern gesprochen.

Nach 30 Minuten Bahnfahrt kamen wir auf dem Hauptbahnhof in Leipzig an. Nur fünf Minuten entfernt befand sich das
große blaue Gebäude von „Robotron", wo ich arbeitete. Auf kür-
zestem Weg gingen wir gemeinsam dorthin, weil ich ja die Bohr-
maschine abgeben musste. Mein Mann und die Kinder warteten
im Empfangsbereich des Gebäudes, ich lief eilig in den Bereich
der Handwerker. Natürlich konnte ich meinen Mund nicht halten und erzählte im Telegrammstil von den eben erlebten Ereignissen in unserem Wohnkomplex. Dann fuhr ich rasch noch einmal in mein Büro. Hier hatte es sich bereits herumgesprochen,
dass es in Grünau bei den Russenkasernen eine Explosion gegeben hatte und es tauchten bereits Gerüchte von Toten und Verletzten auf. Man sprach auch davon, dass ein Panzer die Mauer
der Lützner Straße durchbrochen hatte und hier einige Fahrzeuge durch das Loch in der Mauer nach draußen fuhren. Viele
Frauen, die ihre Kinder in den Schulen und Kindereinrichtun-
gen hatten, brachen in Hysterie und Panik aus und verlangten,
dass sie sofort nach Hause fahren durften. Das wurde auch ge-

nehmigt. Es hieß allerdings, dass das Wohngebiet weiträumig gesperrt sei und niemand mehr hinein dürfe.

Eilig fuhr ich wieder nach unten, um meine Familie nicht so lange warten zu lassen. Ich wurde bereits ungeduldig erwartet. Wir beschlossen, mit den Kindern einen ausgedehnten Stadtbummel zu machen. Das Auto musste vom Hotelparkplatz geholt werden. Durch den rollenden Dienst meines Mannes war selten die Gelegenheit für einen gemeinsamen Tag in der Stadt. Ich war zufrieden, denn meine ganze Familie war um mich. Es war bereits früher Nachmittag und vor 17.00 Uhr wollten wir nicht zurückfahren, damit wir nicht irgendwo sinnlos warten müssten.

Die wahre Geschichte

Zunächst legten wir die Schulranzen der Zwillinge in unseren Trabi, denn die wurden immer schwerer. Um die Stimmung zu entspannen, beschlossen wir, für jeden eine ordentliche Portion Eis in der Pinguin-Milchbar zu kaufen. Das fanden die Kinder gut. Das Thema Explosion wurde nicht mehr erwähnt, obgleich ich mir immer wieder die Frage stellte, ob unser Wohngebiet noch so war, wie wir es verlassen hatten. Hoffentlich war nichts weiter passiert. Ich war sehr unruhig, denn in der Wohnung befand sich unser ganzes Hab und Gut. Wir taten so, als sei nichts geschehen, und ließen die Kinder sich ihre Nasen am Schaufenster eines Spielzeugladens platt drücken. Wünsche waren schließlich keine Versprechen und versprechen konnte man sich auch einmal.

Endlich wurde es Abend und wir dachten, dass es Zeit sei, nach Hause zu fahren. Die Lützner Straße in Höhe der Kasernen war wieder befahrbar. Staunend sahen wir nun auch das große Loch in der Mauer. Es war gut nachvollziehbar, dass hier ein Panzer durch diese dicke Mauer hindurch gefahren war. Sowjetische Soldaten bewachten den unfreiwilligen Ausgang. Unsere Kinder bekamen vor Staunen bald den Mund nicht mehr zu. Dort, wo wir die Explosionen vermuteten, war völlige Ruhe. Von außen sah man nichts, was auf die Ereignisse am Vormittag hingewiesen hätte, denn eine hohe Betonmauer versperrte die Sicht.

Schon von Weitem sahen wir, dass noch alle Häuser unversehrt standen, auch unseres. Ein Stein fiel mir vom Herzen. Wir betraten unsere Wohnung und der Alltag mit seinen abendlichen Pflichten kehrte ein. Zwar waren die beiden Jungen noch aufgeregt, was da wohl passiert sein mochte, aber das war angesichts der ungewöhnlichen Explosionen schließlich normal. Natürlich gab es am anderen Tag in der Schule viel zu erzählen und die Fantasien der Schulkinder trieben Blüten, schon aufgrund der Mutmaßungen ihrer Eltern.

Es dunkelte bereits, als wir in der Luft Geräusche hörten. Sie kamen näher und hörten sich an wie Hubschrauber. Und so war es auch. Zwei landeten genau auf dem Übungsgelände gegenüber. Da es in den Tagen zuvor sehr trocken war, wurde eine dicke Staubwolke bei der Landung aufgewirbelt. Zunächst erst einmal war außer dickem Staub nichts zu sehen, nur zu hören. Die Rotoren machten einen ohrenbetäubenden Lärm. Kaum hatten die Räder der Hubschrauber auf dem Boden aufgesetzt, rasten bereits zwei Jeeps herbei. Offiziere stiegen aus, wir konnten das gut mit unserem Fernglas erkennen. Sie begrüßten mit militärischem Gruß die angekommenen Offiziere aus den Hubschraubern. Die hatten blaue Uniformen an als Zeichen eines höheren Dienstgrades. Die angekommenen Offiziere stiegen eilig in die Jeeps ein und in rasender Geschwindigkeit fuhren sie in Richtung Kaserne.

Nun war die Neugier in uns geweckt worden. Es dauerte nicht sehr lange, da sahen wir, dass erneut Fahrzeuge angefahren kamen. Deutlich konnten wir erkennen, dass Verletzte auf Tragen gebracht und in die Hubschrauber gehoben wurden. Es waren Soldaten da, die mit anfassten. Alles ging zügig und bald startete der erste Hubschrauber und flog davon. Bald startete der zweite Hubschrauber und es kamen erneut welche angeflogen. So ging es eine ganze Weile. Leider war es bereits so dunkel geworden, dass wir nur noch alles schemenhaft sehen konnten. Die einzige Beleuchtung waren dann die Scheinwerfer der Hubschrauber und Autos.

Ich bin kein „Katastrophenhai" und schaue mir auch keine Unfälle an, aber das hier interessierte mich. Immerhin wohnten wir in unmittelbarer Nähe und die Waffen und Munitionen der Russen waren mit Sicherheit kein Spielzeug. Wir glaubten auch erkannt zu haben, dass größere Kisten, die aussahen wie Särge, in die Hubschrauber verladen wurden. Später sahen wir, wie die Offiziere einstiegen und davonflogen. Für mich war es ein trauriges Schauspiel.

Mit den eigenen Leuten gingen die Russen nie zimperlich um. Es waren junge Soldaten im Alter von 18 Jahren, die hier stationiert waren. Wenn ich zufällig am Tag zu Hause war, konnte ich auf dem nahen Übungsplatzes sehen, dass sie ab 6.00 Uhr morgens den ganzen Tag ohne Pause gedrillt wurden. Bei jedem Wetter wurde morgens mit freiem Oberkörper gerannt. Mir taten die jungen Soldaten, die wie halbe Kinder aussahen, in der Seele leid. Sie mussten unter anderem von fahrenden Panzern springen, warfen sich mit der Waffe auf den Boden und ballerten mit Platzpatronen los. Wir hatten das Kriegsgeschehen direkt vor der Nase.

Der Leichtsinn und die Oberflächlichkeit der Russen sind ja leider auch heute kein Gerücht. Es sei nur an die verseuchte Umwelt großer Teile Sibiriens und die leichtfertige Lagerung der ausgedienten Atom-U-Boote auf dem Grund der Meere erinnert. Nicht zu vergessen die Tragödie um Tschernobyl und die damit verbundene Verschleierungspolitik auf Kosten der Gesundheit der Menschen dort.

Ein Freund von mir verkaufte sieben Jahre nach der Wiedervereinigung Deutschlands in der Nähe von Kiew, das nicht allzu entfernt von Tschernobyl liegt, im Auftrag eines großen deutschen Unternehmens Fertigteilhäuser der gehobenen Klasse. Bereits jetzt ignorierte man die gefährliche Kontaminierung des Bodens und erstellte gefälschte Bodengutachten für den Bau von Eigenheimen. Der Gutachter wurde mit Dollar bestochen und die Sache ging in Ordnung. Die Folgen für diesen Leichtsinn sind noch nicht abzusehen.

Am Abend nach der Explosion klingelte ein Bewohner des Hauses. Er fragte, ob es bei uns irgendwelche Schäden gegeben hätte, weil es da zu einem „kleinen Zwischenfall" von denen da drüben gekommen wäre. Natürlich nicht. Ich mochte ihn nicht besonders und hielt ihn für gefährlich. Wusste ich doch, dass er zu den Genossen der Hausgemeinschaft gehörte, die sich den Trockenraum des Hauses zu einem Gemeinschaftsraum umfunktioniert hatten. Hier wurden hin und wieder laute Feten gefeiert und alle waren per „Du". Sie besuchten sich gegenseitig in den Wohnungen. Für solche Freundschaften auf parteilicher Basis hatte ich nie etwas übrig und distanzierte mich dezent von ihnen. Ich hasste es, dass sie mich jedes Jahr aufforderten, die Fahne, die man uns gab, an bestimmten Feiertagen aus dem Fenster zu hängen. Sie hing bei mir nur ein paar Stunden. Kaum war mein Mann aus der Tür, nahm ich die Fahne vom Balkon. Siegfried war es absolut nicht recht, dass ich so eine Einstellung hatte. Ich wollte mich aber nicht bevormunden lassen. Er warnte mich, dass so etwas unangenehme Konsequenzen auch für unsere Kinder haben könnte. Ganz unrecht hatte er da sicher nicht. Manchmal liebte ich die Opposition.

Am anderen Tag erfuhr ich dann auf der Arbeit von anderen Kollegen, dass es ein einziges Durcheinander in unserem Wohnkomplex im Umgang mit der Sicherheit gegeben hatte. Als die Explosionen immer heftiger wurden, hatten besorgte Bewohner die Feuerwehr gerufen. Die rückte in großer Besetzung an, stand aber „Gewehr bei Fuß", denn die Russen wollten keine Hilfe von außen. Niemand wusste, wie es hier weitergehen würde. Zuerst bekamen die drei nahe gelegenen Schulen die Anweisung, die Schüler geschlossen in die drei Schulen am entgegengesetzten Ende des Wohngebietes zu bringen. Ein Lautsprecherfahrzeug fuhr durch das Wohngebiet und forderte die Leute auf, die Wohnungen zu verlassen und sich ebenfalls in die Schulen zu begeben. Inwiefern Angst und Panik unter den wenigen daheimgebliebenen Bewohnern war, ist mir nicht bekannt. In den unmittelbaren Wohnblocks ging man von Wohnung zu Wohnung und half, wo Hilfe nötig war. Die drei Polytechnischen Oberschulen sowie in der Nähe befindliche Kindertagesstätten wurden geräumt, die Eisenbahn- und die Straßenbahnlinie wurden stillgelegt, die Gaszufuhr gestoppt und weitere Sicherheitsmaßnahmen eingeleitet.

Gegen 12.30 Uhr war der Spuk vorbei und 15.00 Uhr konnten alle Sperrmaßnahmen aufgehoben werden. Als sich die Lage entspannt hatte, durften alle wieder in ihre Wohnungen zurück. Die Eltern, die voller Angst vor der Absperrung des Wohngebietes standen, konnten endlich zu ihren Kindern, nachdem sie erfahren hatten, wo diese sich befanden.

In unserem Wohnkomplex soll es keine nennenswerten Schäden gegeben haben. Man sprach jedoch von Einschlägen in ein Hochhaus, das auf der anderen Seite der Kasernen lag. Auch Personenschäden unter der Bevölkerung wurden nicht bekannt. Alle kamen mit einem Schrecken davon. Die ganze Angelegenheit wurde von offizieller Seite heruntergespielt. Meldung nach draußen gab es absolut nicht. Der Deutschlandfunk hatte allerdings zeitig davon Wind bekommen und eine Meldung kommentiert. Wer es nicht mitbekommen hat, hat es auch nicht erfahren. Ich war froh, dass ich an diesem Tag zu Hause war. So ist mir die Angst um meine Kinder und die Ungewissheit erspart geblieben. Die Wahrheit erfuhr ich dann doch per Zufall.

Ein paar Tage nach dieser Explosion betrat ein junger russischer Offizier unser Büro, in dem außer mir noch vier weitere Kollegen saßen. Einer von ihnen hatte in Moskau studiert. Russisch war zu seiner zweiten Muttersprache geworden und er war ein treuer Diener der Sache des Staates. Seine Karriere war nach seiner Rückkehr vorprogrammiert. Er war ein großer kräftiger junger Mann. Durch den geschwollenen Inhalt seiner Reden wurde der Eindruck seiner schönen sonoren Stimme zerstört. Freche, frivole Bemerkungen hatte er immer auf Lager und stieß damit manche Leute vor den Kopf. Mein lockeres Mundwerk und mein trockener Humor gefielen ihm dennoch und so kamen wir recht gut miteinander aus. Ich nahm mich trotzdem vor ihm in Acht, denn er war nicht zu unterschätzen. Ich mochte an ihm das „Genossen-Getue" nicht und ließ es auch durchblicken. Der junge russische Offizier wollte unseren Kollegen besuchen. Die beiden hatten sich über seine russische Ehefrau kennengelernt und waren Freunde geworden. Er hieß Alex und sprach sehr gut Deutsch. Auch er wohnte in dem Kasernenobjekt in Grünau, wo die Explosion war. Da mein Kollege im Moment nicht im Büro war, nutzte ich die Gelegenheit, ihn ein wenig auszufragen. Bereitwillig und freundlich gab er mir auf meine Fragen nach den Ereignissen an jenem Tag in Grünau Auskunft. Eigentlich habe ich darüber gestaunt. Er erzählte mir nun Folgendes:

Direkt hinter der Kasernenmauer parallel zur Hauptstraße befanden sich große Garagen, wo Lkws und Panzerfahrzeuge standen. In einer der Garagen stand ein Lkw, der voll mit Raketenzündsätzen beladen war, für welche Zwecke auch immer, schließlich herrschte ja Kalter Krieg. In der benachbarten Garage stand ein leeres Tankfahrzeug. An diesem mussten Reparaturarbeiten durchgeführt werden, weil es defekt war. So ergab es sich, dass geschweißt werden musste. Die jungen Soldaten kamen nicht nur aus den Städten, wo gute Bildung keine Frage war, sondern auch aus verschlafenen Dörfern der unendlich großen und weiten Sowjetunion. Oft war man hier noch nicht so weit mit der Elektrifizierung und dem technischen Fortschritt. Ohne an die Explosionsgefahr besonders bei einem leeren Tankfahrzeug zu denken, begann ein junger Soldat an dem Tankfahrzeug zu schweißen. Es kam zu einer Explosion des Fahrzeuges, wobei der junge Soldat ums Leben kam. Weitere Soldaten, die sich in der Nähe aufhielten, wurden schwer verletzt. Eine Garagenwand war mit in die Luft geflogen und einige der Raketenzündsätze auf dem „Ural" hatten Feuer gefangen. So kam es zu einer Kettenreaktion, bei der sich nach und nach die Zündsätze selbst entzündeten und in die Luft flogen.

Das war also das Feuerwerk ohne Sternchen, das wir beobachtet hatten. Da die Panzerfahrzeuge alle voll getankt waren und auch Munition in großen Mengen hier gelagert wurde, mussten die Fahrzeuge in Sicherheit gebracht werden. Daher also die Flucht nach hinten. Der Lkw mit den sich nach und nach entzündenden Raketenzündsätzen war zu einer gefährlichen Zeitbombe geworden. Die Situation schien außer Kontrolle zu geraten und konnte mit normalen Mitteln nicht mehr gestoppt werden. Ein Befehl zur Beseitigung des Explosionsherdes konnte nicht mehr gegeben werden, weil es nur unter Einsatz des Lebens geschehen konnte. Also mussten Freiwillige her, die die Katastrophe unter Kontrolle bringen sollten.

Alex erzählte dann, dass es „Schlitzaugen" waren, die sich mutig aufopferten, um Schlimmeres zu verhindern. Damit meinte er Soldaten, die aus der Mongolei kamen. Wie es dann zum Stillstand der Kettenreaktion kam und wie viele Tote und Verletzte es gab, wusste er nicht und ich wollte es auch nicht mehr wissen. Es tat mir ohnehin um die jungen Leute leid. Fakt war, dass die Katastrophe verhindert wurde. Obwohl die Sache als harmlos hingestellt wurde, wusste ich es auf jeden Fall besser. Sicherlich war der junge Offizier nicht berechtigt, mir das zu erzählen, aber ich habe auch keinen weiteren Gebrauch davon gemacht. Es konnte ja nicht sein, was nicht sein durfte.

Nachdem die russischen Truppen 1991 abgezogen waren, erfolgte 1995/1996 die Beräumung der zig Tonnen liegengelassenen und vergrabenen Schrotts, sowie einer nicht unbedeutenden Menge von Übungs-, Exerzier- und Gefechtsmunition. Dabei sollen auch menschliche Knochen zum Vorschein gekommen sein. Auf dem Gelände der Kaserne Schönau wurden neue Häuser gebaut und neue Bewohner sind hierher gezogen. Von den Kasernengebäuden ist nur noch der eigentliche Ausgangspunkt des Kasernenbaus übrig geblieben und bietet zurzeit nicht überall ein schönes Bild.

Der Einschuss

Um ein bereits bestehendes Militärobjekt hatte man ein gigantisches Wohngebiet für etwa 100.000 Einwohner errichtet. Tatsache ist, dass dieses Objekt bereits im Zweiten Weltkrieg von der deutschen Wehrmacht nach neuesten Gesichtspunkten erbaut und genutzt wurde. Viele Leute behaupteten, dass hier noch drei Etagen unter der Erde waren. Gesehen hatte es damals niemand. Findig waren sie ja immer, die Deutschen. Und vielleicht gab es auch Zeitzeugen, die dort ihren Dienst geleistet hatten. Es sollte jedenfalls stimmen. Aufgrund der sehr zahlreichen Kriegsmaschinerie, die wir bei der Explosion vor unseren Augen rollen sahen, konnte man nur annehmen, dass an dem Gerücht etwas dran sein könnte. Zu ebener Erde konnten all die Panzer und andere Fahrzeuge kaum Platz finden. Hinzu kam, dass wir bei Dunkelheit beobachtet hatten, dass der Scheinwerferpegel der Panzer von unten nach oben strahlte. Wir wohnten also beinahe „Tür an Tür" mit Truppen der Siegermacht Sowjetunion. Manchmal kam mir der Gedanke, dass wir durch die unmittelbare Nachbarschaft eine gewisse Sicherheit für sie darstellten, gleichzeitig aber auch Zielscheibe bei einem Angriff waren. Bloß nicht darüber richtig nachdenken!

Bei dem Überfall Hitlerdeutschlands auf die damalige Sowjetunion wurden mehr als 20 Millionen Menschen getötet und das Land wurde zum Teil verwüstet. Für den verlorenen Krieg und den Überfall musste nur der Teil Deutschlands die Reparation leisten, der als russische Besatzungszone galt. Während im Westen Deutschlands die Not der Bevölkerung in den ersten schweren Nachkriegsjahren durch Hilfsgüter der Amerikaner und dem sogenannten Marshallplan überbrückt wurde, war die Not in der sowjetischen Besatzungszone noch verschärft worden. Die DDR hat mit großem Abstand die höchsten Reparationsleistungen erbracht, die im 20. Jahrhundert bekannt geworden sind. Viele moderne Betriebe, die nicht zerstört waren, wurden demontiert und in die Sowjetunion abtransportiert. Die Demontage brachte eine erhebliche Deindustrialisierung der DDR, die danach weitgehend von der Substanz leben musste. So viel zu der Situation, die zu solch einer engen Nachbarschaft von Krieg und Frieden führte.

Russische Offiziere, die ihren Dienst in der DDR versahen, durften ihre Frauen und Kinder mitbringen. Die jungen Russinnen spielten hier die Ladys. Ihr Parfüm roch süßlich und sie waren grell geschminkt. Die Kleidung jedoch war erstaunlicherweise sehr modern und in ihren Gesichtern spiegelte sich Arroganz wider. Im Winter waren sie in wertvolle Pelze gehüllt und bereits bei einem kleinen Luftzug trugen ihre Kinder auch im Sommer Wollmützen. Sicher war es eine Tradition, die zum russischen Winter gehörte. Sie fühlten sich als Sieger, obwohl sie damals noch gar nicht gelebt haben. Während bei uns jeder vor einer hochschwangeren Frau in der Straßenbahn aufstand, starrten diese jungen Frauen nur auf den dicken Bauch und blieben gelangweilt sitzen. Jedes Mal hatte ich Zorn auf sie, wenn ich das sah. Die Offiziersfamilien waren in eigens für sie gebauten Neubaublocks oder in schönen Einfamilienhäusern untergebracht. An den Fenstern hing oft anstelle von Gardinen die „Prawda", eine Zeitung, die übersetzt „Die Wahrheit" heißt. Es war die Zeitung ihrer Partei. In den sowjetischen Verkaufsstellen, dem sogenannten „Russenmagazin", gab es mehr als in unseren Läden zu kaufen. Hin und wieder ging ich auch dahin. Hier konnte man Kleidung vom Feinsten kaufen, die man bei uns nur im „Exquisit" bekam. Wertvolle Teppiche waren das Statussymbol gut situierter russischer Familien und die Offiziere deckten sich damit für die Zeit der Rückkehr ein.

Ich hatte ja bereits erwähnt, dass wir genau gegenüber dem Schießplatz und dem Übungsgelände der Russen wohnten. Wochentags bekamen wir nicht allzu viel mit, denn wir waren alle auf Arbeit. War ich jedoch wegen eines erkrankten Kindes zu Hause, konnte ich den ganzen Tag miterleben, wie da drüben mit richtigen Panzern geübt wurde. Die Soldaten sprangen mit der Waffe in der Hand vom fahrenden Panzer, warfen sich auf den Boden und ballerten los. Auch auf dem Schießplatz wurde geschossen. Zum Glück wussten wir nicht, dass es scharfe Munition war. Am Wochenende waren es dann die Frauen der Offiziere, die den Umgang mit Maschinenpistolen übten. Dazu waren sie perfekt gestylt, es fehlten nur noch die Stöckelschuhe. Ich konnte alles mit bloßem Auge und mit Wut im Bauch sehen. Wie konnte man so etwas mitten in einem Wohngebiet zulassen? Meinen Unwillen darüber bekundete ich natürlich auch in meinem Büro und sammelte bei den Genossen keine Pluspunkte.

Eines Tages war es dann passiert. Meine kleine Tochter stand am Fenster ihres Kinderzimmers, das zum Balkon ging. Plötzlich hörte ich einen Knall, der wie ein Einschlag in das Mauerwerk klang. Ich befand mich nebenan im Wohnzimmer. Ganz verwundert betrat ich den Balkon, um nachzusehen. Da sah ich ein Projektil gleich neben dem Kinderzimmerfenster tief im Mauerwerk stecken. Etwas weiter rechts und mein Kind wäre erschossen worden, mitten im tiefsten Frieden. Es war das Geschoss einer Maschinenpistole. Ich schaute sofort in Richtung des Schießplatzes und bemerkte, dass es Frauen waren, die sich dort beim Schießen amüsierten. Ich war außer mir vor Wut. Als mein Mann nach Hause kam, wollte er die Situation herunterspielen, nach dem Motto: „Das kann doch mal passieren." Entrüstet fragte ich ihn, was er dann gesagt hätte, wenn unsere Tochter erschossen worden wäre. Da ich mich nicht beruhigen konnte, beschloss er, sich am anderen Tag darum zu kümmern. Wo er sich beschwert hatte, weiß ich nicht, jedenfalls kam ein Tag später ein Deutsch sprechender Militärstaatsanwalt, entfernte das Projektil aus der Mauer und entschuldigte sich im Auftrag des Militärattachés. Am darauffolgenden Sonntag sah ich wieder die jungen Frauen auf dem Schießstand üben. Unfassbar!

Mich hatte die Tatsache, wie gefährlich unsere Wohnlage war, derart mitgenommen, dass ich sofort aus der Organisation „Deutsch-Sowjetische Freundschaft" austrat. Das konnten zwar nur die Kolleginnen mit Kindern verstehen, dennoch wurde dieser Schritt gegen mich ausgewertet. Es war mir völlig egal. Als man mich bei der Vergabe der Prämie für den Brigadetitel „Brigade der sozialistischen Arbeit" übergehen wollte, wandte ich mich an den „Freien Deutschen Gewerkschaftsbund" und bekam recht, das Geld stand mir zu. Mitgliedschaft in der „Deutsch-Sowjetischen Freundschaft" war nicht Bestandteil des Titelkampfes. Das hatte man mir schriftlich bestätigt. Ich konnte und wollte angesichts meiner drei Kinder nicht auf diese 75 Mark verzichten.

Die Schule ruft

Die Klassenlehrerin unserer Zwillinge hatte Wort gehalten. Für sie gab es das Thema Trennung unserer beiden Söhne absolut nicht und sie sollte recht behalten. Die Jungen entwickelten sich unter ihrer strengen, aber gerechten Führung der Klasse sehr gut. Mein Mann hatte von Anfang an darauf geachtet, dass die beiden Jungen höflich und zuvorkommend den Erwachsenen gegenüber auftraten. Das war schon damals eine seltene Eigenschaft bei Kindern und schnell bekamen sie den Ruf weg, sich bei den Lehrern einzuschleimen. Doch da stellte sich unsere Klassenlehrerin vor die beiden. Sie wusste durch den Kontakt mit uns, dass das höfliche Auftreten der Jungen nicht aufgesetzt war. Es war spannend für mich zu erleben, welch eine Kraft der Glaube an einen Menschen hat. Die positive Entwicklung der Jungen basierte vordergründig auf dem Vertrauen und der Zuversicht, was diese Lehrerin meinen Söhnen vermittelte. Was sie sagte, zählte.

Sie hatte ja auch eine recht günstige Ausgangsposition für ihre endgültige Klasse, die sie als Leiterin führen sollte. Aufgrund des Baufortschrittes von Grünau kamen beinahe täglich neue Schüler in die Klasse. Die Schüler der gleichen Klassenstufe wurden so lange gemeinsam unterrichtet, bis eine Trennung notwendig wurde. Dann nahm sie ihre Chance wahr. Alle Schüler, die sie in der Zwischenzeit kennengelernt hatte und die ihrer Meinung nach in ihr Profil passten, wurden „ihre" Schüler. So entstand eine recht interessante und gute Klassenzusammensetzung.

Auf ihre „ersten Zwillinge" verzichtete sie natürlich nicht, und das war für uns alle ein großer glücklicher Umstand. Wir arbeiteten eng mit ihr zusammen und meisterten die Probleme gemeinsam. Nicht immer war alles eitel Sonnenschein. Nach wie vor brachte die relativ große Ähnlichkeit der Jungen kleine Probleme mit sich. Da jeder Junge ein Individuum für sich war, wehrten sie sich bei Schuldzuweisungen gegen den Sammelbegriff „Zwillinge". Sie waren bei Weitem keine Engel. Sie waren sich der Stärke aufgrund ihrer doppelten Präsenz wohl bewusst.

Als wir noch in Dresden wohnten, bekamen unsere Jungen selten ein tolles „West-Auto" zu Gesicht. Durch die Messe in Leipzig sah in dieser Zeit das Straßenbild ganz anders aus. Sie kamen manchmal aus dem Staunen nicht mehr heraus, wenn vor ihnen ein „toller Schlitten" stand. Einmal hatte ihre grenzenlose Bewunderung einen herben Beigeschmack. Es war gerade Herbstmesse. Auf dem Weg zur Schule stand ein Mercedes. Die Jungen hatten gehört, dass man den Mercedesstern abschrauben könne, und probierten das natürlich gleich mal aus. Das beobachtete eine Frau und schrie die Jungen sofort an, die Finger von dem Wagen zu lassen. Die Jungen ließen ab von ihrem Vorhaben und rannten in die Schule. Die Frau lief den beiden hinterher und direkt ins Zimmer des Direktors. Da sie unverkennbar waren, erhielten sie einen Klassenlehrerverweis. Ihnen wurde noch unterstellt, dass sie den Stern stehlen wollten. Sie beteuerten zwar, dass sie das nicht vorgehabt hatten, aber es lag nahe. Dass so ein Auto für Kinder aus dem „Tal der Ahnungslosen", wie man Dresden nannte, einen gewissen Reiz ausübte, war mir klar. Die Strafe dafür war jedoch unrealistisch. Der Vorfall passierte außerhalb der Schule und ein Verweis schlägt sich immer auf die Betragenszensur nieder. Ich hatte weniger Zorn auf die Jungen als vielmehr auf die Schulleitung, die so etwas unterstützte. Unsere Lehrerin sprach mit mir und relativierte die Angelegenheit. Es wurde als Politikum gesehen – lächerlich!

Oft hatte sie uns Hilfestellung bei der Beurteilung von kritischen Situationen aus Schülersicht gegeben. Sie war mit Leib und Seele Lehrerin. Einmal kam mein Peter mit einem Klassenlehrertadel nach Hause. Es war vor einer großen Klassenfahrt und wir waren drauf und dran, ihn nicht mitfahren zu lassen. Da schwang ich mich auf mein Fahrrad und fuhr kurzerhand zu ihr, um mir einen Rat zu holen. Sie riet mir, den Jungen unbedingt mitzuschicken. Er hatte mit seinem Bruder einen großen organisatorischen Anteil an dieser Fahrt und das andere sei ein völlig anderer Sachverhalt. Er hatte in der Turnhalle einer Mitschülerin einen Turnschuh an den Kopf geworfen und sie hatte zu Hause ein großes Drama daraus gemacht. Die Mutter war in die Schule gekommen und unsere Lehrerin musste darauf reagieren. Da Peter kein aggressiver Schüler war, riet sie uns von einer dermaßen harten Bestrafung ab. Ich war froh und mein Junge durfte mitfahren. Ein paar harte Worte musste er sich trotzdem anhören.

Über meinen ehemaligen Dresdner Betrieb organisierte ich für die Klasse im siebten Schuljahr eine mehrtägige Klassenfahrt in ein Kinderferienlager nach Niesky, in der Lausitz, das außerhalb der Ferienzeit für Weiterbildungslehrgänge genutzt oder an Dritte zur Nutzung vermietet wurde. Zwei Wandertage und das Wochenende sollten genutzt werden. Da ich selbst zu Lehrgängen hier war, konnte ich gute Hinweise geben. Das Objekt bestand aus mehreren Baracken und einem Speisehaus. Lehrgangsbetrieb war immer und so konnte auch eine Vollverpflegung gewährleistet werden. Das war für uns äußerst günstig. Neben der Klassenlehrerin sollten noch aus dem Elternaktiv als Betreuer eine Mutti für die Mädchen und ein Vati für die Jungen mitfahren. Im letzten Moment ergab es sich, dass sowohl der Vati als auch die Mutti nicht dienstfrei bekamen.

Nun war guter Rat teuer. Allein durfte die Lehrerin aus Sicherheitsgründen nicht fahren. Wenigstens ein Mann für die Jungen wurde gebraucht. Aber woher nehmen? Es war Eile geboten, denn in zwei Tagen sollte es losgehen. Die Klasse rätselte hin und her, wer wohl noch von den Eltern mitfahren könnte. Da kamen unsere Jungen nach Hause und bettelten, dass wir mitkämen. Wir beide?! „Na klar", meinten sie. „Und unsere kleine Jana?" „Na, da kann doch die Oma kommen." Immerhin hatten wir zwei Kinder in dieser Klasse, die ohne Begleitung nicht fahren konnte. Die Oma wurde angerufen und wie nicht anders zu erwarten, erklärte sie sich bereit, unseren Jungen zu helfen. Von der Lehrerin wurde ich zur Vorsitzenden des Elternaktivs deklariert, was in Wirklichkeit natürlich nicht stimmte. Aber der Zweck heiligt ja bekanntlich die Mittel. So standen mir zwei Tage bezahlte Freistellungen zu. Mein Chef spielte mit. Auch mein Mann konnte sich freimachen. Per Bahn ging es dann nach Niesky.

Die Schüler waren erstaunlich diszipliniert. Unsere Söhne taten so, als würden sie uns nicht kennen. In ihren Gesichtern konnte ich lesen: „Na, mal sehen!"

Ich kannte mich in Niesky gut aus und so kamen wir problemlos im Kinderferienlager an. Nun begannen vier tolle Tage mit den Schülern. Am Tag machten wir in der waldreichen Umgebung ausgedehnte Wanderungen und mein Mann hatte die Taschen voller kleiner Überraschungen. Auch Getränke für die eine oder andere durstige Seele schleppten wir mit. Eine gut ausgeklügelte Verfolgungsjagd Mädchen gegen Jungen und dann umgekehrt war angesagt. Siegfried führte die Mädchen und wir Frauen die Jungen. Natürlich gewannen die Mädchen. Es war ein Gaudi. Auch ein Stadtbummel war angesagt und die Schüler konnten in den Geschäften mit ihrem winzigen Taschengeld shoppen.

Der Clou aber war, dass mein Mann jeden Abend selbst ausgedachte Geschichten erzählte. Das war eine besondere Gabe von ihm. Dazu kamen alle Schüler in ein Zimmer der Mädchen, auch die Jungen. Alle rückten zusammen und waren gespannt, was der Vater der Zwillinge sich wieder ausgedacht hatte. Am liebsten tummelten sie sich alle in der oberen Etage der Doppelstockbetten. Ich weiß nicht, woher er sich seine Inspirationen nahm, aber immer hatte Siegfried eine spannende Geschichte auf Lager. Selbst unsere Lehrerin und ich lauschten gespannt. Der Schluss war oft lustig und die Klasse tobte vor Lachen. Ich glaube, in den Momenten waren die Jungen sehr stolz auf ihren witzigen Vater, der über sich am meisten lachen konnte. Dann musste jeder in sein eigenes Bett. Eine geraume Weile hörten wir noch das Flüstern der Schüler aus den Zimmern, denn die Wände der Baracke waren hellhörig. Aufgrund des recht anstrengenden Tagesablaufes waren bald alle eingeschlafen.

Wir drei, unsere Lehrerin, mein Mann und ich, ließen bei einem Gläschen Wein die Ereignisse des Tages Revue passieren. Es waren wunderbare Stunden der Harmonie, sowohl unter allen Schülern als auch unter uns Erwachsenen. Das eine oder andere Maulen der Jungen oder ein kleines Rumzicken der Mädchen bei einer anstrengenden Wanderung wurde einfach ignoriert und die gute Stimmung riss dann alle mit. Eine Rast im richtigen Moment und eine kleine Überraschung aus der Hosentasche meines Mannes machten alles wieder wett. Es war einfach erstaunlich. Die Schlitzohrigkeit meines Mannes gefiel den Jungen sehr. Er war ein Naturmensch und konnte viel erklären. Ich hatte ein sehr gutes Verhältnis zu den Mädchen. Sie beklagten sich über meine rüden Jungen und ich gab ihnen recht. Es war halt das Alter „der blöden Weiber". Wir waren uns einig: Auch die Kerle waren doof. Später änderte sich das natürlich. Ich fand alle Mädchen total in Ordnung, auch die, die meine Jungen nicht mochten.

Bei der Verpflegung in der Zentralküche gab es keine Beanstandungen, keiner meckerte. Für alle war etwas dabei.

Erholt, glücklich und zufrieden landeten wir wieder in Leipzig. Es gab jede Menge Stoff zum Erzählen. Alle Schüler waren sich einig: Die Eltern der Zwillinge sind spitze. Unsere Jungen waren da etwas anderer Meinung. Da hatten sie auf jeden Fall recht. Wir waren strenge und konsequente Eltern, aber ich denke, das hat ihnen nicht geschadet. Fest stand, dass sich das Klassenkollektiv gefestigt hatte. Die Quintessenz dieser Klassenfahrt war, dass die Lehrerin mich bat, Mitglied des Elternaktivs zu werden. Ich tat es dann auch, denn es waren gute Leute, die hier drin waren.

Die Sitzungen wurden reihum bei jedem ein Mal zu Hause organisiert. Man reichte einen kleinen Imbiss und Getränke. Im Vordergrund standen die aktuellen Probleme und Ereignisse der Schüler. Wir konnten sehr gut über alles reden und bekamen einen Einblick in die schulischen Belange. Auch die häuslichen Umstände und anliegenden Probleme der einzelnen Schüler wurden teilweise angesprochen. Keiner wurde alleingelassen. Bei leistungsschwachen Schülern beratschlagten wir, wie geholfen werden konnte. Auch über Probleme mit einzelnen Lehrern wurde offen gesprochen und unsere Lehrerin versuchte neutral zu bleiben und sachlich mit uns zu diskutieren. Ging es um die Schüler, rutschte ich schon ganz unruhig auf meinem Stuhl hin und her. Bei zwei Jungen ging es nicht immer ohne Probleme ab.

Die größten Sorgen hatten meine Jungen jedoch mit ihrem Russischlehrer. Die Sprache lag beiden Jungen nicht und ich hatte vollstes Verständnis dafür. Aber sagen konnte ich es ihnen leider nicht. Der Russischlehrer war auch sehr gewöhnungsbedürftig. Ich ging vorsichtshalber hin und sicherte ihm mein vollstes Verständnis zu, wenn es mal ganz graupeldick kam. Das half dann wenigstens ein bisschen.

Über einen Vater im Elternaktiv war ich besonders erstaunt. Er hatte fünf Kinder, der Älteste war in unserer Klasse. Die Frau bekam dann noch ein sechstes Kind. Er war sehr dünn und seine Frau sehr kräftig. Schon nach dem damaligen Schönheitsmaß fiel die ganze Familie durch alle Raster. Als ich bei einer Sitzung des Elternaktivs in seiner Wohnung die Gelegenheit hatte, nicht nur die Wohnung, sondern die gesamte Familie kennenzulernen, wurden meine Kindheitserinnerungen wieder wach. Hier war es nicht nur sehr schlicht, sauber und organisiert, sondern hier pulsierte richtiges Familienleben. Die großen Geschwister sorgten sich um die Kleinen. Die Frau war zwar keine Schönheit, aber unsagbar gastfreundlich und nett. Sie konnten sich keinen Luxus leisten. Der Vater arbeitete in der „Kohle", also in einem Kohletagebau und die Mutter war zu Hause, weil das letzte Kind noch zu klein war. Aber hier war immer etwas los. Ich mochte es. Der große Sohn war in der Klasse nicht so sehr beliebt, weil er aus einer kinderreichen Familie kam. Auch damals war das ein Makel. Aber er war, wie meine Söhne mich beschworen, „Kumpel durch und durch". Die Kinder waren nicht nach der neuesten Mode gekleidet, aber einer kümmerte sich um den anderen. Kein Einzelkind kennt so ein Zugehörigkeitsgefühl!

Bei allen späteren Klassenveranstaltungen, wo Eltern als Betreuungspersonal gefragt waren, stimmten die meisten Schüler für mich, besonders die Mädchen. Nur meine Jungen stöhnten. „Ihr müsstet sie mal zu Hause erleben", meinten sie. Damit hatten sie nicht ganz unrecht, denke ich heute. Hinzu kam, dass unsere Tochter so etwas wie das Maskottchen der Klasse wurde. Ich musste sie ja immer mitnehmen und die Mädchen der Klasse fanden die acht Jahre jüngere Jana niedlich. Sie war das „Küken im Körbchen".

Als es nach bestandener Prüfung im zehnten Schuljahr um die Frage ging, wer von den Eltern mit nach Prag zur letzten Klassenfahrt fahren sollte, gab es gar keine Frage: die Mutti der Zwillinge. Die Jungen zogen erst ein Gesicht, denn wir hatten hin und wieder enorme Pubertätsprobleme zu meistern. Dann fanden sie es doch toll, dass ausgerechnet ihre Mutti dabei sein sollte. Es war wieder ein voller Erfolg und ein Erlebnis besonderer Güte.

Wir hatten auf einem Campingplatz unweit der Prager Burg Unterkünfte gebucht. Es war ein sehr schöner Campingplatz. Alle Schüler der Klasse waren dabei, auch die beiden Mädchen, deren Mutter bei der Geburt des vierten Kindes an einem Kaiserschnitt gestorben war. Es war ein Drama. Das Baby hatte überlebt und vier Kinder verloren ihre Mutter. Die Schulleitung hatten den beiden die Reise ermöglicht.

Bei einem Schüler gab es ein besonderes Problem. Sein Vater war bei einem Fahrradausflug zum Kulkwitzer See vom Fahrrad gestiegen, weil ihm übel war. Infolge eines Herzinfarktes starb er, noch bevor der Krankenwagen eintraf. Er war Lehrer an der gleichen Schule und unterrichtete die Klasse in Staatsbürgerkunde. Der Junge war sein Stiefsohn. Die kleine gemeinsame Tochter ging auch an die Schule. Der Junge liebte sie, hatte jedoch sehr große Probleme mit seinem Stiefvater und umgekehrt. Man sagte, dass der Vater die kleine Tochter abgöttisch liebte, dagegen war er zu seinem Stiefsohn sehr streng. Der Junge litt darunter, zumal er seinen Stiefvater als Fachlehrer hatte. Er machte seiner Mutter unmissverständlich klar, dass er über den Tod des Stiefvaters froh war. Sie war entsetzt. Als es um die letzte Klassenfahrt ging, wollte sie den Sohn als Strafe nicht mitschicken. Als ich das hörte, beschloss ich als Mitglied des Elternaktivs, die Mutter aufzusuchen, um sie umzustimmen. Das war jedoch nicht so einfach. Zuerst wollte sie mich nicht einmal hereinlassen, als ich vor ihrer Tür stand. Der Sohn war nicht zu Hause. Ich sprach mit ihr von Mutter zu Mutter.

Auch ich hatte große Probleme mit einem meiner Söhne, als er ein schwer zuckerkrankes Mädchen als Freundin hatte und ich die Sitten ihrer Familie nicht anerkennen konnte. Auch ein krankes Kind hat gewisse Normen einzuhalten. Und wenn Disziplinlosigkeit und Anarchie in meine Familie hineingetragen werden, kann ich das nicht ignorieren. Das muss diese Familie mit sich selbst ausmachen. Bei uns herrschten andere Gesetze. Mit 16 Jahren kann mein Sohn nicht kommen und gehen, wann immer er will und es die Freundin von ihm verlangt. Mein Sohn entwickelte in dieser Zeit der Verliebtheit richtige Hassgefühle gegen mich. Er ignorierte mich und ließ sich sogar zu dem Ausspruch hinreißen: „Erst Kinder in die Welt setzten und sich dann nicht um ihre Gefühle kümmern." Dabei konnte ich ihn sogar verstehen und mir tat ja auch das Mädchen leid. In dieser Zeit litt ich unsagbar unter seiner Ignoranz und Disziplinlosigkeit. Dennoch wartete ich jeden Abend beinahe hinter der Tür, dass er schnell in sein Zimmer huschen konnte, bevor mein Mann es merkte. Er war rasend vor Wut, dass unser Sohn machte, was er wollte. Heimlich hatte ich Achtung vor der Liebe, die dieser junge Mensch für das kranke Mädchen empfand. Er hatte es ja nicht krank kennengelernt. Erst nach den bekannten Symptomen stellte sich heraus, dass sie schwer zuckerkrank war. Nie in meinem Leben ist mir das widerfahren. Ich glaube, ich beneidete das Mädchen sogar um diese bedingungslose Liebe.

Als ich nun vor der trauernden Witwe stand, deren Sohn ihr so wehtat, wusste ich erst einmal keinen Weg, wie ich sie bewegen konnte, dem Sohn die Erlaubnis zur Klassenfahrt zu geben. Es war schließlich auch eine Kostenfrage. Mein Argument war, dass der Junge selbst tief in einer Identitätskrise steckte und die letzte Klassenfahrt sehr wichtig für ihn war. Viele Jahre war er mit seinen Mitschülern zusammen gewesen und nach dieser letzten Abschlussfahrt würden alle ihre eigenen beruflichen Wege gehen. Wir beiden Frauen sprachen lange miteinander. Zum Schluss versprach ich ihr, mich um einen Reisezuschuss für ihren Sohn zu kümmern. Sie gab mir ihre Zusage und ich war froh, mein Ziel erreicht zu haben.

Ich fuhr also mit der Klasse mit und es war wieder ein Erlebnis für sich. Die Jugendlichen hatten sich alle gemausert. Aus den „blöden Weibern" waren hübsche junge Damen mit mehr oder weniger Flausen im Kopf geworden und bei den meisten „doofen Kerlen" wuchs bereits ein kleiner Bart. Der Stimmbruch gehörte der Vergangenheit an. Man(n) hielt auf sich und gab sich betont maskulin. Ich bemerkte lächelnd, dass die Jungen eifersüchtig ihre Mädchenschar bewachten. Sie gingen locker miteinander um und dennoch merkte man die Spannung unter den Geschlechtern ganz deutlich. Pärchen gab es offiziell nicht, aber ich musste ja schließlich nicht alles bemerken. In meinen Augen waren sie alle Kinder, dennoch aber schon kleine Erwachsene. Sie waren beneidenswert jung. Vor ihnen stand noch das ganze spannende Leben. Einen wichtigen Lebensabschnitt hatten sie abgeschlossen, nämlich die Schule. Nun standen sie vor ihrer Berufsausbildung. Es war nicht zu übersehen, dass die Last der Schule und der Prüfungen von ihnen gefallen war. Sie freuten sich sehr auf diese Abschlussfahrt.

Die Klassenlehrerin lockerte die Leine merklich. Es gab nur Rahmenbestimmungen im Verhalten. Das Wetter spielte mit, es war ein sehr schöner Juni. Die Fahrt ging wieder über vier Tage. Wir schliefen alle in Bungalows mit je vier Betten. Die Schüler hatten selbst bestimmt, wer mit wem zusammen sein wollte. Erstaunlich für mich war, dass bei den Wanderungen immer jemand an meiner Seite lief und Bedarf hatte, sehr offen über die eigenen Probleme, auch über häusliche Verhältnisse, zu sprechen. Diese Offenheit berührte mich sehr. Auch der Junge, dessen Stiefvater gestorben war, kam zu mir und sprach über seine Probleme. Er erklärte mir, wie sehr er seinen Stiefvater gehasst hatte und dass er froh über seinen Tod sei. Ich war innerlich schockiert. Ich konnte mir dieses Verhalten nur damit erklären, dass er seine geliebte Mutter nicht mit dem neuen Mann teilen konnte. Er war eifersüchtig auf ihn. Das war bestimmt für alle eine komplizierte Situation.

Der neue Vater begegnete dem Problem mit Strenge. Schließlich war er ein ausgebildeter Pädagoge. Ich versuchte ihm aus meiner Sicht zu erklären, dass seine Mutter auch ein Recht auf Liebe hatte und er bald seine eigenen Wege gehen würde. Dann würde er auch nicht danach fragen, ob sie allein glücklich war. Darauf antwortete er mir, dass ja noch die kleine Schwester da sei. Ich staunte über die Naivität in diesem Alter und gab ihm zu verstehen, dass er wohl erst dann die Lage seiner Mutter verstehen würde, wenn er selbst einmal ein Mädchen liebte. Ich glaube, meine Worte erreichten ihn nicht. Dennoch war er ein netter Junge.

Die jungen Leute genossen ausgelassen, aber dennoch diszipliniert ihre neue Freiheit. Wir besuchten natürlich die schöne Stadt Prag, die sehr günstig mit der U-Bahn zu erreichen war. Willig blieben die Schüler in der Gruppe zusammen, wir hatten schließlich die Verantwortung für sie. Auf der Rückfahrt zum Campingplatz bekamen wir Erwachsenen noch einen Schreck. Wir mussten mit der U-Bahn umsteigen. Die Hälfte der Klasse war in die andere U-Bahn eingestiegen, als sich die Türen schlossen und sie abfuhr. Ausgerechnet wir Erwachsenen standen wie benommen draußen. Die meisten Schüler hatten sich blindlings auf unseren Orientierungssinn verlassen und wir waren uns nicht sicher, ob sie wussten, wo sie aussteigen mussten. Ungeduldig warteten wir auf die nächste U-Bahn, die auch bald kam. Ich war wesentlich unruhiger als die Klassenlehrerin Sie vertraute dem Instinkt ihrer Schüler. Als wir in die nächste Station einfuhren, standen alle verlorenen Schäfchen da. Mir fiel ein riesiger Stein vom Herzen, die Welt war wieder in Ordnung.

Abends saßen unsere Schüler gemütlich zusammen und schwatzten oder spielten Tischtennis. Einige tranken ein Glas vom köstlichen tschechischen Bier. Niemand betrank sich. Ich freute mich sehr über diese Vernunft. Auch wir beide tranken unser Bierchen und hatten uns allerhand zu erzählen. Wir waren seit einigen Jahren per „Du" und ich empfand sie wie eine Freundin.

Am Ende der Fahrt bedankte sich der Schüler, für den ich mich bei seiner Mutter eingesetzt hatte, dass ich mich so sehr um ihn bemüht hatte. Er war glücklich, dass er hatte dabei sein dürfen. Ich fand die Geste nett.

Na dann, fröhliche Weihnachten!

Da mein Mann in der Gastronomie arbeitete, spielten Sonn- und Feiertage keine Rolle für ihn. Am Heiligabend bekam er frei, weil er Familienvater war. An einem der Feiertage musste er arbeiten, so auch diesmal.

Es war der zweite Weihnachtsfeiertag. Wie jedes Jahr waren meine Eltern bei uns. Mein Mann hatte Spätschicht, die 2.00 Uhr nachts endete. Nach dem gemeinsamen Fernsehabend langweilten sich meine beiden Söhne. Peter ging ins Kinderzimmer, wo in der Weihnachtszeit immer die elektrische Eisenbahn aufgebaut wurde. Er hatte beschlossen, entweder an der Bahn zu basteln oder in seinem neuen Buch zu lesen. Jens ließ sich Wasser in die Badewanne ein und meine kleine Tochter spielte mit der neuen Puppenstube in ihrem Zimmer. Als sie müde wurde, ging sie zu Bett.

Im Fernsehen lief ein spannender Film. Plötzlich hörte ich einen dumpfen Schlag. Zunächst achtete ich nicht weiter darauf, denn die Wände in unserem Plattenbau waren hellhörig. Doch dann kam mir in den Sinn, dass das Geräusch aus dem Bad kam, das unmittelbar neben dem Wohnzimmer lag. Mir fiel ein, dass Jens in der Wanne lag. Ich hörte auch das Rauschen des Wassers, das in die Wanne lief. Nun stand ich doch auf, um nachzusehen, was das mit dem Geräusch auf sich hatte. Zum Glück war die Badezimmertür nicht verschlossen. Als ich ahnungslos die Tür öffnete, schrie ich vor Schreck den Namen meines Jungen. Halb mit dem Kopf unter Wasser lag er bewusstlos in der Badewanne. Sein Gesicht war kreidebleich. Noch immer lief heißes Wasser hinzu. Schnell drehte ich es ab. Mit beiden Händen nahm ich seinen Kopf aus dem Wasser und schrie nach Peter, der aus dem

Kinderzimmer angerannt kam. Die Zwillinge waren 15 Jahre alt und groß wie Männer. Mit ganzer Kraft zogen wir gemeinsam den leblosen Körper aus dem Wasser. Meine erschrockenen Eltern kamen herbei und halfen. Mit Mühe drehten wir den Körper zum Waschbecken, das sich rechts neben der Wanne befand. Ich drückte den Kopf nach unten und ließ kaltes Wasser darüber laufen. Jens kam zu sich und ich hörte ihn röcheln, dass er sich übergeben müsse. Während er sich qualvoll erbrach, drückte ich gegen seine Stirn, damit er seine Speiseröhre nicht so drückte. Er versuchte selbst, sich ein wenig zu halten. Der säuerliche Geruch des Erbrochenen kam mir aus dem Waschbecken entgegen und ich hatte alle Mühe, mich nicht auch noch zu übergeben. Jens gab mir zu verstehen, dass er fertig war. Ich wusch ihm noch mit einem kalten Tuch das Gesicht ab. Gemeinsam trockneten wir ihn ab und brachten ihn in sein Bett, was beinahe ein Kunststück war, denn die Eisenbahnplatte stand genau davor. Mein Sohn schloss die Augen und fiel in einen Erschöpfungsschlaf.

Da ich nicht wusste, was im Bad passiert war, rannte ich zur nächsten Telefonzelle und rief die Schnelle Medizinische Hilfe an. Es dauerte nicht lange, da klingelte es und ein junger Mann, der sich als Notarzt ausgab, stand vor mir. Aufgeregt bat ich ihn herein. Wir hatten die große Eisenbahnplatte zur Seite gehievt und so konnte er ungehindert meinen Sohn untersuchen. Er befragte uns nach dem Hergang und leuchtete meinem Sohn in die Augen. Er horchte vorn und klopfte hinten und machte dabei einen recht unschlüssigen Eindruck. Bei der Frage nach seiner Fachrichtung als Arzt erfuhr ich, dass er Zahnarzt war. Es war halt jeder einmal mit dem Notdienst dran. Na, das fehlte mir gerade noch. Sehr viel traute ich ihm bei der Diagnose nicht zu. Da er sich sehr unsicher war, ob es eine Gehirnerschütterung war oder nicht, schlug er mir vor, Jens zur intensiven Untersuchung in das nächste Krankenhaus zu fahren. Rasch suchte ich ein paar Sachen und Waschzeug für meinen Jungen zusammen. Der Krankenwagen stand ja bereits vor unserem Haus. Der Fahrer des Wagens kam nach oben und behutsam wurde Jens zum Krankenwagen geführt, wo er sich auf die Trage legen musste.

Sprachlos stand Peter da und sah zu, wie sein Bruder wegfuhr. Auch meine Mutter war sehr besorgt. Selbstverständlich fuhr ich mit, da ließ ich erst gar nicht mit mir reden.

Mit schneller Fahrt ging es in das nächste Krankenhaus. Ich hielt meinem Sohn die Hand und er ließ es dankbar geschehen.

Die Aufnahme in der Notfallstation des Krankenhauses ging sehr schnell. Ein Arzt war auch gleich zur Stelle und ich merkte sofort, dass es diesmal kein Zahnarzt war. Nichts gegen Zahnärzte! Der Bereitschaftsarzt erklärte seine Diagnose und ich erzählte, was sich zugetragen hatte. Jens wurde in ein Behandlungszimmer gefahren, ich musste draußen warten. Aus Erfahrung wusste ich, dass man herausfinden wollte, ob er misshandelt wurde. Mein Sohn wurde nach allen Regeln der damaligen Medizin gründlich untersucht. Nach geraumer Zeit rief man mich herein. Müde lächelte mich mein Junge an. Der Arzt erklärte mir, dass Jens keine Gehirnerschütterung, sondern wahrscheinlich durch das heiße Wasser einen Hitzeschock erlitten hatte. Er schlug vor, dass er ihn noch für den Rest der Nacht zur Beobachtung im Krankenhaus behalten möchte. Wir sollten ihn dann am Vormittag des nächsten Tages nach Hause holen. Ein Stein fiel mir vom Herzen. Ich war erleichtert, dass es nichts Schlimmes war.

Es war 1.00 Uhr nachts, als ich allein auf der Straße stand. In der Aufregung hatte ich vergessen, mir Geld einzustecken. Es hatte angefangen zu schneien und ich begann zu frösteln. Hinter einigen Fenstern war noch Licht. Ich beschloss, die lange Strecke zur Hauptstraße zu laufen. Dort hoffte ich, ein Taxi zu bekommen. Dann müsste eben der Fahrer vor meinem Haus warten, bis ich mit dem Geld zurückkam. Ja, so könnte ich es machen. Meine Schritte hallten in der Dunkelheit. Ich ging mitten auf der Straße. Nur ganz selten kam ein Auto. Verbrechen, wie sie heute begangen werden, kannte man damals einfach nicht. Meine Angst hielt sich also in Grenzen. Dennoch war es unheimlich, so allein und einsam auf der Straße. Endlich war die Kreuzung in Sicht, die hell beleuchtet war. Das letzte Stück rannte ich dann doch. Die Straßenbahnen fuhren um diese

Nachtzeit nicht mehr. Eine geraume Weile stand ich frierend da und hoffte auf ein Taxi. Endlich war eines in Sicht. Ich ging auf die Straße, um es anzuhalten, doch leider war es besetzt. Schade! Ein paar Meter weiter blieb es jedoch stehen und fuhr langsam rückwärts zu mir. Vorsichtig ging ich dem Auto entgegen. Der Fahrgast hatte das Fenster heruntergekurbelt und fragte, wohin ich denn wolle. Ich nannte mein Ziel. Er schlug mir vor, einzusteigen. Da es ein Taxi war, beunruhigte mich diese Aufforderung auch nicht. Mit wenigen Worten erklärte ich, warum ich mutterseelenallein an einem Weihnachtsfeiertag und um diese Zeit auf der Straße stand. Freundlich bot der Fahrgast mir an, mich nach Hause zu bringen, selbstverständlich ohne Bezahlung. Er hätte zwar eine andere Richtung, das wäre jedoch kein Problem.

Es dauerte nicht lange und das Taxi hielt vor meinem Haus. Herzlich bedankte ich mich bei dem netten Herrn und beide wünschten mir für meinen Sohn alles Gute. Ich war dem Zufall dankbar und schlich leise in die Wohnung. Alle schliefen bereits. Meine Mutter hörte mich kommen. Vor Aufregung hatte sie keine Ruhe gefunden und auf mich gewartet. Gleich danach schloss mein Mann die Tür auf und wunderte sich, dass wir noch munter waren. Aufgeregt berichteten wir ihm, was passiert war. Er konnte gar nicht verstehen, warum ich nicht im Hotel angerufen hatte. Das war natürlich naheliegend, aber darauf war ich einfach nicht gekommen. Schließlich hatten wir ja ein Auto und er hätte mich in diesem Falle abholen können. Er machte mir wegen meines Leichtsinns, mitten in der Nacht und als junge Frau auf der Straße, Vorwürfe. Natürlich hatte er recht, es ließ sich aber nun mal nicht mehr ändern. Für uns alle stand fest, dass es schlimm ausgegangen wäre, wenn ich das Geräusch nicht gehört hätte. Nicht auszudenken!

Am nächsten Vormittag holten mein Mann und ich unseren Sohn vom Krankenhaus ab. Er freute sich sehr, als er uns sah. Ganz fest drückten wir ihn an uns und waren dem Schicksal dankbar, dass er noch lebte. Ihm ging es wieder gut. Na dann, fröhliche Weihnachten!

Ein Jahr später, es war wieder Weihnachten. Die Eltern waren da, und mein Mann hatte wieder Spätschicht. Nur war diesmal die Protagonistin eine andere – nämlich meine Mutter. Meine Mutter hatte Diabetes. Sie musste sich drei Mal täglich vor den Mahlzeiten spritzen, was für sie jedes Mal eine Tortur war. Die Nadeln waren unangenehm dick, jeder Einstich schmerzte. Irgendetwas hatte sie immer zu Hause vergessen. Entweder war es das Insulin oder die Spritze, manchmal die Spritzpistole oder das Desinfektionsmittel. Im Krankenhaus kannte man sie schon, wenn sie sich dort spritzen ließ, denn ohne ging es nicht. Ich fuhr stets mit. Geschimpft habe ich nie. Es war nicht zu übersehen, wie sehr sie diese Notwendigkeit quälte. Es tat mir immer in der Seele weh. Wer Diabetes hat, muss auf viele Dinge verzichten, die gut schmecken. Besonders fettige Speisen sind verboten. Eigentlich hielt sich meine Mutter so gut sie konnte daran, bis auf wenige Ausnahmen. Manchmal konnte sie einfach nicht widerstehen. Wir achteten auch darauf, dass sie sich spritzte. Oftmals, wenn sie die Spritzpistole vergessen hatte, tat ich es gleich. Dabei ging es mir durch und durch, meiner Mutter wehzutun, aber es musste sein.

In den letzten Jahren hatte es zu Weihnachten bei uns immer Pute gegeben, schon wegen meiner Mutter. Sie war auch stets die edle Spenderin und das entlastete mein Budget ungemein. Doch in diesem Jahr ließ sie sich zu einer Gans vom Bauern hinreißen. Gemeinsam mit meinem Mann wurde das gute Federvieh fachgerecht zubereitet und der Duft strich verheißungsvoll durch unsere Wohnung. Meine Mutter warf alle guten Vorsätze und Warnungen des Arztes über Bord und freute sich auf den Genuss der Weihnachtsgans. Sie wollte nur ein ganz kleines Stückchen und dazu die leckere Soße. Rotkraut und grüne Klöße als Beilage waren ein ungeschriebenes Gesetz, einfach ein Muss. Jeder weiß, wie viel Fett so eine Weihnachtsgans hat und wie schwierig es ist, eine magere Soße zu zaubern. Wir alle ließen uns die Gans schmecken. Als mein Mann zur Spätschicht ins Hotel fuhr, verkündete er mir noch, dass er sich mit seinen Leuten noch ein paar Minuten zusammensetzen würde, um einen guten Schluck zu trinken. Er würde also das Auto stehen lassen. Gute Entscheidung.

Es war der zweite Weihnachtsfeiertag und mein Stiefvater kündigte wieder einmal an, dass er am nächsten Tag nach Hause fahren würde. Da er nicht mit meinem Mann von Kneipe zu Kneipe um die Häuser ziehen konnte, hatte er es satt und langweilte sich. Die Kinder waren mit ihren Geschenken beschäftigt. Die Jungen schmökerten in ihren neuen Büchern. Wir tranken noch gemeinsam Kaffee, als es meiner Mutter auf einmal nicht mehr besonders gut ging. Sie klagte über heftige Bauchschmerzen und wollte sich ein wenig hinlegen. Als ich später nach ihr schaute, fühlte sie sich regelrecht krank und sie musste sich übergeben. Der Bauch tat ihr immer noch weh. Am Abend hatte sie erhöhte Temperatur. Als die Bauchschmerzen nicht nachließen, rief ich besorgt einen Notarzt an. Der kam erst nach geraumer Zeit. Ich hätte vielleicht das Alter meiner Mutter nicht nennen sollen. Das ging aber auch nicht. Der Notarzt kam und stellte die Diagnose: Verdacht auf akute Blinddarmentzündung. Meine Mutter sollte sofort ins Krankenhaus. Schnell hatte ich ein paar Sachen für sie zusammengepackt und ehe ich es mich versah, war ich wieder einmal just an Weihnachten mit dem Krankenwagen auf dem Weg ins Krankenhaus. Meine Mutter meinte zwar, sie käme schon alleine klar, aber das kam für mich nicht infrage.

Es war das gleiche Krankenhaus, wo auch Jens ein Jahr zuvor hingebracht worden war. Diesmal ging es nicht so schnell mit der Aufnahme. Ich wartete die Untersuchungsergebnisse ab. Die Diagnose mit dem Blinddarm wurde von einem sehr jungen Arzt bestätigt, der an diesem Feiertag Dienst hatte. Es war Mitternacht, als ich wieder einmal allein auf der Straße stand. Auch diesmal lief ich bis zur gleichen Kreuzung und wartete auf ein Taxi. Als endlich eins kam, stieg ich ein und nannte meine Adresse. Es ist zwar kaum zu glauben, aber als ich von meiner Mutter und der Geschichte mit meinem Sohn erzählte, beschloss der Taxifahrer, mich kostenlos nach Hause zu fahren. Es liege sowieso auf der Strecke zu einem Fahrgast, der die Anfahrt ja mitbezahlen musste. Ich freute mich über dieses Entgegenkommen sehr. Geld war bei meinen drei Kindern immer knapp und ich konnte mir ein Taxi nur schweren Herzens leisten.

Als diesmal mein Mann von seiner Arbeit nach Hause kam, tat es ihm sehr leid, dass ich erneut in so eine Situation geraten war. Weihnachten war jedenfalls gelaufen. Ich musste an meine liebe Mutter denken, die nun im Krankenhaus lag.

Am nächsten Tag fuhr ich sofort nach meinem Dienst zu ihr. Sie lag in einem großen Saal mit zehn Betten auf jeder Seite. Da alles belegt war, stand ihr Bett in der Mitte des Raumes vor eine Säule. Wie ein Häufchen Elend lag sie da und kam sich vor wie auf dem Hauptbahnhof. Traurig sah sie mich an. Sie konnte sich mit niemandem unterhalten. Ich hatte ihr Blumen und Getränke mitgebracht und versprach ihr, sie jeden Tag zu besuchen, was ich dann auch nach der Arbeit tat.

Am nächsten Tag sollte sie operiert werden. Als ich an diesem Tag kam, um sie zu besuchen, lag sie in einem Zweibettzimmer. In dem zweiten Bett lag eine schwer kranke Frau. Meiner Mutter ging es den Umständen entsprechend gut. Ich wollte den Arzt sprechen, der auch bald kam. Es war jener sehr junge Assistenzarzt, der sie bereits bei der Einlieferung untersucht hatte. Mit wehendem Kittel kam er mir entgegen und erklärte mir, dass es sich um einen Irrtum gehandelt habe. Meine Mutter hatte keinen entzündeten Blinddarm, sondern einen Zuckerschock. Dieser Irrtum sei aber erst bei der Operation aufgefallen. Ich war empört über die Art, wie er mir das so von oben herab mit keinem Wort des Bedauerns beibrachte. Dieser junge Arzt kam sich wirklich vor wie ein Gott in Weiß und ich hasste ihn in dem Moment. Grußlos ließ ich ihn stehen und ging zu meiner Mutter zurück.

Die Narbe war doppelt so groß wie normal und sah stümperhaft aus. Ganze drei Woche brachte meine Mutter in diesem Krankenhaus zu, denn bei einem Diabetiker verheilen Wunden wesentlich langsamer. Der Januar ging dem Ende zu, als sie endlich wieder daheim war. Das war wirklich kein fröhliches Weihnachten.

Der Traumberuf

Für unsere Jungen wurde es Zeit, sich für einen Beruf zu entscheiden, denn das zehnte Schuljahr ging bald zu Ende. Damals
wie heute brauchte man Beziehungen, um einen Ausbildungsplatz nach Wunsch zu bekommen. Eine Lehrstelle bekam jeder,
jedoch nicht immer wunschgemäß. Bereits seit der Zeit in Dresden stand für meine Söhne fest, dass sie Kellner werden wollten. Es war einfach ihr Traumberuf. Die Liebe zu diesem Beruf
hatten sie von ihrem Vater, natürlich alle beide. Das Flair eines
Interhotels faszinierte die beiden total. Der Beruf eines Kellners war sehr gefragt. Zwar war der Grundlohn relativ gering,
jeder wusste aber, dass ein Kellner potenzieller Trinkgeldemp-
fänger war, natürlich auch in harter Währung.

Für nur einen Sprössling einen Ausbildungsplatz zu bekommen, war schon schwer genug, aber Zwillinge sind nun mal zwei.
Mein Mann hatte sich im Laufe der Jahre trotz der anfängli-
chen Misere einen guten Stand im Hotel erarbeitet und nahm
die Chance der Beziehung wahr. Er sprach die Kaderleiterin an
und fragte, ob er seine beiden Söhne für einen Berufsausbil-
dungsplatz im „Astoria" anmelden könnte. Das bereits 1915
eröffnete Hotel „Astoria", das von 1965 bis 1992 zur „Vereinigung Interhotel" gehörte, war für seine strenge, aber gute Ausbildung von Nachwuchskräften für die Berufe Koch und Kellner
bekannt. Im Verhältnis zu den zur Verfügung stehenden Aus-
bildungsplätzen war die Nachfrage stets groß. Die Kaderleiterin konnte und wollte diese Entscheidung nicht allein treffen.
Sie bat Siegfried, die Bitte an den Hoteldirektor heranzutragen.

Die Angelegenheit erlaubte keinen Aufschub und er meldete sich sofort bei seinem Chef an. Ja, einen Ausbildungsplatz
zu bekommen, sei für Betriebsangehörige kein Problem, aber
gleich zwei? Dennoch gab der Direktor grünes Licht. Der Haken
dabei war jedoch, dass beide Jungen sich gleich nach der Lehre für eine dreijährige Ausbildung zum Unteroffizier der Nationalen Volksarmee verpflichten mussten. Das Hotel hatte hohe
Auflagen und die Erfüllung war schwierig. Unsere Jungen be-

kamen also beide eine Lehrstelle im „Astoria" und der Direktor erfüllte in dem Jahr seine Auflage für Nachwuchskader der Volksarmee. Da die beiden so gern Kellner werden wollten, nahmen sie diese bittere Pille in Kauf. Sie jubelten, dass ihr Berufstraum in Erfüllung ging. Das Danach sahen sie erst einmal locker, das hatte ja noch Zeit. Erst einmal die Berufsausbildung machen und dann würde man weitersehen. Sie gehörten zu den ersten Schülern in der Klasse, die ihre Ausbildungsstelle fest unter Dach und Fach hatten.

Auf der einen Seite war ich froh, dass das Problem der Berufsausbildung gelöst war, auf der anderen Seite tat es mir sehr leid, dass die Jungen drei kostbare Jahre ihrer schönen Jugend bei der Volksarmee verbringen sollten. 18 Monate Wehrpflicht hätten es auch getan. Mein Mann dagegen sah das ganz anders. Er hatte noch eine militante Einstellung und war stolz darauf, dass seine Söhne eine Unteroffizierslaufbahn machen sollten. Nun galt es, die Prüfungen so gut wie möglich zu absolvieren. Zum Lernen brauchten sie mich nicht mehr. Irgendwann war „der Groschen gefallen" und sie hatten begriffen, dass man selbst etwas für seine eigene Zukunft tun musste. Natürlich gab es Fächer, die ihnen nicht so lagen. Die wichtigsten Fächer jedoch nahmen sie ernst und lernten dafür. Nicht zu viel, aber es reichte.

Wer eine „Eins" in der mündlichen Prüfung bekam, erhielt von der Klassenlehrerin eine rote Rose. Auch meine beiden Jungen kamen jeder einmal aufgeregt mit dieser begehrten Blume nach Hause. Mein Peter rief schon von Weitem und schwenkte seine Rose, als er mich am Fenster sah. Ich musste über diese Freude lächeln und war sehr stolz, was aus den beiden Bengeln geworden war.

Sie schlossen die Schule nach der zehnten Klasse mit der Note „Zwei" ab. Wir haben uns sehr darüber gefreut. Viel, ja sogar sehr viel hatten wir unserer Klassenlehrerin zu verdanken. Sie war es, die die Fähigkeiten der Jungen erkannte und ihnen das nötige Vertrauen schenkte. Ganz besonders mochte sie die Zuverlässigkeit und Begeisterungsfähigkeit der beiden Jungen. Auch das Organisationstalent, das sie von ihrem Vater geerbt hatten, hob sie hin und wieder lobend hervor. Das gab den Jungen die nötige Kraft, auch wenn es einmal nicht so lief in ihrem doppelten Dasein.

In diesem Jahr fand das VIII. Turn- und Sportfest der DDR im Leipziger Zentralstadion statt, das auf Trümmerschutt aus den Luftangriffen auf Leipzig gebaut wurde. Niemand ahnte, dass es das letzte dieser Art sein würde. Bis 1998 war dieses Stadion mit einer Kapazität von insgesamt 100.000 Zuschauern das größte in der DDR und in Deutschland und wir Leipziger waren ungemein stolz darauf. Man gab ihm den Spitznamen „Stadion der Hunderttausend" Obwohl das Turn- und Sportfest grundsätzlich eine große Propaganda-Veranstaltung war, liebte ich die riesigen Massenübungen mit ihrer Farbenpracht und Akkuratesse sehr. Besonders die Bilder der Akteure auf der Osttribüne waren ein einziger Augenschmaus. Alles klappte wie am Schnürchen. Hier wurde neben den gigantischen Massendarbietungen auch das Machtpotenzial der DDR im Hinblick auf eine gezielt ausgebildete Elite von Turnern und Sportlern gezeigt. Die Deutsche Hochschule für Körperkultur, DHfK, war weit über die Grenzen der DDR als erfolgreiche Sportlerschmiede bekannt. Bei allen Weltmeisterschaften und Olympischen Spielen holten die erfolgreichen Sportler der DDR Medaillen. Mich interessierten die dargestellten politischen Parolen nur am Rande. Wir lebten tagtäglich mit diesen Sprüchen. Es waren permanente Selbstbestätigungen für die Philosophie der DDR. Das Große und Ganze aber war für mich einfach perfekt.

Bereits am Jahresanfang warb man in der Schule für Teilnehmer auf der Osttribüne. Unsere Jungen meldeten sich und ich war sofort davon begeistert. Auch einige Lehrer nahmen daran teil, mit denen die beiden anschließend per „Du" waren. Dass unsere Klassenlehrerin nicht fehlen durfte, verstand sich von selbst. Lange zuvor wurden bei Wind und Wetter die einzelnen Bilder im Stadion nach Kommandos geübt. Die Teilnehmer wurden von oben bis unten mit einheitlicher Kleidung ausgestattet, vom Cape über die T-Shirts, kurze und lange Sporthosen, Trainingsanzüge bis hin zu den Schuhen. Am Anfang hieß es, dass wir die Hälfte der Kosten für die Ausstattung übernehmen sollten. Dann jedoch wurde alles kostenlos zur Verfügung gestellt. Ich fand es super. Jeden Tag gab es einen besonderen Versorgungsbeutel mit allerhand Raritäten. Oft sparten sich die Jungen die Banane oder die Schokoriegel vom Mund ab, um ihrer kleinen Schwester eine Freude zu machen. Die Kleine wartete natürlich jeden Tag auf die Überraschung. Zur Hauptveranstaltung bekam man keine Eintrittskarten mehr, jedoch zur Generalprobe. Das durften wir nicht verpassen. Hautnah konnten wir die riesige Show sehen und für mich war es ein Genuss. Erfolglos suchte Jana mit den Augen unter den vielen Teilnehmern der Osttribüne ihre beiden Brüder. Die Show wurde im Fernsehen übertragen und ich war stolz, dass meine Jungen dabei waren. Noch lange freuten sich die Jungen über das Sortiment an Freizeit- und Sportbekleidung, das sie behalten durften. So konnte schließlich jedermann sehen, dass sie Akteure des Turn- und Sportfestes 1987 waren.

Im darauffolgenden September ging die Ausbildung los. Ab jetzt ging es bei uns zu Hause am Abendbrottisch turbulent zu. Die Tischgespräche arteten in Dienstbesprechungen zwischen Vater und Söhnen aus. Es gab nur noch ein Thema: Hotel „Astoria". Die Jungen kamen manchmal aus dem Staunen nicht mehr heraus, was so alles im täglichen Ablauf vor und hinter der gastronomischen Kulisse passierte. Genau genommen aber hatten es die Jungen nicht leicht. Auf der einen Seite blieb dem Vater nichts verborgen, auf der anderen Seite gab es Kellner, deren Chef er war und die den Jungen nicht so richtig trauten. Sie wurden von ihnen als Informationsträger betrachtet und es gab hin und wieder spitze Bemerkungen. In jeder Gaststätte gibt es Dinge, die besser keiner mitbekommt, und schon gar nicht der Chef. Oft hatten die Jungen die „guten Ratschläge" des Vaters satt, was ja auch zu verstehen war. Der war weit davon entfernt, seine Söhne in Schutz zu nehmen, er wollte sie nur durch Warnungen schützen. Aber schlechte Erfahrungen muss man selbst machen.

Am Ende des zweiten Lehrjahres wurde eine große Leistungsschau mit Bewertung für das zweite und dritte Lehrjahr durchgeführt. Die Leistungsschau war einfach toll. Die Jungen kamen von links und die Mädchen von rechts in den Saal. Die einheitliche Kleidung bot ein geschlossenes Bild. Das zweite Lehrjahr brachte die Vorspeisen und Getränke und räumte flink und lautlos ab. Die Jungen und Mädchen des dritten Lehrjahres trugen den Hauptgang herein. Einige tranchierten das Fleisch am Tisch, das heißt, es wurde fachgerecht geschnitten. Dann wurde der Nachtisch vom dritten Lehrjahr flambiert. Dabei wurde das Licht gelöscht. Es sah alles feierlich aus. Die jungen Leute gaben sich sehr viel Mühe. Eine strenge Jury beobachtete und bewertete alles. Insgesamt waren es ungefähr 40 Lehrlinge, die hier ihr erlerntes Können unter Beweis stellen mussten. Als die Jungen dann im dritten Lehrjahr waren, fieberte ich beim Flambieren regelrecht mit. Wir Eltern bekamen einen wunderbaren Einblick davon, was unsere Kinder gelernt hatten. Alles war super organisiert. Kleine Pannen wurden von uns übersehen, ich bangte mit jedem mit.

Nebenbei gingen unsere Jungen im „Paulaner", einem traditionsreichen, rustikalen Wirtshaus in Leipzig, kellnern. Das war den Lehrlingen nicht erlaubt, noch dazu in der Kleidung vom „Astoria". Aber wo kein Kläger ist, ist auch kein Richter. Sie hatten Freude an ihrem Beruf und sahen es als Herausforderung an, ihr Können jetzt schon unter Beweis zu stellen. Von ihrem Lehrlingsgeld mussten sie einen Anteil als Beitrag zum Unterhalt zu Hause abgeben. Das war von vornherein so ausgemacht und es gab keine Probleme damit. Viel Geld blieb dabei nicht übrig und die Wünsche waren groß. So war ein nebenbei selbst verdientes Geld sehr willkommen. Der Chef vom „Paulaner" hatte bald bemerkt, dass es manchmal nette Verwirrungen gab, wenn der eine ging und der andere kam. Die Gäste registrierten es wohlwollend.

Selbstverständlich bekamen die Lehrlinge auch bei der Trinkgeldaufteilung im „Astoria" hin und wieder etwas ab, aber sie beschwerten sich manchmal über die undurchsichtige Verteilung. Unsere Jungen fühlten sich oft betrogen, denn sie wussten ja, was die Gäste ihnen besonders aufgrund ihrer freundlichen und netten Art gegeben hatten. Mein Mann warnte die beiden, sich dagegen aufzulehnen. Das würde ihnen nur Nachteile bringen. Es gab eine gewisse Hierarchie, wie in jedem Restaurant, die man beachten musste. Sie waren schließlich Lehrlinge. Wichtig war, dass sie erst einmal erfolgreich ihre Lehre abschlossen. Aus der Verpflichtung, für drei Jahre eine Unteroffizierslaufbahn zu absolvieren, sind sie nicht herausgekommen. Sie lernten zeitiger als die anderen aus, denn bereits im Mai mussten sie zur Armee.

Dem Zeitgeschmack voraus

Die Kleiderordnung bei feierlichen Höhepunkten in der DDR unterlag damals wesentlich mehr den gesellschaftlichen Zwängen als heute. Es gab gewisse Normen, die einzuhalten waren. Nur wenige setzten ihren eigenen Geschmack durch. Dazu gehörte Mut und den hatten meine Söhne. Sehr zeitig setzten sie mir Signale, was ihnen gefiel und was nicht. Mit einem geschenkten Kleidungsstück konnte man da schon einmal total danebenliegen. Sie zogen es einfach nicht an und fertig.

Das Thema Jugendweihe stand an. Nun war zum einen zu klären, wo gefeiert würde, und zum anderen, was die Jungen anziehen wollten. Das Thema Kleiderordnung wollte und konnte ich nicht über den Kopf der beiden Jungen hinweg entscheiden und ich wollte sie auch zu nichts überreden. Sie waren schließlich der Mittelpunkt der Feier und sie sollten sich in ihrer Kleidung wohlfühlen. Aufgrund meines knappen Finanzbudgets hatte ich seit Jahren sehr viel für die Kinder selbst genäht. Als meine Mutter mir ihre Strickmaschine schenkte, wurden auch die Pullover gestrickt. Es waren in jeder Hinsicht topmodische Unikate, die sie stolz trugen. Mir machte es Spaß und die Kinder waren zufrieden. Die Lehrerin stellte oft lobend fest, dass die beiden immer wie aus dem Ei gepellt aussähen. Dafür schlug ich mir meinen wohlverdienten Nachtschlaf und manchen freien Tage um die Ohren. Sie hatten sich daran gewöhnt.

In diesem Jahr war Nadelcord der modische Renner. Beinahe alle Jungen bekamen für die Jugendweihe einen Cordanzug, und zwar in Braun. Die Farbe war gerade in. Ich stand vor einem Rätsel, denn so einen Anzug bekam man nicht unter 200 Mark. Und ich hatte schließlich doppelten Bedarf. Also setzte ich mich mit den beiden Jungen zusammen und wir berieten gemeinsam, wie sie sich ihre Jugendweihebekleidung vorstellten. Es stellte sich heraus, dass sie eine ganz andere Vorstellung hatten als der Rest der Welt. Sie wollten keinen Anzug von „der Stange", den viele andere auch trugen. Nein, sie wollten einen modernen Blouson nach ihrer eigenen Vorstellung von mir genäht bekommen, den sie danach noch weiter anziehen konnten. Dazu eine passende Hose und fertig.

Wir machten uns also auf den Weg in einen Schnittmusterladen und sie suchten sich ein Modell heraus. Der Blouson war dreifarbig in einer dezenten Farbabstimmung von unten dunkelblau über hellblau zum hellen Grau. Ein grober Reißverschluss vorn und an den Taschen war ein Muss. Dazu sollte eine passende graue Hose aus edlem Material getragen werden. Ich fand die Idee gut und machbar. Bei der nächsten Dienstreise nach Dresden kaufte ich in meinem geliebten Stoffgeschäft preiswerte Stoffreste ein.

Bald machte ich mich ans Werk, denn auch die Kleine sollte einen süßen Hosenanzug in Rosa bekommen und ich ein Kostüm. Es waren einige Nächte, die ich dazu brauchte. Dann war das Werk getan. Es hatte sich gelohnt, die beiden Jacken waren mir sehr gut gelungen. Man sah ihnen absolut nicht an, dass sie selbst genäht waren. Ich hatte mir die allergrößte Mühe gegeben und war stolz auf das Ergebnis. Meine Jungen waren glücklich.

Nun standen noch die Hosen an. Die DDR-Regierung hatte mal wieder neue sozialpolitische Maßnahmen für kinderreiche Familien beschlossen und mit drei Kindern war man bereits kinderreich. Mit anderen Worten, ich war es auch. Unter anderem bekam man anlässlich der Jugendweihe für jedes Kind 100 Mark Kleidergeld. Das Geld durfte auch nur für Kleidung ausgegeben werden. Das war natürlich ein Geschenk des Himmels.

Ich nahm all meinen Mut zusammen und holte mir das Geld ab. Somit war dieses Problem also auch geklärt.

Mit sehr viel Aufwand fanden wir endlich die passenden Hosen, die tatsächlich 120 –, Mark kosteten. Dazu wurden noch hellblaue Hemden und ein dunkelblaues Samtband als Fliege gekauft, damit wenigstens ein Hauch von Festkleidung zu spüren war. Komplett angezogen sahen die beiden wirklich toll aus, jedoch weitab der Norm für angemessene Festkleidung zur Jugendweihe. Meine Mutter rollte die Augen und mein Mann fand keine richtigen Gegenargumente. Gern hätte er seine Söhne in eleganten Anzügen gesehen, denn er trug so etwas täglich im Dienst. Grinsend erzählten mir die Jungen, dass fast alle anderen Jungen einen Cordanzug bekommen hatten und einige genau den gleichen. Umso glücklicher waren meine beiden Jungs, dass sie ein Unikat trugen, so wie sie es sich gewünscht hatten.

Die nächste Frage zum Thema Jugendweihe war, wo wir nach der offiziellen Feierstunde gemeinsam mit der Familie feiern würden. Der große Teil der Klasse wollte gemeinsam in einer Gaststätte in Markranstädt bei Leipzig feiern. Ich stellte mir das toll vor. Noch dazu hatten wir einen sehr guten Kontakt zu allen. Mein Mann bestand darauf, im „Astoria" zu feiern. Mir war das eine Nummer zu groß und zu protzig. Er überzeugte mich jedoch mit dem Argument, dass in dem Betriebskollektivvertrag des „Astoria", stand, dass man bei der Jugendweihe eines Kindes eines Betriebsangehörigen 500 –, Mark Zuschuss für die Feier im Haus bekäme. Bei unseren Zwillingen wären das also 1000 –, Mark und mit dieser Summe könnte es gut funktionieren.

Wir waren bei unserer Feier insgesamt 15 Personen. In den Interhotels der DDR, zu dem das „Astoria" gehörte, gab es Sonderpreisklassen. Die Preise waren utopisch, aber sie waren ja auch für Leute mit „harter Währung" bestimmt. Und für die waren sie immer noch billig. Mit dem Zuschuss konnte ich mir eine schöne Feier gut vorstellen. Ich ließ mich überreden und mein Mann konnte vor der Familie protzen. Auch die Jungen waren begeistert. Klar, es war sehr elegant.

Endlich war der ersehnte Tag der Jugendweihe da. Die Feier begann bereits um 10.00 Uhr und fand im damaligen Brühlzentrum statt. Wir hatten unsere Verwandten in einem Bauarbeiterhotel in Grünau untergebracht. Das Niveau dort war recht ansprechend. Schüler der achten Klasse aus mehreren Schulen empfingen heute hier ihre Jugendweihe. Nach einer sozialistischen Ansprache und einem netten Programm wurden die Schüler einzeln aufgerufen und betraten über eine kleine Treppe die Bühne, wobei einige vor Aufregung stolperten. Als unsere Söhne nach oben stiegen, hielt auch ich den Atem an. Schmuck sahen sie aus. Dann schaute ich in die Gesichter meiner Verwandten. Deren Mienen sprachen Bände. Eine Tante war sehr erstaunt, dass die Jungen keine Anzüge trugen, und fand es nicht angepasst. Meine Mutter war vorbereitet und fand die beiden „gar nicht mal so übel". Nun, man war geteilter Meinung über die Kleiderordnung der Zwillinge. Für mich waren sie die Schönsten, was die anderen dachten, war mir völlig egal.

Das Hotel „Astoria" war nur ein paar Schritte vom Brühlzentrum entfernt. Die Zwillinge wurden vom gastronomischen Direktor mit einem tollen Blumenstrauß und der Rest der Familie mit einem warmen Händedruck begrüßt. Das verfehlte nicht seine Wirkung. Wir feierten im Meißner Zimmer des Hotels. Der Raum war für uns ideal. Er war sehr geschmackvoll dekoriert und Siegfried war ganz stolz. Die Jungen bekamen nun ihre Geschenke, meistens Geld und hübsche Blumen. Wir nahmen einen kleinen Imbiss ein und man plauderte miteinander. Schließlich hatten wir uns alle lange nicht gesehen. Die meisten kannten das Hotel nur von draußen. Ein Kollege meines Mannes machte eine kleine Hausführung und alle staunten, wie vielfältig die wunderschönen Zimmer und Suiten in ihrer Ausstattung waren. Auch auf prominente Besucher wurde hingewiesen und heitere Episoden erzählt.

Es wurde Zeit, Mittag zu essen. Das Menü wurde serviert. Der Hammer für unsere beiden Jugendweihlinge war der Hauptgang. Abgesehen von dem zarten Fleisch und den Kartoffeln war das Gemüse ausgerechnet und ausschließlich das, was unsere Jungen absolut nicht mochten: Rosenkohl, Erbsen und Spargel. Man hatte völlig vernachlässigt, eine Menüabsprache zu führen. Zu Hause gab es in der Vergangenheit wegen dieser Gemüsesorten oft Auseinandersetzungen. Ich sah, wie die beiden sofort ihren Vater ansahen und seine Reaktion erwarteten. Ich signalisierte meinem Mann mit einem scharfen Blick, dass er es sich hier ja nicht wagen sollte, die Jungen aufzufordern, das Gemüse zu essen. Mir tat die Panne leid, aber ich konnte schließlich nichts dafür. Der tolle und fantasievolle Nachtisch entschädigte die beiden. Zwischen Mittagessen und Kaffeetrinken war ein Zoobesuch geplant, der sehr gern angenommen wurde. Die Kaffeetafel war wieder eine Augenweide und alle genossen die leckeren hausgemachten Spezialitäten. Alles war vom Feinsten. Zum Abendessen passte fast nichts mehr hinein und es wurde noch fröhlich gezecht. Schlitzohr, wie mein Mann halt war, hatte er mit dem Barkeeper, mit dem er gut befreundet war, vereinbart, dass er die alkoholischen Getränke heimlich selbst mitbringt, denn sie waren im Astoria sehr teuer. Zum Schluss der Feier bemerkte meine kleine Tochter mit Tränen in den Augen, dass niemand mit ihr erzählt oder gespielt hatte. Sie war das einzige Kind und saß die ganze Zeit still da. Es tat mir so leid, aber keiner hatte es bemerkt, nicht einmal ich.

Die gemeinsame Heimfahrt mit der Straßenbahn war lustig, denn die Männer waren guter Dinge durch den reichlich geflossenen Alkohol. Ihr Lachen und Singen lösten keinen Ärger bei den anderen Fahrgästen aus. Allen hatte die Feier gefallen, doch das böse Erwachen kam noch. Bei der Rechnungslegung glaubte ich meinen Augen nicht zu trauen, als ich die utopische Ziffer sah. Man hatte uns nur 500 –, Mark und nicht 1000 –, Mark Preisnachlass gewährt. Man hatte den Betriebskollektivvertrag so interpretiert, dass es zwar zwei Kinder sind, aber nur ein Ereignis. Ich dagegen hatte mich auf den Zuschuss von 500 –, Mark pro Kind bezogen. Die Dame in der Buchhaltung ließ nicht mit sich diskutieren und mein Mann wollte seinen Ruf nicht verlieren. Dumm gelaufen.

Seit der Geburt der Jungen hatte ich für jedes Kind über eine Kinderversicherung 10 –, Mark pro Monat gespart. Das Geld wurde zur Jugendweihe ausgezahlt und ich wollte nun jedem Jungen damit ein Geschenk machen. Es war leider nicht möglich, denn ich brauchte es, um die Rechnung zu bezahlen. Mein Mann war total blauäugig an diese Sache herangegangen und ließ mich nun den Irrtum allein ausbaden. Ich war traurig und empört. Ich vermisste wieder einmal seinen „Hintern in der Hose" gegenüber der Buchhaltung, denn es war eine Auslegungssache, um die man kämpfen konnte.

Die anderen Schüler der Klassen hatten viel Spaß miteinander gehabt. Beinahe alle Jugendlichen hatten miteinander gefeiert. Getanzt hatte jeder mit jedem und es soll sehr lustig gewesen sein. Ich bedauerte ein wenig, dass wir nicht dabei waren. Auch der finanzielle Rahmen soll sehr human gewesen sein. Schlecht gelaufen für uns!

Die Jungen waren dennoch mit ihrer Feier zufrieden. Die Jacken trugen sie, bis sie absolut nicht mehr passten. Sie sahen sowohl zu Jeans als auch zu allen anderen Hosen sehr gut aus. Als die Ärmel zu kurz wurden, krempelten sie diese sportlich nach oben und sie blieben Favorit Nummer eins. In der Folgezeit nähte ich ihnen noch zwei weitere Jacken nach dem gleichen Grundschnitt, aber keine wurde so geliebt wie jene Jugendweihejacke. Ich denke, die Mühe hatte sich hundertfach gelohnt und meine Freude darüber war ebenfalls lang anhaltend.

Die Vereidigung

Obwohl die beiden Jungen ihren Facharbeiterbrief in der Tasche hatten und nun richtige Kellner waren, lag das Praktizieren ihres neuen Berufs noch in weiter Ferne, denn sie mussten jetzt die Verpflichtung einlösen, die der Preis für die soeben abgeschlossene Ausbildung war. Ihr zukünftiges, neues Zuhause wurde die Kaserne in der Unteroffiziersschule in Schneeberg im Erzgebirge.

Im letzten Lehrjahr hatte sich auch Peter in ein nettes Mädchen verliebt, das ebenfalls als Lehrling im Hotel „Astoria" lernte. Sie war ein Jahr jünger als er und wohnte im gleichen Wohngebiet. Manchmal glich unsere Wohnung einem feindlichen Lager, wenn ich abgespannt von der Arbeit nach Hause kam. Im Kinderzimmer der Jungen hielt Peter das Händchen seiner Freundin, in der Küche trank Jens mit seiner Freundin Tee und im anderen Kinderzimmer weinte Jana, weil sie überall störte. Das Wohnzimmer hatte ich abgeschlossen, weil die Jungen bei ihren Balgereien nicht sehr wählerisch waren. Na, und ich, ich störte auf jeden Fall. Das sah ich mir nicht lange an und forderte die Jungen auf, sich zu einigen, wer das gemeinsame Kinderzimmer besetzt, wenn ich von der Arbeit nach Hause komme. Ich erhob alleinigen Anspruch auf meinen Arbeitsbereich Küche. Besonders die Freundin von Jens hatte wenig Einsehen. Sie war der Meinung, ein Recht auf den Aufenthalt in der Wohnung ihres Freundes zu haben. So kam es zu heftigen Auseinandersetzungen zwischen den beiden Jungen, aber auch mit mir. Das ging so weit, dass wir beschlossen, die Zwillinge zu trennen. Jana hielt Einzug in das Zimmer der Jungen und Jens bekam das Zimmer von Jana. Mit Peter kam Jana gut klar und es sollte ja auch keine Dauerlösung sein. Jens war nicht mehr ihr absoluter Lieblingsbruder.

Nun trat endlich etwas Ruhe in unser familiäres Zusammenleben ein. Dann hieß es Abschied nehmen. Man sah sich nur noch zu den Urlaubswochenenden, die nach dem Grundwehrdienst gewährt wurden. Peter stand mir oft zur Seite, wenn Jens seine „pubertären Allüren hatte. Seine Phasen waren nicht ganz so problembehaftet wie die seines Bruders. Es war auch die Zeit, wo sich die Zwillinge etwas voneinander entfernt hatten. Ich fand manchmal die Situation unerträglich, wenn sich meine Jungen stritten. Die beiden haben sich nie gegenseitig verhauen. Bei Meinungsverschiedenheiten balgten sie sich wie junge Hunde. Ich wollte immer, dass sie sich in jeder Hinsicht einig waren. Oft erklärten sie mir dann, dass sie sich doch auch mal streiten dürften. Sicher, das war ich aber nicht gewöhnt.

Jens hatte sich heimlich noch mit seiner Freundin verlobt. Das tat er aber besonders deshalb, um mich zu ärgern und um mir zu beweisen, wie ernst er es mit dem Mädchen meinte. Dann aber hatte er sich kurz vor der Armee von dem Mädchen getrennt. Seine Freundin begann zu klammern und das wollte er nicht. Auch wollte er sich nicht bevormunden lassen, weder von mir noch von einem Mädchen. Später erklärte er mir, dass er frei sein wollte, um nicht erpresst zu werden. Eigentlich tat mir das Mädchen leid, denn durch den bei ihr festgestellten Diabetes hatte sich ihr junges Leben schlagartig verändert. Die Sorglosigkeit der Jugend war vorbei. Sie musste sich drei Mal täglich spritzen. Ihr gesamtes Leben war jetzt auf diese unheilbare Krankheit ausgerichtet. Am Anfang sah es so aus, als würde die junge Liebe zwischen den beiden stärker sein als diese Krankheit, aber das änderte sich bald. Als nicht alles nach ihrem Sinn verlief, begann sie, Jens gegen uns aufzuhetzen. Mein Sohn stand zwischen zwei Fronten. Peter hatte einen Brief des Mädchens gefunden, den er mir zeigte. Eigentlich wollte ich ihn nicht lesen, dann aber trieb mich die Neugierde. Ich war geschockt über den Hass, den das Mädchen für mich als Mutter von Jens empfand. Ich ließ mir jedoch nichts anmerken.

Anfang Mai 1989 fuhren die Jungen in die Kaserne nach Schneeberg und tauschten die elegante Kellnerkleidung gegen eine Uniform ein. Es war das Jahr der friedlichen Revolution. Niemand ahnte, dass bereits ein halbes Jahr später die ganze Welt auf Leipzig schaute und den Atem anhielt. Die Jungen absolvierten die Zeit der Grundausbildung und nach etwa sechs Wochen kam der Tag der Vereidigung. Die Eltern bekamen eine Einladung, um an dem feierlichen Akt mit dem Schwur des Fahneneides teilzunehmen. Wir waren ganz aufgeregt und ich habe für die Jungen Kuchen gebacken und ein Hähnchen gebraten. Auch Süßigkeiten durften nicht fehlen, alles das, was sie besonders mochten.

Die militärische Anlage befand sich oberhalb der Stadt und machte auf uns einen sehr gepflegten Eindruck. Immerhin hatten wir in Leipzig in unmittelbarer Nähe eine russischen Militäranlage als Vergleich und ich hatte schon ähnliche Zustände befürchtet. Aber dazwischen lagen Welten. Man hatte uns erlaubt, das Kasernenobjekt zu besichtigen, das taten wir gern. Mein Mann – als Oberleutnant der Reserve – schritt mit stolzgeschwellter Brust einher. Immerhin waren es gleich zwei Söhne, die heute ihren Fahneneid leisteten und „Ich diene der Deutschen Demokratischen Republik" versprechen sollten. Zumindest glaubten wir das.

Dann wurde es Zeit, sich einen günstigen Standort auf dem großen Appellplatz der Kaserne zu sichern. Schließlich wollten wir alles gut überblicken, wenn die jungen Soldaten einmarschierten. Der Kompaniechef begrüßte die anwesenden Eltern und Verwandten. Die Bedeutung des Klassenfeindes, die Kampfbereitschaft der Volksarmee und die damit verbundene Verteidigungspflicht eines jeden Soldaten wurde mit fester Stimme deklariert. Dann marschierten die jungen Rekruten nach einer schnittigen Marschmusik herein. Der Gleichschritt klappte gut und die jungen Mutigen schauten siegesgewiss, bis auf einen, den ich weder schreiten noch mutig schauen sah. Nein, ich sah ihn überhaupt nicht – meinen Sohn Jens! Er marschierte weder vor noch neben und auch nicht hinter seinem Bruder. Siegfried hatte extra sein gutes geerbtes Fernglas mitgebracht, um alles genau beobachten zu können. Aber auch er suchte vergebens. Weit und breit war kein Jens auszumachen.

Ich bekam Panik, wie es typisch bei Müttern ist, und befürchtete, dass unserem Sohn etwas zugestoßen war. Da ich beinahe täglich die Ranger-Übungen der russischen Soldaten sah, fing meine Fantasie an, Blüten zu treiben. Ich sah ihn vom Panzer überrollt, beim Gewehrreinigen erschossen oder von der Eskaladierwand gestürzt. Vielleicht war man zu feige, uns das vor der Vereidigung mitzuteilen. Kurzum, die Angst um meinen Sohn hatte Auswüchse angenommen und ich konnte mich kaum beherrschen, nicht laut loszuheulen. Vergeblich versuchte mein Mann mich mit simplen Erklärungen zu beruhigen. Auch unsere Tochter stutzte, als sie nur den einen Bruder marschieren sah. An die Vereidigung kann ich mich daher nicht mehr erinnern.

Als der feierliche Akt beendet war und die jungen Soldaten sich rühren und wegtreten durften, stürzte ich sofort auf Peter zu. Aufgeregt fragte ich ihn – nein *schrie* ich, wo denn bloß Jens sei. Peter konnte gar nicht verstehen, warum ich so aufgelöst war. Er erklärte uns ganz ruhig, dass Jens sich geweigert hätte, eine Waffe in die Hand zu nehmen, demzufolge auch nicht vereidigt wurde. Nach ein paar Minuten tauchte Jens dann grinsend und unversehrt auf. Er hatte als Zuschauer an der Vereidigung teilgenommen und wollte uns nun erklären, was los war. Er ließ absolut keine Diskussion zu. Jens hatte trotz der geleisteten Verpflichtung eines Tages beschlossen, so schnell wie möglich und mit allen Mitteln von der Armee wegzukommen. Drei Jahre seines Lebens bei der Armee zu verbringen und im Ernstfall auf Menschen schießen zu müssen, kam für ihn nicht mehr infrage. So simulierte er Asthma. Mir ist es bis heute rätselhaft, wie die Ärzte das nicht mitbekamen und darauf hereinfielen. Er benutzte sogar eine dieser Inhalierpumpen, wenn er Atemnot vorspielte. Ich konnte mir nicht erklären, wie er mit einem Mal Asthma haben sollte, aber die Jungen hatten im Kindesalter oft Bronchitis. Jens hatte zwar sein Kriegsbeil gegen mich begraben, aber so ganz im Reinen war er noch nicht mit mir.

Heimlich bewunderte ich den Mut meines Sohnes, war ich doch selbst immer ein kleiner Rebell. Ich konnte seine Motive nur zu gut verstehen; mein Mann dagegen war sauer. Ihm war die ganze Situation peinlich, vor allem seinem Chef gegenüber. Da die Jungen gleich nach der Vereidigung nach Hause fahren durften, quetschten sie sich mit in unseren Trabi. Jens hatte mit einer „neuen Flamme" eine Verabredung in Berlin und ließ sich am Hauptbahnhof in Leipzig absetzen. Als Marschverpflegung erbat er sich das gebratene Hähnchen. Schnell war er unseren Blicken entschwunden und die Nachwehen dieser Vereidigung mit sonderbarem Ausgang fielen ins Wasser. Ich war so froh, dass nichts passiert war, und ein warmes Muttergefühl für meinen Jungen stieg in mir auf, als ich ihn so gehen sah.

Ich freute mich, wenigstens einen Jungen nach so langer Zeit zu Hause zu haben. Siegfried konzentrierte seine ganze militärische Aufmerksamkeit auf diesen einen Sohn. Was sollte er auch sonst tun?

Die Unruhen in Leipzig wuchsen. Im März zogen die ersten etwa 300 besonders mutigen Demonstranten durch die Stadt. Ich fand das angesichts der vorausgegangenen Ereignisse selbstmörderisch, denn es hatte bereits viele Festnahmen gegeben.

Nach der Grundausbildung wurden die jungen Soldaten auf die unterschiedlichen Stützpunkte aufgeteilt. Peter kam nach Erfurt und arbeitete aufgrund seiner Ausbildung hier in der Küche. Er machte in kurzer Zeit noch eine Ausbildung als Koch und diskutierte fortan mit mir, wie man eine kräftige Rinderbrühe richtig zubereitete. Nebenbei meldete er sich bei der Fahrschule seiner Militäreinheit an und machte auf einem „Ural", einem russischen Lkw, seinen Führerschein. Es war immer ein Gaudi, wenn er nach Hause kam. Er war nun der Lieblingssohn seines Vaters.

Als die Montagsdemos in Leipzig immer massiver wurden, bekam ich Angst um ihn. Die Armee wurde von überallher zusammengezogen und ich befürchtete sogar einen Bruderkrieg. Als an einem Vorabend der Montagsdemos in Leipzig eine endlose Reihe von Militärfahrzeugen und Autos voller bewaffneter Soldaten an mir vorbeizog, bekam ich richtig Angst. Vielleicht war mein Sohn aus Erfurt mit dabei und musste die Waffen gegen seine eigenen Landsleute erheben. Immerhin waren auch ich und unsere Tochter montags mit unter den Demonstranten. Mein Mann nahm auch manchmal teil. Ich weinte lautlos vor Entsetzen, weil ich wusste, warum das Militäraufgebot nach Leipzig fuhr. Alles sprach für einen Einsatz, aber es kam zum Glück anders.

Jens dagegen schlug einen ganz anderen Weg ein. Man hatte ihn in eine sogenannte Bergekompanie zum Reparieren von Panzern in die Dübener Heide, bei Leipzig, versetzt. Ich kam immer noch nicht richtig an ihn heran und hoffte, dass er mit seiner Situation klarkam. Im Gegensatz zu Peter kam er stets in ziviler Kleidung. Er traf sich dann in den wenigen Stunden seines Wochenendurlaubes mit seiner neuen Freundin, die wir alle sehr mochten.

Als mein Sohn wieder auf mich zukam, empfand ich es wie heilenden Balsam auf meiner mütterlichen Seele. Die Kluft zwischen uns bestand nicht mehr, aber er brauchte Zeit. Beide Jungen waren durch die strenge Erziehung ihres Vaters sehr hilfsbereit und umsichtig, besonders aber Jens. Wenn Peter noch träumte, war Jens schon aktiv. Im Stellenwert waren für mich jedoch beide stets gleichwertig, und das ist auch heute immer noch so.

Leider bekam Jens die Gleichgültigkeit seines Vaters in dieser Zeit zu spüren. Wenn er Ausgang hatte, musste er um 24.00 Uhr wieder in der Kaserne sein. Das wollte so ein junger Mensch natürlich bis zur Neige ausnutzen. Die Dienstelle lag mitten im Wald, etwa zehn Kilometer von der nächsten Verkehrsverbindung entfernt. Ein Bus fuhr nachts nicht. Jens hatte damit gerechnet, dass sein Vater ihn mit dem Auto zurückbringen würde. Da hatte er sich jedoch geirrt. Jedes Mal hatte mein Mann Bier getrunken und konnte nicht fahren. Das war ja grundsätzlich richtig, aber er wusste, dass der Junge keine andere Möglichkeit hatte. Er hätte sich wenigstens einmal darauf einrichten können. Jetzt ärgerte ich mich besonders, dass ich keinen Führerschein besaß. Jens fuhr mit dem Zug bis zur nächstgelegenen Haltestelle. Dann musste er allein zehn Kilometer durch den stockfinsteren Wald stapfen. Er hörte seine eigenen Schritte widerhallen, denn es war eine Betonstraße. Für ihn war es gruselig, aber es führte kein Weg daran vorbei. Dienst ist Dienst. Ich darf auch heute nicht daran denken, so leid tat er mir.

Jens wünschte sich sehr, dass wir ihn besuchen kämen, andere Eltern kamen schließlich auch. Ich fand das gut und organisierte alles Nötige. Natürlich waren auch „Broiler" –das klassisches Brathähnchen in der DDR– und sein Lieblingskuchen dabei. Fehlen durften ebenso nicht die begehrten Wurzener Erdnussfips. Wir fuhren an einem schönen sonnigen Sonnabend im Oktober zu ihm. Bei diesem Wetter sieht auch ein Wald ganz anders aus als in dunkler Nacht.

Wir meldeten uns am Tor an und nach geraumer Zeit kam unser Sohn lächelnd angerannt. Er war vor lauter Aufregung zum falschen Tor gelaufen und wir wunderten uns, dass es so lange gedauert hatte. Über unser Kommen war er sehr glücklich. Jana war gleich auf seinem Arm und plauderte alles aus, was wir ihm mitgebracht hatten. Jens wollte uns ins Besucherzimmer führen, aber es war wegen Baufälligkeit gesperrt. Wir mussten uns im Freien aufhalten, was bei Regen nicht lustig gewesen wäre. Auf mein Drängen hin zeigte er uns sein Zimmer. Ich wollte mir doch nur ein Bild davon machen, wie er lebte. Die Soldaten waren in Baracken untergebracht, wo die Wände dünn waren. Fenster und Türen schlossen nicht richtig und jedes Geräusch war zu hören, selbst das Schnarchen von nebenan. Die Schlafdecken waren dünn und Jens klagte, dass er jede Nacht fror. Die Nächte sind nun mal im Oktober oft empfindlich kalt. Die Wäsche wurde selten gewechselt und die Toilettenanlagen waren eine einzige, unzumutbare Katastrophe. Ich konnte nicht fassen, was hier für hygienische Zustände herrschten. Das Einzige, was funktionierte, war die kleine Kaffeestube für die Soldaten, die Jens nebenbei betrieb. Hier sah es auch sauber und sogar nett aus. Mit Witz und Humor hatte er sich eine kleine Insel für die Freizeit geschaffen. Es war einfach so sein Ding.

Diese miesen Missstände bei der ach so hoch gepriesenen Armee, die ich nun mit eigenen Augen gesehen hatte, riefen sofort meine Angriffslust auf den Plan. Ich hatte nichts zu verlieren und bestimmt auch nichts zu befürchten, also ran. Überall brodelte es und auch bei der Armee war man beunruhigt über das Murren des Volkes in diesen Tagen. Ich hatte einen Kollegen, der jahrelang im Rechenzentrum der Volksarmee in Leipzig tätig war und aus gesundheitlichen Gründen ausscheiden musste. Er gab mir „Schützenhilfe" und unterstützte mich bei meinem Vorhaben. Am 10.11.1989 schrieb ich eine Eingabe an den General der Nationalen Volksarmee, Chef des Militärbezirkes III in Leipzig. In wohlüberlegter, aber bestimmter Formulierung prangerte ich die unzeitgemäßen, unwürdigen Bedingungen der Soldaten in der Dienststelle Söllichau an. Ich bat um Überprüfung der Zustände und wies auch darauf hin, dass solche Bedingungen dazu beitragen könnten, den Unwillen der Soldaten hervorzurufen. Natürlich band ich ihm nicht auf die Nase, dass ich es mit eigenen Augen gesehen hatte, denn es war nicht erlaubt, Zivilpersonen Zutritt zu gewähren. Bereits fünf Tage später, bekam ich Post von der Nationalen Volksarmee, Dienststelle Leipzig. Zwar waren die Grenzen zu diesem Zeitpunkt bereits geöffnet, aber eine Briefmarke wies noch auf den 40. Jahrestag der DDR am 8. Oktober 1989 hin. Es war eine Sondermarke, die 10 Pfennig kostete. Mit kurzen Worten wurde mir mitgeteilt, dass man die beanstandeten Mängel vor Ort untersuchen würde.

Diese Eingabe war keine so gute Idee. Mein Sohn wurde vor die gesamte Mannschaft zitiert und als Nestbeschmutzer beschimpft. Er hatte von meiner Aktion keine Ahnung und „stand im Regen". Das war wieder einmal typisch für mich: Nicht lange überlegen – handeln. Zwar war Jens nun ein schwarzes Schaf, aber es gab dann doch Veränderungen. Von den zehn defekten Waschbecken wurden fünf repariert, einige Toiletten wurden neu installiert, die Soldaten bekamen alle eine „Mollydecke" und die zugeteilte Essenration wurde erhöht. Die Briefe habe ich mir aufgehoben.

Kurze Zeit später wurde Jens nach Leipzig in die „Olbricht-Kaserne" versetzt. Hier bediente er die Offiziere im Offizierscasino. Einmal besuchte ich ihn mit einer großen Tüte Navelorangen, die er für sein Leben gerne aß. Seit der Wende bekam man sie bei uns auch außerhalb der Weihnachtszeit. Er freute sich sehr über mein Kommen und ich bemerkte, dass er jetzt mit sich und den Umständen zufrieden war. Ende Mai 1990 wurden beide Jungen aus der Armee entlassen. Im Gegensatz zu mir hatten sie von den Unruhen in Leipzig wenig mitbekommen. Im Sozialismus waren sie gegangen und kamen im Kapitalismus wieder zurück. Der Klassenfeind war ein anderer geworden. Sie hatten aufgehört, der Deutschen Demokratischen Republik zu dienen. Die gab es nämlich nicht mehr.

Leipziger Montagsdemo hautnah

Viel wurde bis heute über die Ereignisse der friedlichen Revolution 1989 geschrieben, die ja bekanntlich von Leipzig aus ging. Nun gibt es wieder das „Deutschland einig Vaterland", das in der Nationalhymne der DDR besungen, dann aber nur noch ohne Text gespielt wurde. Dass es tatsächlich wieder zu einem einig Vaterland kommen sollte, daran glaubte niemand mehr. Die Bücherregale stehen voll mit Berichten aus der Zeit der Montagsdemos. Es wäre müßig, Zahlenakrobatik zu betreiben, das haben viele andere vor mir bereits getan. Auch das Feindbild des Volkes hat sich total geändert. Damals waren es für uns die „imperialistischen Westmächte" heute ist es das Phantom der Arbeitslosigkeit, das „des Volkes Feind" ist.

Es war schon lange nicht mehr zu übersehen, wie marode nicht nur unsere Städte und Dörfer, sondern auch die Wirtschaft waren. Eine friedliche Lösung für diese Misere des Sozialismus aber konnte sich keiner vorstellen. Die Geschichte hatte gezeigt, wie in der Vergangenheit Volksaufstände ausgegangen waren. Angefangen hatte es mit dem 17. Juni 1953 in der DDR.

Im November 1956 kam es zu dem blutigsten Aufstand aller Zeiten in Ungarn. Auch hier marschierten sowjetische Truppen ein und schlugen den Aufstand nieder. 25.000 unbewaffnete Ungarn mussten sterben.

Der „Prager Frühling" im August 1968 wurde ebenfalls durch die Truppen der Warschauer-Pakt-Staaten gewaltsam beendet. Bei allen Aufständen waren ökonomische und gesellschaftliche Krisen, die Stagnation der Wirtschaft und die politische Unterdrückung des Volkes der Auslöser.

Die Nachricht über das Blutbad am 4. Juni 1989 auf dem Platz des Himmlischen Friedens in Peking ließ mich erschaudern. Die Regierung richtete Panzer gegen demonstrierende Studenten und etwa 3000 junge Menschen mussten sterben. Dieser politische Weg Chinas wurde von der Regierung der DDR gewürdigt.

Umso erstaunlicher war es, welches Ergebnis der gewaltige Volksaufstand in Leipzig und den anderen Städten hatte, obwohl die „chinesische Lösung" in den Köpfen der meisten Demonstranten stets als Drohung und Angst präsent war.

Die Wirtschaft in der DDR befand sich in finanziellen Schwierigkeiten und auch der 1983 unter Franz Josef Strauß gewährte 1-Milliarde-D-Mark-Kredit von der BRD linderte die Probleme nur vorübergehend. Noch immer zahlte die DDR verdeckte Reparationen an die Sowjetunion. Der Export in die sozialistischen Länder funktionierte, jedoch der in die nicht sozialistischen Länder ging schleppend und mit einer schwindelerregenden Exportrentabilität. Dennoch, jede Chance wurde wahrgenommen, auch unter dem tatsächlichen Wert.

Auch mein Arbeitgeber „Robotron" versuchte, einen Fuß auf den westlichen Exportmarkt zu bekommen. So wurden zum Beispiel Großrechneranlagen im Wert von mehr als 1 Million Mark in den Irak und nach Algerien geliefert. Die Spezialisten von „Robotron" waren mit vor Ort, um die Anlage zum Laufen zu bringen und die Software zu installieren. Vonseiten dieser Länder gab es große Zahlungsschwierigkeiten. Die DDR sah es jedoch als Politikum an. Ob je ein Dollar geflossen war, habe ich nicht erfahren. Dann kam die Zeit, wo die Mitarbeiter der Abteilungen des Bereiches Export/Import indirekt arbeitslos wurden, weil „momentan" keine Exporte von EDV-Systemen in das westliche Ausland getätigt wurden. Hinzu kam, dass man auf der CBIT-Messe in Hannover bei einem Softwareprodukt der DDR festgestellt hatte, dass es ein Plagiat war. Das zog natürlich Konsequenzen nach sich.

Als Michail Gorbatschow 1985 in der Sowjetunion an die Macht kam und mit ihm eine Liberalisierung der Ostpolitik begann, traute man sich auch in der DDR, Schwierigkeiten offener anzusprechen. In meinem Betrieb wurden bei Parteiversammlungen die Probleme der Volkswirtschaft offen beim Namen genannt. Mein Chef, der ein gewandter Redner war und die Zusammenhänge gut erkannt hatte, wagte sich auf dieses Parkett, ohne Probleme zu bekommen. Das wäre vorher nie möglich gewesen und es verwunderte uns sehr. Die wirtschaftliche Lage war ernst geworden. Hinzu kam die permanente Abwanderung von sehr gut ausgebildeten Fachleuten in die BRD, die in der DDR keine Zukunft mehr sahen. Die DDR trug die Ausbildungskosten, die BRD hatte den Nutzen! Das wollte und will niemand in der BRD wahrhaben. Unsere Intelligenz war für sie einfach ein Hauptgewinn ohne Aufwand.

Auch beim VEB „Robotron" entstanden Lücken. Oft hatte man durch die zwingende Parteizugehörigkeit der jungen Intelligenz den Karriereweg versperrt. Die gelockerten Bedingungen von Besuchsreisen in die BRD führten jedoch nicht zu dem erhofften Nachlassen des Ausreisewillens, sondern dazu, dass viele nicht von der genehmigten Westreise zurückkehrten. Als im Sommer 1989 der Stellvertretende Direktor meines Betriebes von einer Dienstreise in die BRD nicht mehr zurückkam, fielen einige Genossen doch von ihrem guten Glauben ab. „Ausgerechnet der!" Nach der Wende war er dann der „West-Manager", der mit seinem neuen Arbeitgeber einen Joint-Venture-Vertrag mit „Robotron" anstrebte. Unglaublich!

Die Urlaubszeit begann und mit ihr ein riesiger Ausreisestrom. Die Grenzöffnung zwischen Ungarn und Österreich weckte für viele die Hoffnung, in den Westen zu gelangen. Diese Hoffnung wurde bekanntlich am 11. September mit der Grenzöffnung zwischen Ungarn und Österreich erfüllt. Ständig gab es nun Meldungen von Kollegen, die nicht wieder aus dem Urlaub zurückgekommen waren. Auch mein Chef fuhr mit seiner Frau nach Ungarn und es wurden Wetten auf ihn abgeschlossen, ob er wiederkommt oder nicht. Er kam wieder.

Da meine Söhne bei der Armee waren und Jana sich zu Hause langweilte, holte sie mich oft von der Arbeit ab. Wir machten dann beide gemeinsam noch einen Stadtbummel. Zu dieser Zeit mobilisierten sich montags in der Leipziger Nikolaistraße bereits kritische DDR-Bürger in großem Ausmaß und ich bewunderte ihren Mut. Sie schlossen sich den Friedensgebeten von Pfarrer Christian Führer in der Nikolaikirche an. Hier protestierten mutige DDR-Bürger offen gegen die politischen Verhältnisse. Mahnwachen wurden abgehalten und Kerzen für die politisch Inhaftierten angezündet, die außen auf die Fensterbänke der Nikolaikirche oder auf den Fußboden vor der Kirche gestellt wurden. Es waren Kerzen der Hoffnung. Jeden Montag wurden es mehr und staunend blieben die Leute und auch ich dort stehen.

Von meinem Mann wusste ich, dass es montags in der Stadt von Angehörigen der Staatssicherheit nur so wimmelte. Er warnte mich, auffällig zu werden. Das hielt mich aber nicht davon ab, durch diese Straße zur Nikolaikirche zu gehen. Trotzdem blickte ich mich vorsichtig um. Zu viel Negatives hatte man über Ereignisse am Rande der Demos gehört. Der Freund einer jungen Kollegin wurde in dieser Zeit noch bei einem Versuch, über die grüne Grenze in die BRD zu gelangen, festgenommen und inhaftiert.

Tag für Tag saßen wir nun innerhalb unserer Abteilung am Mittagstisch zusammen und diskutierten aufgeregt über die neuesten Meldungen und Gerüchte. Alle waren verunsichert, wie es weitergehen sollte. Am 4. September fand die erste Montagsdemonstration in Leipzig statt, an der etwa 1200 Demonstranten teilnahmen. Die Demonstration wurde von der Partei- und Staatsführung der DDR voller Unruhe beobachtet. Gorbatschow hatte eine „Intervention sowjetischer Truppen zur Abwendung von Unruhen" in der DDR abgelehnt. Somit hatte die DDR ihre Existenzgarantie verloren. Dennoch waren die Straßen voller Polizisten und in den Seitenstraßen standen voll besetzte Mannschaftswagen, die auf ihren Einsatz warteten. Auch Wasserwerfer standen bereit.

Von unserem Büro aus konnten wir die Demonstranten sehen, wenn sie von der Nikolaikirche kommend den Ring in Richtung „Runde Ecke" liefen, dem Sitz der Staatssicherheit in Leipzig. Mit lauten Sprüchen und auf mitgebrachten Transparenten forderten sie Reise-, Presse- und Versammlungsfreiheit. Wir beschlossen, uns auch an der Demonstration zu beteiligen. Es war der Montag nach dem 2. Oktober, wo Polizisten und Betriebskampfgruppen die Demonstranten gewaltsam auseinandergetrieben hatten. Auch Wasserwerfer und Gummiknüppel kamen zum Einsatz. Fenster gingen zu Bruch, es gab Verletzte und Verhaftete.

Die Montagsdemonstrationen begannen stets 18.00 Uhr mit dem Friedensgebet in der Nikolaikirche. Hunderte Menschen standen draußen, da die Kirche proppenvoll war, und immer neue Demonstranten kamen hinzu. Hier konnte man auch zum ersten Mal den Ruf hören „Wir sind das Volk!". Später wurde dann auch montags in der völlig überfüllten Thomaskirche ein Friedensgebet abgehalten. Danach ging es zum Karl-Marx-Platz, dem heutigen Augustusplatz. Vor der Leipziger Oper fand eine Kundgebung statt. Bürgerrechtler und Mitglieder neuer politischer Gruppierungen, wie unter anderem der Bürgerbewegung „Neues Forum" und „Demokratie jetzt" sprachen zu den Demonstranten. Sie prangerten offen die politischen Missstände in der DDR an. Der Dirigent des Leipziger Gewandhauses, Kurt Masur, und andere Prominente riefen zur Besonnenheit und friedlichen Mäßigung auf. An diesem Montag, es war der 9. Oktober, waren es bereits etwa 70.000 Demonstranten. Eine Woche später liefen etwa 110.000 Demonstranten um den Leipziger Ring. Erich Honecker gab den Befehl, schonungslos gegen die Demonstranten vorzugehen, aber die SED-Führung von Leipzig weigerte sich. Manchmal wurden mir schon die Knie weich bei dem Gedanken, dass man Panzer gegen uns einsetzen würde, wie bei den anderen Volksaufständen.

Niemand wusste, wohin das alles führen würde, aber alle machten mit. Es war wie eine Massenpsychose. Die Leute fühlten sich in der Menge stark und provozierende Rufe wurden laut. Man fühlte sich seelenverwandt, weil alle das gleiche Ziel hatten: politische Freiheit, Reisefreiheit und menschliche Selbstbestimmung. Die Menschen schaukelten sich aneinander hoch. Die Demonstration glich einer Schauveranstaltung. Wie ein breiter, wogender Menschenstrom wälzte sich die Menge in der Breite der Straße über den gesamten Außenring der Stadt. Auf der Höhe der „Runden Ecke", dem Hauptquartier der Staatssicherheit, brauste die Stimmung der Massen besonders auf. Mit geballten Fäusten wurden unter anderem Slogans wie „Stasi in den Tagebau" geschrien. Die Wut der Massen richtete sich gegen dieses Machtinstrument, das das Volk mit seinem Netz fest umspannte und aus dem Unsichtbaren dirigierte, bewachte und entschied. Bewaffnete Wachposten standen reglos da.

Unter den Demonstranten gab es nie tätliche Auseinandersetzungen, auch keine unüberlegten Übergriffe auf die Staatsgewalt. Die Polizisten und die eilig herbeigerufenen Angehörigen der Volksarmee standen bewaffnet „Gewehr bei Fuß". Niemand gab den Befehl einzugreifen, es wäre zu einem unvorstellbaren Blutbad gekommen. Der mächtige Zug der Demonstranten löste sich in Höhe des Leuschnerplatzes auf. An einen normalen Nachhauseweg war nicht zu denken. Die Straßen waren voll mit Menschen.

Zu den Montagsdemos mussten alle Straßenbahnen einen Umweg fahren. Bereits ab 18.00 Uhr war die gesamte Innenstadt für jeglichen Verkehr gesperrt. Nach der Demonstration zogen wir meistens noch in eine Bar oder Gaststätte und tranken gemeinsam etwas. Auch hier wimmelte es von aufgeputschten Demonstranten und man begegnete sich sehr locker. Schließlich verbindet uns alle gleiches Schicksal.

Eigentlich waren wir immer der gleiche Kern der Abteilung, der an der Montagsdemo teilnahm. Meist war auch meine Tochter dabei und sie erlebte hautnah die friedliche Demonstration mit. Dann ging es natürlich hinterher gleich nach Hause. Wir ließen keinen Montag mehr aus, egal ob es in Strömen regnete oder eisiger Wind ins Gesicht blies. Manchmal lief das Wasser oben rein und unten wieder raus. In der Masse waren wir alle stark und mutig. Ende Oktober waren wir etwa 300.000 Menschen, die ihren Willen zur Veränderung der Machtverhältnisse bekundeten. Wir hatten das Gefühl, dass irgendetwas passieren würde, wir wussten bloß nicht, was. Eine Lösung konnte niemand vorhersagen, aber alle waren in Erwartungshaltung. So, wie es bisher gewesen war, würde es nicht mehr weitergehen, das stand fest. Aber wie sollte das hier enden? Bis November 1989 waren insgesamt 225.000 Menschen in die BRD ausgereist. Scherzhaft wurde dann gesagt, dass der Letzte das Licht ausmachen müsse. Nein, für mich und viele meiner Kollegen stand fest, dass wir dieses Land nicht verlassen würden.

Als die Sprüche „Deutschland einig Vaterland" zu hören und auf Plakaten zu lesen waren, dachten die meisten, dass das nicht mehr der Realität entsprach. An so etwas hatten bestimmt die wenigsten gedacht, ich auch nicht. Eine solche Lösung war nach der sozialistischen Denkweise und Philosophie nicht mehr möglich.

Bald gesellten sich Leute unter die Demonstranten, die andere Absichten hegten als wir. Es waren die Neonazis aus Bayern und anderen westdeutschen Bundesländern in ihren Springerstiefeln und den markanten Klamotten. Sie witterten fette Beute. Niemand hatte sie auf den Plan gerufen und mir lief es eiskalt den Rücken herunter. Bisher hatten wir diese Leute nur im Fernsehen gesehen. Wie kamen die bloß hierher und was wollten die? Auch im Sozialismus gab es labile und leicht beeinflussbare Menschen, die ihren Kopf nur zum Haareschneiden benutzten. Aber besonders in der DDR hatte man Wert darauf gelegt, dass Nazis nie wieder eine Chance haben würden, sich zu profilieren. Bei uns gab es nach dem Zweiten Weltkrieg keine ehemaligen Nazis als Richter, Lehrer oder in anderen Beamtenberufen mehr.

Dann geschah das Unglaubliche. Ich glaubte meinen Ohren nicht zu trauen, als am 9. November Günter Schabowski im DDR-Fernsehen verkündete, dass es keine Reisebeschränkungen mehr gebe und die Grenzen geöffnet würden. Wir stellten sofort den Fernseher lauter. Tatsächlich, es war ernst gemeint. Ich spürte, wie ich am ganzen Körper Gänsehaut bekam. „Reisen in die ganze Welt, aber nur mit richtigem Geld." Das hatten wir auf der Demo gerufen und nun sollte es wahr werden! Es war nicht zu glauben, nicht zu begreifen, was da passiert war. Jeder von meinen Arbeitskollegen fuhr dann auf seine Weise „nach drüben", um sich nach der Öffnung der Grenzen das Begrüßungsgeld der Bundesrepublik in Höhe von 100 DM pro Person abzuholen.

Ich hatte mir extra einen Tag Urlaub genommen, als wir gemeinsam mit unserer Tochter mit unserem Trabant nach Bayreuth fuhren. Es war wahnsinnig aufregend, einfach durch die

Grenzstationen zu fahren, die kurz vorher noch so streng bewacht waren. Immer wieder rieselte es mir den Rücken herunter, wenn ich daran dachte, was jetzt geschah. Wir fuhren in den Westen!

Da ich noch nie vorher dort war, ließ ich mir nichts entgehen. Unser kleiner Trabi tuckerte mühsam die Berge nach oben, aber er schaffte es, zwar langsam, aber zuverlässig. Doch jedes Mal, wenn ein schneller „Westwagen" an uns vorbeipfiff, bekamen wir die Druckwelle zu spüren. In Bayreuth angekommen, war unser erster Weg zu einer offiziellen Umtauschstelle. Eigentlich gehörte ich gemäß meinem Status zur Intelligenz. Hier aber kam ich mir wie ein primitiver Bettler vor. Die beiden Seelen in meiner Brust fochten wahre Kämpfe aus, die Gier gewann. Da ich keinen Hut vor Scham in mein Gesicht ziehen konnte, schickte ich meinen Mann an den Umtauschschalter für das Begrüßungsgeld. Ich stand mit meiner Tochter hinter ihm. Das frische Westgeld knisterte leise beim Falten. 100 D-Mark für jeden, fantastisch. Siegried hatte versucht, das Geld für die Zwillinge, die noch bei der Armee waren, mitzubekommen. Es klappte, da sie als Kinder noch in seinem Ausweis standen. Da ich seine egoistische Ader sehr gut kannte, forderte ich ihn auf, mir das Geld der Jungen zu geben. Ungern rückte er die Hälfte heraus, aber ich ließ nicht locker. Er hatte andere Pläne damit, aber an dieser Stelle setzte ich mich energisch durch. Ich wusste, dass die Jungen diese Gelegenheit nicht wahrnehmen konnten, und wollte das ihnen zustehende Geld auch für sie verwenden. Schließlich war bald Weihnachten und ich kannte ihren Geschmack und ihre Wünsche. Sicher würden sie sich sehr freuen.

Beim ersten Gang in ein Kaufhaus kam ich mir vor wie in dem Märchen „Tausendundeine Nacht". Ich war überwältigt von der Farbenpracht, der Fülle und Vielfalt der Waren. Es war unbeschreiblich, was ich da zu Gesicht bekam, und es übertraf meine Vorstellungen. Alles wurde so geschmackvoll präsentiert und die Weihnachtsdekoration sprach ihre eigene Sprache. Völlig entnervt und aufgeregt schaute ich da und suchte dort. Ich wollte das geschenkte Geld so optimal wie möglich für mich und die Kinder einsetzen. Natürlich kauften wir uns auch gemeinsam etwas Nützliches. Das war ein kleiner Fernseher, wie es ihn bei uns nicht gab. Er kostete unglaubliche 99 D-Mark. Noch lange hatte unser Peter ihn später benutzt. Für die Jungen kaufte ich mehrere Paar der heiß begehrten weißen Tennissocken mit geringeltem Rand und jedem einen gelben Wollpullover, der zu ihren dunklen Haaren gut passen würde. Natürlich auch Süßigkeiten, die sie vorher nur aus dem Intershop kannten. Jana durfte sich auch etwas aussuchen. Sie bekam manchmal von den Verkäuferinnen kleine Begrüßungsgeschenke und war total happy. Auch mein Mann erfüllte sich ein paar Wünsche. Dann wurden Weihnachtsnaschereien und Obst gekauft. Der Weihnachtseinkauf hatte sich für mich erledigt. Ich konnte das alles kaum begreifen und war glücklich wie noch nie. Es war eine großzügige und wunderbare Geste der Regierung der BRD, uns das Geld zu schenken. Immerhin waren es einige Millionen Mark, die auf diese Weise eingesetzt wurden.

Voll bepackt bis oben hin suchten wir dann unseren treuen Trabant. Der konnte die gekauften „Schätze" kaum fassen. Ein wenig schämte ich mich unter den Blicken der Einheimischen. Ich war immer eine stolze und selten unzufriedene Frau, aber jetzt hatte ich gerafft. Man nennt so etwas auch hamstern. Nun gut, es war ja gewollt und so vorgesehen.

Es dämmerte bereits, als wir wieder auf der Autobahn in Richtung Leipzig fuhren. Das ansteigende Gelände machte unserem beladenen Trabi ganz schön zu schaffen. Wir fuhren auf der äußersten rechten Fahrspur und ich zitterte bei jeder Druckwelle eines vorbeirauschenden Autos. Dann plötzlich streikte unser kleines Auto und blieb stehen. „Bloß das nicht!", dachten wir. Die Autos zogen vorbei und hilflos schaute mein Mann unter die Motorhaube. Vergebens, er konnte nicht erkennen, was unserem Wägelchen fehlte. Ich wickelte unsere Tochter in eine Decke ein, denn im Nu war unsere kleine „Pappkiste" kalt. Plötzlich hielt hinter uns ein Wartburg. Der Fahrer stieg aus und erklärte sich bereit, uns bis zur nächsten Raststätte abzuschleppen. Es war einfach die Solidarität eines mitfühlenden DDR-Bürgers.

Mühselig schleppte er uns im langsamen Tempo zurück über die ehemalige Grenze bis zur Raststätte „Hermsdorfer Kreuz". Zum Glück hatte mein Mann noch 20 D-Mark, die er dem hilfsbereiten Fahrer gab. Der winkte mit der einen Hand ab und mit der glücklichen anderen Hand nahm er das Geld.

Siegfried rief den Pannendienst an, der auch in kürzester Zeit mit einem Abschleppwagen erschien. Der Trabi wurde mit in die Werkstatt genommen und wir verbrachten die Wartezeit in der Gaststätte. Es dauerte eine ganze Weile, als der Automechaniker wieder erschien. Er machte eine ernste Miene und bald erfuhren wir, warum. Wir hatten großes Glück im Unglück. Kurz vor dieser Fahrt war das Auto in der Werkstatt gewesen, weil neue Reifen aufgezogen werden mussten. Bei einem Rad hatte man vergessen, die Muttern festzuschrauben. So war es nur noch eine Frage von Minuten, dass das Rad sich gelöst hätte, und das auf einer so dicht befahrenen Autobahn! Wir waren dem Schicksal dankbar und fuhren etwas erbost über diesen Leichtsinn nach Hause. Der Monteur war so clever und hatte uns ein Schriftstück mit dem Hinweis auf den nachlässigen Fehler für die Werkstatt ausgehändigt. Es wäre eventuell sogar unser Tod gewesen. Die Werkstatt, die den Fehler verursacht hatte, regelte den entstandenen Schaden kulant und wir hatten keine zusätzlichen Kosten. Nun konnte Weihnachten kommen.

Auf der Liebe ausgerutscht

Eigentlich hatte ich meine neue Liebe nicht zum Zeitpunkt der Erkenntnis kennengelernt, sondern ich kannte ihn bereits seit 17 Jahren, denn er war mein Chef. In dem Durcheinander der Wendezeit wurde durch eine Berührung die Lawine losgetreten und alles auf den Kopf und infrage gestellt. Ich bin auf diesem vorher nie gekannten Gefühl der verbotenen Liebe ausgerutscht wie auf Schmierseife. Man muss es selbst erleben, um so eine Situation beurteilen zu können. Mit einem Mal ist man von null auf hundert und kann nichts mehr dagegen tun. Die Vernunft setzt aus und es herrscht vorübergehend ein Ausnahmezustand der Gefühle. Wenn die Realität uns wieder eingeholt hat, ist es dann meistens zu spät und viel zu viel ist geschehen.

Aufgrund der Spezifik meiner Tätigkeit war ich Alexander direkt unterstellt. Er war redegewandt, formulierungsbegabt und sein logisches und schnelles Denkvermögen faszinierten mich. Seine fachlichen Vorzüge wurden von unserem Direktor allumfassend ausgenutzt und bereitwillig setzte er seine Unterschrift unter die geistigen Ergüsse von Alexander, denn auf den Inhalt der erarbeiteten Unterlagen konnte er sich immer verlassen. Dafür genoss Alexander wiederum gewisse Vorzüge. Während seiner Arbeitszeit hielt er in anderen Betrieben interessante Vorträge zum Know-how von EDV-Anlagen, die er sich wiederum von seinen Mitarbeitern ausarbeiten ließ. Diese Vorträge waren sehr gefragt, das Honorar dafür kassierte er in voller Höhe, die Reisekosten verbuchte er als Dienstreise. So kam nebenbei schönes Geld ins Haus.

Alexander war nicht sehr groß und war auch kein schöner Mann. Doch er hatte das gewisse Etwas, das man nicht so richtig beschreiben kann und das die wenigsten Männer besitzen. Seine Art, mit Frauen umzugehen, sein Blick, der voller Zärtlichkeit sein konnte, zog Frauen an wie Sommerflieder die Schmetterlinge. Auch unter den männlichen Kollegen gab es viele, die ihn mochten und schätzten. Bei Feiern neigte er gern zu Übertreibungen im Rauchen und Trinken und steckte alles locker weg. War er betrunken, verwechselte er gern Mut mit Übermut. Dann balancierte er in der vierten Etage auf der schmalen Brüstung seines Balkons in den Nachbarbalkon. Gern spielte er den starken, cleveren, unwiderstehlichen und dennoch extrem bescheidenen Mann. Als Alexander mir aus seiner Kindheit erzählte, wurden mir einige Dinge seines Verhaltens klar.

Er war der jüngste von drei Jungen, jeder hatte einen anderen Vater. Seine Mutter liebte die Männer und vergaß darüber oft ihre drei Kinder. Wenn sie nicht nach Hause kam, saßen die Jungen die ganze Nacht vor der Tür. Alexander tat alles, um von seiner Mutter geliebt zu werden. Essen gab es nur, weil er bereits als Kind gekocht hatte. Die Kinder waren sich meist selbst überlassen, große Geschwisterliebe gab es nicht. An seiner linken Hand fehlten an dem Ringfinger und dem kleinen Finger zwei Glieder und er wollte mir weismachen, dass das seinem großen Bruder aus Versehen beim Holzhacken passiert sei. Als ich dann den großen Bruder kennenlernte, war mir klar, dass so einem jähzornigen Menschen nichts aus Versehen passierte. Drei Mal heiratete Alexanders Mutter sehr wohlhabende Männer und drei Mal wurde sie deren Witwe. Das ererbte Geld verjubelte sie in vornehmen Restaurants von Leipzig und lud nicht selten alle Gäste zu Champagner ein. Sie war eine richtige Lebefrau. Ihr letzter Mann war ein Zahnarzt, bei dem sie bis zu seinem Tod mit Alexander wohnte. Dieser Mann war sehr gut zu ihm, brachte ihm gute Manieren bei und glaubte an seine Fähigkeiten. Aber auch ihn überlebte seine Mutter und vorbei war es wieder mit dem Familienleben.

Die beiden anderen Jungen waren frühzeitig ausgezogen und lebten ihr eigenes Leben. Mutterliebe kannte keines der Kinder. Als der große Bruder versuchte, illegal nach „dem Westen abzuhauen", wurde er dabei erwischt. Er kam für einige Zeit ins Gefängnis und wurde später nach Westdeutschland abgeschoben. Das hatte ihn zusätzlich geprägt, denn ein Zurück gab es für ihn nicht mehr. So landete er in Hamburg und blieb dort. Nach einigen Abenteuern lernte er eine wunderbare, geduldige Frau mit einem kleinen Sohn kennen und sie heirateten. Sie war eine leitende Bankangestellte und verdiente das Geld für die Familie. Als aufgrund seines aggressiven Charakters in der Ehe nichts mehr ging, ließen sie sich scheiden. Doch lange hielt er es ohne sie nicht aus und sie heirateten zum zweiten Mal. Nach außen hin wurde eine heile Welt vorgespielt, doch die Wahrheit war eine ganz andere.

Heimlich erzählte sie mir, dass er einmal in völlig betrunkenem Zustand seine glühende Zigarette an ihrem Arm ausgedrückt hatte. Der Auslöser für diese brutale Tat war ihre Bitte, nicht mehr so viel zu trinken. Bei einem unserer Besuche trank er wieder einmal Unmengen an Bier. In bereits betrunkenem Zustand wollte er unbedingt an der Tankstelle neues Bier kaufen gehen, konnte aber schon seine Schuhe nicht mehr binden. Seine Frau half ihm dabei und als der zweite Schuh gebunden war, trat er ihr mit dem anderen Fuß so heftig gegen die Brust, dass sie nach hinten stürzte. Über so viel Brutalität war ich geschockt und wäre am liebsten sofort nach Hause gefahren, doch ich befürchtete, dass er sie dann noch schlimmer behandeln würde.

Einen Führerschein hatte er bereits seit vielen Jahren nicht mehr. Das Ehepaar hatte sich an der türkischen Riviera eine Eigentumswohnung gekauft und sie aufgrund der günstigen Preise wunderschön eingerichtet. Mehrmals im Jahr flogen sie dorthin und lebten einige Wochen dort. Eines Tages jedoch flog der Bruder nach einem heftigen Streit allein in die Türkei. Nachdem er sich nicht gemeldet hatte, rief seine Frau verzweifelt die deutschen Nachbarn vor Ort an. Da er nicht reagierte, ließen sie die Tür öffnen. Bewusstlos fand man ihn neben der Badewanne liegen. Vermutlich wollte er im volltrunkenen Zustand ein Bad nehmen, war beim Aussteigen gestürzt und hatte sich lebensgefährlich verletzt. Seine Frau ließ ihn nach Deutschland zurückfliegen, doch trotz sofortiger Hilfe war es zu spät. Durch die lange Bewusstlosigkeit war sein Gehirn schwer geschädigt. Tag und Nacht saß sie an seinem Bett, bis er starb. Es war für alle die beste Lösung. Bei seiner Beerdigung merkte ich, dass es fast nur negative Spuren gab, die er hinterlassen hatte.

Zu dem jüngeren Bruder hatte Alexander jahrelang keinen Kontakt, obwohl beide in der gleichen Stadt wohnten. Erst nach der Wende fanden sie zaghaft wieder zueinander.

Manchmal prahlte Alexander, dass er als Jugendlicher der Boss der „Capitol-Bande" in Leipzig war und zu seiner Jugendweihe bereits Sex mit einer Mitschülerin hatte. Durch seine lieblose Kindheit suchte er immer eine warme, weiche und hilflose Frau, die er „bemuttern" konnte. Aber er war rastlos und flog von einer Blüte zur anderen. Eines Tages konnte ich mich seinem Charme nicht mehr entziehen. Es hing vielleicht auch damit zusammen, dass ich vorher nie richtig verliebt war. Ich wurde schwach und stellte voller Erstaunen fest, dass der Spruch „Es gibt keine frigiden Frauen, es gibt nur schlechte Liebhaber" einen hohen Wahrheitsgehalt hat. Für mich hatte sich eine völlig neue Seite meines Lebens eröffnet und ich war einfach nicht mehr fähig, mich dagegen zu wehren. Die Konstellationen, dass so etwas passieren konnte, waren natürlich günstig und boten einen gewissen Nährboden.

Alexander hatte zwei Töchter. Die eine war verheiratet und hatte zwei Kinder, die andere war alleinerziehende Mutter einer kleinen Tochter. Kurz vor der Öffnung der Grenzen reisten alle gemeinsam über Österreich nach Hamburg aus. Als die Grenzen geöffnet wurden, fuhr auch die Frau von Alexander, die eine sehr enge Bindung zu ihren Kindern hatte, Hals über Kopf hinterher. Obwohl Alexander den Bruder in Hamburg hatte, bestand für ihn nie die Frage, die DDR zu verlassen. Seine Frau entschied sich für ihre Kinder und verließ ihren Mann. Jedoch hegte sie immer die Hoffnung, er käme hinterher. Das stand bei ihm nie zur Diskussion. Er war viel zu bodenständig, denn er hatte einiges zu verlieren. Ich kannte seine Frau nur flüchtig.

Meine Probleme waren ganz anderer Natur, die für ein Entfernen aus der Ehegemeinschaft verantwortlich waren. Mein Mann hatte sich besonders in der letzten Zeit sehr dem Alkohol zugewandt. Er lebte in einer eigenen Welt. Während ich zusehen musste, wie ich unseren Fünfpersonenhaushalt versorgte, lebte er auf großem Fuß. Das meiste Geld behielt er für sich und wollte mit dem Lebensstil der Oberkellner mithalten. Es kam auch vor, dass er mir kein Geld zum Wirtschaften geben konnte, weil er es bereits für persönliche Dinge ausgegeben hatte. Ständig kaufte er sich teure Bekleidung im „Exquisit" und versteckte sie vor mir. Sein Trinkgeld, besonders das Westgeld, verwendete er ausschließlich für sich allein. Manchmal musste ich schon lachen, wenn er lange suchten musste, bis er sein Portemonnaie fand, weil er wieder einmal betrunken nach Hause gekommen war. Er versteckte es immer vor mir, damit ich nicht sehen konnte, was er so nebenbei an Geld bekam. Auch das Auto musste er suchen, weil er häufig im betrunkenen Zustand nachts fuhr und vergaß, wo er es abgestellt hatte.

In unserem Schlafzimmer stand neben unseren Schlafzimmerschränken ein alter, von ihm wunderschön bemalter Kleiderschrank. Den nutzte er eigens für sich, um dort seine „Raritäten" aus dem Intershop, die nur für ihn gedacht waren, zu verstecken. Selbst gekörnte Rinderbrühe von „Maggi" und der Saft von „Granini" gehörten dazu. Sein Argument war, dass er in drei Schichten arbeitete und die guten Sachen brauchte. Hier verschloss er auch sein Werkzeug vor dem Zugriff seiner Söhne, weil er stets Angst hatte, sie könnten etwas kaputt machen. Selbst ich hatte keinen Schlüssel für diesen Schrank und sah nur manchmal zufällig, was er alles vor uns versteckte.

Gefühlsmäßig distanzierte ich mich immer mehr von ihm. Dieser Egoismus tat mir sehr weh, aber das hatte ja, wie bereits beschrieben, seine Ursachen in seiner Kindheit.

Für manche Büchse Bier, die mein Mann im Intershop kaufte, hätte ich gern meinen Kindern wenigstens eine Stange Kaugummi gekauft. Ich hatte mich schon daran gewöhnt, dass er den Frauentag vergaß, weil er an diesem Tag Geburtstag hat, und meinen Geburtstag, weil einen Tag zuvor unsere Tochter und fünf Tage danach die Zwillinge Geburtstag haben. Weihnachten vergaß er, weil da so viel Trubel im Hotel war und er ja auch kein Geld hatte. Unseren Hochzeitstag dagegen konnte er sich nicht merken, weil er einen Tag vor dem Heiligen Abend war. Ich habe in den 20 Jahren meiner Ehe selten ein Geschenk von ihm bekommen, geschweige denn in irgendeiner Form eine Anerkennung für meine viele Arbeit als seine Frau und Mutter seiner drei Kinder. Und kam es dann doch einmal vor, war es ein Repräsentationsgeschenk eines Gastes, das er gerade nicht brauchte. Während er im Betrieb sehr korrekt war, war er zu Hause oberflächlich, ja schlampig. Er hatte als Kind aufgrund der besonderen Umstände nicht gelernt, Ordnung zu halten. Das tat seine Mutter für ihn. Ich war das Opfer und hatte es satt, seine liegen gelassenen Klamotten nachzuräumen.

Mit meiner neuen Liebe habe ich mich auf ein gefährliches Glatteis begeben. Dennoch habe ich es mir nicht leicht gemacht und noch lange unter der Trennung von meinem Mann gelitten, denn immerhin waren wir 20 Jahre verheiratet. Wir hatten so viele Gemeinsamkeiten, hatten viele schöne Stunden miteinander verbracht, konnten stundenlang über Gott und die Welt reden und feiern ohne Ende. Ich habe ihn immer verehrt und auf meine Art geliebt, obwohl ich nie richtig in ihn verliebt war. Durch den Mißbrauch meines Stiefvaters war ich unausweichlich in eine Opferrolle „gerutscht". Und dann kam ein Mann, der es verstand, mit mir umzugehen, der das Gefühl der Liebe geweckt hatte. Mit einem Mal war ich liebesfähig, obwohl ich nicht mehr daran glaubte.

Meinen Kollegen im Betrieb war es natürlich nicht entgangen, dass ich mit ihm ein Verhältnis hatte, und ich lief „Spießruten". Sicher haben mich viele verachtet, aber ich ließ es nicht an mich heran. Alexander stand dazu und verkündete, dass jeder von uns sich scheiden lassen würde. Das sagte er auch zu unserem Direktor. Ich litt trotzdem unter dem Gedanken, meinen Mann zu verlassen, weil er total auf mich fixiert war. Ich wusste, dass ihm sein Leben aus den Händen gleiten würde, wenn er auf sich allein gestellt wäre.

Gerade in dieser Zeit passierte es, dass sich eine junge Frau unseres Betriebes aus der vierten Etage stürzte. Sie hatte sich während einer Kur in einen anderen Mann verliebt und im Rausch der Liebe sich von ihrem Mann getrennt. Dann kamen die Zweifel und sie wusste keinen Ausweg mehr. Zurück zu ihrem Mann konnte sie nicht mehr, der neuen Liebe war sie sich nicht mehr sicher. Ihr Ausweg war der Selbstmord. Ich stieg gerade aus dem Paternoster in der zweiten Etage, als ein Menschenkörper außen am Fenster nach unten fiel. Es war ein Bruchteil von Sekunden. Der Anblick war entsetzlich. Nach diesem Vorfall kamen auch bei mir Zweifel auf, ob ich ebenfalls in so eine Krise geraten könnte. Mein Mann stand mir noch immer nahe, aber ich war verliebt in einen anderen Mann. Der Zustand quälte mich und jede Nacht rissen mich Angst und Zweifel aus dem Schlaf. Was sollte ich bloß tun? War ich bloß auf der Liebe „ausgerutscht" oder war es der Anfang eines neuen, unbeschwerteren Lebens?

Meine Söhne waren damals zwanzig Jahre alt, meine Tochter zwölf. Bis heute habe ich nicht ein einziges Mal den Vorwurf bekommen, die Familie zerstört zu haben. Das Paschagehabe ihres Vaters war ihnen nicht entgangen, obwohl wir uns in den 20 Jahren unserer Ehe äußerst selten gestritten hatten und schon gar nicht vor den Kindern. Auch unsere finanzielle Situation blieb ihnen nicht verborgen. Sie hatten bemerkt, wie ich jeden Pfennig zweimal umgedreht habe, damit das Geld für alle reicht und auf der anderen Seite leistete sich ihr Vater heimlich Luxus, ohne die Familie daran teilhaben zu lassen. Auch sein Alkoholproblem ist ihnen nicht entgangen.

HEH HERZ FÜR AUTOREN A HEART FOR AUTHORS À L'ÉCOUTE DES AUTEURS MIA KAPΔIA ΓIA ΣYΓΓPA
HJÄRTA FÖR FÖRFATTARE UN CORAZÓN POR LOS AUTORES YAZARLARIMIZA GÖNÜL VERELIM SZÍV
UORE PER AUTORI ET HJERTE FOR FORFATTERE EEN HART VOOR SCHRIJVERS TEMOS OS AUTOF
HERZÖINKÉRT SERCE DLA AUTORÓW EIN HERZ FÜR AUTOREN A HEART FOR AUTHORS À L'ÉCOUT
RAÇÃO ВСЕЙ ДУШОЙ К АВТОРАМ ETT HJÄRTA FÖR FÖRFATTARE Á LA ESCUCHA DE LOS AUTOR
AUTEURS MIA KAPΔIA ΓIA ΣYΓΓPAΦEIΣ UN CUORE PER AUTORI ET HJERTE FOR FORFATTERE EEN H.
YAZARLARIMIZA GÖNÜL VER SZÍVÜNKÉRT SERCE DLA AUTORÓW EIN HERZ FÜR
VOR SCHRIJVERS TEMOS OS AUTO ÇÃO ВСЕЙ ДУШОЙ К АВТОРАМ ETT HJÄRTA FÖR

Die Autorin

Sabine Kirchhof wurde 1946 als Tochter eines
Schauspielers und einer Kindergärtnerin in
Clausnitz, Landkreis Mittelsachsen im Erzgebirge,
geboren. Nach dem Abitur nahm sie ein Inge-
nieurstudium mit dem Abschluss „Ingenieurin für
Technische Textilien" auf. In diesem Beruf arbeitete
sie zwei Jahre in einem Textilbetrieb, bevor sie in
einen Großbetrieb wechselte, der als EDV-Monopol
der DDR Datenverarbeitungserzeugnisse herstellte.
Hier arbeitete sie bis zur Wiedervereinigung erst in
Dresden als Erzeugnisingenieurin, dann in Leipzig als Ingenieurin für Wissenschaft und Technik.
Danach studierte sie Wirtschaftsinformatik und
arbeitete in verschiedenen Unternehmen.
„Und es gibt immer ein Danach" ist der erste Teil
ihres autobiografischen Romans; Teil II wurde
bereits 2021 verfasst. In ihrer Freizeit unternimmt
die Autorin Fahrradtouren und Reisen, außerdem
liest sie sehr gern. Sabine Kirchhof ist stolze Mutter
zweier Söhne und einer Tochter.